UTB **2733**

Eine Arbeitsgemeinschaft der Verlage

Beltz Verlag Weinheim · Basel
Böhlau Verlag Köln · Weimar · Wien
Wilhelm Fink Verlag München
A. Francke Verlag Tübingen und Basel
Haupt Verlag Bern · Stuttgart · Wien
Verlag Leske + Budrich Opladen
Lucius & Lucius Verlagsgesellschaft Stuttgart
Mohr Siebeck Tübingen
C. F. Müller Verlag Heidelberg
Ernst Reinhardt Verlag München und Basel
Ferdinand Schöningh Verlag Paderborn · München · Wien · Zürich
Eugen Ulmer Verlag Stuttgart
UVK Verlagsgesellschaft Konstanz
Vandenhoeck & Ruprecht Göttingen
Verlag Recht und Wirtschaft Heidelberg
WUV Facultas · Wien

Peter Filzmaier, Univ.-Prof. Dr., geboren 1967 in Wien, ist Professor für Demokratiestudien und Politikforschung sowie Leiter des Departments Politische Kommunikation der Donau-Universität Krems. Aktuelle Arbeitsschwerpunkte: Internationale Beziehungen (mit dem Schwerpunkt US-amerikanische Außenpolitik), Vergleich politischer Systeme (insbesondere politisches System und politischer Prozess in den USA), Politische Kommunikation, Politische Bildung sowie Internet und Demokratie. peter.filzmaier@donau-uni.ac.at

Leonore Gewessler, geboren 1977 in Graz, ist Fachtutorin für Internationale Politik am Institut für Politikwissenschaft sowie für Internationale Entwicklung am Institut für Afrikanistik der Universität Wien und in der Politischen Bildung tätig. Aktuelle Arbeitsschwerpunkte: Nord-Süd-Beziehungen, umfassende Sicherheitspolitik, Globalisierung und internationales System, internationale Organisationen. leonore.gewessler@univie.ac.at

Otmar Höll, Ao. Univ.-Prof. Dr., geboren 1948 in Linz, ist Direktor des Österreichischen Instituts für Internationale Politik – OIIP in Wien und Lehrbeauftragter an den Universitäten Wien und Innsbruck. Aktuelle Arbeitsschwerpunkte: Österreichische Außen-, Sicherheits- und Nachbarschaftspolitik, internationale Systemdynamik/Globalisierung, internationale Entwicklungs- und Umweltpolitik, Europäische Integration, Krisen- und Konfliktforschung und politische Psychologie. www.oiip.at

Gerhard Mangott, A. Univ.-Prof. Dr., geboren 1966, ist Professor für Politikwissenschaft an der Universität Innsbruck und Russland- und Osteuropareferent am Österreichischen Institut für Internationale Politik – OIIP in Wien. Aktuelle Arbeitsschwerpunkte: Russland und Osteuropa (Innen-, Außen- und Sicherheitspolitik), Internationale Sicherheitspolitik mit besonderer Berücksichtigung des transatlantischen und des pazifischen Raumes. www.gerhard-mangott.at

Peter Filzmaier/Leonore Gewessler/Otmar Höll/
Gerhard Mangott

Internationale Politik

Eine Einführung

Bibliografische Information Der Deutschen Nationalbibliothek
Die Deutsche Nationalbibliothek verzeichnet diese Publikation
in der Deutschen Nationalbibliografie;
detaillierte bibliografische Daten sind im Internet über
http://dnb.ddb.de abrufbar.

©2006 Facultas Verlags- und Buchhandels AG
WUV, Berggasse 5, 1090 Wien

Das Werk, einschließlich aller seiner Teile, ist urheberrechtlich geschützt.
Jede Verwertung außerhalb der engen Grenzen des Urheberrechtsgesetzes
ist ohne Zustimmung des Verlags unzulässig und strafbar. Das gilt
insbesondere für Vervielfältigungen, Übersetzungen, Mikroverfilmungen
und die Einspeicherung und Verarbeitung in elektronischen Systemen.

Einbandgestaltung: Atelier Reichert, Stuttgart
Satz: Michael Karner, www.typografie.co.at
Druck: Ebner & Spiegel GmbH, Ulm
Printed in Germany

ISBN 13: 978-3-8252-2733-3
ISBN 10: 3-8252-2733-2

Inhalt

Vorwort 13

Struktur und Dynamik des internationalen Systems 15
1 Konfigurationen des internationalen Systems 19
2 Globalisierung... 31

Begriffliche Vorklärungen 41
1 Definitionen 42
   1.1 Internationale Politik 42
   1.2 Außenpolitik, nationales Interesse, Macht
       und internationale Herrschaft...................... 45
   1.3 Sicherheit 54
   1.4 Krieg und Frieden 56
2 Akteure und Handlungszusammenhänge 59
   2.1 Akteure der internationalen Politik................... 59
   2.2 Handlungs- und Strukturebene 61

Theorien der Internationalen Politik..................... 67
1 Idealismus – die normative Schule 72
2 Die realistische Schule................................... 73
   2.1 Der »klassische« Realismus 73
   2.2 Neorealismus 76
3 Institutionalismus 78
   3.1 Konzepte politischer Integration..................... 78
   3.2 Funktionalismus und Interdependenztheorie.......... 79

3.3 Konstitutionalismus und (Neo-)Institutionalismus	81
4 Szientistische und systemtheoretische Schule	83
4.1 Systemtheorie und Kybernetik.	83
4.2 Szientismus/Behaviorismus	85
5 Kritisch-dialektische Schule und Klassentheorien	86
5.1 Kritische Theorie und Imperialismustheorien	86
5.2 Friedensforschung.	91
6 Chaostheorie und Spieltheorie	96
7 Konstruktivismus.	98
8 Zusammenfassung	101

Zentrale Konflikte 103
1 Der Ost-West-Konflikt als historische Konfliktformation:
  sicherheitspolitische Geschichte und
  aktuelle Weltordnung 103
  1.1 Phasen des Kalten Krieges. 106
     1.1.1 1945–1957 106
     1.1.2 1957–1962 107
     1.1.3 1962–1970 108
     1.1.4 1970–1975 110
     1.1.5 1977–1985 111
     1.1.6 Seit 1985 114
  1.2 Perspektiven nach dem Konflikt 116
2 Der Nord-Süd-Konflikt. 122
  2.1 Nord-Süd und der Begriff »Entwicklung« 125
  2.2 Entwicklungstheorien 127
     2.2.1 Wachstums- und Modernisierungstheorien 128
     2.2.2 Dependenztheorien. 131
     2.2.3 Neoliberalismus 134
  2.3 Stationen des Nord-Süd-Konflikts. 135
     2.3.1 Kolonialismus 135
     2.3.2 1955 137
     2.3.3 1960 137
     2.3.4 1964 138
     2.3.5 1970 138
     2.3.6 1973 138

2.3.7 1977/78 139
2.3.8 August 1982 141
2.3.9 1987 144
2.3.10 1992 145
2.4 Charakteristika des Nord-Süd-Verhältnisses heute 145
    2.4.1 Wohlstandsgefälle 145
    2.4.2 Bevölkerungsentwicklung 148
    2.4.3 Umweltverschmutzung........................ 148
    2.4.4 Ressourcenverbrauch 149
    2.4.5 Technologie: Brain Drain und Digital Divide 149
    2.4.6 Bildung 149
    2.4.7 Lebensbedingungen 149
    2.4.8 Lebenserwartung und der Einfluss von Aids 150
2.5 Die aktuelle Situation im Nord-Süd-Konflikt........... 151
    2.5.1 Millenium Development Goals................... 151
    2.5.2 Das Ende des Ost-West-Konflikts 153
3 Der Nahost-Konflikt...................................... 160
   3.1 Geschichte 161
    3.1.1 1948: I. Nahost-Krieg........................... 163
    3.1.2 1956: II. Nahost-Krieg (Suez-Krieg).............. 163
    3.1.3 1967: III. Nahost-Krieg (Sechs-Tage-Krieg) 164
    3.1.4 1973: IV. Nahost-Krieg (Oktober-Krieg bzw. Yom-Kippur- oder Ramadan-Krieg)............... 165
    3.1.5 1975/76: Bürgerkrieg im Libanon 166
    3.1.6 1980–1987: I. Golfkrieg......................... 166
    3.1.7 1990/91: II. Golfkrieg 167
   3.2 Friedensprozesse im Nahen Osten in den 1990er-Jahren 168
    3.2.1 Veränderte Rahmenbedingungen nach dem Ende des Ost-West-Konflikts......................... 168
    3.2.2 Konkrete Entwicklungen im israelisch-arabischen Konflikt 169
   3.3 Aktuelle Lage, Einflüsse des internationalen Terrorismus und Perspektiven..................................... 174
   3.4 Theoretische Einordnung............................. 176

Globale Akteure 179
1 Grundzüge der US-amerikanischen Außenpolitik 180
   1.1 Akteure und Kompetenzen 180
   1.2 Wirtschaftliche Implikationen 183
   1.3 Isolationismus und Internationalismus 184
   1.4 US-Außenpolitik und transatlantische Beziehungen
       nach dem 11. September 187
   1.5 Vom War Against Terror zum Krieg im Irak und
       seinen Folgen 191
2 Russlands Außenpolitik – Fähigkeiten und Optionen 199
   2.1 Fähigkeitsanalyse 200
      2.1.1 Die politische Dimension 200
      2.1.2 Die ökonomische Dimension 204
      2.1.3 Die demografische Dimension 209
      2.1.4 Die militärische Dimension 211
      2.1.5 Fazit 214
   2.2 Optionen russländischer Außenpolitik 215
      2.2.1 Reintegration der NUS 215
      2.2.2 Anti-hegemoniale Allianzbildung 217
      2.2.3 Pragmatische Kooperation mit dem OECD-Raum 218
      2.2.4 Fazit 224
3 Die Außenpolitik der Volksrepublik China 226
   3.1 Modernisierungsziele der Reformgeneration 226
   3.2 Der friedliche Aufstieg 230
   3.3 China und die Europäische Union 235
   3.4 China und die USA 238
   3.5 China und Russland 242
   3.6 China und Korea 251
   3.7 China und Japan 252
   3.8 China und Indien 254
   3.9 Fazit 255
4 Die Europäische Union 257
   4.1 Struktur und Funktionsweise der EU 257
      4.1.1 Der Europäische Rat 262
      4.1.2 Der Rat der Europäischen Union (Ministerrat) 263
      4.1.3 Die Europäische Kommission 264

    4.1.4 Das Europäische Parlament 264
    4.1.5 Der Europäische Gerichtshof. 266
    4.1.6 Der Europäische Rechnungshof. 266
  4.2 Perspektiven und aktuelle Entwicklungen 266

Internationale Organisationen. 275
1 IGOs und INGOs als Akteure im internationalen
System 276
  1.1 International Governmental Organizations (IGOs). 276
  1.2 International Non Governmental Organizations
     (INGOs) 279
2 Vereinte Nationen (United Nations Organization/
UNO). 280
  2.1 Organe und Struktur. 280
  2.2 Bedeutungswandel der UNO nach dem Ost-West-
     Konflikt und Perspektiven nach dem Irak-Krieg 2003 . . . 287
3 Theorien internationaler Kooperation, Regimetheorie
und Global Governance. 289
  3.1 IOs: Neorealismus versus institutionalistische
     Positionen. 290
  3.2 Regimetheorien. 290
  3.3 Global Governance. 294

Auswahlbibliographie 300

Abbildungen

Abb. 1: Polare Weltordnungen 23
Abb. 2: Das gegenwärtige uni-multipolare Weltsystem nach
          Huntington. 29
Abb. 3: Die Welt nach dem Ende des Kalten Krieges –
          Fukuyamas und Huntingtons Theoriemodelle
          im Vergleich. 30

Abb. 4:	Jahresumsatz von Wirtschaftsunternehmen und Bruttoinlandsprodukt von Staaten im globalen Vergleich....	33
Abb. 5:	Welthandel 2000...................................	37
Abb. 6:	Globalisierung und Weltgesellschaft................	38
Abb. 7:	Begriffsbestimmungen »Internationale Politik«......	53
Abb. 8:	Phasen der Theorieentwicklung in der Disziplin »Internationale Beziehungen«.....................	71
Abb. 9:	Idealismus und Realismus im Vergleich.............	75
Abb. 10:	Neorealismus und Funktionalismus im Vergleich.....	82
Abb. 11:	Imperialismus neu?................................	87
Abb. 12:	Neorealismus, Institutionalismus und Klassentheorien im Vergleich......................................	90
Abb. 13:	Kritische Theorie und Friedensforschung im Vergleich	95
Abb. 14:	Theorien der Internationalen Politik – wichtige theoretische Differenzen.........................	100
Abb. 15:	Zentrale Konfliktformationen im Überblick........	104
Abb. 16:	Entwicklung der weltweiten Militärausgaben (1991–2002) und US-Militärausgaben (1987–2003)....	119
Abb. 17:	Human Development Index 2005	127
Abb. 18:	Realität des Schuldenmanagements?................	142
Abb. 19:	Just one step?.....................................	146
Abb. 20:	Die zehn reichsten und ärmsten Staaten.............	147
Abb. 21:	Kohlendioxid-Emissionen pro Einwohner...........	148
Abb. 22:	Lebenserwartung bei Geburt nach Weltregionen.....	150
Abb. 23:	Einfluss von HIV auf die Lebenserwartung in ausgewählten Ländern.........................	151
Abb. 24:	Offizielle Entwicklungshilfe der OECD 2003........	152
Abb. 25:	Weltweite Demokratisierung	154
Abb. 26:	Image der USA in der Welt 1999–2005	196
Abb. 27:	Exportstruktur Russlands 1994–2003	206
Abb. 28:	Importstruktur Russlands 1994–2003	206
Abb. 29:	Wachstum der chinesischen Wirtschaft 1978–2004...	227
Abb. 30:	BIP-Wachstum der Volksrepublik China 1991–2005...	228
Abb. 31:	Offizieller Verteidigungshaushalt der Volksrepublik China 1995–2004.................................	232
Abb. 32:	EU-China-Handelsstatistik	236

Abb. 33:	Die 25 Mitglieder der Europäischen Union	259
Abb. 34:	Säulen der EU...................................	261
Abb. 35:	Funktionsweise der EU...........................	265
Abb. 36:	Wachstum der Menge internationaler Organisationen seit 1909	276
Abb. 37:	Typologisierung Internationaler Organisationen	278
Abb. 38:	Vetos und Resolutionen im UN-Sicherheitsrat 1946–1992	282
Abb. 39:	Struktur der UNO...............................	285
Abb. 40:	Stimmverteilung in IWF und Weltbank.............	286
Abb. 41:	IOs – Neorealismus und institutionalistische Theorien im Vergleich	291
Abb. 42:	Die Welt aus Sicht der Regimetheoretiker	293
Abb. 43:	Ebenen der Global-Governance-Architektur	296

Vorwort

Die vorliegende Einführung macht mit grundlegenden theoretischen und empirischen Fragestellungen der Internationalen Politik zu Beginn des 21. Jahrhunderts vertraut. Neben einer Darstellung der historischen und ideengeschichtlichen Entwicklung der Internationalen Politik als Disziplin präsentiert der Band die wichtigsten theoretischen Schulen als Grundlage von Analyse und methodisch angeleiteter Forschung. Die AutorInnen haben dabei vorrangig ein Verständnis der komplexen realen Zusammenhänge der internationalen Politik im Blick, nicht die bis ins letzte Detail reichende Auffächerung der einzelnen theoretischen Ansätze oder deren Bewertung. Ebenfalls dargestellt werden die historisch gewachsenen globalen Beziehungsstrukturen sowie die Entwicklungen der Akteure der internationalen Politik, mit besonderem Augenmerk auf deren Transformation in den letzten beiden Jahrzehnten.

Die Vorgeschichte der Publikation dieses Buches reicht bis in die 1990er-Jahre zurück. Erste Ansätze waren die Ausarbeitung einer schriftlichen Unterlage für die einführende Lehrveranstaltung in die Internationale Politik von Otmar Höll. Die so entstandene Mitschrift wurde dann vom Vortragenden, später aber vor allem von Peter Filzmaier und in der Folge von Leonore Gewessler laufend aktualisiert und ergänzt. Im Laufe des heurigen Jahres wurden die einzelnen Beiträge durch die genannten Personen überarbeitet. Eine wertvolle Ergänzung des Gesamtkonzeptes stellen zwei Kapitel über die wichtigen globalen Akteure Russland und China dar, die Gerhard Mangott eigens für diese Publikation verfasst hat.

Der Band ist vor allem für Studierende der Politikwissenschaft oder verwandter Studienfächer konzipiert, richtet sich aber auch an ein breiteres, an allen Fragen der Internationalen Politik interessiertes Publikum. Die Verwendung des Buches auch im Erwachsenen- und Fortbildungsbereich ist, wie in Vorfassungen schon vielfach erprobt, mit gutem Erfolg möglich, denn es ist einfach und gut lesbar geschrieben und eignet sich auch dazu, abschnittsweise gelesen zu werden.

Der Band befasst sich – gerade in Zeiten tief greifender Transformation des internationalen Systems – zwangsläufig mit einer höchst umfangreichen, in ständigem Wandel begriffenen Materie. Die AutorInnen stellen nicht den Anspruch, in ihren Darstellungen in allem und jedem »Recht zu haben«, sondern möchten den LeserInnen einige grundlegende Sachverhalte vorstellen, welche es ihnen ermöglichen, ihr eigenes Urteil und analytische Fähigkeiten zu entwickeln bzw. auszubauen. Niemand ist in der Lage, die komplizierte und nur unvollkommen erfassbare Realität des internationalen Systems auch nur halbwegs vollständig zu überblicken. Umso mehr brauchen wir ein breiteres Interesse verantwortlich agierender BürgerInnen an den existentiellen Fragen gegenwärtiger internationaler Politik, damit sich eine Gesellschaft mit den brennenden Fragen der Zukunft reflexiv und offen auseinander setzt. Dazu soll dieses Buch, neben seiner Verwendung in der Lehre an Universitäten und anderswo, anregen – damit hätte es seine ihm von uns zugedachte Aufgabe aufs Allerbeste erfüllt.

Peter Filzmaier, Leonore Gewessler,
Otmar Höll, Gerhard Mangott

Wien, im Oktober 2005

Struktur und Dynamik des internationalen Systems

Der Ost-West-Konflikt, welcher die Internationale Politik und auch alle anderen zentralen Konfliktformationen, etwa den Nord-Süd- und den Nahost-Konflikt, jahrzehntelang dominiert hat, fand um 1990 sein Ende. Eine radikale **Neuordnung** des internationalen Systems – durch den Zerfall der UdSSR, die Wiedervereinigung Deutschlands, den Fortschritt der EU-ropäischen Integration usw. – ist erfolgt, über die Form der neuen Ordnung herrscht allerdings keine Einigkeit.

Durch Modernisierungsphänomene – technologische Innovationen, Mediatisierung, Infrastrukturverbesserungen usw. – vor allem jedoch durch die Abkehr vom im Vergleich zum heutigen **Polyzentrismus** relativ einfachen Schema der Bipolarität, ist die Komplexität des internationalen Systems immer schwieriger zu durchschauen. Statt der grundsätzlichen Auseinandersetzung der Supermächte USA und UdSSR bzw. von Nordatlantikpakt *(North Atlantic Treaty Organization/ NATO)* und *Warschauer Pakt Organisation (WPO)* werden zunehmend (ethnische) Nationalitätenkonflikte zur Bedrohung. Religiöse Fundamentalismen, u. a. sowohl im Christentum als auch im Islam, haben rechts- oder linksgerichtete Totalitarismen abgelöst. Die Terroranschläge gegen die USA am 11. September 2001 und der folgende internationale Kampf gegen den Terror wurden zum Symbol neuer Konfliktlagen mit tief greifenden Konsequenzen (Czempiel 2002), doch sind sie lediglich Teil hochgradig komplexer Veränderungen der Welt. Weitere Veränderungen nach dem Ende des Kalten Krieges sind:

- Die **Globalisierung**, d. h. die schrittweise Herausbildung eines Weltmarktes für nahezu alle Güter, von der Entwicklung über die Fertigung bis zum Verkauf, bestimmt das Verhalten von Staaten. Kennzeichen sind eng verflochtene Kapitalmärkte, weltweite, hochkonzentrierte Medien- und Informationssysteme sowie eine durchgehende und beschleunigte Infrastruktur, aber auch die zunehmende Fragmentierung der Weltgesellschaft. Letzteres zeigt sich beispielsweise als verschärfter Gegensatz zwischen Norden und Süden bzw. Industrie- und Entwicklungsländern.

- *Geoeconomics* verdrängen *geopolitics*, d. h. Wirtschaftsinteressen und -ideologien gewinnen – mit Ausnahme der religiösen Fundamentalismen – gegenüber politischen Interessen an Bedeutung. Anders ausgedrückt: Im Mittelpunkt steht, trotz des Phänomens Terrorismus und der daraus resultierenden US-Dominanz als sicherheitspolitische Ordnungsmacht, primär die Verteilung von Wohlstand und relativ weniger die Verteilung von geostrategischer und militärischer Macht im sicherheitspolitischen Sinne. Jedenfalls wäre es falsch, internationale Wirtschaftsbeziehungen ohne Eigenständigkeit als Summe der Außenwirtschaftspolitiken anzusehen. Der Welthandel und seine Ordnungsprobleme sind zur Determinante internationaler Beziehungen geworden. Sogar die militärische Konfliktregelung/-ordnung durch internationale Organisationen wie die Vereinten Nationen *(United Nations Organization/UNO)* u. a. versagt oft, wenn es gilt, den Frieden zu sichern. Wie soll jedoch die Summe aller Wirtschaftskontakte zwischen öffentlichen und privaten Akteuren geordnet werden?

- Festzustellen ist eine **Universalisierung**, d. h. die gleichartige Betroffenheit von globalen Entwicklungen und Problemen, die zu einer Homogenisierung der Politikstile und politischen Inhalte sowie zu grundsätzlichen Veränderungen im Akteursgefüge führt. Staaten schließen sich vermehrt in politischen oder wirtschaftlichen Koordinationsgemeinschaften zusammen, zugleich gewinnen die UNO und andere internationale Organisationen an Bedeutung. Ein Beispiel sind Ökologiefragen als globales Thema, d. h. sie können als Problem nicht regional eingegrenzt werden, sondern es muss über Staatsgrenzen hinweg nach Lösungen gesucht werden.

Allgemein zu unterscheiden ist zwischen **endogenen und exogenen Ursachen für Veränderungen in der Internationalen Politik**. Endogen heißt, dass die Gründe für Veränderung unmittelbar in den internationalen Beziehungen zu suchen sind.

Beispiele sind Eroberungskriege oder Prozesse der Dekolonisation. Exogen meint, dass innenpolitische Entwicklungen oder Entwicklungen in anderen Gesellschaftsbereichen die Internationale Politik verändern. Dazu zählen etwa der Zerfall der UdSSR, die Globalisierung der Wirtschaft, der technologische Fortschritt usw.

Als **zentrale Merkmale des internationalen Systems** in der Gegenwart können jedenfalls bezeichnet werden (vgl. auch Mearsheimer 1990, 5ff):

- Es existiert eine **multipolare Welt**, d.h. es finden sich mehrere Zentren in einem ungeordneten Weltbild anstatt der Bipolarität des Kalten Krieges, die – obgleich nach einer Logik der wechselseitigen Bedrohung – berechenbar war und ein Gleichgewicht beinhaltete, das auf der Abschreckung durch wechselseitige Aufrüstung und auf der Sicht eines potentiellen Konflikts als Nullsummenspiel beruhte. Heute wird die Geschichte einerseits wesentlich von den USA beeinflusst, andererseits hat die Komplexität des Weltsystems – analog zur Zahl autonomer Staaten – zugenommen. Ein zentraler Unterschied zu Zeiten vor dem Kalten Krieg ist, dass das Verhalten von Großmächten früher – bis 1914 Österreich-Ungarn, Italien, Frankreich, Großbritannien, Deutschland, USA, Russland, Japan und das Osmanische Reich – eindeutig imperialistisch geprägt war. Heute sind die verbliebenen Großmächte, die USA, EU-ropa, Russland, Japan, und – nach dem ehemaligen US-Außenminister Henry Kissinger (1992; 1994) – Indien und China ohne größere territoriale Expansionsgelüste geblieben.
- Es gibt – spätestens seit der Charter von Paris im November 1990 mit ihrem Bekenntnis zu Demokratie und freier Marktwirtschaft – **keinen grundsätzlichen ideologischen (politischen, wirtschaftlichen, militärischen) Konflikt** wie von 1914 bis 1989. Als klassisch-kommunistische Systeme sind allein Kuba, Nordkorea und Vietnam geblieben. Im Gegenzug sind auch rechtsgerichtete totalitäre Ideologien wie der Faschismus weniger stark ausgeprägt. Die ideologische Beruhigung ist allerdings äußerst relativ. Aus demselben Kulturkreis stammende Völker verstehen sich als genuine Gesellschafts- bzw. Werteinheiten und sind nicht selten konfliktbereit. Revolutionäre und gewaltbereite Bewegungen könnten daher durchaus geschichtsträchtig werden, womit die These Francis Fukuyamas vom Ende der Geschichte (Fukuyama 1989 bzw. 1992) nicht haltbar wäre.

- Die USA wollen ihre Präsenz in Europa reduzieren, das sicherheitspolitisch zunehmend sich selbst überlassen bleibt. Das birgt gleichermaßen eine Chance wie auch ein hohes Konfliktpotential in sich, weil traditionelle Rivalitäten (Deutschland/Frankreich, Deutschland/Russland, Frankreich/Großbritannien usw.) existieren. Besondere Risiken bringt die Instabilität der einstigen Supermacht Russland als Rechtsnachfolger der UdSSR und von anderen ehemaligen Sowjetrepubliken. Wenn auch die **USA militärisch als einzige Supermacht** weiterhin, und nach dem 11. September mehr denn je, bestimmend sind, haben sie andererseits ihren Machthöhepunkt wirtschaftlich möglicherweise bereits überschritten. Die USA als militärische Supermacht müssen aus wirtschaftlichen Gründen ihr globales Engagement langfristig gesehen eventuell wieder reduzieren. Ihre Stärke ist daher begrenzt, das Chaospotential im nichtamerikanischen und außereuropäischen Teil der Welt steigt.
- **Wirtschaftskraft** und **konventionelle Bewaffnung** haben wieder größere Bedeutung, während im Kalten Krieg die Drohung mit atomaren (Erst- und Vergeltungs-)Schlägen dominierte. Die Gefahr eines Atomkriegs ist geringer, doch werden Kriege gerade dadurch wieder eine relevantere Handlungsalternative. Dennoch hat der Faktor Kernwaffen nicht vollkommen an Relevanz verloren. Das gilt schon durch den illegalen Verkauf atomarer Waffen an eine zunehmende Zahl von Staaten (Pakistan, Indien, Iran usw.). Hinzu kommt die Entwicklung taktischer Nuklearwaffen mit begrenzter Reichweite *(mininukes)*. Zugleich gibt es biologische und chemische Waffen mit fast ähnlich abschreckender Wirkung zu vergleichsweise günstigen Preisen. Neu ist das Phänomen einer asymmetrischen Kriegführung wie die bewusste Fokussierung auf terroristische Methoden, um der militärischen Überlegenheit der USA entgegenzuwirken.

Unter asymmetrisch versteht man Konflikte, die von nicht-staatlichen Gruppen gegen staatliche Einrichtungen und/oder Sicherheitskräfte gewaltsam, aber meist mit nicht-konventionellen Mitteln – also jenen des Guerillakampfes, mittels Anschlägen, Überfällen usw. – geführt werden. Dabei kann es sich sowohl um Terroristen als auch um politische (Befreiungs-)Kämpfer handeln.

- Der **ethnische Nationalismus**, eine Reminiszenz aus dem 19. Jahrhundert, wird neuerlich ein Thema, insbesondere in den zentral- und osteuropäischen Ländern und im asiatischen Raum. Beispiele sind die

Nationalitätenkonflikte im ehemaligen Jugoslawien und der UdSSR. Das Nationalismusphänomen und religiöse Fundamentalismen können ein Resultat der Modernisierung sein. Technologieschübe und eine Beschleunigung der Geschichte produzieren Gewinner und Verlierer. Letztere greifen auf den Nationalismus und/oder Fundamentalismus zurück.

Umstritten ist, ob die Rahmenbedingungen für Weltordnungskonzepte heute ungleich günstiger als je zuvor in der Geschichte sind. Krieg, zum Beispiel, wird mehrheitlich geächtet und nicht als legitime Fortsetzung der Politik mit anderen Mitteln – nach Clausewitz – gesehen. Internationale Organisationen und Abkommen (die UNO, die Konferenz und später *Organisation für Sicherheit und Zusammenarbeit in Europa/OSZE*, das *General Agreement on Tariffs and Trade/GATT* und in der Folge die *World Trade Organization/WTO* usw.) haben sich bewährt. Dadurch sind, obwohl Staaten unverändert zu den wichtigsten Akteuren zählen, sogar internationale Regime entstanden, die Normen und Verhaltensweisen vorgeben, um transnationale Problembereiche kostengünstiger zu bearbeiten (Hasenclever u. a. 1977).

Im Mittelpunkt bleibt demzufolge die Frage, welches **Weltmodell** Gültigkeit besitzt bzw. welche **Weltordnungskonzepte** zur Organisation der Internationalen Politik und ihrer Staatengemeinschaft zur Anwendung kommen sollen. Ist eine Verbündung der nordatlantischen Welt, d. h. von USA/NATO und EU-ropa/*Westeuropäische Union – WEU*, oder ein Zusammenschluss Europas gegen USA und NAFTA anzustreben? Ist die Weltgesellschaft als Wirtschafts-/Kapital-, Medien- und Infrastrukturverflechtung harmonisch, d. h. frei von grundsätzlichen Widersprüchen, so dass gewaltfreie Beziehungsmuster entstehen? Ist demgegenüber nicht ein pessimistischeres Weltbild bzw. sogar das Modell eines zunehmend anarchischen Weltsystems gerechtfertigt?

1
Konfigurationen des internationalen Systems

Wie sieht die Welt aus? Modelle bilden Hilfsmittel für Analysen und oft den Rahmen für Theorien, welche Gestalt das System der Internationalen Politik hat. Ein zentraler Begriff ist die Polarität, wobei in den unterschiedlichen uni-, bi- und multipolaren Weltmodellen jeweils bestimmte Regeln für das Handeln der Akteure in der Internationalen Politik gelten (Kaplan 1957). Zentrale Formen der Weltordnung sind:

- Die **Bipolarität** ist gekennzeichnet durch zwei Hegemonialmächte mit fundamentalen Interessensgegensätzen, die einen Konflikt in allen Bereichen führen: militärisch, politisch, wirtschaftlich sowie soziokulturell. Es gibt klar definierbare und auch territorial abgrenzbare Blöcke. Das System ist relativ stabil, obwohl es sich wie im Ost-West-Konflikt um ein Gleichgewicht des Schreckens infolge atomarer Abschreckung handeln kann. Nichtsdestoweniger ist die Berechenbarkeit hoch, weil eine Symmetrie des Systems gegeben ist.

Der idealtypische Fall war die Konfrontation von USA und UdSSR sowie des von ihnen dominierten westlichen und östlichen Machtblocks. Das Beispiel zeigt zugleich die umfassende Dimension der Bipolarität. Es handelte sich dabei demokratietheoretisch um eine Konfrontation von liberalen Demokratien versus, in der Eigendefinition, realsozialistischen Volksdemokratien. Sicherheitspolitisch-militärisch war die Bipolarität ein Gegensatz von NATO und WPO, wirtschaftspolitisch der Kontrast von freier Marktwirtschaft nach kapitalistischen Grundprinzipien versus zentrale Planwirtschaft mit Fünfjahres-Plänen bzw. das Gegenüber von Institutionen wie der *Organization for Economic Cooperation and Development (OECD)* und des *Rates für gegenseitige Wirtschaftshilfe/Commission for Mutual Economic Assitance (RGW/COMECON)*. Kultur und Sport – siehe Tourneen westlicher Popgruppen oder von Moskauer Ballettensembles sowie den wechselweisen Boykott der Olympischen Spiele 1980 und 1984 in Moskau bzw. Los Angeles – stellten ebenso häufig Schauplätze des Kalten Krieges dar. Zugleich bestand ein Minimum an Gesprächs- und Kompromissbereitschaft auf beiden Seiten, weil einerseits jeder den anderen mehrfach und total vernichten konnte, andererseits aber dabei den eigenen Untergang riskiert hätte. Beide Supermächte sorgten in ihren jeweiligen Einflussbereichen gewissermaßen für Ruhe und Ordnung. Kleinere Kriege zwischen Bündnisgegnern, so genannte Stellvertreterkriege, wurden wiederholt geführt, dennoch wurden wenige, aber wichtige das Gesamtsystem betreffende Fragen – etwa der Rüstungskontrolle – einvernehmlich gelöst.

- Die **Unipolarität** stellt im Unterschied zur Bipolarität ein hierarchisch strukturiertes System dar. Es besteht nicht Interdependenz, sondern mehrheitlich – militärische, politische und/oder wirtschaftliche – Abhängigkeit von einer Hegemonialmacht. Stabilität und Berechenbarkeit sind ebenfalls relativ hoch, jedoch nicht auf Symmetrie und Gleichgewicht beruhend, sondern mit einer klaren Oben-/Unten-

Positionierung von mächtigen und weniger mächtigen Staaten verbunden (Wohlforth 1999, 5ff). Das unipolare Modell kann heute für die militärische Rolle der USA angewendet werden. Nur die USA sind gegenwärtig in der Lage und – nach den Terroranschlägen 2001 im eigenen Land – politisch gewillt, ihre Interessen global zu definieren; und nur sie sind in der Lage, diese aufgrund ihrer einzigartigen und weltweit verfügbaren Infrastruktur (Stützpunkte im In- und Ausland, Satellitenaufklärung, flexible Waffen- und Trägersysteme etc.) auch tatsächlich wahrzunehmen.

In der Hierarchie eine Stufe unterhalb der USA gibt es eine Gruppe starker regionaler Mächte, die einen großen politischen Einfluss in bestimmten Regionen ausüben (können), aber nicht – oder nur sehr beschränkt, wie etwa die *Europäische Union/ EU* – in der Lage sind, ihre Interessen global zu vertreten. Dazu zählen neben der EU (bzw. im Alleingang auch deren mächtigste Mitglieder Großbritannien, Frankreich und Deutschland) noch Russland in der nahen eurasischen Nachbarschaft, die Volksrepublik China und Japan in Ostasien, Indien in Südasien, Südafrika im südlichen Afrika sowie Brasilien in Lateinamerika. Auf einer dritten Dimension darunter folgen dann Staaten wie Pakistan, der Iran in der Region Südwestasien, die Ukraine, Südkorea und andere, die aber meist in Konkurrenz und Konflikt mit anderen, mächtigeren Staaten ihrer Region stehen (Höll 2003).

Wichtige internationale Probleme können in einem solchen System in der Regel nur dann nachhaltig gelöst werden, wenn die Supermacht USA aktiv wird. Sie ist zudem im Stande, jede größere Aktion von Einzelstaaten oder auch von Koalitionen einzelner Staaten zu unterbinden. Dies gilt für den militärischen Bereich. Politisch und vor allem wirtschaftlich sowie technologisch ist das Bild weniger eindeutig, bzw. haben die USA einen Bedeutungsverlust erfahren. Es ist, trotz ihrer Führungsrolle nach dem 11. September 2001, wenig realistisch, dass die USA eine Rolle, allein das Weltsystem auszurichten, langfristig übernehmen können. In jüngerer Zeit ist deutlich erkennbar, dass das US-amerikanische Lebens-, Konsum- und Wertemodell (Wohlstand durch hohe Leistungsbereitschaft, hohes Risiko, geringe soziale Absicherung usw.) in vielen Teilen der Welt an Anziehungskraft gegenüber dem EU-Modell (relativ hohe soziale Sicherheit, Betonung von Verhandlungs- gegenüber Gewaltlösungen, Befriedung ehemaliger jahrhundertelanger Feindschaften, Pluralität und Akzeptanz anderer Kulturen usw.) verliert.

- Wirtschaftlich sind Tendenzen festzustellen, die im Rahmen einer **Tripolarität** drei ökonomische Blöcke ergeben: die USA und NAFTA (das *North American Free Trade Agreement,* welches als Erweiterung der ökonomischen Integration bis spätestens 2005 zur *Free Trade Association of the Americas/FTAA* ausgebaut werden sollte), EU-ropa sowie Japan bzw. die sich im Aufschwung befindlichen und als *Pacific Rim* bezeichneten Schwellenländer der Region und die *Association of Southeast Asian Nations/ASEAN*-Staaten. In Abhängigkeit von den zentralen Blöcken gibt es Peripherien, die für die Blöcke Konkurrenzgebiete um Einflusssphären bzw. Rohstofflieferanten und Absatzmärkte darstellen. Die hierarchische Struktur und ein Gleichgewicht bestehen trotz der starken Blockkonkurrenz, allerdings wird die Stabilität durch das zunehmende Konfliktpotential der Blöcke (Stichwort: Wirtschaftskrieg) gefährdet.

Als politisches Konzept ist der **Trilateralismus** hingegen gescheitert. Zurückgehend auf US-Präsident Carters Expertenrunde der *Trilateral Commission* war das Ziel, durch Kooperationen der USA mit Westeuropa – insbesondere mit Deutschland – und Japan Konfliktfreiheit anzustreben und damit der von Theoretikern des Realismus behaupteten notwendigen Konkurrenz aufgrund unterschiedlicher Nationalinteressen entgegenzuwirken. Es sollten sogar bis hin zu trilateralen Kabinettssitzungen politisch und wirtschaftlich gemeinsam Strategien für internationale Problemlagen (sicherheitspolitisch-militärische Krisenherde, ökonomische Dilemmata wie die Schuldenkrise der Länder des Südens, Umweltfragen usw.) ausgearbeitet werden. Das Konzept des Trilateralismus war allerdings auch politstrategisch zu verstehen: Nachdem schon in der Zwischenkriegszeit die US-amerikanische *big stick-foreign policy* als Unilateralismus praktiziert wurde, waren die USA und alle Industrieländer in den 1970er-Jahren durch die Forderungen der Dritten Welt nach einer Neuen Weltwirtschaftsordnung in die Defensive geraten. Demgegenüber sah Washington Menschenrechte, Mehrparteiendemokratie, ethnische und religiöse Toleranz, Verzicht auf Atomwaffen und chemische Massenvernichtungsmittel, Marktöffnung sowie Umweltschutz usw. als Kriterien an, welche die Aufnahme gleichberechtigter staatlicher Beziehungen determinieren sollten. Angesichts der Konstellationen seit den 1970er-Jahren wurden aus Sicht der USA dadurch zwei Ziele erreicht, nämlich a) sowohl Länder des Südens als auch realsozialistische Staaten waren durch Nichterfüllung der Kriterien diskreditiert, und es hatten sich b) die USA, obwohl kurzfristig einige lateinamerikanische rechts gerichtete Diktaturen als Verbündete aufgegeben werden mussten, langfristig eine Basis für die Interventionspolitik in der Rolle des Weltpolizisten zur Bestrafung von »Schurkenstaaten« gesichert (siehe die Interventionen in Libyen, Kolumbien oder im Irak bis heute, wobei jeweils den USA und nicht der UNO die Handlungsinitiative überlassen wurde).

- Bei der **Multipolarität** wird im Unterschied zum Modell der Tripolarität den politischen Faktoren gegenüber Wirtschaftselementen eine größere Bedeutung eingeräumt. So müssten mindestens das postsowjetische Russland und die Volksrepublik China als zusätzliche Mächte neben den Blöcken berücksichtigt werden, auch bevölkerungsreiche Länder wie Indien wären aufgrund ihres Entwicklungspotentials zu beachten. In multipolaren Systemen kann die Instabilität steigen und Machtstrukturen werden diffuser, obwohl etwa ein Gleichgewicht von fünf Mächten (Pentarchie) dem Modell des Staatensystems aus dem 19. Jahrhundert vom Wiener Kongress an entspricht (Österreich-Ungarn, Deutsches Reich, Russland, Frankreich, Großbritannien).

Abb. I: Polare Weltordnungen

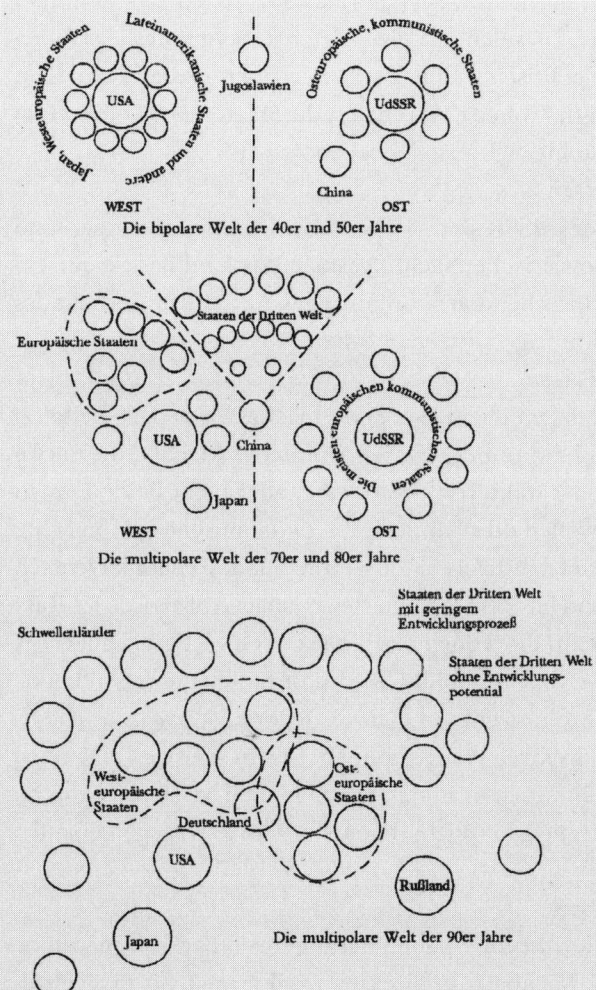

Quelle: Pfetsch 1994, 38.

Alternativ zu Weltbildern, die – siehe unten – nach dem Ende des Kalten Krieges entweder an eine neue Weltordnung zum Nutzen aller Staaten oder an das andere Extrem glauben, nämlich die Welt sei unregierbar und verfalle in das Chaos, besteht der **Ansatz des dynamischen Gleichgewichts** von Cohen (1991/94). Die Hauptthese dieses ebenfalls multipolaren Modells lautet, dass die Beziehungen der Staaten untereinander unsere Welt in einem labilen, jedoch dynamischen Gleichgewicht halten. Analog zu einem System kommunizierender Gefäße wirken sich politische Veränderungen in einem Land auf alle anderen Länder stärker oder schwächer aus. Ein solches labiles Gleichgewicht unterliegt vielen Störungen, die auf politischer Ebene ständige Übereinkünfte und Konsultationen erfordern. Cohen differenziert die Staaten der Welt in einer fünfstufigen Hierarchie (vgl. auch Nissel 2003, 40f):

- *First Order Power*

Mit dem Zerfall der UdSSR sind seit 1990 die USA einzige Super- und Weltmacht. Der sowjetische Nachfolgestaat Russland besitzt für Cohen bei einem entsprechenden ökonomischen Aufschwung erneut das Potential einer zukünftigen *first order power*.

- *Second Order Power*

In diese Kategorie fallen ehemalige Supermächte – aus dem Zeitalter des Kolonialismus bzw. Imperialismus – und/oder Mächte, die entweder ökonomisch oder militärisch stark sind, aber nicht beide Dimensionen abdecken wollen oder können. Als ökonomische Großmächte gelten die EU oder auch Einzelstaaten wie die Bundesrepublik Deutschland, Frankreich und Großbritannien sowie Japan. Militärisch ist Russland eine Großmacht, die jedoch ökonomisch schwach ist. Längerfristig zählen auch die Volksrepublik China und Indien als aufstrebende Wirtschafts- und Atommächte in diese Kategorie. *Second order powers* dominieren meist in ihrer Weltregion, aber nicht weltweit. Denkbar wäre, dass sich solche Staaten allmählich von ihrem Satellitenstatus befreien und die erstrangigen Mächte herausfordern bzw. gegeneinander ausspielen.

- *Third Order Power*

Staaten der dritten Kategorie haben nur regionale Bedeutung, oft stehen sie mit ihren Nachbarn in direkter Konkurrenz. So mangelt es beispielsweise Saudi-Arabien an Bevölkerung, der Wirtschaftsriese

Taiwan besitzt nur ein kleines und permanent bedrohtes Territorium. Wirtschaftlich potent wirken die Golfstaaten oder Singapur, aber militärisch sind sie relativ unbedeutend. Aufgrund einseitiger Rüstungsanstrengungen könnte man vielleicht auch Pakistan oder Nordkorea mit ihren atomaren Drohpotentialen in diese Kategorie einreihen.

- *Fourth Order Power*

Es handelt sich um Staaten ohne größeren Einfluss, sie sind bestenfalls für ihre unmittelbaren Nachbarn von gewisser Bedeutung. Beispiele wären Sudan, Ecuador, Mongolei bzw. auch Bosnien-Herzegowina, Paraguay, Jordanien u. a.

- *Fifth Order Power*

An letzter Stelle gereiht handelt es sich um Staaten von so geringer Ausstrahlungskraft, dass sie nicht einmal ihre Nachbarn ernsthaft berühren oder interessieren. Als Musterbeispiele gelten Nepal, Bhutan, Laos, Bolivien sowie viele Staaten Schwarzafrikas und die Inselstaaten im Pazifik.

Die Zuordnung zu diesen Gruppen erfolgt fließend, es gibt ständige Auf- und Abwärtsbewegungen in dieser Hierarchie. Deshalb ist das Gleichgewicht dynamisch und labil. Weite Teile Lateinamerikas und Afrikas – etwa ein Viertel der Erdoberfläche – sind nach Cohen marginalisiert, es handelt sich um *shatterbelts* der Weltpolitik. Noch isolierter sind *pockets of selfcontainment*, isolierte Territorien wie Tibet. Weitere Asymmetrien der Austauschbeziehungen gelten für Staaten, die in ihrer Umgebung wie Fremdkörper wirken (Albanien, Iran, Libyen) und Bedrohung für das labile Gleichgewicht der Region darstellen können. Es existieren Knotenpunkte, über die höherrangige Staaten in niedrigrangige eindringen. Cohen nennt dies das *gateway*-Konzept. Für die »Eroberung« Osteuropas durch den Westen sind etwa Wien und Berlin die wichtigsten *gateways*.

Das **Weltsystem ist jedenfalls** *geopolinomic*, d. h. eine vielpolige Welt. In dieser existieren überlappende Einflusssphären, die nicht mehr durch klare Grenzlinien getrennt werden. Eine weitere Möglichkeit, Hierarchie und Hegemonie von Staaten in einer gedachten Staatenpyramide zu differenzieren, wäre etwa jene, zwischen *emerging regional powers* (die Volksrepublik China, Indien, Südafrika und Brasilien) und *declining regional powers* (EU-ropäische Mächte und Japan) zu differenzieren.

Die beschriebenen Modelle der Polarität konzentrieren sich jedoch auf das Staatensystem. Eine andere Möglichkeit, die Welt zu beschreiben, sind **supranationale Ordnungsmodelle**, in denen internationale

Organisationen die Rolle einer globalen (UNO) und/oder regionalen (etwa EU, *Organisation Amerikanischer Staaten/OAS*, *Afrikanische Union/ AU*) Ordnungsmacht übernehmen.

Aktuell sind auch Forschungen, die versuchen, weltpolitische Hegemonial- und Herrschaftszyklen zu analysieren, etwa durch die These, dass technologischer Fortschritt und Niedergang – in Großbritannien im 19. Jahrhundert durch Maschinen-/Schiffsbau, in den USA im 20. Jahrhundert als Zeitalter des Verbrennungsmotors, in Japan für das 21. Jahrhundert durch Elektronik – einen Hegemonialstatus begründen oder beenden. Dabei würde in kapitalistischen Produktionsländern der Staatsinterventionismus vor dem technologischen Niedergang und dem Verlust des Hegemonialstatus zunehmen. In verfeinerten Ansätzen wird versucht, das Zyklusphänomen weniger ökonomisch als mit sozialen Entwicklungen zu erklären, d. h. bestimmte Formen des sozialen Ungleichgewichts führen auch zur internationalen Schwächung.

Die wissenschaftliche und politische Diskussion konzentriert sich jedenfalls seit den späten 80er- bzw. frühen 90er-Jahren auf **Fragen verschiedener Modelle des internationalen Systems** und der neuen Rollen der Supermächte (Kennedy 1987 und 1993, 296–416; Fukuyama 1989, 5ff, bzw. 1992, 13ff; Nye 1991; Huntington 1993; Hertsgaard 2003; Kagan 2002 und 2003; Kupchan 2003; Todd 2004 u. v. a.). Optimistisch betrachtet, könnte ein harmonisches Weltbild entworfen werden, das nach Francis Fukuyama die liberale Demokratie als Ende der Geschichte definiert – eine Gesellschaft mit der Demokratie als Staatsform und dem Liberalismus als wirtschaftliches Prinzip, die frei von grundsätzlichen (!) Widersprüchen ist. Deshalb wären, ungeachtet lokaler Konflikte usw., Anfänge einer dauerhaften Struktur des Friedens erkennbar, weil sich die Staaten zum Idealbild der liberalen Demokratie hinentwickeln und kein prinzipieller Konflikt verschiedener Ideologien und Staatsformen besteht.

Die schwerwiegendsten weltpolitischen Krisen und Veränderungen nach dem Ende des Ost-West-Konflikts – nach Fukuyama der Reformprozess in Russland, gefährdet u. a. durch die Wirtschaftskrise im/seit dem Jahr 1998, und die Wirtschaftskrise in Asien 1997/98 – wären politisch steuerbar und würden keinen grundsätzlichen Systemwechsel bedingen.

Für die liberale Demokratie als idealtypischen Endpunkt der Geschichte sprechen folgende Punkte bzw. ergeben sich folgende Handlungsnotwendigkeiten im internationalen System (Burns 1994):

- **Liberale Demokratien korrelieren mit Friedenssicherung.** Sie tendieren dazu, Konflikte untereinander nicht gewaltsam auszutragen, so dass bestehende Demokratien eine aktive Außenpolitik betreiben, welche die Demokratisierungsprozesse in anderen Ländern unterstützt, weil sie ihre Friedenszone möglichst erweitern wollen.
- **Demokratisierung korreliert mit wirtschaftlicher Entwicklung.**

Die Wirtschaftsentwicklung wird mehrheitlich am Pro-Kopf-Einkommen gemessen. Empirisch finden sich dafür – nicht unumstritten – Fallbeispiele, weil etwa in Spanien, Portugal, Griechenland sowie auch in Südkorea und Taiwan (nach 1987 bzw. in den 90er-Jahren) ein intensiver Demokratisierungsprozess sich nach dem Erreichen eines Durchschnittseinkommens von über 6.000 US-Dollar im Jahr, berechnet nach Kaufkraftparitäten in den 90er-Jahren, durchsetzte.

- **Reichtum und Wohlstand führen zu mehr Demokratie, Sicherheit und politischer Stabilität sowie zu weniger Krieg.**

Daraus könnte die – ethisch problematische – These einer sinnvollen Dominanz der Wirtschaft über die Politik folgen, d. h. Staaten werden zunehmend mit Unternehmen verglichen, die als Ziele eine bessere Volkswirtschaft und eine effizientere Verwaltung usw. anstreben (Stichwort: »Österreich AG«). Doch müssen politische Systeme sich auch als solche verstehen und ihre zentralen Institutionen wie Parlament und Regierung die Macht erhalten, nicht aber sie an Wirtschaftsinstitutionen wie das *Federal Reserve Board (FED)* oder die *Europäische Zentralbank (EZB)* delegieren.

- **Wirtschaftswachstum korreliert mit weltwirtschaftlicher Integration.** Unterentwickelte Länder müssen demnach in den Weltmarkt des Handels und der Investitionen eingebunden werden, jedoch in Verbindung sowohl mit der Schaffung politischer Voraussetzungen, demokratischer Regierungsmacht und entsprechender Institutionen (Staatsgewalten, Parteien, Medien usw.) als auch unter Berücksichtigung kultureller Aspekte.

Globalisierung wird nach Fukuyama in diesem Zusammenhang als Teil der Entwicklung zur liberalen Demokratie als Endpunkt der Geschichte und als irreversibel angesehen, weil u. a. 1) das Beispiel von zwischenzeitlichen Wirtschaftkrisen in Asien die Alternativlosigkeit demokratischer Herrschaftsformen beweist (in unterschiedlicher Intensität autoritäre Regime sind in Südkorea, Indonesien, Thailand usw. letztlich gescheitert) und 2) links orientierte Volksdemokratien –

im Unterschied zu den »rechten«, d. h. kapitalistischen und liberalen, Demokratien – lediglich auf nationaler Basis bestehen und über kein Konzept für ihre Integration in Globalsysteme verfügen sowie insbesondere 3) die technologische und informationstechnische Revolution eine Globalisierung aller Gesellschaftsbereiche erzwingt und, analog zur industriellen Revolution im 18./19. Jahrhundert, unumkehrbar ist.

Allerdings kritisiert Fukuyama selbst seine These vom Ende der Geschichte, weil die informationstechnischen und vor allem die naturwissenschaftlichen Revolutionen der Gegenwart (in der Biotechnologie usw.) gleichsam neue Voraussetzungen der »Natur des Menschseins« und menschlichen Verhaltens entstehen lassen könnten, etwa durch neue Kommunikationsformen und Gentechnik. Dadurch wiederum könne nicht von einer Staatsform, von der liberalen Demokratie, als in sich widerspruchsfreie Form menschlichen Zusammenlebens gesprochen werden (Fukuyama 1999, 16ff).

In der ursprünglichen Kritik an Fukuyamas Thesen wurde auf die Tendenz zur Herausbildung von drei großen Wirtschaftsräumen (NAFTA, EU-ropa sowie Japan und die ASEAN-Staaten) verwiesen, die durchaus auch Konfliktpotential in sich birgt. Auch die These der Multipolarität hat sich zu einem der Harmonie diametral entgegengesetzten Paradigma entwickelt.

Beispielsweise prognostizierte, wie erwähnt, der frühere US-Außenminister Henry Kissinger 1992 und 1994, ähnlich John Mearsheimer 1990, ein internationales System mit mindestens sechs Großmächten (USA, EU-ropa, China, Japan sowie Russland und Indien).

Ohne die Vorherrschaft der Nationalstaaten als wichtigste Akteure zu bezweifeln, können außerdem analog zu den Wirtschaftsblöcken die Weltkulturen als wichtigste Gruppierungen von Staaten angesehen werden. Schlussfolgerung daraus wäre, dass eine Eskalation von Konflikten zwischen Staaten und Staatengruppen aus unterschiedlichen Kulturkreisen, ohne dass eine supranationale Ordnungsmacht akzeptiert wird, die größte Wahrscheinlichkeit bzw. Gefahr darstellt (Huntington 1993; 1996). Samuel Huntington, der die dementsprechende These vom Kampf der Kulturen entwarf, hat später den Begriff eines **uni-multipolaren Systems** geprägt, d. h. die parallele Existenz von einer Supermacht auf globaler Ebene und mehreren (regionalen) Hauptmächten, die vom Widerspruch zwischen Isolationismus und Internationalismus in der US-Außenpolitik geprägt ist (Huntington 1999, 35ff).

Abb. 2: Das gegenwärtige uni-multipolare Weltsystem nach Huntington

	Dominanzebene	Primäre Macht/ Mächte	Sekundäre Macht
Globalebene	Welt	USA	x
Regionalebene	Europa	Deutschland, Frankreich	Großbritannien
	Eurasien	Russland	Ukraine
	Ferner Osten	VR China, Japan	Südkorea
	Südasien	Indien	Pakistan
	Südwestasien	Iran	Saudi-Arabien
	Lateinamerika	Brasilien	Argentinien
	Afrika	Südafrika, Nigeria	x

Quellen: Agnew 1998, 45; Wolkersdorfer 2001, 149.

Huntingtons These vom »Zusammenprall der Zivilisationen« *(clash of civilizations)*, noch einfacher vom »Kampf der Kulturen«, geht von einem kulturellen Paradigma aus: Grundannahme ist, dass nicht politisches Handeln oder universale Werte den menschlichen Fortschritt insgesamt bzw. insbesondere gesellschaftliche und ökonomische Entwicklung leiten, sondern die Kulturleistungen. Kultur kann auch als Gegensatz zu den neuen Leitwerten der Globalisierung gedeutet werden. Dieser stehen zunehmend ethnisch, religiös oder national begründete Konzepte entgegen. Huntington vertritt den Ansatz voneinander durch Bruchlinien abgegrenzter Kulturkreise. Kultur wird dabei definiert als »die Gesamtheit der Werte, Einstellungen, Glaubensüberzeugungen, Orientierungen und Grundvoraussetzungen, die Menschen einer Gesellschaft prägen«. Die Weltpolitik des 21. Jahrhunderts wird nicht von Auseinandersetzungen ideologischer oder ökonomischer Natur bestimmt sein, sondern von Konflikten zwischen Völkern und Volksgruppen unterschiedlicher kultureller Zugehörigkeit. Huntington behauptet demzufolge die Ablösung der Ära der Klassenkonflikte durch eine der Kultur-(Raum-)Konflikte.

Identifiziert werden acht Kulturen: die westlich-christliche Kultur, die orthodox-christliche Kultur, die konfuzianische Kultur, die islamische Kultur, die hinduistische Kultur, die buddhistisch-japanische Kultur, die lateinamerikanische Kultur und die Kultur(en) Afrikas. Huntington glaubt an das »Verblassen des Westens« im 21. Jahrhundert und an eine Art Rückzugsgefecht »*The West against the*

Rest«. Er stellt die These auf, dass die USA ihre dominierende Position als einzige Supermacht in einem uni-multipolaren Weltsystem mangels Unterstützung durch die Verbündeten aufgeben werden müssen.

Abb. 3: Die Welt nach dem Ende des Kalten Krieges – Fukuyamas und Huntingtons Theoriemodelle im Vergleich

Francis Fukuyama »Das Ende der Geschichte«	Samuel P. Huntington »Kampf der Kulturen«
1. Die moderne, liberale Demokratie stellt den Endpunkt der ideologischen Evolution dar, denn es gibt keine Alternativen zu ihr. 2. Die Naturwissenschaft und das Grundbedürfnis nach Anerkennung waren die bestimmenden Faktoren bei der Entwicklung der liberalen Demokratie. 3. Die Nationen werden einander immer ähnlicher, sie zeigen eine deutliche Tendenz zum westlichen System, nämlich Demokratie und freie Marktwirtschaft. Durch die Globalisierung werden sie miteinander verbunden. 4. Die liberale Demokratie ist das beste aller Systeme, weil es die Grundbedürfnisse der Menschen berücksichtigt und befriedigt. 5. Durch die Ausbreitung der liberalen Demokratie ist die Gefahr von Kriegen deutlich verringert.	1. In Zukunft wird es mehr Konflikte geben aufgrund der vielen kulturellen Unterschiede der Menschheit. 2. Der Westen beeinflusst zwar die gesamte Welt, jedoch unterscheiden sich die westlichen Werte grundlegend von denen der islamisch, orthodox oder konfuzianisch geprägten Welt. Durch die Zunahme der internationalen Beziehungen wird das Kulturbewusstsein besonders gestärkt werden. 3. Konflikte zwischen Zivilisationen sind schwieriger beizulegen als politische oder ökonomische Konflikte, und sie tendieren eher dazu, durch Krieg ausgetragen zu werden. 4. Die nicht-westlichen Systeme werden ihre militärische und wirtschaftliche Stärke erhöhen und Bündnisse schließen, um mit dem Westen konkurrieren zu können. 5. Um größere Eskalationen zu vermeiden, müssen die verschiedenen kulturellen Gruppen lernen, nebeneinander zu leben und ein Grundverständnis für die jeweils anderen Zivilisationen zu entwickeln (»Peaceful Coexistence«).
Gesamtbild: sehr optimistisch und harmonisch; (zu) sehr am westlichen Denken orientiert.	**Gesamtbild:** sehr pessimistisch, global orientiert.

Quellen: eigene Darstellung nach Fukuyama 1992 und Huntington 1996.

Ein drittes Weltbild – neben Harmonie und Multipolarität des internationalen Systems – zeigt eine **anarchische Welt**, weil auf den Zusammenbruch staatlicher Autorität bzw. den Zerfall von Staaten, Flüchtlingsströme, Terrorismus sowie insbesondere zunehmende ethnische Konflikte verwiesen wird (Moynihan 1993; Brzezinski 1994).

1993 gab es knapp 50 ethnische Kriege; auf dem Gebiet der UdSSR existierten über 150 territorial-ethnische Forderungen und Grenzkonflikte. Im Jahr 2003 zählte der Konfliktbarometer des Heidelberger Instituts für Internationale Konfliktforschung (HIIK) insgesamt 14 politische Konflikte, die als Kriege mit systematischer Anwendung von Gewalt ausgetragen wurden. Davon war nur einer (der Krieg der USA gegen Irak) zwischenstaatlich. Insgesamt wurden von den in diesem Jahr existierenden 218 politischen Konflikten 80 zumindest teilweise gewaltsam ausgetragen, 136 der 218 Konflikte waren innerstaatlicher Natur. 2004 erhöhte sich die Konfliktzahl auf 230 und jene mit systematischem Gewalteinsatz auf 36, darunter drei Kriege (vgl. als Quelle das Heidelberger Institut für Internationale Konfliktforschung e.V. [Hg.], Konfliktbarometer 2003 und 2004, verfügbar unter: www.konfliktbarometer.de).

2
Globalisierung

Globalisierung ist ein oft verwendetes und – analog zu anderen weiten Begriffen wie Internationalisierung, Amerikanisierung oder Ökonomisierung – ebenso häufig tagespolitisch missbrauchtes Schlagwort, das jedoch schwierig exakt zu definieren ist sowie bewusst oder unbewusst in sehr unterschiedlichen Bedeutungszusammenhängen verwendet wird. Empirisch wird Globalisierung meistens durch aktuelle Daten nachgewiesen – Stichworte: Welthandel, exponentielles Wachstum, (post-)modernes Kommunikationszeitalter usw. –, die eine überdurchschnittliche und scheinbar unumkehrbare Zunahme der internationalen Verflechtung in politischer, wirtschaftlicher und gesellschaftlicher Hinsicht zeigen (frühe Einführungen im deutschsprachigen Raum boten u. a. Amin 1997; Beck 1997; Galtung 1997).

In Wahrheit reichen die **Anfänge der Globalisierung** weit in die Vergangenheit zurück:
- Bis zur Entwicklung eines Welthandels im 18. Jahrhundert und zur Hochblüte der Kolonialzeit mit Großbritannien als zentraler Kolonialmacht im 18./19. Jahrhundert sowie bis zu den Handelsbewegungen zwischen Mutterländern und Kolonien, obgleich als Außenhandel und Internationalisierung, aber noch nicht als Globalisierungsprozess im engeren Sinn zu verstehen.
- Jedenfalls aber bis zur Gründung des Internationalen Währungsfonds *(International Monetary Fund/IMF)* und der Weltbank *(Interna-*

tional Bank for Reconstruction and Development/IBRD) 1944 in Bretton Woods nahe San Francisco. Damals wurden grundlegende Vereinbarungen – u. a. über den Status des US-Dollars als Leitwährung – getroffen und Organisationen geschaffen, welche die Wirtschaftszusammenarbeit auf globaler Ebene regeln und koordinieren.

Die Entstehung des GATT bzw. der WTO sind weitere Beispiele einer zunehmenden Globalisierung zumindest im Wirtschaftsbereich.

Das Allgemeine Zoll- und Handelsabkommen GATT wurde 1947 gegründet und war bis 1995 Vorläufer der Welthandelsorganisation (WTO) mit dem Ziel, den weltweiten Handel durch Senkung der Zölle und Beseitigung anderer Außenhandelsbeschränkungen zu fördern. Im Mittelpunkt der handelspolitischen Vereinbarungen stand die Meistbegünstigung. Zollvergünstigungen, die ein Mitglied einem anderen Partner gewährt, gelten sofort und ohne Verzögerung auch für alle anderen Handelspartner. Die WTO, seit 1995 GATT-Nachfolgeorganisation mit Sitz in Genf, verfügt über mehr Kompetenzen, insbesondere durch die Kontrolle der Einhaltung ihrer Regeln bei den Mitgliedsstaaten und durch ihr Auftreten als Schiedsgericht bei Handelskonflikten zwischen Mitgliedern. Die WTO hat (Stand September 2006) 149 Mitglieder, 148 Staaten sowie die EU-Kommission. Aktuelle Themen von Verhandlungen waren, neben der weiteren Liberalisierung des Warenhandels, die Liberalisierung des Dienstleistungshandels *(General Agreement on Trade in Services/GATS)* und die internationale Regelung von Patentrechten *(Agreement on Trade-Related Aspects of Intellectual Property Rights/TRIPS)*.

Zeichen der **internationalen Wirtschaftsverflechtung** waren aber auch der Ölpreisschock 1973 und die Schuldenkrise der Entwicklungsländer 1982, welche jeweils globale Auswirkungen zeigten, u. a. die Benzinbeschränkungen in Westeuropa sowie die existentielle Bedrohung US-amerikanischer und europäischer Banken als Hauptgläubiger überschuldeter Entwicklungsländer. Parallel dazu führte erstens die Einführung einer neuen Technologie, der Elektronik, zur Globalisierung. Das Fernsehen und das Internet sind ein Beispiel für das Zusammenrücken der Welt. Der Vernetzungsprozess bewirkte noch mehr Außenhandel, mehr Direktinvestitionen in anderen Ländern, eine Intensivierung des internationalen Finanzmarktes – jeweils zunehmend unabhängig von der Politik.

Globalisierungsphänomene entstanden aber zweitens nicht allein im Wirtschaftsbereich, sondern auch im Bereich der Umwelt – ökologische Gefahren wuchsen von lokalen Risiken zu globalen Bedrohungen (Stichwort: Ozonloch) – oder der internationalen organisierten Kriminalität (Terrorismus, Drogenhandel, Geldwäsche usw.). Die Folge sind **Interdependenzprobleme**, die von Staaten als klassische Akteure der Internationalen Politik nicht allein gelöst werden können.

Drittens entwickelte sich auf sozio-kultureller Ebene ein **globales Weltbild**. Es entsteht globales Wissen über die Welt, das allerdings durch Medien – Stichworte: Medienkonzerne und Medienkonzentration – subjektiv geprägt ist und wird. Die politikwissenschaftliche Grundfrage ist, inwiefern Globalisierung einen gewollten Prozess darstellt und/oder sich eigendynamisch fortsetzt. Im erstgenannten Fall stellt sich die Frage nach jenen Akteuren, die den Globalisierungsprozess »steuern«. Unbestritten ist, dass der Prozess irreversibel ist (so etwa kann keine moderne Kommunikationsgesellschaft sich der Aufhebung von Ländergrenzen – siehe EU/NAFTA usw. – langfristig widersetzen).

Wesentliche **Merkmale der Globalisierung** sind:
- Es kommt zur **Loslösung von der Staatszentrierung**, d. h. souveräne Nationalstaaten werden nicht (mehr) als alleinige Form der Organisation und Realisation politischer Herrschaft angesehen. Demgegenüber sind eine wachsende gesellschaftliche Verflechtung von Staaten (Transnationalisierung), eine steigende Bedeutung internationalisierter Kooperationsformen (internationale Organisationen) und eine steigende Sektoralisierung der Politik (internationale Handelspolitik, Umweltpolitik, Bildungspolitik usw.) zu beobachten.
- **Multi-/Transnationale Konzerne** *(Transnational Corporations/ TNCs)* als nicht-staatliche Akteure gewinnen an Bedeutung bzw. wer-

Abb. 4: Jahresumsatz von Wirtschaftsunternehmen und Bruttoinlandsprodukt von Staaten im globalen Vergleich (Auswahl, Angaben in Milliarden US-Dollar)

Bruttoinlandsprodukt von Ländern 2003		Jahresumsatz von Unternehmen 2003/04	
Schweden	258	Exxon Mobile	232
Polen	201	General Motors	191
Türkei	197	Daimler Chrysler	152
Südafrika	126	BP Amoco	148
Venezuela	89	Toyota	112

Quellen: eigene Darstellung nach offiziellen Angaben (siehe für Staaten http://worldbank.org; für Unternehmen u. a. http://finanzen.net).

den ihrerseits internationalisiert (siehe etwa im Bereich der Automobilindustrie Beteiligungen, Zusammenschlüsse und Fusionen von Daimler Benz und Chrysler mit Anteilen an Mitsubishi usw.). Zudem gewinnen **andere nicht-staatliche Akteure** (internationale Medien und internationale Nicht-Regierungs-Organisationen) an Stellenwert.

Es kann zusammenfassend von

- **neuen Informations- und Kommunikationssystemen** (bis hin zur Vernetzung im Sinne eines *global village*),
- **neuen Organisations- und Produktionsstrukturen** (es verstärkt sich eine internationale Verbundproduktion; relativ niedrige Transportkosten und bestehende Lohngefälle forcieren die Verlagerung von Produktionsstandorten in Billiglohnländer) sowie
- **neuen Wirtschaftsräumen und neuen Akteuren sowie Machtzentren** (mit Wettbewerbsvorteilen von TNCs, der Konzentration auf Kontrollzentren von TNCs in wenigen Großstädten/*global cities*, weltweit agierenden Managern der TNCs als *global players* mit Direkteinfluss auf die Weltwirtschaft und – infolge des Standortwettbewerbs, wo welche Produktion stattfindet – auf die nationalen Regierungen)

als hauptsächlichen Veränderungen durch Globalisierung gesprochen werden.

Falsch wäre es allerdings, eine zwangsläufige Verbindung von Globalisierung mit Kapitalismus und Demokratie anzunehmen, denn es wird 1) ein Ultraliberalismus nicht durch die Globalisierung per se ausgelöst, sondern eine ökonomische Dynamik ohne gesellschaftliche Kontrolle und unter dem Einfluss mächtiger Kapitalspekulationen/-spekulanten in Gang gebracht (siehe als Schlagzeile »Finanzmagnat Soros bringt Börse zum Einsturz« o. Ä. und den Diskurs in Forrester 1998 und 2001) und es werden 2) auch totalitäre Regierungen von wirtschaftlichen Interessengruppen unterstützt bzw. bilde(te)n diese mit undemokratischen Machthabern Allianzen (etwa mit Fujimori in Peru, mit Mugabe in Simbabwe, mit Mahatir in Malaysia usw.).

Generell stellt sich die Frage nach der Legitimität von Staaten, welche das Wohl ihrer BürgerInnen fördern sollen, das aber zunehmend nicht national, sondern durch internationale Entwicklungen als treibende Kräfte beeinflusst wird. Offen bleibt zudem, ob nicht infolge der Bestimmung dieser internationalen Entwicklungen durch nicht-staatliche Akteure demokratische Entscheidungsprozesse als Basis für Handlungen und Entwicklungen im internationalen System abnehmen

(Stichwort: Demokratiedefizit). Demokratische Ansprüche werden aber auch im kleineren Rahmen – Demokratie am Arbeitsplatz (mit einem Euro-Betriebsrat als Lösung?) – durch die Globalisierung gefährdet.

Die Migrationsströme, Transnationalisierung der Wirtschaft, globale Umweltprobleme, aber auch die Überregionalisierung von Konflikten sowie Kriegen sind **Indikatoren der Globalisierung**. Zu diesem Punkt gibt es mehrere empirische Beispiele, die zugleich wechselweise **Vor- und Nachteile des Globalisierungsprozesses** darlegen. Als vorteilhaft gelten:

- Freier Wettbewerb kann zu **mehr Reichtum bzw. Wohlstand** als staatliche Kontrolle führen, allerdings ohne, wie es theoretisch in Volksdemokratien der Fall war, den Verteilungsaspekt des Wohlstands ausreichend zu berücksichtigen, d. h. es entsteht eine »Zweidrittelgesellschaft« oder auch Vierfünftelgesellschaft mit einer zunehmenden Kluft zwischen »Reichen« und »Armen«. Jedenfalls sind wenig qualifizierte Arbeitnehmer sowie teilweise Facharbeiter der Industrie und Klein- und Mittelunternehmen zumeist Verlierer des Globalisierungsprozesses, weil sie über keine Partizipation an den Vorteilen wie Mobilität verfügen, jedoch von Nachteilen wie dem möglichen Verlust des Arbeitsplatzes durch Technologisierung und/oder Auslagerung ihrer Arbeit betroffen sind.
- **Flüchtlingsströme** haben nicht nur zahlenmäßig zugenommen, sondern sind vermehrt in Politik- und Kriegs-, Umwelt- (etwa nach Naturkatastrophen) oder Wirtschaftsflüchtlinge zu differenzieren.
- Internationalisierung meinte den vermehrten Handels-, Finanz- und Kapitalverkehr zwischen Volkswirtschaften (Staaten) und den Abbau von Handelshemmnissen wie Zöllen. Durch die **Transnationalisierung** als weiter reichenden Begriff haben Wirtschaftsakteure, vor allem multinationale Konzerne, ihre Bezüge zu nationalen Märkten verloren. Stattdessen gibt es rechtliche Sicherheiten für Privatbesitztitel außerhalb nationaler Grenzen, Produktionsstätten auf vielen Märkten, globale Transportsysteme für Güter und Menschen, globale Kommunikationssysteme, liberalisierte Gütermärkte, ein leistungsfähiges Weltwährungssystem (mit unbeschränkter Kompatibilität der Leitwährungen, so dass eine oder wenige – etwa US-Dollar, Euro und Yen – als überall gültige Zahlungsmittel fungieren), vereinheitlichte Normensysteme (Maße/Gewichte, aber auch Sicherheitsstandards usw.).

- **Ökologische Gefahren** haben sich 1) dramatisch erhöht (Stichwort: Schadstoffemissionen), sind jedoch vor allem 2) zum globalen und nicht nur lokalen Risiko geworden. So belasten und gefährden umweltschädliche Produktionen in Entwicklungsländern des Südens gleichermaßen das Weltklima in Industrieländern des Nordens.

  Die größte Unsicherheit, u. a. auch in ökologischer Hinsicht, geht allerdings heute von der möglichen Verbreitung von atomaren, biologischen oder chemischen Superwaffen sowie der Verbreitung des dazu notwendigen Know-hows aus. Für Ulrich Beck (1986) ist die Risikogesellschaft eine zweite Moderne, in der Nebeneffekte oder nicht vorhergesehene Risiken der klassischen Moderne auftreten, wie etwa ökologische Katastrophen, Massenepidemien oder Stellvertreterkriege. Grenzenlose und grenzüberschreitende Katastrophen – u. a. radioaktive Verseuchungen, festgemacht am nuklearen Supergau in Tschernobyl – bedrohen die ganze Welt. Es gibt erneut zunehmende Tendenzen, solche globalen Bedrohungen »an ein territoriales Register zurückzuverweisen« (Ó Tuathail 2001, 138). Beispiele sind die »Eroberung Afghanistans« nach den Ereignissen des 11. September 2001, die technisch-militärische Aufrüstung befreundeter Regime, die sich später als Todfeinde erweisen (siehe die US-amerikanische Hilfe an Irak unter Saddam Hussein gegen Iran), der Abfluss nuklearen Wissens und Materials aus der Ex-UdSSR. Dies sind Versuche, systemimmanente (innere) Gefahren der kapitalistischen Gesellschaften durch reale oder vermeintliche äußere Bedrohungen zu konterkarieren (Nissel 2003, 38).

- **Regionale Konflikte bzw. Kriege** werden weltweit behandelte politische Ereignisse, wie die Interventionen der UNO, der NATO und der USA im Zweiten Golfkrieg oder in Ex-Jugoslawien bewiesen haben. Dadurch besteht einerseits die Chance, Macht- und Gewaltmissbrauch global zu bekämpfen, andererseits führt die primär wirtschaftliche Ausrichtung (EU und OECD, NAFTA, ASEAN) zentraler internationaler Organisationen dazu, dass kollektive nicht-monetäre Interessen, wie Friedenssicherung und Menschenrechtsschutz bzw. Freiheit und Demokratie, vernachlässigt werden. Letzteres geschieht auch, weil die UNO als Organisation von Einzelstaaten mit jeweils spezifischen Einzelinteressen nicht die Idealstruktur aufweist, um universelle Interessen zu schützen (siehe etwa die Vetorechte im Sicherheitsrat).

Keine Vorteile bringt Globalisierung, wenn soziale und wirtschaftliche Probleme bestehen, die nicht durch freien Handel und Marktreformen zu lösen sind. Das Wort Globalisierung kann außerdem, wenn positiv gemeint, bereits sprachlich irreführend sein. Entgegen der Vorstellung eines alle Länder der Welt berührenden Phänomens stellt die geographische Lage einen entscheidenden Faktor dar. Viele Gebiete und Regionen – etwa das Andenhochland, Bergregionen im Irak/Iran oder in Afghanistan sowie Ruanda oder Burundi bzw. allgemein mehrere Binnenländer Afrikas – sind, unabhängig von ihren politischen Problemen, von internationalen Handelsplätzen zu weit entfernt, um auch nur theoretisch von den Vorteilen der Globalisierung profitieren zu können. Gleichzeitig sind die Dynamik der Globalisierung und ihre zum Teil auch negativen Auswirkungen in Wirtschaftsräumen spürbar, die noch nicht voll in Weltmärkte integriert sind. Drei Viertel der weltweiten Wirtschaftsbeziehungen entfallen alleine auf den Wirtschaftsverkehr zwischen den Ländern der ökonomischen Triade – USA/NAFTA, EU-ropa und Japan/ASEAN/*Pacific Rim*.

Abb. 5: Welthandel 2000

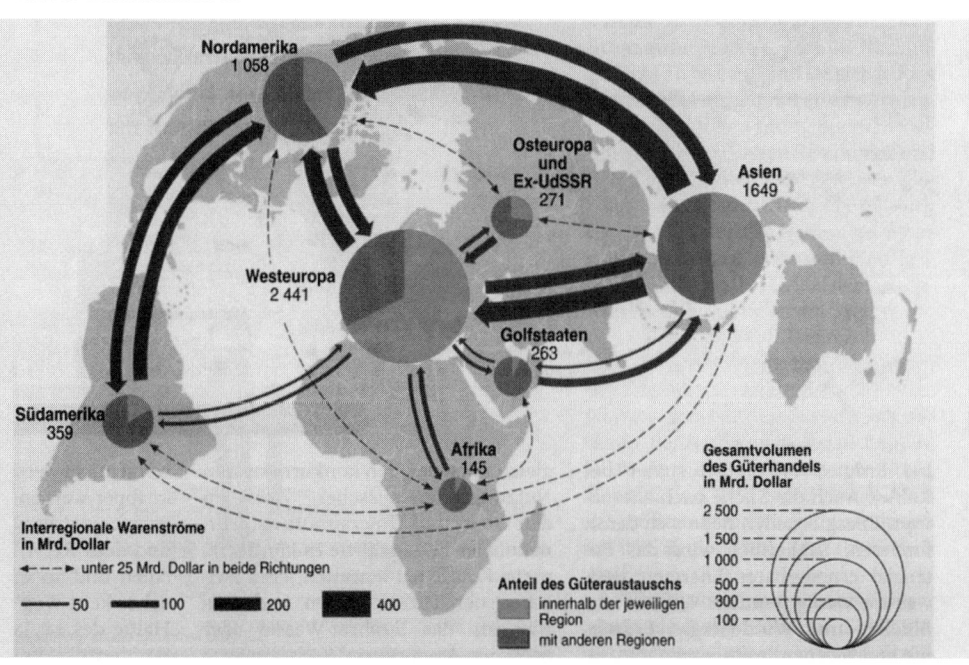

Quelle: Le Monde Diplomatique (2003). Atlas der Globalisierung, Berlin, 22.

Zu weiteren **Nachteilen der Globalisierung** zählen:
- Globalisierung als Prozess kann keine nicht-ökonomischen Faktoren ausschließen. So können Malaria – in Afrika 500 Millionen Fälle/

Jahr –, Aids und andere Epidemien das Wirtschaftswachstum zerstören und Auslandsinvestitionen verhindern. Daher müssen etwa im Gesundheitsbereich nationale und internationale Programme bestehen.

- Nationale Strategien bleiben weiter entscheidend. Freier Handel und eine Steigerung des Exportvolumens führen nicht zu langfristigem Wirtschaftswachstum, wenn nicht parallel in Bildung und Forschung investiert wird, d. h. die Globalisierungsstrategie mit öffentlichen Investitionen kombiniert wird. Dafür ist jedoch zusätzlich internationa-

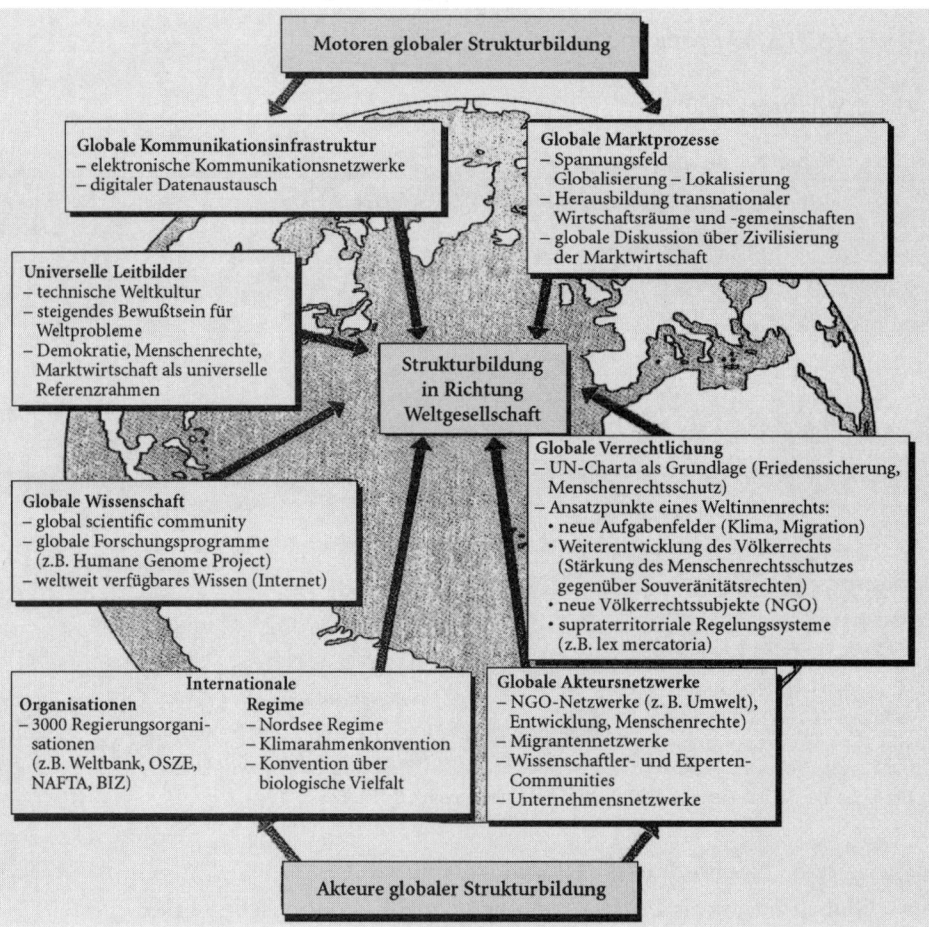

Abb. 6: Globalisierung und Weltgesellschaft

Quelle: Stiftung Entwicklung und Frieden 1999, 44.

le Hilfe wie Schuldenerlass usw. notwendig, um die Armut zu bekämpfen (welche solche Investitionen verhindert, weil ein großer Teil des Kapitals für unmittelbare Lebensbedürfnisse bzw. Zinszahlungen usw. aufgewendet werden muss).

Ungeachtet aller in Verbindung mit dem Ende der Bipolarität im Ost-West-Konflikt stehenden Vorstellungen einer entstehenden Weltgesellschaft, Weltinnenpolitik oder *global governance* als Versuch der Bewältigung der Globalisierungsfalle usw., entwickelte sich bald eine ungleiche, rasch veränderte Weltordnung. Erst die Phänomene des globalen Terrorismus mit seiner asymmetrischen Kriegsführung im 21. Jahrhundert haben zu neuen Diskussionen geführt.

Literatur

Agnew, John A. (1998). *Geopolitics*. Re-Visioning World Politics, London/New York.
Amin, Samir (1997). *Die Zukunft des Weltsystems*. Herausforderungen der Globalisierung, Frankfurt/M.
Beck, Ulrich (1986). *Risikogesellschaft – Auf dem Weg in eine andere Moderne*, Frankfurt/M.
Beck, Ulrich (1997). *Politik der Globalisierung*, Frankfurt/M.
Brzezinski, Zbigniew (1994). *Macht und Moral*. Neue Werte für die Weltpolitik, Hamburg.
Burns, Timothy (Hg., 2004). *After History*. Francis Fukuyama and His Critics, Lanham.
Cohen, Saul B. (1991). *Global Geopolitical Change in the Post-Cold War Era*, in: Annals of the Association of American Geographers, 81 (4), 551–580.
Cohen, Saul B. (1994). *Geopolitics in the New World Era*. A New Perspective on an Old Discipline, in: George J. Demko/William B. Wood (Hg.). *Reordering the World*. Geopolitical Perspectives on the Twenty-first Century, Boulder, 15–48.
Czempiel, Ernst O. (2002). *Weltpolitik im Umbruch*. Die Pax Americana, der Terrorismus und die Zukunft der internationalen Beziehungen, München.
Forrester, Viviane (1998). *Der Terror der Ökonomie*, München.
Forrester, Viviane (2001). *Die Diktatur des Profits*, München.
Fukuyama, Francis (1989). *The End of History*, in: The National Interest, Summer, 3–18.
Fukuyama, Francis (1992). *The End Of History and the Last Man*, New York. In deutscher Fassung erschienen als: *Das Ende der Geschichte*. Wo stehen wir? München 1992.
Fukuyama, Francis (1999). *Second Thoughts*. The Last Man in A Bottle, in: The National Interest, Summer, 16–33.
Galtung, Johann (1997). *Der Preis der Modernisierung*. Struktur und Kultur im Weltsystem, Wien.
Hasenclever, Andreas/Peter Mayer/Volker Rittberger (1997). *Theories of International Regimes*, Cambridge.
Hertsgaard, Mark (2003). *Im Schatten des Sternenbanners*. Amerika und der Rest der Welt, München.
Höll, Otmar (2003). *Der Prozess tendenzieller Globalisierung und die »Neuordnung« der Welt*, in: Peter Filzmaier/Eduard Fuchs (Hg.). *Supermächte*. Zentrale Akteure der Weltpolitik, Wien.

Huntington, Samuel P. (1993). *The Clash of Civilizations?* in: Foreign Affairs, 73 (2), 23–49.
Huntington, Samuel P. (1996). *The Clash of Civilizations,* New York. In deutscher Fassung erschienen als: *Der Kampf der Kulturen.* Die Neugestaltung der Weltpolitik im 21. Jahrhundert, München/Wien 1997.
Huntington, Samuel P. (1999). *The Lonely Superpower,* in: Foreign Affairs, 78 (2), 35–49.
Kagan, Robert (2002). *Power and Weakness,* in: Policy Review, 113, June/July.
Kagan, Robert (2003). *Macht und Ohnmacht.* Amerika und Europa in der neuen Weltordnung, Berlin.
Kaplan, Morten A. (1957). *System and Process in International Politics,* New York.
Kennedy, Paul (1987). *The Rise and Fall of the Great Powers,* New York.
Kennedy, Paul (1993). *In Vorbereitung auf das 21. Jahrhundert.* Tendenzen des globalen Wandels, Frankfurt/M.
Kissinger, Henry A. (1992). *Die sechs Säulen der Weltordnung,* Berlin.
Kissinger, Henry A. (1994). *Diplomacy,* New York.
Kupchan, Charles A. (2003). *Die europäische Herausforderung.* Vom Ende der Vorherrschaft Amerikas, Berlin.
Mearsheimer, John (1990). *Back to the Future.* Instability After the Cold War, in: International Security, 15 (2), 5–56.
Moynihan, Daniel P. (1993). *Pandaemonium.* Ethnicity in International Politics, Oxford.
Nissel, Heinz (2003). *Geopolitik, Globalisierung und Geostrategien,* in: Peter Filzmaier/ Eduard Fuchs (Hg.). *Supermächte.* Zentrale Akteure der Weltpolitik, Wien, 33–49.
Nye, Joseph S. (1991). *What New World Order,* in: Foreign Affairs, 69 (4), 83–96.
Nye, Joseph S. (2003). *Das Paradox der amerikanischen Macht,* Hamburg.
Ó Tuathail, Gearóid (2001). *Rahmenbedingungen der Geopolitik in der Postmoderne:* Globalisierung, Informationalisierung und die globale Risikogesellschaft, in: Geopolitik. Kritische Geographie, Band 14, Wien, 120–142. Als Originalfassung: Ó Tuathail, Gearóid (2000). *The Postmodern Geopolitical Condition: States, Statecraft, and Security at the Millenium,* in: Annals of the Association of American Geographers, 90 (1), 166–178.
Pfetsch, Frank R. (1994). *Internationale Politik,* Stuttgart/Berlin/Köln.
Stiftung Entwicklung und Frieden (Hg.), 1999). *Globale Trends 2000,* Frankfurt/M.
Todd, Emmanuel (2004). *Weltmacht USA.* Ein Nachruf, München.
Wohlforth, William C. (1999). *The Stability of an Unipolar World,* in: International Security, 24 (1), 5–41.
Wolkersdorfer, Günter (2001). *Politische Geographie und Geopolitik zwischen Moderne und Postmoderne,* Heidelberger Geographische Arbeiten, Heft 111, Universität Heidelberg.

Begriffliche Vorklärungen

»**Internationale Politik**« bzw. »**internationale Beziehungen**« als historisches Faktum gibt es seit Jahrhunderten, ja seit Jahrtausenden. Ebenso die Reflexion über die Ursachen von Krieg und Frieden, Konflikt und Gewalt und die psychologischen oder gesellschaftlichen Dynamiken, die unter der Oberfläche dieser Phänomene wirksam sind. Auch die Schaffung von Normen auf internationaler Ebene, Kriegs- und dann Friedensrecht, die Grund- und Freiheitsrechte, aber auch die Beschäftigung mit »Geopolitik« sind älteren Datums als die zugehörige wissenschaftliche Disziplin.

Die **wissenschaftliche Disziplin**, von der hier die Rede ist, die Internationale(n) »Politik« oder »Beziehungen« (*International Relations/ IR,* so der angloamerikanische Ausdruck), ist viel jüngeren Datums, sie ist erst etwas mehr als 80 Jahre alt. Ihr Anfang wird zumeist sehr präzise mit dem 30. Mai 1919 datiert, als es im Rahmen der Versailler Friedenskonferenz auch zum Beschluss kam, Institute zur Erforschung der internationalen Beziehungen, und damit auch der Hintergründe von Krieg und Frieden in den USA und Großbritannien, zu gründen. Die ersten Institute sollten, angeleitet von angloamerikanisch-idealistischem Denken, die Defekte des internationalen Systems aufdecken, sich mit den **Ursachen von Kriegen** beschäftigen, um den Ausbruch von weiteren großen Kriegen künftig verhindern zu können. Am Beginn der Disziplin stand somit ein historisch-deskriptiver, heuristischer Ansatz, der sich im Verlauf des 20. Jahrhunderts kontinuierlich und in Verbindung mit den historischen Ereignissen immer mehr differenzierte und zur Ausbildung von »Schulen« führte, die zum Teil unterschiedliche wissenschaftliche Bezeichnungen und Annahmen für bestimmte Sachverhalte des internationalen Systems entwickelten. Dennoch gibt es eine Reihe von allgemeinen **Begriffen und Definitionen**, die für alle Schulen mehr oder weniger gleichermaßen Verwendung finden.

Obgleich reale, historische Fakten – zumal aus dem Bereich der Internationalen Politik – meistens spannender als abstrakte und theoretische Vorklärungen empfunden werden, sollen hier zunächst – ohne Anspruch auf Vollständigkeit – einige **Definitionen** grundlegender Begriffe dargelegt werden. Die Bedeutung derartiger Definitionen zeigt sich alleine darin, dass viele ähnlich klingende Begriffe – Internationale Politik, Internationale Beziehungen, Transnationale Politik, Weltpolitik, Außenpolitik usw. – zur Beschreibung eines breiten, aber differenzierten Themenbereichs verwendet werden, aber dennoch recht unterschiedliche Bedeutung haben.

1
Definitionen

1.1
Internationale Politik

Im herkömmlichen Wortgebrauch impliziert **Internationale Politik** traditionell zunächst zweierlei, nämlich
- dass es sich um **Politik**, d. h. Handeln mit legitimen Herrschaftsansprüchen, handelt, deren Aktionsbereich im Zwischenraum der Nationalstaaten liegt (»inter-nationes«), und
- dass heute, wohl nur noch bedingt zeitgemäß, die (hauptsächlichen) **Akteure (National-)Staaten** sind.

Diese Art der Politik (»inter – nationes«) hat es in der Geschichte der Staatengemeinschaft faktisch kaum je als Idealtypus gegeben. Annäherungsweise war sie vielleicht vom 17. bis zum 19. Jahrhundert als Ganzheit der Macht und Interessen-dominierten Außenpolitiken zu finden, die zu dieser Zeit in Europa in der Hand einer kleinen Gruppe von Personen (Herrschern oder Monarchen) lag. Der Herrscher/Monarch konnte nach eigenem Gutdünken Handlungen »nach außen« setzen bzw. auf Ereignisse von außen im Namen des Staatswesens handeln und reagieren ohne Rücksicht auf seine »Untertanen«, die allerdings die Konsequenzen derartiger Maßnahmen zu tragen hatten.

Das gesamthafte **Staatsinteresse** – »die Staatsräson«, »nationales Interesse« – wurde dabei als oberste Maxime des außenpolitischen (Re-) Agierens angesehen. Staaten üben ja im Gefolge des Westfälischen Friedens von 1648 innerhalb ihrer Grenzen höchste Autorität aus und sind, nachdem alle Staaten die gleichen Rechte haben, keiner übergeordneten Macht unterworfen – das Prinzip des **fehlenden Gewaltmonopols**, einer den Staaten übergeordneten Instanz im internationalen System. Zur Aufrechterhaltung der Macht nach innen verfügen Staaten jedoch sehr wohl über das Gewaltmonopol gegenüber der dort lebenden Bevölkerung und den Institutionen. Außenpolitisch können sie zur Erhaltung bzw. Vergrößerung ihrer Macht Allianzen schließen und/oder Kriege führen – ein Denkansatz, der sich auch in der theoretischen Schule des Realismus wieder findet.

Der Unterschied zur heutigen Situation ist, dass es heute nicht mehr nur *einen* Repräsentanten des Staates und somit **nicht einförmiges Handeln** gibt, sondern vielfältiges und vielschichtiges Agieren unterschiedlicher Personen mit unterschiedlichen Funktionen. Nicht nur Staats- und Regierungschefs oder (Außen-)MinisterInnen, sondern viele andere **Akteure** bestimmen die internationale Politik der jüngeren Vergangenheit und der Gegenwart. **Globalisierungsprozesse** und Internationalisierung sowie auch internationale Organisationen schränken die Macht und das Gewaltmonopol der Staaten auch im Inneren zudem erheblich ein. Neue Probleme als Folge von technisch-technologischen bzw. wirtschaftlichen Entwicklungen (Stichworte: Ökologie, Finanztransaktionen, organisierte Kriminalität) nehmen keine Rücksicht auf nationale Grenzen. Hinzu kommt, dass es auch grenzüberschreitendes Handeln **nicht-staatlicher Akteure** – also politischer Gruppen (z. B. Parteien, Verbände) und nicht-politischer Vereinigungen (z. B. Wirtschafts-/Medienkonzerne oder Kirchen) oder des organisierten Teils der »internationalen Zivilgesellschaft«, der INGOs – gibt.

Im Mittelpunkt der Definition von »Internationale Politik« stehen außerdem die Begriffe von **Herrschaft und Macht**. In der realistischen Schule wird Macht (Machterhaltung und -vermehrung) als das **zentrale Element** und Motiv des Handelns der staatlichen Akteure in der Internationalen Politik gesehen. Divergierende »**nationale Interessen**« führen beim Versuch, diese durchzusetzen, zwangsläufig zu **Machtkonflikten.** Internationale Politik ist daher auch als Medium oder Raum von Konfliktaustragung und -bearbeitung zu verstehen. **Kooperation** als Gegenbegriff wäre in diesem Zusammenhang ein Teil der Konfliktbearbeitung. Dabei sind zentrale Konfliktformationen (wie Ost-West-, Nord-Süd-, Nahost-Konflikt etc.) und viele kleinere multi- oder bilaterale Konflikte erkennbar.

Schließlich Arnold Wolfers (1968) bekannte Metapher: »Internationale Politik ist ein Spiel von ›**Billardbällen**‹«. Die Bälle sind ständig in Bewegung und stoßen einander ab, wenn sie aufeinander treffen. Diese Definitionsbeschreibung ist Ansatzpunkt für die »Konstruktion« des internationalen Systems als eines **anarchischen Systems** bis hin zur hochaktuellen Beschreibung des internationalen Systems mit Hilfe der relativ jungen Chaostheorie.

Internationale Beziehungen und Internationale Politik sind teilweise ident verwendete Begriffe (als Disziplin und Sachbereich), sie sind jedoch bei genauer Betrachtung offensichtlich nicht deckungsgleich: »**Beziehungen**« ist, so zum Beispiel Reinhard Meyers (1995), ein weiter gefasster Begriff, der nicht nur interessens- bzw. machtbezogene (politische) Maßnahmen beinhaltet, sondern neben den politischen auch ökonomische, kulturelle, soziale usw. Beziehungen von Staaten oder Gesellschaften umfasst.

Es gibt dazu aber auch eine gegenteilige Sichtweise: Demnach wären – vgl. Ernst Otto Czempiel (1981) oder Ekkehart Krippendorff (1987) – »Beziehungen« weniger als »Politik«, weil sie, hinausgehend über die Handlungszusammenhänge zwischenstaatlicher Natur und über Staatsgrenzen hinweg, das **strukturelle Element** im internationalen System nicht umfassen. Durch diese Argumentation wird aber auch deutlich, dass internationale Beziehungen/Politik in jedem Fall mehr ist als die Gesamtheit der Außenpolitiken mehrerer (oder aller) Staaten zusammen.

1.2
Außenpolitik, nationales Interesse, Macht und internationale Herrschaft

Unter »**Außenpolitik**« ist die Politik eines Staates gegenüber seiner **auswärtigen Umwelt** zu verstehen (»innere« Umwelt ist die Gesellschaft eines Staates), d. h. im Unterschied zur Internationalen Politik beschreibt Außenpolitik **grenzüberschreitendes Handeln** (oder auch Nicht-Handeln) aus Sicht eines staatlichen Akteurs. Eine Definition lautet: »Mit und in Außenpolitik nimmt die im souveränen Nationalstaat organisierte Gesellschaft ihre allgemeinpolitischen, wirtschaftlichen, militärischen und soziokulturellen Interessen gegenüber ihrem Umfeld wahr« (Woyke 2000, 1).

Was sind die Unterschiede zwischen **Innen- und Außenpolitik**?

- Außenpolitik ist nach wie vor in erster Linie das **Prärogativ** der exekutiven staatlichen Gewalt, der Regierung. Supranationalisierungsprojekte (wie z. B. die *Gemeinsame Außen- und Sicherheitspolitik/GASP* der Europäischen Union) stehen erst im Anfangsstadium und sind intergouvernemental. In der Außenpolitik gibt es weniger gesetzliche Regelungen, die Rolle der Parlamente in ihrer Gestaltung ist beschränkt. Eine Ausnahme bildet das **Völkerrecht**, dessen Durchsetzungsmöglichkeiten jedoch geringer und daher kaum mit innerstaatlichem Recht zu vergleichen sind.
- Folgerichtig erfolgt die **Beeinflussung und Kontrolle** außenpolitischen Handelns vermehrt durch andere Steuerungsmechanismen – von positiven/negativen »Prämien« (d. h. bestimmte Handlungsweisen bringen erkennbare Vor- oder Nachteile für außenpolitische Akteure) über Appelle (d. h. es gibt Versuche, verbal Unterstützung zu gewinnen, ob durch Ersuchen, Verhandeln oder Drohungen) bis hin zum Krieg. Im Regelfall ist aber das Ausmaß der Kontrolle über Handlungen von beispielsweise anderen Staaten sogar beim Einsatz von Gewalt in der Außenpolitik geringer als im Fall der innenpolitischen sozialen Kontrolle über die Handlungen von Staatsbürgern durch innerstaatliche Gesetze.
- Interessant ist schließlich auch, die Frage zu stellen, inwiefern in der Außenpolitik ein »**Demokratieproblem**« besteht, insofern auch in demokratischen Staaten Außenpolitik, wie oben bereits ausgeführt, in der

Regel durch Exekutivorgane (etwa durch das Außenministerium, den Ministerpräsidenten oder Kanzler, oder z. B. wie in den USA durch den Präsidenten anstatt durch Parlamente als Legislativorgane) determiniert wird. Die »Öffentlichkeit« außenpolitischer Handlungen ist gewöhnlich geringer als die Diskussion über innenpolitische Entscheidungen und insbesondere in der außenpolitischen Kernfrage einer **Kriegsteilnahme** kann das Volk als Souverän kaum unmittelbar mitentscheiden. Letztlich stellt allerdings die »öffentliche Meinung« in Demokratien ein nicht zu unterschätzendes Korrektiv dar (Beispiel: Vietnam-Krieg).

Die Außenpolitik gilt traditionell als **Gegenstück zur Innenpolitik**, aber Außenpolitik wird auch »innenpolitisch« gestaltet – etwa durch ein gesellschaftlich-politisches Kräftespiel mit bestimmten formellen oder informellen Entscheidungsstrukturen. Im Gegenzug werden innenpolitische Entwicklungen, von der Erhöhung der Militärausgaben bis zum Anstieg der Benzin- bis Agrarpreise, zunehmend mit außenpolitischen Ursachen begründet.

Noch bis nach dem Zweiten Weltkrieg war **Außenpolitik als *domaine réservé*** weitgehend dem – demokratisch legitimierten oder auch autoritär/totalitär herrschenden – Staatsoberhaupt (ursprünglich dem absoluten Monarchen) vorbehalten. Die **Trennung von Außen- und Innenpolitik** konnte so lange aufrechterhalten werden, als sich die Außenpolitik auf die Sicherheit und Stellung des Staates in der internationalen Gemeinschaft konzentrierte, während sich Innenpolitik mit jenen innerstaatlichen Fragen beschäftigte, die den Staatsbürger direkt betrafen.

Da aber die **Verflechtung nationaler sozioökonomischer Bereiche** über staatliche Grenzen hinweg seit mehreren Jahrzehnten stetig zunimmt, zeigt sich, dass Außenpolitik heute keineswegs auf klassische Bereiche wie Sicherheitspolitik und Pflege diplomatischer Beziehungen beschränkt ist, sondern Wirtschafts-/Handels-, Bildungs-, Gesundheits-, Verkehrs-, Kulturpolitik usw. gleichermaßen umfasst. Diese Politikbereiche haben weit reichende internationale Funktionen erhalten. Beispiele sind etwa Wirtschaftspolitik/Freihandel, Verkehrspolitik/Transit, Umweltpolitik/Ozonloch und Klimawandel. Sie werden daher sowohl Themen der Außenpolitik sein als auch als innenpolitische Themen unmittelbar die Bürger betreffen.

Eine Konsequenz aus diesen Entwicklungen ist, dass Überlegungen, inwiefern sich Außenpolitik dem Votum der Wähler stellen muss, zunehmend an Bedeutung gewinnen. Realpolitisch werden einerseits etwa v. a. in den USA ohne Berücksichtigung der **Meinungsumfragen** kaum noch außenpolitische Entscheidungen getroffen (um hohe Zustimmungsraten bzw. Wiederwahlchancen zu erhalten; Folge ist allerdings die Orientierung der Entscheidungen am kurzfristigen Gewinn von Wählerstimmen). Andererseits werden – mit wenigen Ausnahmen, etwa den Referenden über einen EU-Beitritt bzw. mehreren Fällen in der Schweiz (etwa bezüglich des schließlich 2002 erfolgten UNO-Beitritts) – außenpolitische Entscheidungen weltweit kaum direkt plebiszitären Voten (Volksabstimmungen u. Ä.) überlassen, obwohl das in vielen demokratischen Ländern der Verfassung nach möglich wäre. Gegenargument zur formellen und inhaltlichen Legitimation der Außenpolitik eines Staates durch das Volk ist zumeist der Hinweis auf eine Emotionalität von Kurzzeitentscheidungen anstatt längerfristiger Perspektiven und konstanter Strategien.

Außenpolitik ist schließlich die Wahrnehmung und **Durchsetzung von gemeinsamen Interessen** der im Staatsverband organisierten BürgerInnen (Bestimmung und Realisierung von Handlungszielen), das Handeln im Dienst des »**nationalen Interesses**« (das Kollektivinteresse der Gesellschaft, aber vermittelt durch das staatliche System, dessen Entscheidungen durch bestimmte Organe und auf vorgeschriebene Weise zustande kommen).

Beispielhaft einige Fragestellungen dazu:
- Gibt es tatsächlich das **gesellschaftliche (nationale) Interesse** – oder ist es nicht vielmehr das Interesse einer politischen Elite, einer Partei oder einiger weniger Personen (der handelnden Repräsentanten des Staates sowie der tatsächlich Mächtigen im Hintergrund)? Eine Hauptaufgabe der Politikwissenschaft und politischer Bildungsarbeit ist es zu erfassen, welche – meist unausgewiesenen – Partialinteressen sich hinter »nationalen Interessen« verbergen (können).
- Ist der Staat tatsächlich *die* relevante **Organisationsform der Gesellschaft,** oder ist er nicht in erster Linie ein **Machtapparat,** der gleichsam der Gesellschaft mit Zwangscharakter gegenübertritt? Oder als Zusatz-/Gegenfrage: Ist nicht die Zahl der außenpolitischen Akteure

dermaßen gestiegen, dass Außenpolitik zu einem komplexen **bargaining-Prozess** von Staatsorganen, politischen Parteien, wirtschaftlichen Interessenvertretungen, Medien, Unternehmen, Nicht-Regierungs-Organisationen usw. wird? Eine zweite Hauptaufgabe der Politikwissenschaft und politischer Bildungsarbeit ist festzustellen, **wer** nationales Interesse faktisch definiert – wer verfügt über die Definitionsmacht?

- Ist jeder Staat ein **souveräner** Nationalstaat? In souveränen Nationalstaaten hätten nach der vorangegangenen Frage Machtapparate ihre Rechtfertigung, wenn sie den **Willen der jeweiligen »(Staats-)Nation«** – unter der Voraussetzung, es gibt die Einigkeit einer solchen als politische Größe – widerspiegeln. Problematischer wird die Sichtweise, wenn man zwischen Nationalstaaten und **übernationalen** Staaten (z. B. ehemalige UdSSR oder dem ehemaligen Jugoslawien, aber auch der Europäischen Union) differenziert. Gibt es überhaupt noch »souveräne«, im Sinne von selbst bestimmten, völlig unabhängige Staaten? Aus solchen Überlegungen folgt die Frage, welche Mittel von wem zur Verfolgung nationaler Interessen eingesetzt werden können, als dritte Hauptaufgabe der Politikwissenschaft und politischer Bildungsarbeit in der Internationalen Politik.

Es gibt tatsächlich auch Staaten mit formell eingeschränkter Souveränität, die unter fremder Oberhoheit stehen (z. B. Protektorate wie etwa der Kosovo oder besetzte Staaten wie der Irak oder Österreich zwischen 1945 und 1955); zudem bedingen internationale/supranationale Organisationen (Stichworte: EU und GASP) Regeln, die außenpolitisches Entscheiden und Handeln staatlicher Organe zurückdrängen und daher **immer weniger zu einer nationalen Angelegenheit** machen.

Der Versuch einer Beantwortung der Frage nach Partialinteressen in der Außenpolitik führt zur **Definition des Interessenbegriffes**. Zu unterscheiden sind:

- **Interessen des Einzelnen**, nämlich zur Befriedigung sowohl von Grundbedürfnissen (*»basic needs«*), d. h. materiellen Überlebensnotwendigkeiten (Nahrung, in der Folge aber auch Kleidung und Wohnung), als auch von nicht-materiellen Bedürfnissen (Anerkennung, Kommunikation, Liebe).

Es besteht eine mehrstufige Bedürfnishierarchie von Elementar- bis zu wichtigen immateriellen Interessen (siehe die Bedürfnispyramide

von Maslow 1981) – oder mit anderen Worten: »Erst kommt das Fressen, dann kommt die Moral.« (Bertolt Brecht)
- **Nationale(s) Interesse(n)** einer gesellschaftlichen Einheit oder der politischen Organisation einer Nation bzw. eines Staates (zum umstrittenen Begriff »nationales Interesse« siehe Frankel 1990).

Basis für die Definition von Interesse bilden in beiden Fällen **Grundbedürfnisse**, auf denen auch für Gesellschaften und Staaten weiter reichende Bedürfnisse aufbauen:
- **Physisches Überleben** im Fall von Bedrohungen, d. h. das Bedürfnis, nicht – etwa durch Kriege von außen – vernichtet zu werden. Dies soll durch angemessene Außen- bzw. Sicherheitspolitik gesichert werden.
- **Überleben unter erträglichen Bedingungen**, d. h. die Befriedigung materieller und ideeller **Bedürfnisse und Werte**. Aufgabe der Außenpolitik ist daher, sowohl Voraussetzungen für eine Wohlstandsentwicklung zu schaffen als auch **Freiheit** (politische **Selbstbestimmung**) zu sichern. Außenpolitik dient in diesem Zusammenhang auch der Aufrechterhaltung des Gesellschaftssystems bzw. der gesellschafts- und verfassungspolitischen Zustände: Demokratiesicherung, Wahrung der Menschenrechte, Gleichheit usw.
- Ziele und Vorhaben über die erstgenannten Bedürfnisse hinaus, z. B. die **Selbstentfaltung** der Nation oder als expansives, **imperialistisches Ziel** die Durchsetzung von **Ordnungsbildern** oder auch Werten in der Welt. Dazu zählen die Begründung einer **Großmachtpolitik**, etwa von den USA und der ehemaligen UdSSR, die Errichtung von Weltreichen wie im Zeitalter von Kolonialismus und Imperialismus. Im klassischen Realismus (nach Hans Morgenthau 1963 und Edward H. Carr 1946) ist die Wahrnehmung von nationalen Interessen deckungsgleich mit **Maximierung von Macht und Einfluss** (»aus Gründen der Staatsräson«).

Es gibt also zweifellos auch für Staaten **Interessen mit unterschiedlicher Wertigkeit**: Verteidigungsinteressen, Wirtschaftsinteressen, ideologische oder auch kulturelle Interessen. Zwischen den Bedürfniskategorien besteht aber auch oft eine kritisch zu hinterfragende Dialektik: Mit der Berufung auf Notwendigkeit zu Überleben wurden in der Geschichte immer wieder auch expansionistische oder imperialistische Ziele verfolgt und gerechtfertigt.

Zwei von vielen Beispielen sind der Einmarsch sowjetischer Truppen in Afghanistan im Dezember 1979 und die Blitzkriege des nationalsozialistischen Deutschen Reiches am Beginn des Zweiten Weltkrieges. Nicht selten wird »nationales Interesse« in der Außenpolitik als Legitimationsetikette **missbraucht** und ist dann als Begriff bzw. Analyseinstrument zur sozialwissenschaftlichen Untersuchung von außenpolitischen Handlungen unbrauchbar. Beispiele dazu: Verkünden die USA, dass die Wahrung der Demokratie im Nahen Osten oder in Lateinamerika »im nationalen Interesse« der USA liege, ist oft sowohl eine Forderung nach Intervention als auch deren Rechtfertigung impliziert; oder das brutale Vorgehen Russlands in Tschetschenien, das mit dem Wirken des »Internationalen Terrorismus« in Zusammenhang mit dem »nationalen« Interesse nach Sicherheit und territorialer Integrität begründet wird; doch stellt sich dann in diesen Zusammenhängen die Frage nach der **Beliebigkeit** bzw. **Legitimationsfunktion** von »nationalen Interessen«.

Außenpolitik ist aktiv *und* reaktiv und erfolgt in einem Interaktionszusammenhang mit hoher Komplexität. Dadurch bedingt ist die Schwierigkeit von Prognosen, weil Re-Aktionen nicht mit hoher Sicherheit berechenbar und voraussagbar sind. Re-Agieren geschieht außerdem in zwei Dimensionen, nämlich als Re-Aktion auf aktuelle Handlungen anderer Akteure und auf strukturelle Einflüsse. Aktivitäten in der Außenpolitik sind initiative **Einwirkungen** auf die Umwelt, um bestimmte Interessen zu verfolgen. Diese Gestaltungsversuche können erfolgreich sein oder auch nicht.

Beispiele für eine aktive Außenpolitik sind Forderungen an die Regierung eines anderen Staates, etwa im Falle Österreichs in jüngerer Zeit, betreffend die Aufhebung der *Benes-Dekrete* der Tschechischen Republik. Demgegenüber re-agierte beispielsweise die österreichische Außenpolitik auf die »Maßnahmen« der 14 restlichen Regierungen der EU gegen Österreich nach der Regierungsbeteiligung der FPÖ im Februar 2000. Das Ende des Kalten Krieges als Strukturveränderung des internationalen Systems führte gleichfalls als Re-Aktion zu einer grundlegenden **Neuorientierung** der Außenpolitik, etwa durch ein de facto modifiziertes Neutralitätsverhalten.

Neben dem moderneren **Interaktionsansatz** dienen zur Analyse der Außenpolitik vor allem der **Ziel-/Mittel-Ansatz**, der auch eine

Kosten-Nutzen-Bewertung von Außenpolitik im Sinne der für ein angestrebtes Ziel aufgewendeten Mittel erlaubt, sowie traditionelle **macht- und realpolitische Ansätze**, die gemäß der Schule des Realismus Außenpolitik auf den Erhalt und Ausbau von Machtpositionen zurückführt.

Obwohl oft konkrete Einzelziele, z. B. die Beilegung eines bewaffneten Konfliktes, Verbesserung der Beziehungen zu Nachbarstaaten o. Ä., verfolgt werden, können im Zeitablauf für bestimmte Staaten **außenpolitische Konstanten** beobachtet werden:

- **Bewusste Strategien**

So ist (oder war?) die **Neutralitätspolitik** eine jahrzehntelange **Konstante** in der österreichischen Außenpolitik (seit 1955). Voraussetzungen für konstante Strategien sind allerdings eine ausreichende Stabilität des internationalen Systems und ein stabiler **Konsens** der wichtigsten politischen Akteure eines Landes über einen längeren Zeitraum hinweg – beides war im Kalten Krieg für die österreichische Neutralität gegeben. Für neugebildete/revolutionär entstandene Staaten ist daher nur in seltenen Fällen rasch eine stabile Gesamtstrategie auszumachen.

- **Unbewusste Handlungsmuster**

Dazu zählen beispielsweise von Vorurteilen oder langer Tradition geprägte **Handlungsmuster** im Verhalten gegenüber bestimmten anderen Ländern (etwa Österreich/Ungarn oder – mit anderen Vorzeichen – Österreich/Tschechische Republik).

Die **Instrumente der Außenpolitik** sind vielfältig: Diplomatische, militärische – dazu zählen auch Geheimdiensttätigkeit und/oder Subversion –, ökonomische sowie kulturelle (propagandistische oder ideologische) Mittel usw. können gleichfalls zur Anwendung kommen.

Aufgrund der zunehmenden Interdependenz und des Netzwerkcharakters von Weltpolitik in der jüngeren Vergangenheit und Gegenwart, der die wechselseitige Abhängigkeit enorm verstärkt hat, gibt es im Zusammenhang mit der Diskussion von Außenpolitik aufgrund globaler Interessen vermehrt die Forderung nach einer »**Weltinnenpolitik**«, wie sie etwa von Carl Friedrich v. Weizsäcker in den 1970er-Jahren aufgestellt wurde. Eine solche Weltinnenpolitik hätte zusätzlich zu den nationalen Interessen multinationale oder globale, allen Staaten gemeinsame Interessen, Aufgaben und Ziele, z. B. die Aufrechterhaltung des globalen ökologischen Systems, zu beachten.

Diese Forderung verlangt jedoch Machtverzicht von den »souveränen« Nationalstaaten und ist daher eine **Abkehr oder zumindest Relativierung von Macht** als entscheidendem Faktor und Schlüsselbegriff für die Internationale Politik und ihrer Analyse, während im Realismus der Versuch der Machtmaximierung als Bestimmungsfaktor des außenpolitischen Handelns aller Staaten als gegeben und unverrückbar angesehen wird. Allerdings sind **internationale Zusammenschlüsse** in einer »globalisierten« Welt nur Ausdruck davon, dass eine Verlagerung der Regierungsmacht – siehe die Begriffe Groß-, Mittelmächte und Kleinstaaten – vor sich geht: vom Potential der Gewalttätigkeit als relativ häufiger Form der Machtausübung hin zu einer zivilisierten Macht (»soft power«) für neue Akteure wie internationale Organisationen, aber auch transnational agierende Wirtschaftskonzerne, politische Gruppierungen usw.

Soziale Beziehungen von Kollektiven (Staaten u. a.) werden seltener durch die militärische Macht eines Akteurs (Staates) determiniert. Umstritten bleibt allerdings, ob und **welche Machtquellen** (etwa wirtschaftliche Stärke im Nord-Süd-Konflikt) und welche Akteure (etwa internationale Regierungsorganisationen oder transnationale Konzerne) anstelle der klassischen Regierungsmacht an Bedeutung gewonnen haben.

Die gegenwärtig dominierende Rolle der USA als wirtschaftlicher **und** militärischer **Hauptakteur** und **Hegemon** mit globalem sicherheitspolitischem Interesse oder ihre Rolle im Kampf gegen den internationalen Terrorismus nach dem 11. September 2001 widerspricht der oben skizzierten These. Hingegen wird die These durch den zweifellos zunehmenden Einfluss beispielsweise der EU in Europa und Staaten anderer Weltregionen oder von weltweit erfolgreich agierenden Unternehmen als »*Global Players*« bestätigt.

Macht im internationalen System ist – obwohl alle Staaten theoretisch und gemäß Internationalem Recht gleichrangig sind – offensichtlich sehr ungleich verteilt, d. h. es handelt sich beim »Internationalen System« um ein **System internationaler Herrschaft**. Die Befehls- und Fügsamkeitsstrukturen sind unregelmäßiger als im innenpolitischen Bereich verteilt, jedoch nichtsdestoweniger hierarchisch strukturiert, und somit als »institutionalisierte Macht« im Sinn von Max Weber vorhanden. Dies wird auch durch das Beispiel der Vetomöglichkeiten bzw. Stimmgewichtung im **UN-Sicherheitsrat** durch die fünf ständigen Mitglieder (die gleichzeitig auch die traditionellen Nuklearmächte sind) und der unterschiedlichen Stimmgewichtungen der Mitgliedsstaaten im Ministerrat der EU bestätigt.

Theoretisch bildet u. a. das **Zentrum-Peripherie-Modell** ein Grundmuster bestehender internationaler Herrschaftsstrukturen ab. Als Grundmotive der Machtausübung und Herrschaftsbildung lassen sich **Interessendivergenzen** und **-parallelitäten** ausmachen. Das bedeutet, große und mächtige Staaten versuchen Herrschaftspositionen zu erreichen und gestalten damit aktiv das internationale System, um ihre Interessen durchzusetzen. Andere kleine oder schwache Staaten anerkennen Herrschaftsstrukturen, sind weitgehend »Entwicklungs-Nehmer«, um auf diesem Wege zweckrational auch eigene Interessen durchzusetzen.

Vergleichsweise machtlose Staaten haben daher in der Phase des Ost-West-Konflikts die Dominanz von USA oder UdSSR akzeptiert und durch die Zuordnung zu einem Block Unterstützung für ihre Eigeninteressen gewinnen können.

Abb. 7: Begriffsbestimmungen »Internationale Politik«

AUSSENPOLITIK	ist das auf allgemein politischen, wirtschaftlichen, militärischen und soziokulturellen Interessen (»nationales Interesse«) basierende Handeln souveräner Nationalstaaten gegenüber ihrem Umfeld (grenzüberschreitendes Element gegenüber der »Innenpolitik«).
INTERNATIONALE POLITIK	ist mehr als die Gesamtheit aller Außenpolitiken aller Nationalstaaten; sie umfasst weitere Akteure (insbesondere IGOs, INGOs, TNCs) und Regime, analysiert Strukturen, Machtverteilung und Konfliktformationen.
INTERNATIONALE BEZIEHUNGEN	ist teilweise identisch mit »Internationaler Politik«, umfasst einerseits mehr (nicht nur politische, sondern auch wirtschaftliche, kulturelle Beziehungen), andererseits weniger (vernachlässigt Strukturen).

Quelle: eigene Darstellung.

1.3 Sicherheit

Unter dem Begriff **Sicherheit** wird traditionell die **Abwesenheit von Bedrohungen oder Gefahren** für die erreichten wirtschaftlichen und moralischen Werte (eines Staates bzw. des Staatensystems; Wolfers 1952, 483) verstanden. Sicherheit bedeutet auch die Fähigkeit, Bedrohungen abwehren zu können, oder die Fähigkeit von Staaten und Gesellschaften, »ihre unabhängige Identität und funktionale Integrität« beizubehalten (Buzan 1991, 18f). Das Völkerrecht versteht darunter den Zustand eines Staates, seine Existenz wirksam gegen **von außen drohende Gefahren** zu schützen und seine **Unabhängigkeit** und **territoriale Integrität** zu wahren (Deiseroth 2000, 110). Sicherheit kann aber auch die »innere Freiheit« bezeichnen, politische Entscheidungen selbst unter Druck einer externen Aggression zu treffen (Andren 1984, 11).

Traditionell (in etwa bis zum Ende des Kalten Krieges) wurde Sicherheit v. a. als Fähigkeit eines Staates verstanden, (mögliche oder faktische) **Gewalt von außen abzuwehren**, zu vermeiden, einzudämmen oder zu beenden (vgl. Reiter 2000, 1f). Diese Fähigkeit kann durch Erhöhung der eigenen militärischen Kapazitäten erworben werden oder indem das Umfeld, in dem sich Bedrohungen entwickeln können, verändert wird (Nelson 1997, 63f). Sicherheit hat somit zumindest **zwei Dimensionen**, nämlich bewaffnete Gewalt von innen und außen **abzuschrecken** (negative Dimension) und/oder die Schaffung dauerhafter politischer, sozialer und ökonomischer Bedingungen, um Frieden »nachhaltig« zu sichern (positive Dimension).

Nach dem Ende des Kalten Krieges wurde – nicht zuletzt aufgrund eines tief greifend **veränderten Bedrohungsbildes** für die nördlichen Staaten – Sicherheit in einem erheblich erweiterten Rahmen, nämlich »umfassend« definiert: »Comprehensive security« schließt so neben den militärischen auch politische, wirtschaftliche, ökologische und kulturelle Dimensionen mit ein (Buzan/Waever/de Wilde 1998, 50). Dieser Begriff wurde gegen Ende der 1980er-Jahre als Ergebnis eines **Umdenkprozesses** im strategisch-sicherheitspolitischen Mainstream der US-amerikanischen Forschung entwickelt und spiegelte damals die sich verändernde Lage im Zuge des Niedergangs der kommunistischen Regime in Osteuropa und v. a. der UdSSR wider (Magenheimer 2000).

Der Begriff der Sicherheit hat sich seither tief greifend zu »einem allgemeinen gesellschaftlichen **Wertesymbol** gewandelt und steht heute oftmals als Synonym für jenes elementare individuelle und gesellschaftliche Bedürfnis, welches den Schutz und die Verteidigung erworbener Werte, als auch deren Absicherung und Gebrauch gegen Störung oder Beeinträchtigung durch Dritte beinhaltet« (Lampalzer 2003, 10).

Kaum ein anderer politischer Begriff hat in jüngerer Zeit eine ähnlich **dynamische Karriere** erfahren wie der Begriff Sicherheit (vgl. Gärtner 2005). Auf zwei wichtige Applikationen soll hier noch verwiesen werden: jenen der *feministischen* Sicherheit und *menschlichen* Sicherheit *(human security)*.

Feministische AutorInnen verweisen zu Recht darauf, dass »**Sicherheit**« für **Frauen** und **Männer** differenziert gesehen und verstanden werden muss. Frauen sind generell in einem weit **höheren** Maß als Männer weltweit während ihres gesamten Lebenszyklus Sicherheits- oder Gewaltstrukturen ausgesetzt. Die Gefahrenlage reicht von der körperlichen Integrität bis zur Frage der Autonomie in Hinblick auf neue Verfahren im Bereich der Bio- und Reproduktionstechnik (Kreisky/Sauer 2000). Ann J. Tickner (1995, 194) befürwortet einen multidimensionalen Begriff von Sicherheit, der »Freiheit sowohl von **physischer** als auch **struktureller Gewalt** einschließt« und Frauen eine gleichwertige Beteiligung am Aufbau staatlicher Sicherheitsstrukturen einräumt, um deren besondere Bedürfnisse zu berücksichtigen.

Das Konzept der »**menschlichen Sicherheit**« wurde von den UN im Jahr 1994 propagiert (vgl. den Human Development Report 1994, 23) und gewinnt seither an Bedeutung in der internationalen Debatte. Das Konzept ist global – nicht national – orientiert, es setzt sich für den **Schutz** von Menschen vor **existentiellen Bedrohungen** wie Gewalt, Hunger, Epidemien und Unterdrückung ein und verlangt präventive Maßnahmen, um dieses Ziel zu erreichen.

»A humane world where people can live in security and dignity, free from poverty and despair, is still a dream for many and should be enjoyed by all. In such a world, every individual would be guaranteed freedom from fear and freedom from want, with an equal opportunity to fully develop their human potential. Building human security is essential to achieving this goal. In essence, human security means freedom from pervasive threats to people's rights, their safety or even their lives.« (Quelle: A Perspective on Human Security: Chairman's Summary 1st Ministerial Meeting of the Human Security Network, Lysøen, Norway, May 20, 1999)

Der Fokus von Sicherheit wird bewusst vom Staat als Akteur auf das Individuum verlagert, da angesichts tendenzieller Globalisierung staatlicher Schutz nicht mehr im bisherigen Ausmaß sichergestellt werden kann. Das Bedrohungsspektrum ist mit dem des umfassenden Sicherheitsbegriffes mehr oder weniger ident. Somit umfasst der Begriff nicht nur nahezu alle Bereiche von Sicherheit, sondern schließt auch alle möglichen Akteursgruppen wie Staaten, soziale Gruppen und die einzelnen Menschen mit ein.

1.4
Krieg und Frieden

Seit dem Altertum galt der Krieg, der gewaltsame Konflikt zwischen gesellschaftlichen Großgruppen, zumindest in unserem Kulturraum, als »**Institution**« gesellschaftlichen Konfliktverhaltens. Er wird von vielen Autoren je nach deren differenzieller Sichtweise als »Grundtatbestand« menschlichen Verhaltens in Konflikten (Woyke 2000, 244), als »Fortsetzung der Politik mit anderen Mitteln« (Clausewitz 1973, 191ff), als »Vater aller Dinge« (Heraklit) oder als »Naturzustand«, der im Falle des Fehlens eines »Zwingherrn«, des Leviathan und Machtmonopolisten »Staat«, wie Thomas Hobbes es ausdrückte, zum Krieg aller gegen alle – bellum omnium contra omnes – führt, bezeichnet. Allgemein gesagt, ist der Krieg als Mittel zur Durchsetzung machtpolitischer, wirtschaftlicher oder weltanschaulicher Ziele zu verstehen.

Krieg und Frieden werden v. a. in der Neuzeit/Aufklärungsphilosophie klar voneinander als sich wechselseitig ausschließende Phänomene unterschieden. Friede könne sich im Innenverhältnis von Staaten durch das staatliche Gewaltmonopol als **Friedensverband** etablieren und damit den Naturzustand aufheben. Nach außen jedoch besteht durch das **Fehlen eines internationalen Gewaltmonopols** als – höchstens durch internationale Regeln beschränkte – Gewaltsamkeit zwischen souveränen Staaten der »Naturzustand« (internationale »Anarchie«, das Prinzip staatlicher Selbsthilfe) weiter fort. Erst in der **Charta der Vereinten Nationen** von 1945 wird im Art. 2/4 die Anwendung von Gewalt (auch schon die Drohung mit Gewalt) als Mittel internationaler Politik nachhaltig verboten. Gleichwohl konnte auch dieses Verbot den Krieg seither nicht beseitigen und so mussten bis zum Ende des Kalten Krieges Millionen von Toten durch gewaltsame Konflikte zwischen Staaten beklagt werden. Wenn auch zwischenstaatliche Kriege seither kaum noch geführt werden, bestehen Gewaltkonflikte weiter fort. Auch ist es der insbesondere nach der Katastrophe des Zweiten Weltkrieges florierenden **Friedensforschung** nicht gelungen, einen **positiven Friedensbegriff** zu entwickeln. Offensichtlich handelt es sich bei diesen Phänomenen nicht um klar abgrenzbare, gleichsam klar umrissene Zustände oder Zustandsbilder, sondern um Eckpunkte eines breiten Kontinuums von fließenden Übergängen und Grauzonen einer gesellschaftlichen Realität zwischen »Krieg« im Sinne militärischer Gewaltanwendung, Kriegserklärung und »Frieden« im Sinne vertraglicher Vereinbarung (Friedensvertrag) oder völliger Abwesenheit von Gewalt.

Im Zuge der Entwicklung souveräner Nationalstaaten im Gefolge des Westfälischen Friedens von 1648 und der schrittweisen Ausbildung eines internationalen Staatensystems wurde unter **Krieg** ein gewaltsamer Konflikt dann verstanden, wenn

- es sich um **bewaffnete Streitkräfte** (Kombattanten) eines Staates zumindest bei einer der beteiligten Gruppen handelt,
- zumindest von einer Konfliktpartei eine **Kriegserklärung** abgegeben wurde,
- die Konfliktparteien ihre Aktivitäten zentral gelenkt und organisiert entfalten und
- die **Kampfhandlungen** über einen längeren Zeitraum und unter strategischer Leitung durchgeführt werden.

Mit dieser völkerrechtlich »klassischen« Form, die auch eine gewisse Gleichgewichtigkeit der Gegner impliziert, bei der ein weitest möglicher Schutz von Zivilisten vorzusehen ist und im Sinne Clausewitz' auch eine politische Funktionalität gegeben sein muss, hatten bereits die großen, »totalen« Kriege des 20. Jahrhunderts nichts mehr zu tun.

Sie waren meist nicht erklärt, unterschieden **nicht** zwischen **Soldaten und Zivilbevölkerung**, ja im **Gegenteil**, hatten die **maximale Zerstörung** des Hinterlandes und der Infrastruktur des Gegners zum Ziel und nahmen den massenhaften Tod von Nicht-Kombattanten zumindest in Kauf. Die Entwicklung von Massenvernichtungswaffen unter dem Menetekel der vielfachen Vernichtung allen Lebens auf der Erde (*MAD – mutually assured destruction* durch die Nuklearpotentiale von USA und UdSSR im Kalten Krieg im Verlauf der 1960er-Jahre) hat diese Tendenzen noch akzentuiert. Unter diesen Bedingungen fällt auch die Zweck-Mittel-Relation des völkerrechtlich definierten Krieges weg, so dass Krieg eigentlich kein Mittel der Politik mehr sein darf. Die **UNO-Charta** hat dieser Entwicklung mit dem allgemeinen **Gewaltverbot** des Art. 2/4 bereits Rechnung getragen.

Aber auch eine klare Definition des Begriffes »**Frieden**« ist nicht allgemein gültig zu geben, Frieden ist ein weit komplexerer Zustand als die lapidare Formel *Friede = Nicht-Krieg* oder Volker Rittbergers Charakterisierung, Friede sei mehr als kein Krieg (1985, 1139), dies prima facie vermuten lassen. Diese Definitionen, die **Frieden** gleichsam **negativ** definieren, als Abwesenheit von Krieg oder auch Gewalt in personaler, direkter oder struktureller oder kultureller Form (Meyers 1994, 34ff), weisen auf die – kaum einlösbare – Möglichkeit einer »positiven« Definition von Frieden hin, die bislang, wie oben erwähnt, nicht vollständig befriedigend gelöst wurde. Versuche, einen positiven Friedensbegriff zu definieren, wurden v. a. im Rahmen der kritischen Friedensforschung in der zweiten Hälfte des 20. Jahrhunderts unternommen. Die AutorInnen gehen davon aus, dass **Voraussetzungen für positiven Frieden** dann gegeben seien, wenn

- keine Formen sozialer und personaler Ausbeutung vorliegen,
- wirtschaftlich-soziale Entwicklung in pluralistischer Weise erfolgt,
- Gerechtigkeit und Freiheit sowie Menschen- und Minderheitenrechte gesichert sind,
- den Individuen die Möglichkeit eingeräumt ist, sich gemäß ihren individuellen Fähigkeiten zu entwickeln (Woyke 2000, 251).

Diese weitreichenden und anspruchsvollen Bedingungen legen es nahe, **Frieden** nicht als endgültig erreichbaren Zustand, sondern **als Prozess zu begreifen**. Dieter Senghaas (1994, 12) sieht daher Frieden als einen »voraussetzungsvollen **Prozess der Zivilisierung** von politischen Kollektiven, der einer dauerhaften Institutionalisierung gewaltfreier Formen der Konfliktbearbeitung« sowohl im gesellschaftlichen Innenverhältnis als auch im internationalen Rahmen bedarf. Ein derartiger Prozess scheint angesichts der auch technologisch bedingten zunehmenden Vernetzung der Weltgemeinschaft, der eine stärkere wechselseitige Abhängigkeit und Verwundbarkeit für alle Beteiligten impliziert, notwendig, wenn auch – aus heutiger Sicht – schwer zu realisieren.

2
Akteure und Handlungszusammenhänge

2.1
Akteure der internationalen Politik

Oft wird stillschweigend angenommen, dass internationale Politik tatsächlich nichts anderes als **zwischenstaatliche Politik** ist, also die Summe der außenpolitischen Aktivitäten zweier oder mehrerer Staaten. Natürlich stimmt das am Beginn des 21. Jahrhunderts längst nicht mehr, die Realität ist viel komplexer: **Staaten** sind nur eine, wenn auch weiterhin die wichtigste Gruppe von Akteuren in der internationalen Politik. Trotzdem besteht ein enger und vielfältiger Zusammenhang zwischen der Außenpolitik von einzelnen Staaten und der internationalen Politik (dem »Umfeld« nationaler Außenpolitik). Es muss die Ebene der Außenpolitik analysiert werden, um die internationale Politik zu erklären bzw. muss die Struktur der internationalen Politik untersucht werden, um Handlungen von Staaten im Bereich der Außenpolitik besser zu verstehen.

Zum **internationalen System** – dem Raum, in dem Internationale Politik stattfindet – gehören aber noch andere Gruppen von Akteuren:
- **Internationale** (Regierungs-)**Organisationen** *(International Governmental Organizations/IGOs)*, die mit Völkerrechtssubjektivität ausgestattet sind und von Staaten gemeinsam errichtet und unterhalten werden.

- **Multinationale Konzerne** *(Transnational Companies/TNCs)* mit transnationalem Einflussbereich *(Shell, Daimler, BP, General Motors, Nestle, Toyota* usw.).
- **Internationale Nicht-Regierungs-Organisationen** *(International Non Governmental Organizations/INGOs)* mit nur teilweiser oder keiner völkerrechtlichen Subjektivität. Sie werden als organisierter Teil der »internationalen Zivilgesellschaft« verstanden, der – zum Teil neben karitativen oder anderen Leistungen – über das Medium der Aktivierung der **internationalen Öffentlichkeit** versucht, politische Entscheidungen von Regierungen oder internationalen Organisationen zu beeinflussen.
- Zudem existiert eine Vielzahl von **politischen, ethnischen und/oder religiösen Gruppierungen**, auch Interessenvertretungen im weitesten Sinn, die als Akteure der internationalen Politik auftreten. Dazu zählen Parteien und internationale Parteiorganisationen, Gewerkschaften, Kirchen usw.
- Zu betonen sind auch **Audio-, Video- und Printmedien als internationale Akteure**, nämlich insbesondere zentrale Nachrichtenagenturen und globale Medienkonzerne. Trotz des primären Ziels der Gewinn- anstatt von Machtmaximierung verfügen sie als Akteure gleichfalls über erhebliche, wenn auch schwer messbare machtpolitische Bedeutung.

Vier global agierende Nachrichtenagenturen – *Associated Press/AP, Agence France Press/AFP, Reuters* und *United Press International/UPI* – bestimmen über den größten Teil des globalen Informationsflusses. Als Medieninhaber verfügt beispielsweise *Rupert Murdoch* über zentralen globalen Einfluss.

Unterschieden werden kann weiters zwischen **politisch legitimierten und nicht legitimierten Akteuren**. Staaten bzw. Regierungen sind sowohl innerstaatlich (demokratisch oder zumindest politisch) legitimiert als auch außenpolitisch durch zumindest teilweise Anerkennung durch andere Staaten als Teilnehmer der internationalen Politik.

Eine Ausnahme ist u. a. Taiwan (de facto eine selbständige »politische Einheit« mit politischen Strukturen, aber nur von wenigen Staaten, wegen des Anspruchs der Volksrepublik China auf Taiwan als Teil

Chinas, anerkannt), wobei im Regelfall die gleichwertige Anerkennung das Ziel jedes Staates ist. In der Realität, obwohl nicht formell, ist selbstverständlich Taiwan ebenso ein Akteur der internationalen Politik wie Großkonzerne, NGOs, Medien usw. – mit dem Unterschied, dass manche Akteure ihre Legitimation in verschiedenster Form fordern (Staaten und INGOs), andere nicht zwangsläufig als Akteur mit formellem Status gelten wollen (TNCs).

Folgende akteursbezogene Begriffe sind weiters zu differenzieren:
- **international** – zwischenstaatlich;
- **multinational** – die gemeinsame Tätigkeit von Staaten auf multilateraler Ebene zum Zweck der Steigerung von Problemlösungseffizienz bzw. Senkung von Kosten; oder auch die Tätigkeiten von anderen, in mehreren Staaten aktiven Akteuren (z. B. TNCs);
- **transnational** – über Staatsgrenzen hinweg.

Internationale Politik umfasst also mehrere Ebenen, sowohl alle internationalen Beziehungen von Staaten als auch alle die Staatsgrenzen überschreitenden Handlungen anderer Akteure.

2.2
Handlungs- und Strukturebene

Zusätzlich zu den erkennbaren und analysierbaren **Handlungen und Maßnahmen** von Akteuren der Internationalen Politik gibt es **Strukturen** dieses Handlungszusammenhangs; d. h. die Handlungen haben systemischen, Strukturen materiellen und längerfristigen Charakter. Politik im internationalen Feld ist nicht nur handlungs-, sondern auch **systemtheoretisch** zu begreifen. Zwei wichtige Dimensionen der Analyse sind daher:
- die Beschreibung, Bewertung und Analyse von **Handlungen** internationaler Akteure (Ziele, Sichtweisen und Werte, Strategien usw.) und
- das »**Verstehen**« und die **Interpretation** von Prozessen, Veränderungen und Ordnungssystemen.

Zwischen beiden Ebenen ergibt sich eine **dialektische Verknüpfung**: Handeln findet immer in einem vorstrukturierten Situationsfeld statt, strukturiert etwa durch die Bipolarität im Ost-West-Konflikt. Die **Handlungen** von Staaten orientieren sich an – strukturellen – »Fixpunkten«, im Kalten Krieg an zwei konkurrierenden Blöcken, die als »alte europäische Ordnung« etwa für Österreich den Rahmen für Neutralität und Neutralitätspolitik bildeten.

Klar erkennbar werden **Strukturen** insbesondere dann, wenn sie sich verändern, wie durch die Auflösung der Blockstrukturen im Zuge des Zusammenbruchs des Kommunismus in der Sowjetunion. Oder allgemeiner: Strukturen und Ordnungssysteme können **in zyklischen Abständen zerbrechen** oder verändern sich, es kommt zu Chaos und Unübersichtlichkeit, bis sich nach einiger Zeit neue Fixpunkte, neue tragende Prinzipien oder Strukturen herausbilden.

Für Europa nach dem Kalten Krieg heißt dies: Noch ist nicht endgültig vorhersehbar, wie sich die neuen Strukturen nach dem Ende des Ost-West-Konflikts entwickeln, doch hat sich die **Europäische Union** als das neue **politische Zentrum** anstelle der bipolaren Struktur West- und Osteuropa wohl etabliert.

Eines der Ordnungssysteme internationaler Handlungsmuster und Strukturen ist das **Völkerrecht**, das jedoch flexibler und veränderbarer als innerstaatliches Recht ist und dem es an Durchsetzbarkeit **mangelt**. Neben der Rechtslage im Sinne der völkerrechtlichen Normierungen ist daher in der Internationalen Politik die Analyse der **realen Machtverhältnisse** von großer Bedeutung, weil es keine funktionierende Weltgesetzgebung (es existiert keine globale legislative Instanz), keine Weltregierung oder Weltpolizei usw. gibt. Diesbezügliche Ansätze existieren allerdings in der Theorie und – Stichwort: UNO – auch in der Praxis, allerdings ist eine **Reform** der UNO in Richtung »**Weltregierung**« **nicht** intendiert und wohl auch nicht sinnvoll.

PolitikwissenschaftlerInnen versuchen sich daher ein **Bild** von der internationalen Beziehungs- und Kräftekonstellation zu machen. Das geschieht analog zur Innenpolitik, wo regelmäßig die Verfassungswirklichkeit und ihre Differenz zu den formalen Verfassungsnormen analysiert wird.

Zu unterscheiden ist auch zwischen **Veränderungen** des internationalen Systems und einem grundsätzlichen, tiefer greifenden **Wandel**

oder Brüchen/Zäsuren. Während Veränderungen im internationalen System ständig stattfinden (seit etwa mehr als drei Dekaden sind diese erkennbar dynamischer), finden Wandel und Umgestaltung seltener statt, erfolgen dann aber meist dramatisch, also in Brüchen.

Seit dem Ende des Ost-West-Konflikts, der zum Teil dramatische **Veränderungen** im Bereich der **Bedrohungs- und Konfliktmuster** nach sich zog, bis zum Phänomen des »internationalen Terrorismus« im Gefolge der Terroranschläge vom 11. September 2001 in den USA, beobachten wir einen tief greifenden Strukturwandel im internationalen Staatensystem, d. h. Änderungen der weltpolitischen Machtkonstellation und der Freund-Feind-Verhältnisse sowie das Aufkommen **neuer Akteure** (Nachfolgestaaten der UdSSR, neue Nationalstaaten auch im ehemaligen Jugoslawien, zunehmende Bedeutung der INGOs, Beschleunigung des Prozesses der Globalisierung usw.).

Die **Ursachen und Auslöser** für derart tief greifende Veränderungen, respektive Brüche, können entweder auf der Handlungs- oder der Strukturebene liegen:

Zeitgeschichtliche Beispiele auf der **Handlungsebene** finden sich etwa im Bereich der globalen Ökosphäre (durch die Konsequenzen der *United Nations Conference on Environment and Development/UNCED*), der Menschenrechtspolitik (durch die realen Auswirkungen der *Konferenz für Sicherheit und Zusammenarbeit in Europa/KSZE* auf die kommunistischen Gesellschaften Osteuropas) oder der Ökonomie (durch den Integrationsprozess der *Europäischen Wirtschaftsgemeinschaft/EWG* hin zur politischen Union). Auf der **Strukturebene** kam es zum Zerfall von militärischen Bündnissystemen (des Warschauer Paktes), zu Kontroll- und Machtverlusten einer Supermacht, namentlich der UdSSR, zu einem internationaler Wertewandel, zu einer Kluft in wirtschaftlichem und technischem Niveau zwischen dem Norden und Süden, aber auch dem Osten Europas, und zum Entstehen neuer Machtzentren (China, Indien, Südafrika, Brasilien).

Handlungs- und Strukturebene sind auch insofern miteinander verknüpft, als die internationale Politik unter wechselnden strukturellen Voraussetzungen vor mehrere Aufgaben gestellt ist:

- **Sicherheitsprobleme** werden innerstaatlich durch das Gewaltmonopol des Staates reguliert, während sich im internationalen System

Akteure gegenüberstehen, die als souveräne Staaten jeweils über das Monopol legitimer Gewaltanwendung verfügen.
- **Stabilität von Nationalstaaten**, d. h. Gründungen neuer Staaten bzw. der Zerfall von Staaten und die Integration von Staaten führen – siehe den Wandel des »Ostblocks« – zu einem Strukturwandel und zählen zu den kontinuierlich auftretenden Problemen der Internationalen Politik (insbesondere »failing states«).
- **Internationale Ordnungssysteme**, also institutionelle, politisch-rechtliche Ordnungssysteme, die für Kontinuität und Stabilität internationaler Beziehungen errichtet werden müssten, um etwa den Welthandel oder den Finanzverkehr in einem bestimmten Rahmen zu regulieren.
- **Internationale Verteilungsprobleme** insbesondere im Wirtschaftsbereich. Staaten verfügen über eine sehr unterschiedliche Ressourcenausstattung und entwickeln daher divergierende ökonomische Interessen, wodurch auch historisch bedingt zwangsläufig Ungleichheiten bzw. Konflikte entstehen, die vor allem im Nord-Süd-Konflikt besonders manifest sind.
- **Ungleichzeitige Entwicklung und Folgen der Modernisierung**, die etwa mit der Forderung nach einem »Recht auf Entwicklung« (im Sinne des Erreichens des OECD-Wirtschaftsniveaus) durch die Staaten des Südens und der ökologischen Unverträglichkeit einer derartigen nachholenden Entwicklung für das globale Ökosystem.

Die Akteure sowie deren Beziehungen und Handlungen bilden in ihrem Zusammenwirken ein eng verflochtenes **Interaktionssystem** von hoher, zunehmender Komplexität: »Alles hängt mit allem zusammen«, es besteht im globalen Rahmen – so Robert Keohane und Joseph Nye 1977 – längst »komplexe Interdependenz«, vor allem auch im wirtschaftlichen und sozialen Bereich. Andere Wissenschaftler sprechen angesichts dieser engen Vernetzung, die sich nicht zuletzt im ökologischen Bereich zeigt, vom »Raumschiff Erde« (Boulding, 1966) und von der erwähnten Notwendigkeit einer »Welt(innen)politik« (Gilbert Ziebura, Wilhelm Grewe, Carl Friedrich v. Weizsäcker u. a.).

Weltpolitik wird manchmal mit dem »Zeitalter des Imperialismus« gleichgesetzt und als Ausdehnung des politischen Einflusses der Staaten des (westlichen) Nordens über diese Region hinaus verstanden, etwa als (Neo-)Kolonialismus oder als »neue« Geopolitik. Carl Friedrich v. Weizsäcker entwarf **drei Axiome für die Politik** in einem zukünftig vielleicht existierenden Weltstaat:

- erstens ist der Weltfriede Lebensbedingung im technischen Zeitalter;
- zweitens transformiert ein Herannahen des Weltfriedens jede Außenpolitik zur Weltpolitik;
- und drittens ist die Errichtung des Weltfriedens positiv zu bewerten, verlangt aber einen großen politischen und wirtschaftlichen Einsatz.

Das Konzept des **Weltfriedens** bedeutet allerdings **nicht** die **Abschaffung von Konflikt** und Gewalt, sondern die Überwindung von Gewaltkonflikten bzw. mit den Mitteln der Politik Konflikte zu steuern, zu kontrollieren und, wenn möglich, zu lösen.

Als **abschließendes, kurzes Resümee** lässt sich sagen, dass Internationale Politik ein äußerst komplexes Feld ist, dementsprechend schwierig sind valide Analysen und Prognosen künftiger Entwicklungen. Als Einflussfaktoren, gleichsam »letzte Instanzen« der internationalen Politik, wirken militärische Kräfteverhältnisse, ökonomische Produktionsverhältnisse sowie Friedfertigkeit bzw. Konfliktfähigkeit bestimmter Ideologien, Kulturen und Gesellschaften. Wissenschaftliche Untersuchungen behandeln im Allgemeinen nur bestimmte Aspekte oder Ausschnitte dieser Phänomene. Ernst-Otto Czempiel (1981), zum Beispiel, entwarf dazu das Modell »gebrochenen, asymmetrischen Gitters«.

Das aktuelle Phänomen des internationalen Terrorismus und des Kampfes (oder »Krieges«) gegen den Terror zeigt, dass in der Post-Kalter-Krieg-Phase militärische Stärke (der USA), wirtschaftliche Rahmenbedingungen (durch subjektiv empfundene Benachteiligung als einer – wesentlichen – Ursache von Gewalt) und Konfliktbereitschaft (von Fundamentalismen) die internationale Politik von heute entscheidend prägen.

Literatur

Andren, Nils (1984). *Säkerhetspolitik*, Stockholm.
Boulding, Kenneth E. (1966). *The Economics of the Coming Spaceship Earth*, in: Henry Jarret (Hg.). *Environmental Quality in a Growing Economy*, Baltimore/London, 3–14.
Buzan, Barry (1991). *People, States, and Fear*, Boulder.
Buzan, Barry/Ole Waever/Jaap de Wilde (1998). *Security. A New Framework for Analysis*, Boulder.
Carr, Edward H. (1946). *The Twenty Years' Crisis 1919–1939*, London.
Clausewitz, Carl von (1973). *Vom Kriege*, Bonn.
Czempiel, Ernst Otto (1981). *Internationale Politik*. Ein Konfliktmodell, Paderborn u. a.
Deiseroth, Dieter (2000). *Die NATO – Ein System »kollektiver Verteidigung« oder »kollektiver Sicherheit«?* Kritische Bemerkungen zur Rechtssprechung des Bundesverfassungsgerichts, in: Die Friedens-Warte, Jg. 75/1, 101–128.
Frankel, Benjamin (Hg., 1990). *In the National Interest*. A National Interest Reader, London/New York.
Gärtner, Heinz (2005). *Internationale Sicherheit – Definitionen von A–Z*, Baden-Baden.
Keohane, Robert O./Joseph S. Nye (1977). *Power and Interdependence*, Boston.
Kreisky, Eva/Birgit Sauer (2000). *Sicherheit, Demokratie und Geschlecht*, in: Heinz Gärtner/Otmar Höll (Hg.). *Comprehensive Security*. Projektbericht des OIIP, 122–160.
Krippendorff, Ekkehart (1987). *Internationale Politik*. Geschichte und Theorie, Frankfurt/M.
Lampalzer, Hermann (2003). *ABC-Terrorismus – Eine neue sicherheitspolitische Herausforderung*. Beurteilung der Bedrohung und Reaktionskonzepte auf europäischer und österreichischer Ebene, Wien (Diplomarbeit).
Magenheimer, Heinz (2000). *Zur Begriffsbildung im Rahmen sicherheitspolitischer Konzeptionen*, in: Heinz Gärtner/Otmar Höll (Hg.). *Comprehensive Security*, Projekt des OIIP, Wien.
Maslow, Abraham H. (1981). *Motivation und Persönlichkeit*, Reinbek bei Hamburg.
Meyers, Reinhard (1994). *Begriff und Probleme des Friedens*, Opladen.
Meyers, Reinhard/Wichard Woyke (1995). *Internationale Beziehungen*. Ein Lehrbuch, Paderborn u. a.
Morgenthau, Hans (1963). *Macht und Frieden*. Grundlegung einer Theorie der Internationalen Politik, Gütersloh.
Nelson, Daniel N. (1997). *Germany and the Balance between Threats and Capabilities in Europe*, in: International Politics, vol. 34/1, 63–78.
Reiter, Erich (2000). *Sinn und Zweck einer verteidigungspolitischen Doktrin*. Eine Studie des Militärwissenschaftlichen Büros, Wien.
Rittberger, Volker (1985). *Ist Frieden möglich?*, in: Universitas 40, 1139–1149.
Senghaas, Dieter (1994). *Wohin driftet die Welt?* Über die Zukunft friedlicher Koexistenz, Frankfurt/M.
Tickner, J. Ann (1995). *Revisioning Security*, in: Ken Booth/Steve Smith (Hg.). *International Relations Theory Today*, Cambridge, 175–197.
UNDP (Hg., 1994). *Human Development Report*, New York.
Wolfers, Arnold (1952). *National Security as an Ambiguous Symbol*, in: Political Science Quarterly, LXCII: 4, 481–502.
Wolfers, Arnold (1968). *Discord and Collaboration*. Essays on International Politics, Baltimore.
Woyke, Wichard (2000). *Handwörterbuch Internationale Politik*, Opladen.

Theorien der Internationalen Politik

Die Theoriedebatte(n) in der Disziplin »Internationale Politik« ist (sind) äußerst komplex und kaum noch überblickbar. Es existiert *kein* von der Mehrheit der IR-Community anerkanntes theoretisches Modell. Es gibt also keinen »Königsweg«, sondern eine große Palette von mehr oder weniger akzeptierten und miteinander konkurrierenden Theorien, Ansätzen, Modellen und Konzepten, die unterschiedliche Teile der Realität und unterschiedliche Fragestellungen besser oder weniger gut reflektieren. Das hat einerseits mit der enormen Komplexität des Gegenstandsbereiches des globalen internationalen Systems zu tun, andererseits mit den Einflüssen der historischen und gesellschaftspolitischen Kontexte zu tun, in denen die Theorien entstanden sind. In diesen Theorien spiegeln sich zudem auch kulturelle, ideengeschichtliche, erfahrungspraktische und erkenntnistheoretische Annahmen, Werte und Weltbilder der jeweiligen AutorInnen wider, so dass diese Vielfalt nicht verwundern sollte. Die hier vorgestellten Theorien und Ansätze sind daher auch **keine** vollständige Abbildung aller Theorieschulen, sondern eine **Auswahl** der gegenwärtig in Europa und Nordamerika am häufigsten verwendeten Theorien. Beginnen wir mit der Frage, was eine Theorie überhaupt ausmacht und wozu sie dient.

Eine **Theorie** ist ein gedankliches und möglichst konsistentes **Bild oder Modell** der (sozialen) Realität (oder von Teilen der Realität), in diesem Kontext der »Welt«, der »internationalen Politik« und ihrer Zusammenhänge. Nach einer **allgemeinen Definition** verstehen sich Theorien der Internationalen Beziehungen als »System beschreibender und erklärender Aussagen über Regelmäßigkeiten, Verhaltensmuster und Wandel des internationalen Systems und seiner Handlungseinheiten, Prozesse und Strukturen« (Holsti 1991).

Ein **Modell der Welt** also, das
- in sich (möglichst) widerspruchsfreie Sätze von Aussagen über die Realität enthalten und dadurch die Realität ordnen soll,
- nicht in Widerspruch mit der Empirie stehen soll (daraus folgt ihre empirische Überprüfbarkeit und potentielle Widerlegbarkeit, da ursprünglich der generelle Anspruch bestand, dass Theorien nicht auf eine spezifische Zeitperiode und auf geographische Räume bzw. Einzelereignisse/-akteure der internationalen Politik beschränkt bleiben dürfen) sowie
- intersubjektiv nachvollziehbar und wiederholbar sein muss.

Als »**Groß-**« oder »**Metatheorie**« wird ein Gefüge von Gesetzmäßigkeitsaussagen bezeichnet, das für einen umfassenden Phänomenbereich gilt: »[Großtheorien sind] die idealtypische Konstruktion eines in sich weitgehend kohärenten Systems von Überzeugungs-, Wahrnehmungs- und Handlungsmustern, die ein bestimmtes **wissenschaftliches Weltbild** etablieren: eine in einer abgrenzbaren Forschergemeinschaft vorherrschende allgemeine Sichtweise dessen, was die Mitglieder dieser Gemeinschaft primär als Aufgabe und Gegenstand z. B. der Lehre von den internationalen Beziehungen annehmen« (Meyers 1990).

Aufgrund der hohen Komplexität des internationalen Systems sind jedoch exakte Theorien mit einem derartigen Generalitätsanspruch unmöglich. Daher geht es in unserem Kontext um verschiedene Theorieansätze bzw. theoretische Konzepte. Es gibt daher letztlich keine allgemein akzeptierte *Grand Theory* der Internationalen Beziehungen.

Zwei Beispiele für die reale Unmöglichkeit von *Grand Theories* der Internationalen Politik:
- Wie soll »Außenpolitik« gemessen werden, wenn sie definitorisch *alle* politischen Aktionen in diesem Zusammenhang umfasst? *Alle* Aktionen sind nicht erfassbar, die Summe unzähliger Aktionen entzieht sich einer vollständigen analytischen Bestimmung.
- Wie viele und welche Gesetzmäßigkeiten bzw. Regeln – etwa die Logik des Strebens nach Macht, eine Konsensorientierung infolge von Friedensbedürfnis, das Völkerrecht u. v. a. – der Internationalen Politik und ihrer Handlungsabläufe gibt es eigentlich? Theoriemodelle müss-

ten zudem berücksichtigen, dass Spielregeln oft nicht eingehalten werden und Entscheidungen nicht immer »rational« erfolgen. Daher entstünde die Folgefrage, nach welchen Gesetzmäßigkeiten Regeln der Internationalen Politik nicht eingehalten werden usw.

Im Alltagsjargon werden oft sowohl **Paradigmen** als auch theoretische Konzepte inkorrekt als eigentliche »Theorien« bezeichnet. Aufgabe von Paradigmen (das sind über einen bestimmten Zeitraum nicht hinterfragte Grundannahmen) ist es, angesichts der Komplexität sozialer Realität eine – zeitlich begrenzte – Orientierungshilfe zu geben.

Wesentliche **Funktionen von Theorien** sind:

- **Selektionsfunktion**

Relevante Zusammenhänge sind von irrelevanten Dingen (»Wichtiges von Unwichtigem«) zu unterscheiden. In Verbindung dazu steht auch die angesprochene Reduktion der hochkomplexen Realität auf ein verständliches Modell der Wirklichkeit. Beispiel sind u. a. die skizzierten Weltmodelle der Uni-, Bi-, Tri- und Multipolarität (vgl. S. 19f).

- **Ordnungsfunktion**

Die systematische Darstellung von Forschungs- und Beobachtungsobjekten, d. h. von der Realität der internationalen Beziehungen. Die Theorie ist Darstellungsmittel dessen, »was eigentlich ist«.

- **Erklärungs- und Interpretationsfunktion**

Das Aufzeigen von kausalen Zusammenhängen zwischen realen Phänomenen bzw. die Abschätzung künftiger Entwicklungen. Theorien dienen als Erklärungsmittel zur Feststellung der Gründe »warum ist das eingetreten, was jetzt der Fall ist«.

- **Ziel- und Handlungsfunktion**

Gegebenenfalls sind durch die Theorie Strategien und Maßnahmen abzuleiten, d. h. Anleitungen zu »praktischem Handeln« in der Realität können aufgrund von theoretischen Grundlagen und Empfehlungen gewonnen werden.

In Zusammenhang mit den beiden letztgenannten Punkten steht:

- Theorien leisten auch **Legitimations- und Kritikfunktionen**, d. h. sie liefern Sinnstiftung sowohl für die Existenz der Theorie, als sie auch politisches Handeln legitimieren oder kritisch hinterfragen. Theorien sind in diesem Fall Rechtfertigungsmittel zur Feststellung der Angemessenheit einer Erklärung oder Handlung, sowohl »warum

diese gilt« als auch für politisch-strategische Handlungsmuster von Akteuren. Außenpolitisches Handeln wird von Politikern oft (meist nicht explizit) theoretisch begründet bzw. können Theorien Kritikern die Grundlage für ihre Argumentation liefern.
- Von Theorien wird oft auch **Prognosefähigkeit** erwartet.

Den Theorie-Schulen der Internationalen Politik wurde hinsichtlich des Endes des Ost-West-Konfliktes häufig **Versagen** unterstellt, dieses nicht prognostiziert zu haben. Angesichts der Entspannungspolitik in den späten 70er- und 80er-Jahren war mehrheitlich eine Beruhigung des Konflikts und vorsichtige Annäherung und Konvergenz in einzelnen Bereichen, jedoch bei gleichzeitigem Fortbestand einer gemäßigten Bipolarität, »vorhergesagt« worden.

Allerdings wird die Möglichkeit der verlässlichen Prognose im Rahmen der Internationalen Politik häufig überschätzt bzw. falsch verstanden. Helga Haftendorn (1996, 3–7) hat dies als »Sehnsucht nach der Kristallkugel« treffend beschrieben. Theorien sind primär Analyseinstrument und leisten hauptsächlich **Erklärungsfunktionen**, um Handlungszusammenhänge – z. B. zwischen abhängigen und unabhängigen Variablen – aufzuzeigen. Gesicherte, zumal differenzierte Prognosen können sie in der Regel nicht erstellen.

Ein plakatives **Beispiel** einer – nicht präzisen – Prognose **vor** dem Ende des Kalten Krieges: Die abhängige Variable »Y« (Trennung Deutschlands) wird sich verändern (Deutsche Wiedervereinigung), wenn die unabhängige Variable »X« (Kalter Krieg und strikte Bipolarität im Ost-West-Konflikt) eine Veränderung erfährt.

Ein anderes, allgemeineres **Beispiel**: Wenn bestimmte und angebbare Bedingungen (etwa vorhandener Wille zur Kooperation auf allen Seiten) in der Struktur des internationalen Systems (der Staatenwelt) bestehen, können internationale Institutionen (UNO, OSZE, IBRD usw.) Kooperationen erleichtern und Konflikte verringern.

Als historisch abgegrenzte **Phasen der Theorieentwicklung** lassen sich u. a. unterscheiden: idealistische, (neo-)realistische, systemische, behavioristische, kritisch-dialektische, (neo-)funktionalistische, Interdependenz- und Institutionalismustheorien oder der Konstruktivismus.

Abb. 8: Phasen der Theorieentwickung in der Disziplin »Internationale Beziehungen«

Orientierung:	Akteur orientiert		System/Struktur orientiert		
Weltbild:	Welt als Akteur-Beziehungen	Welt als Staaten-Welt	Welt als Klassensystem	Welt als EINE Welt	Welt als Gesellschaft
1920	Idealistische Ansätze	Strateg. Studien Geopolitik	Imperialismustheorien		
1930					
1940		Realistische Ansätze			
1950	Funktionalismus Integrationsanalyse Institutionalismus				
1960	Friedensforschung	Szientistische Ansätze	Kritische, (neo-)marxist. Ansätze		
1970	Theorie komplexer Interdependenz	Neo-Institutionalismus	Nord-Süd-Ansätze Dependenztheorie	Neo-Realismus Weltsystemanalyse	Englische Schule
1980	Regimetheorien			Ökologische Schule	Kopenhagener Schule (Strukt. Realismus)
1990		Sozialpsycholog. Ansätze			Dialektik der Globalisierung
2000					Konstruktivismus

Quelle: Österreichisches Institut für Internationale Politik – OIIP.

Theorien werden auch nach **Klassifikationsmerkmalen** unterschieden, z. B.

- nach der **Bedeutung** der Akteure (welche Akteure werden als besonders wichtig/einflussreich angesehen),
- nach den **Grundelementen** des politischen Prozesses (durch welche hauptsächlichen Mittel und Ziele wird das Handeln der Akteure festgelegt) und
- nach dem **Strukturprinzip** bzw. der globalen **Ordnungsform** (welches Macht- und Herrschaftssystem wird für die Analyse verwendet bzw. liegt real vor).

Zentrale **Gegensätze** in der Theoriedebatte finden sich u. a. zwischen Idealisten und Realisten, zwischen Realisten und (kritischen) Klassentheorien sowie zwischen (Neo-)Realisten und (Neo-)Institutionalisten.

1.
Idealismus – die normative Schule

Die idealistisch-normative Schule ist als **Reaktion** auf die Katastrophen des **Ersten Weltkrieges** entstanden und stellt den Beginn der Internationalen Politik als wissenschaftliche Disziplin zur Ursachenfindung und Krisenbewältigung dar. Ausgangspunkt war die Hoffnung, Kriege vermeiden und Frieden – im Sinne von »nicht-Krieg« – sichern zu können. Durch das Aufdecken von politischem Fehlverhalten und Fehleinschätzungen wollte man mit historisch-deskriptiven und interpretativen Analysen Kriegsursachenforschung betreiben.

Die Analysen waren an **Fallbeispielen orientiert**, in der Folge wurde von Rechts- und Politikwissenschaftlern versucht, allgemeine (normative) Soll-Sätze zu formulieren. Es wurde der Gedanke einer, von den philosophischen Schriften Immanuel Kants inspirierten **Weltgemeinschaft** bzw. eines föderalen Staatensystems entwickelt (1795/1964). Man wollte über internationale Organisationen zu einer **universellen Verfassung** kommen, als Grundlage für einen Weltstaat mit universellen Wertvorstellungen. Internationale Prinzipien und internationales Recht sollten an die Stelle von nationalen Interessen und Durchsetzung nationaler Eigeninteressen durch Macht oder Gewalt treten.

Zentrales Instrument der Idealistischen Schule war das **Völkerrecht**, institutionelle Konsequenz der **Völkerbund:** Die Artikel 10, 12, 13, 15 und 16 der Völkerbund-Satzung enthalten ein »relatives« Kriegsverbot mit dem Ziel eines Systems kollektiver Sicherheit, zu dessen Einhaltung die Mitglieder durch Sanktionen gezwungen werden konnten. Die USA sind deshalb dem Völkerbund nie beigetreten, weil sie in ihrem außenpolitischen Spielraum nicht eingeschränkt sein wollten.

Idealistisch-**philosophische Wurzeln** finden sich in der Naturrechtslehre von David Hume, der Aufklärung (Immanuel Kant) und im ökonomischen Liberalismus (Adam Smith). Letztlich ist der Idealismus an der aggressiven Politik der Achsenmächte Deutschland und Italien »real« gescheitert. Er wurde – als unerreichbare »Utopie« und in Reaktion auf das geschichtliche Scheitern – von den »Realisten« als Gegenbewegung abgelöst. Wichtige Vertreter der Idealisten waren u. a. Bertha Suttner und Noel Baker.

2
Die realistische Schule

2.1
Der »klassische« Realismus

Vorläufer des Realismus waren u. a. **Souveränitätskonzepte des Spätmittelalters** (Westfälisches System), der Partikularstaatsgedanke, das Gleichgewichtstheorem und der Staatsraisonbegriff sowie das **Primat der Außenpolitik** – im Unterschied zum Kosmopolitismus/ Universalismus, zu Weltstaatsutopien und zu Völkerbundskonzepten des Idealismus. Zeitlich gesehen hat der Realismus als bestimmende Theorierichtung in den 30er- und 40er-Jahren des 20. Jahrhunderts den seit 1918/19 führenden Idealismus abgelöst. Er ist seinerseits seit etwa 1970 durch Globalismustheorien (mit gewissen Analogien zum Idealismus) zurückgedrängt worden, hat aber ab 1980 durch **neorealistische Ansätze** einen neuerlichen Aufschwung erlebt (vgl. Waltz 1979).

Der Realismus beruht auf dem **Prinzip der Macht** und des **Gleichgewichts der Mächte**. Außenpolitik gilt als der Versuch, Macht zu erhalten, zu vermehren oder zu demonstrieren (nach Morgenthau 1948). »Macht bedeutet jede Chance, innerhalb einer sozialen Beziehung den eigenen Willen auch gegen Widerstand durchzusetzen, gleichviel worauf diese Chance beruht.« (Weber 1972, 28)

Das System der realistischen Schule beruht auf dem **Machtstreben** von Kollektiven (Staaten). **Nationales Interesse** und Ziel jeder staatlichen Politik ist letztlich Machterweiterung. Internationale Politik ist demzufolge – in einem »**anarchischen System**«, also einem System ohne Machtmonopol und daher ein »**Selbsthilfesystem**« – geprägt vom Kampf um Macht. Kritisch zu untersuchen ist, inwieweit reale Staaten, die Kriege als Machtinstrument, als Chance ihren Willen durchzusetzen, gesehen haben, den folgenden Frieden gemäß ihren ursprünglichen Kriegs- und Machtzielen gestalten konnten.

Eine diesbezügliche Bilanz fällt am ehesten positiv aus, wenn die **Erweiterung des Territoriums** als Machtfaktor und Kriegsziel im oft persönlichen Interesse von Herrschern lag. Eine solche Analyse ist jedoch mehrheitlich für frühere Eroberungskriege und weniger für das Zeitalter der Globalisierung geeignet, in dem der »Besitz« von Territorien an Bedeutung verloren hat und Außenpolitik primär den Wohlstand der eigenen Bevölkerung oder Macht im Sinne von Einfluss eines Staates/der Regierung erhöhen soll. Angesichts der globalen Probleme (Ökologie, Proliferation von Massenvernichtungswaffen, Terrorismus usw.) müsste daher Webers Machtdefinition dahingehend erweitert werden, dass Macht derjenige besitzt, der in der Lage ist, einen anderen Akteur in den internationalen Beziehungen zu bewegen bzw. zu zwingen, gemeinsame Ziele zu erreichen.

Vorläufer der politischen Philosophie der Realisten sind:
- Thukydides (460–400 v. Chr.), dessen erste abendländische Geschichtsschreibung über den Peloponnesischen Krieg als Hauptursache für den Krieg zwischen Athen und Sparta die militärische **Aufrüstung und den Machtzuwachs** Athens einerseits, die daraufhin ausgelöste **Angst** vor einem Angriff in Sparta andererseits sehr plastisch beschreibt;
- Niccolò Machiavelli (1469–1527) und seine pessimistische Sicht der menschlichen Natur;
- Thomas Hobbes (1588–1679) und seine Vorstellung vom menschlichen (gesellschaftlichen) Zusammenleben als »bellum omnium contra omnes« (»Krieg aller gegen alle«), in dem für Hobbes das Streben des Menschen nach Macht nur mit dem Tod endet und nur durch einen »**Leviathan**«, den Staat als Monopolist von Gewalt, gebändigt werden könne; sowie
- Georg W. F. Hegels (1770–1831) Begriff vom Staat als Form der **individuellen Totalität**, die keine Herrschaft über sich duldet, woraus sich die Souveränität des Staates ableitet. Es gibt dabei verschiedene Mittel zur Durchsetzung von Macht.

Trotz dieser und anderer Vorläufer hat sich der Realismus in der Theorie der Internationalen Politik zeitlich nach dem Idealismus und dem – hier später beschriebenen – **Institutionalismus** in der historischen Praxis der Staatenwelt durchgesetzt, als sich nämlich das Scheitern des Völkerbunds abzeichnete.

Als die fünf **Grundsätze der realistischen Schule** kann man, Hans Morgenthau (1948, 48ff, und 1963, 49f) folgend, zusammenfassen:

- Politik und Gesellschaft sind von **objektiven Gesetzen** beherrscht, deren Ursprung in der menschlichen Natur liegt. Das Streben nach Macht ist die menschliche Haupteigenschaft, Menschen versuchen,

Abb. 9: Idealismus und Realismus im Vergleich

	IDEALISMUS	REALISMUS
Menschenbild	Positiv (vernunftbegabt; Handeln für den gemeinsamen Fortschritt)	Negativ (aufgrund von Ängsten; Versuch, durch individuellen Machterwerb Sicherheit zu gewinnen)
Vordenker	I. Kant, D. Hume, A. Smith, W. Wilson	N. Machiavelli, T. Hobbes, W. Hegel, R. Niebuhr, A. Wolfers
Zentrale Fragestellung	Wie soll internationale Politik beschaffen sein, um den Weltfrieden zu verwirklichen?	Wie ist internationale Politik tatsächlich beschaffen? (Bedingungen, Formen, »Triebkräfte« ...)
Akteure	Individuen und deren (auch transnationale) Zusammenschlüsse; Staaten; I(N)GOs	Souveräne Nationalstaaten
Handlungsziele	Herstellung einer regionalen und später auch internationalen Friedensordnung (durch ordnungsstiftende Elemente; Völkerbund/UNO)	Sicherung der staatlichen Eigenentwicklung durch Machtmaximierung, Stabilisierung des Staatensystems durch Balance of Power, Durchsetzung von Nationalinteressen
Mittel der Zielverwirklichung	Aufklärung über gemeinsame Interessen, Erziehung zu gemeinschaftlichem Handeln, Demokratisierung und Vernetzung zu I(N)Gos, Völkerrecht	Erwerb, Erhalt, Vermehrung und Demonstration von Macht; Sicherheitsbündnisse und Gleichgewichtspolitik; notfalls militärische Gewalt
Strukturprinzip	Horizontale Segmentierung	Vertikale Schichtung
Charakteristikum der Internationalen Politik	Nicht-Nullsummenspiel, d.h. Zuwächse für alle möglich	Nullsummenspiel
Vertreter	B. Suttner, N. Baker	H. Morgenthau, J.H. Herz, G. Schwarzenberger
Beispiele	Weltföderation; Weltregierung; Weltverfassung	Nukleares Abschreckungssystem; Machtbalance von Allianzen

Quellen: Woyke, Wichard (1993). Theorien der Internationalen Beziehungen, Opladen, 418f; eigene Ergänzungen.

über die Ausweitung ihrer Macht an Sicherheit zu gewinnen, um ihre Ängste zu überwinden, die Menschheit muss zivilisiert werden.
- Das natürliche Staatsinteresse besteht im **Streben nach Macht**, unabhängig von sittlichen Zielen. Vernunft dient dazu, den Machtraum zu erweitern. Internationaler Einfluss beruht auf Macht im Sinne einer aktuellen oder potentiellen Möglichkeit, Interessen militärisch oder wirtschaftlich durchzusetzen.
- Allgemein sittliche Grundsätze können auf staatliches Handeln **nicht** angewendet werden. Ein Staat soll lediglich strategisch zweckrational (klug abwägend) handeln.
- Politik unterliegt, ähnlich der Ökonomie, Eigengesetzlichkeiten.
- Das sittliche Streben einer Nation kann, z. B. aufgrund divergierender kultureller Traditionen, **nie das sittliche Gesetz der Welt** werden.

Vertreter der Realisten sind u. a. Hans Morgenthau, Raymond Aron (1962), Edward H. Carr und John Herz (1957), aber auch der spätere Sicherheitsberater und Außenminister der USA, Henry Kissinger.

Forschungsgegenstand im Realismus sind die Motive und Verhaltensweisen von **Staaten** bzw. von, die Staaten vertretenden, außenpolitischen Entscheidungsträgern. Andere Akteure, etwa **internationale Organisationen**, haben lediglich eine Funktion als Mittel, Agent oder Auftragnehmer der Staaten. Internationale Politik ist demzufolge für Realisten das Ergebnis einzelstaatlicher außenpolitischer (Inter-)Aktionen.

2.2
Neorealismus

Der **strukturelle bzw. Neo-Realismus** ist als Reaktion auf Kritik an der realistischen Schule seit etwa Ende der 1960er-Jahre entstanden. Macht wird in diesem Ansatz relativiert, es folgt eine Entwicklung hin zu **systemtheoretischen Sichtweisen** und der Analyse struktureller anstelle individueller, psychologischer Faktoren. Beibehalten wird die pessimistische Sicht des Menschen, d. h. es wird auch ein Zusammenhang zwischen der negativ gesehenen Natur des Menschen und dem

Verhalten von Staaten behauptet. Neorealisten wollen **Regelmäßigkeiten** im Verhalten von Staaten in einer gegebenen und vom Akteur (Staat) unabhängigen Struktur feststellen (im Unterschied zur Erklärung der Internationalen Politik mittels Machtinteressen von Staatsmännern durch die Realisten).

Die Struktur des internationalen Systems ist jedoch auch für Neorealisten »anarchisch«, d. h. obwohl die **Charta der Vereinten Nationen** als Ordnungsprinzip akzeptiert wird, fehlt eine übergeordnete Institution mit Sanktionsmöglichkeiten bzw. ist die UNO keine solche Institution. Die Strukturen des internationalen Systems werden daher nicht durch Normen und Regeln einer übergeordneten Institution, sondern durch die Beziehungen der Staaten (im Wechselspiel zwischen Konflikt und Kooperation) zueinander (als *interacting units*) gebildet.

Anders ausgedrückt: Die Machtpolitik von Einzelstaaten bleibt die unabhängige Variable, die Struktur des internationalen Systems kann aber als intervenierende Variable das Verhalten von Staaten beeinflussen, Staaten setzen ihre Handlungen unter Berücksichtigung von **Kosten-Nutzen-Relationen**.

Einer der prominentesten Vertreter des Neorealismus ist Kenneth Waltz. Nach Waltz (1979) bestimmt sich die Struktur des internationalen Systems durch drei Kriterien:

- das **anarchische Ordnungsprinzip** (im Unterschied zum hierarchischen Prinzip in staatlichen Systemen) und das Fehlen einer den Staaten übergeordneten Instanz (114f);
- die **fehlende Funktionalisierung**, d.h. alle Staaten leisten dieselben Aufgaben für das System (im Unterschied zur arbeitsteiligen Spezialisierung in staatlichen Systemen) und sind primär bestrebt, zu überleben (107);
- die **Differenzen zwischen den Staaten durch ihre »Stärke«** (Größe, Macht, militärische Schlagkraft, Reichtum usw.; im Unterschied zur Differenzierung durch die Funktion in staatlichen Systemen), d.h. »capabilities«, die nicht klar definiert werden. Waltz versteht die Machtverteilung im internationalen System als Eigenschaft der Struktur des Systems (80).

Zusammengefasst finden sich als zentrale **Gemeinsamkeiten** sowohl bei den Realisten als auch den Neorealisten:

- ein skeptisches und pessimistisches Weltbild;
- die Einschätzung der Macht als zentrale Bewegungskategorie des internationalen Systems;
- der Staat als einzige Einheit und einziger (bedeutender) Akteur.

Macht(-politik) bzw. Konflikt als Austragungsmodus des (Macht-) Nullsummenspiels der Staatengesellschaft ist allerdings nicht mit Gewalt gleichzusetzen. Gewaltausübung im internationalen System ist stets auch Machtpolitik, jedoch nicht zwangsläufig umgekehrt. Nach dem Ende des Ost-West-Konfliktes entstand im (Neo-)Realismus die zumindest mittelfristig nicht bestätigte These, dass wiederum **nationalstaatliche Politik** an Bedeutung gewinnen würde und internationale Organisationen einen Bedeutungsverlust – bis hin zur Auflösung der NATO (so John Mearsheimer 1992) – erfahren sollten.

3
Institutionalismus

3.1
Konzepte politischer Integration

Konzepte politischer Integration erhielten – zurückgehend auf die klassische idealistisch-normative Schule – ihre Bedeutung im Zuge der Bemühungen um weltweiten Frieden, die sich nach dem Ersten Weltkrieg in der Konstituierung des Völkerbundes äußerten. Es ging darum, die aus der Souveränität der Nationalstaaten resultierende Anarchie der internationalen Beziehungen mit ihrer inhärenten Kriegsgefahr durch **universale Normen** (Internationales Recht) und – in längerer Frist – durch die Institution einer »Weltregierung« aufzuheben.

Integrationstheoretische Ansätze rücken die Herstellung wechselseitiger **Beziehungsmuster zwischen den Staaten** unter den Aspekten der **sachlichen Vorteile und der friedensfördernden Folgen** in das Zentrum ihrer Analyse. Durch solche Beziehungsmuster, die gemeinsame Interessen und wechselseitige Abhängigkeit zur Folge haben, sollten zwischenstaatliche Konfliktherde beseitigt bzw. ihre gewaltsame Austragung verhindert werden.

Beispiele finden sich in Westeuropa durch die 1951 erfolgte Gründung der *Europäischen Gemeinschaft für Kohle und Stahl (EGKS)* bzw. der *EWG* (1957), mit der Hoffnung auf einen *spill over*-Effekt auf andere Bereiche, sowie zwischen West und Ost im Rahmen von UNO und deren Sonderorganisationen.

Mit dem Atomzeitalter ist nach den Integrationstheorien das Ende der militärischen Selbstbehauptungsfähigkeit der Einzelstaaten gekommen. Weiters wurde auf die wachsende Penetration der Staaten durch **transnationale Akteure** und auf die abnehmenden autonomen Steuerungsmöglichkeiten hingewiesen. Nur regionale Zusammenschlüsse schienen in der Lage zu sein, das **nationalstaatliche Funktionsdefizit** auf Dauer zu überwinden; in föderalistischen Integrationstheorien wurde sogar der Bau Europas als Bundesstaat und nicht als Staatenbund angeregt.

Als utopisch **abgelehnt** wurde allerdings – im Unterschied zum klassischen Institutionalismus – die Erwartung, dass allein die Bereitstellung internationaler Institutionen die Staaten dazu bringen würde, ihre Konflikte in der »rationalen Welt der Diplomatie« auszutragen. Erfolgversprechender wäre ein **pragmatischer Ansatz**, wonach durch differenzierte Formen regionaler Kooperation die Erfüllung praktischer Aufgaben vorangetrieben werden sollte. Voraussetzung dazu war einerseits, nicht-kontroverse Bereiche zu finden, von denen eine Vielzahl von Bezügen ausgingen, und andererseits, den Nutzen auf alle Beteiligten gleichmäßig zu verteilen.

Vertreter dieses Konzeptes sind, zum Beispiel, Ernst Haas (1975) und David Mitrany (1975).

3.2
Funktionalismus und Interdependenztheorie

Gemäß dem Funktionalismus, der eine Weiterentwicklung von Integrationskonzepten darstellte, können Konflikte nicht vermieden werden, daher muss für eine **friedliche Konfliktregelung** gesorgt werden. Das geschieht durch Schaffung von Kooperationsmodellen, heute würden wir von »**Vernetzung**« sprechen.

Nach dem Prinzip *Form Follows Function* ist ein friedliches Neben- und Miteinander von Staaten, aber auch ein friedliches Weltsystem, möglich, wenn Staaten ihre Funktionen, z. B. Sicherheit für alle Bürger zu schaffen, im ökonomischen oder in anderen Bereichen mit anderen Staaten verbinden. Die **schrittweise Verflechtung** im sozioökonomischen Bereich führt in politischen Kooperationsmodellen zur gewaltfreien Lösung von Konflikten. Typisches historisches Beispiel ist der Europäische Integrationsprozess, der von seinen »Vätern«, dem französischen Außenminister Robert Schuman und seinem Mitarbeiter Jean Monnet, auch in dieser Weise konzipiert wurde (siehe auch die »Methode Monnet«).

Interdependenztheorien als Resultat der steigenden **Verflechtung** des Welthandels hatten ihre Vorläufer im Funktionalismus, der sich bemüht, **hochkomplexe Gesellschaftssysteme** aus ganzheitlicher Perspektive systematisch zu erfassen. In den 1970er- und 1980er-Jahren ist der Begriff der Interdependenz zu einer zentralen Kategorie vornehmlich empirisch-analytischer Untersuchungsansätze der Internationalen Politik geworden. Ziel ist die Erklärung von **wechselseitigen Abhängigkeitsbeziehungen** der als Einheit betrachteten Systemteile. Als Funktion gilt die Leistung eines Systemteiles – im konkreten Fall – für das internationale System. Im Unterschied dazu erfolgte nach dem Realismus im internationalen System keine funktionale Spezialisierung, und Kooperation ist ein im besten Fall vorübergehendes Ereignis, der »Normalzustand« ist der Konflikt.

Der **Machtbegriff** ist in dieser Schule **zweigeteilt** (Keohane/Nye 1977, 23f):
- »Power as a control over (military/economic) resources«,
- »Power as a control over outcomes«.

Dieser Machtbegriff gibt auch **kleineren Staaten** die Möglichkeit, zumindest beschränkt Macht auszuüben, obwohl sie keine oder geringe Kontrolle über Ressourcen haben, etwa durch das Stimmrecht in der UNO, durch eine Vermittlerrolle oder – destruktiv – durch Chaos-Macht. In den 1950er-Jahren kam es, wie erwähnt, anhand einer Analyse der Entwicklung der Montanunion und der EWG zu ersten realen Formen neofunktionalistischer Integrationstheorien.

3.3
Konstitutionalismus und (Neo-)Institutionalismus

Zentraler Unterschied des Funktionalismus und Konstitutionalismus bzw. Institutionalismus im engeren Sinn – in den Begriffen Funktion und Institution wird der unterschiedliche Anknüpfungspunkt trotz ähnlicher Schlussfolgerungen deutlich – zu Integrationstheorien war der Glaube an die Möglichkeit staatlicher (und friedlicher!) **Konfliktaustragung** durch die Bereitstellung inter- bzw. supranationaler **Organisationen** als übergeordnete Handlungsstruktur.

Function Follows Form war als Umkehr des funktionalistischen Ansatzes zu verstehen, d. h. zunächst sollten **politische Institutionen** (Verfassungen, IGOs, supranationale Körperschaften usw.) geschaffen werden, um anschließend die gesellschaftliche Integration herbeizuführen – und es sollte nicht umgekehrt durch faktische Kooperation die Entstehung von Institutionen gefördert werden.

Ausgangspunkt ist die Feststellung der Inter- bzw. **Transnationalisierung** in den Bereichen Politik, Wirtschaft, Kommunikation usw. Während jedoch die klassischen Funktionalisten Transaktionen außerhalb des zwischenstaatlichen Bereiches analysierten, folgern Neo-Institutionalisten die Notwendigkeit der internationalen staatlichen Kooperation sowie eine Institutionenbildung und »**Welt(innen)politik**«. Die Hauptaussage betont, dass der unwiderruflichen »komplexen Verflechtung« im sozioökonomischen Bereich politische Abklärung bzw. Steuerung mittels supranationaler Organisation von Funktionen gegenübergestellt werden müsse.

Die Unwiderruflichkeit der Wirtschaftsverflechtung wird von Neorealisten bestritten, für Neo-Funktionalisten/-Institutionalisten bedingt sie einen notwendigen Institutionalismus. Politisches Ziel war z. B. die Europäische Integration. Die Schule verweist auch – analog zu den Konzepten der Integration – auf die Ineffektivität bzw. **Dysfunktionalität** des Einsatzes **militärischer Macht** im globalen Zusammenhang (Stichwort: »*Overkill*«). Aus der ökonomischen Verflechtung resultieren daher sowohl gemeinsame Wirtschafts- als auch Sicherheitsinteressen (siehe dazu neuerlich das Beispiel EG bzw. EU und auch die *Westeuropäische Union/WEU*).

Neben der Feststellung der unumkehrbaren Inter-/Transnationalisierung der Politik bestehen als **Grundannahmen des Neoinstitutionalismus**:

- Internationale Institutionen **reflektieren** letztlich die Interessen der beteiligten Staaten, da sie in der Lage sind, Kosten zu sparen, d. h.
- sie stellen für Staaten wichtige Informationen, Normen und Entscheidungsstrukturen bereit und
- können dadurch zumindest auf das Verhalten von Staaten einwirken – Normen werden eingehalten, weil weiterhin wichtige Informa-

Abb. 10: Neorealismus und Funktionalismus im Vergleich

	NEOREALISMUS	FUNKTIONALISMUS
Menschenbild	Eher pessimistisch, ängstlich, Durchsetzung von Macht/Stärke dominant	Eher optimistisch, lernfähig, solidarisch, mit Interesse für »globale Verantwortung«
Vordenker	H. Kissinger, Z. Brzezinski, H. Bull, S. Hoffmann	D. Mitrany, L. v. Bertalanffy, K. Boulding, E. B. Haas
Zentrale Fragestellung	Friedenssicherung durch Machtbalance und Koalitionen	Gewalt- und Kriegsvermeidung durch Interdependenz und Verflechtung
Akteure	Souveräne Staaten, wenige IOs	Staaten, IOs, Personen, Gruppen
Handlungsziele	Balance of Power, Hegemonie, Interessenausgleich	Frieden und Kooperation durch Interdependenz, Weltstaat
Mittel der Zielverwirklichung	Macht, Allianzen, Verhandlungen, Völkerrecht	Absprache, Kooperation, Normen, Integration
Strukturprinzip	Macht/Stärke als Strukturmerkmal	Form Follows Function
Charakteristikum der Internationalen Politik	Nullsummenspiel, Zweckrationalität	Nicht-Nullsummenspiel, Friedensfähigkeit der internationalen Ordnung
Vertreter	K. Waltz, K. Kindermann, S. Huntington, J. Mearsheimer; diplomatischer Mainstream	D. Mitrany, R. Keohane, J. Nye, J. Monet, B. Russet
Beispiele	Polare Machtbalance; Weltwirtschafts-IOs	Europäischer Integrationsprozess

Quelle: eigene Darstellung.

tionen und/oder Berechenbarkeit der Entscheidungen erwünscht ist **(rationalistischer/»neoliberaler« Institutionalismus)** – oder sogar die Interessen der Staaten in Richtung von Kooperation statt Konflikt verändern, nämlich infolge einer »Verinnerlichung« der Normen durch entsprechendes Verhalten **(konstruktivistischer/reflexiver Institutionalismus)**.

Interdependenztheoretiker bzw. Vertreter eines Neo-Funktionalismus und Neo-Institutionalismus in der Disziplin Internationale Politik sind u. a. Robert Keohane (1989) und Joseph Nye, Richard Cooper, Peter Katzenstein, Robert Gilpin sowie Karl Kaiser und Hans-Peter Schwarz (2000).

4
Szientistische und systemtheoretische Schule

Die Schule ist ein Versuch, mit gleichsam **naturwissenschaftlichen und quantitativen Kriterien** an die Beschreibung der Politik heranzugehen.

4.1
Systemtheorie und Kybernetik

Charakteristika der Systemtheorie sind, nach David Singer (1969), die Suche nach Einsicht und Evidenz (Empirie und Analyse). Macht als **Grundprinzip** (Metapher: Mechanik) wurde durch »**System**« (Metapher: Elektronik) ersetzt. Zu unterscheiden sind drei **Formen von Systemen**:
- **Einfache Systeme** bestehen aus wenigen Elementen, die starr und mechanisch aufeinander bezogen sind. Beispiele sind eine Zange als Handwerkzeug, die Zeiger einer Uhr bzw. bilaterale Beziehungen in der Internationalen Politik.
- **Komplexe Systeme** bestehen aus einer beschränkten Anzahl von Elementen, ihre Komplexität ist aber immer noch durchschaubar. Beispiele sind Blutkreislauf und Computer bzw. regionale Beziehungen.

- **Äußerst komplexe Systeme** bestehen aus einer sehr großen Anzahl von Elementen. Die Chaostheorie betont die Unvorhersagbarkeit ihrer Entwicklung, ihre Sprunghaftigkeit und Brüche, aber auch die ihr inhärente Tendenz zur Autopoiese (Selbstregulation). Beispiele sind das menschliche Gehirn, der menschliche Organismus bzw. internationale Systeme.

Wissenschaftsgeschichtlich war die Systemtheorie eine Reaktion auf den Behaviorismus, übernommen aus der Psychologie, Biologie und Nachrichtentechnik. Die bekanntesten **Vertreter** der Systemtheorie sind u. a. Richard N. Rosecrance (1963), Morton A. Kaplan (1957), David Singer und Karl W. Deutsch (1969) als Begründer der Kybernetik.

Die Systemtheorie geht davon aus, dass jedes Entscheidungszentrum – etwa eine Regierung – in einem System **drei unterschiedliche Informationsarten** berücksichtigen muss:

- **Primärinformationen**, d. h. aus der Umwelt eines Systems genommene Informationen; das System ist eine abgeschlossene Einheit (z. B. ein biologischer Kreislauf);
- **Sekundärinformationen**, d. h. es existiert ein Bewusstsein der Akteure bzw. Organe eines Systems vom Stellenwert gegenüber anderen Systemen;
- **Tertiärinformationen**, d. h. Informationen aus den Speicherzentren des politischen Systems (Archive, historisches Wissen, Erfahrungen, Ideologien).

Nach Karl Deutsch können politische Systeme dann ihre **Unabhängigkeit** bewahren, wenn in die komplizierten Kommunikationsprozesse politischer Entscheidungsfindung alle drei Informationstypen gleichermaßen Eingang finden. Störungen in Systemen sind dann vorhanden, wenn ein Informationssystem zu viel Einfluss hat oder gänzlich unberücksichtigt bleibt. Eine detaillierte Gesamtanalyse des internationalen Systems mit diesem Ansatz wurde nie versucht, sie wäre zu komplex bzw. zu allgemein. Dennoch hat die Systemtheorie in Teilbereichen wichtige Beiträge geleistet, etwa durch die **Entwicklung von Modellen** (z. B. Globus- und Klimamodelle), durch das Studium von Prozessen der Reaktion von Handlungsträgern auf externe Herausforderungen, durch die Analyse der Interaktion politischer Systeme, durch das Studium externer Gruppen und durch die Deutung von Phänomenen, z. B. von Integration und Interdependenz, im System als geordnete Einheit.

Kritik an der Systemtheorie bezieht sich u. a. auf folgende Punkte:
- Sie betone zu sehr die **Stabilität und das Gleichgewicht** (Erhaltung des *Status quo*), es fehlt eine Prozessorientierung;
- sie sei **reduktionistisch** und untersuche nur Beziehungen in der Gegenwart, es fehle der historische Bezug;
- die Frage nach der **Kausalität** bleibe offen.

Es kann jedoch durchaus sinnvoll sein, die Systemtheorie mit anderen Ansätzen zu kombinieren, etwa mit Strukturanalysen, Verhaltensanalysen (von Akteuren), und mit Inter-/Dependenzanalysen. Systemtheoretische Ansätze in Kombination mit anderen theoretischen Schulen werden in den letzten Jahren wieder häufiger verwendet.

4.2
Szientismus/Behaviorismus

Der Behaviorismus entstand aus der Soziologie bzw. Psychologie und bezog sich ursprünglich auf die Untersuchung von **Verhaltensreaktionen** der Menschen gegenüber Einflüssen von außen **(Stimulus-Response-Prozesse)**. Der Schwerpunkt liegt auch in der Politikwissenschaft auf der Verhaltensanalyse. Der Behaviorismus versucht u. a. **außenpolitische Handlungen** zu kategorisieren und außenpolitisches Verhalten von Staaten quantitativ mit Nutzung sozialwissenschaftlich-mathematischer Methoden zu messen und daraus Hypothesen für zukünftiges Verhalten abzuleiten.

Grundlegende Annahmen des Behaviorismus sind:
- die Orientierung an der **Naturwissenschaft**, d. h. Forschung ist theoriegeleitet und theoretisch abgeleitete Thesen werden auf Validität überprüft;
- **Regelmäßigkeiten** im (internationalen) System sollen aufgezeigt werden;
- **Operationalisierungsanleitungen** müssen quantifizierbar/wiederholbar sein, daraus folgt ein quantitativer methodischer Ansatz, mit

der Quantifizierung im Mittelpunkt. Daraus folgen die Konzentration auf das Verhalten von Individuen bzw. Einheiten und eine induktive Vorgangsweise;

- es besteht **Wertrelativität**, d. h. es gibt keine Normen oder Grundlagenorientierung, sowie integratives und interdisziplinäres Vorgehen.

Die strikte Quantifizierung scheint weitgehend gescheitert. Gründe dafür sind das Problem der Komplexität im internationalen System und die Schwierigkeit der Operationalisierung qualitativer Ereignisse.

Vom klassischen und radikalen Behaviorismus zu unterscheiden ist die Richtung des **Behavioralismus**. Dieser geht über die deskriptive Erfassung und Generalisierung des politischen Verhaltens hinaus und sucht als »**theoriegeleiteter Empirismus**« sowohl nach theoretischen Erklärungen für Stimulus-Response-Prozesse als auch nach intervenierenden Variablen zwischen Reiz und Reaktion.

Nochmals **zusammenfassend**: Der Unterschied zwischen szientistischer Schule und der klassischen Schule des Idealismus liegt in den Methoden und Zugangsweisen auf Phänomene. Die szientistische Schule bedient sich quantitativer Methoden der Statistik. Die klassisch-idealistische Schule arbeitet historisch-deskriptiv bzw. durch qualitatives Verstehen interpretativ und hermeneutisch.

5
Kritisch-dialektische Schule und Klassentheorien

5.1
Kritische Theorie und Imperialismustheorien

Die kritisch-dialektische Schule der Disziplin der Internationalen Politik hatte ihren Höhepunkt in den 60er- und 70er-Jahren des 20. Jahrhunderts und stand in enger Verbindung mit der »Kritischen Theorie der Frankfurter Schule«. Sie **kritisiert die Mainstream-Praxis** der internationalen Beziehungen als Politik der Herrschenden gegen die eigene gesellschaftliche Basis.

Forschungsinteresse und Analysegegenstand der kritischen Theorie sind daher vor allem die Auswirkungen von **kapitalistischer Groß-**

machtpolitik, die Handlungen der wirtschaftlichen und politischen **Entscheidungsträger** sowie die Beschäftigung mit Interesse, Klischees und **Vorurteilen** als Quellen von Konflikt und Krieg. Im Unterschied zum Realismus und Institutionalismus stehen nicht das Mächtegleichgewicht zwischen den Staaten bzw. die institutionellen Voraussetzungen friedlichen Zusammenlebens im Mittelpunkt des Erkenntnisinteresses, sondern die **Kritik am Imperialismus** europäischer Kolonialmächte und der USA.

Vorläufer der kritisch-dialektischen Schule in der Politikwissenschaft waren ökonomisch orientierte **Imperialismustheoretiker** wie John A. Hobson (1902) und Joseph Schumpeter (1953), deren Arbeiten die einflussreichsten im Bereich der nicht-marxistische Theorien des kapitalistischen Imperialismus waren.

Abb. II: Imperialismus neu?

'Here, Señor Carter, is the statue of Simón Bolivar, who liberated Latin America from foreign domination!'

Quelle: Allen, Tim/Alan Thomas (Hg., 2000). Poverty and Development into the 21st Century, New York, 33.

Nach Wolfgang Mommsen (1967) sind **drei historische Phasen des Imperialismus** zu unterscheiden:
- klassischer Imperialismus (1880–1914),
- verschleierter Imperialismus (1914–1945),
- Neoimperialismus (ab 1945).

Unter Imperialismus wurde zunächst die Bildung eines Herrschaftsgebietes verstanden, das über die Grenzen des jeweiligen Staatsgebietes hinausreichte. Seit den 1960er-Jahren wurde als Imperialismus vor allem die **kapitalistische Durchdringung und Funktionalisierung** der »Dritten Welt« gesehen. Die kritisch-dialektische Schule verfügt analog dazu über eine große Bandbreite von nicht-marxistischen Ansätzen (Hobson 1902) über die marxistisch/leninistische Theorie des Imperialismus (Lenin 1917 und Rosa Luxemburg 1913) und den Sozialimperialismus (Hans-Ulrich Wehler 1972) bis zur **Zentrum-Peripherie-Imperialismusthese** Johan Galtungs (1972).

Hauptakteure der Politik sind nach der kritisch-dialektischen Schule (als Betroffene) individuell oder gesellschaftlich Handelnde mit »**Klasseninteressen**«: Staat, Unternehmer, Volk bzw. Proletariat. Das Milieu (Umfeld) des Handlungszusammenhanges ist eine **internationale Klassengesellschaft** mit asymmetrischer Arbeitsteilung und einem internationalen Machtgefälle. Es handelt sich um Herrschaftssysteme; Verbesserungen der Lage für die Beherrschten und Ausgebeuteten sind nur durch Revolution möglich.

Zum **Strukturprinzip** der kritisch-dialektischen Schule:
- **Machtpolitisch** existiert eine **vertikale** Schichtung, Macht ist asymmetrisch verteilt. Die imperialistische Konkurrenz von fortgeschrittenen Industriestaaten hält das Ausbeutungssystem am Leben, unter dem v. a. die »Nicht-Industriestaaten« (Entwicklungsländer) leiden, Entwicklung im Norden ist ursächlich für die Nicht- und Unterentwicklung des Südens verantwortlich.
- **Gesellschaftlich** gibt es eine **horizontale**, grenzübergreifende Interaktion, wesentliche Interaktionen sind transnational.

Wichtige Vertreter der modernen kritisch-dialektischen Schule waren Andre Gunder Frank, Johan Galtung, Ekkehart Krippendorff (1975) und Ulrich Albrecht (1999).

Ziele der Schule sind die grundlegende **Kritik** an den »Mainstream-Analysen«, die Erstellung kritischer Realanalysen sowie die Erforschung von **Klassen- und Herrschaftsstrukturen**, um Gewalt- und Unterdrückungsformationen in der Weltgesellschaft in den Blickpunkt zu rücken. Angestrebt wird eine **klassenlose, herrschaftsfreie und harmonische Polit- bzw. Wirtschaftsstruktur.** Der kritisch-(historisch-)dialektische Ansatz ist demnach normativ (Abbau von Herrschaft und Ausbeutung im internationalen System bzw. Beseitigung von struktureller Gewalt als Ziele) und bedient sich eines methodischen Vorgehens aufgrund polit-ökonomischer Analyse. Intellektuelle Quelle ist der historische Materialismus nach Karl Marx, Friedrich Engels und Vladimir I. Ulanov, genannt Lenin.

In der von den Imperialismustheorien ausgehenden Analyse der Beziehung von politisch-ökonomischen Strukturen und deren Widersprüchen besteht eine Abhängigkeit von **Produktionsweisen** und **gesellschaftlichem Überbau** (Ideologie, Recht, Politik). Die Geschichte der Menschheit ist die Geschichte der Abfolge von Produktionsweisen und von ihren gesellschaftlichen Auswirkungen (beginnend als Sklavenhaltergesellschaft, die von der Feudalgesellschaft als »Fortschritt« abgelöst wird, die wiederum von der Bürgergesellschaft, verbunden mit der kapitalistischen Produktionsweise, abgelöst wird und schließlich durch die Revolution des Proletariats und die Errichtung einer »sozialistischen Gesellschaft« ihr human-emanzipatorisches Ziel erreicht).

Politische Voraussetzungen für »ungleiche« Menschen sind ungleich. Es besteht ein enger Zusammenhang zwischen Macht und Produktion. Unternehmer werden immer mächtiger und reicher und sind gezwungen, ihr überschüssiges Kapital (den **Surplus**) in andere, nicht industrialisierte Länder zu transferieren (zur Erschließung neuer Märkte: »das Kapital kocht gleichsam über«). Das führt zu Widersprüchen (Verarmung und Proletarisierung) und schließlich zur **Revolution des Proletariates**, wenn das Produktionsverhältnis nicht mehr mit der historisch-gesellschaftlichen Entwicklungsstufe und dem Stand der Produktivkräfte übereinstimmt.

Dazu folgende **Mängel und Kritik**: Die Schule beinhaltet einen **Determinismus**, der ideologisch auf die Unterstützung politischen

Abb. 12: Neorealismus, Institutionalismus und Klassentheorien im Vergleich

	NEOREALISMUS	INSTITUTIONALISMUS	KLASSENTHEORIEN
Dominante Akteure	(National-)Staaten	Gemischtes Akteurssystem von Staaten, I(N)GOs, TNCs	Staaten, Klassen, TNCs und internationale Wirtschaftsorganisationen (d. h. individuelle und gesellschaftliche Akteure mit Klasseninteressen)
Politischer Prozess	Wettbewerb um Machtpotentiale, Konflikt und Krieg, Verhandlungen und zwischenstaatliche Diplomatie	Polyarchie/Globalismus; sowohl konsensuale als auch autoritative Entscheidungsfindung	Klassenkampf (vermittelt u. a. durch Staaten); Konflikte zwischen nationalem und transnationalem Kapital
Strukturprinzip der globalen Ordnung	Balance of Power von Hegemonialmächten; Macht als Strukturmerkmal des internationalen Systems; vertikale Segmentierung von Staaten, die ein unlimitiertes oder durch Normen und Übereinkünfte* geregeltes Nullsummenspiel um Macht und Einfluss bzw. Ressourcen ausführen	Globale Steuerung (Weltgesellschaft); Ordnungsmacht internationaler Organisationen und Regime; Kooperationsmuster von Staaten und freiwillige Akzeptanz eines übergeordneten Regimes anstatt hierarchischer Machtordnung	Herrschaft des Kapitals; globale Struktur von Produktion und Austausch; gesellschaftliche Schichtung jenseits von Staatsgrenzen in Zentren und Peripherien und machtpolitisch vertikale Segmentierung der kapitalistischen bzw. imperialistischen Akteure
Dominante Formen der Macht und Prozesse der Globalisierung	Militärische Macht; Hegemoniestreben großer Mächte	Technologische und ökonomische Macht durch technischen oder wirtschaftlichen Fortschritt	Ökonomische und ideologische Macht; transnationaler Kapitalismus; kapitalistische Modernisierung
Beispiele	Ost-West-Konflikt	UN-System; Völkerrecht	Nord-Süd-Konflikt

* Beispiel für solche Normen und Übereinkünfte waren etwa Abrüstungsgespräche bzw. vereinbarte Limitierungen im (atomaren) Wettrüsten im Ost-West-Konflikt (START- bzw. SALT-Verträge). Im – in der Tabelle nicht angeführten – Idealismus würde eine »Weltverfassung« als Strukturprinzip intendiert werden.

Quelle: eigene Darstellung.

Widerstands gegen kapitalistische Strukturen gerichtet war. Paradoxerweise ist jedoch in »realsozialistischen« und nicht in kapitalistischen Systemen eine Revolution (1989/91) erfolgt. Widersprüche wurden in der kritisch-dialektischen Schule einerseits übersehen, andererseits bewirkte die interne Systemkritik am »liberal-kapitalistischen System« auch ohne Revolution Veränderungen und Anpassungen im Rahmen des internationalen Systems. Jedenfalls ist der universale Erklärungsanspruch der kritisch-dialektischen Theorien als Passepartout für alle politischen, ökonomischen und sozialen Sachverhalte wohl **widerlegt**.

5.2
Friedensforschung

Die internationale Politik kann selbstverständlich nicht nur als politisches System und/oder Wirtschaftssystem, sondern auch als **Kriegssystem** verstanden werden. Ein kriegspolitischer Alltag kennzeichnet die Geschichte der modernen Staatenwelt, in den 60er-Jahren erfolgte daher in enger Verbindung mit der **Friedensbewegung** eine Wiederbelebung der idealistischen Friedensforschung der 1920er-Jahre mit neuen Mitteln.

Ausgehend von Clauswitz' »Der Krieg ist nichts als eine Fortsetzung des politischen Verkehrs mit anderen Mitteln« (1832) bzw. dem *ius ad bellum* ohne Einschränkung durch das Völkerrecht (als *ius belli ac pacis*) waren Kriege im 19. Jahrhundert nach positivistischer Rechtsauffassung – d.h. nach Vertrags- und Gewohnheitsrecht, nicht nach sittlichen Maßstäben der Naturrechtslehre – lediglich in Ausnahmefällen verboten.

Eine erste Trendwende ergab sich durch die *Haager Friedenskonferenzen* 1899 und 1907 (als Weiterentwicklung des Kriegsrechts, ohne dieses aber grundsätzlich in Frage zu stellen). Der *Völkerbund 1919* beseitigte nicht das *ius ad bellum*, verpflichtete aber die Mitglieder, zunächst friedliche Lösungen zu suchen – der Völkerbundsrat war ein Vorläufer des Sicherheitsrates der UNO – und veranlasste sie (allerdings auf freiwilliger Basis), eine Schiedsgerichtsbarkeit, nämlich den

Ständigen Internationalen Gerichtshof in Den Haag, zu akzeptieren. Das erste umfassende **Verbot des Kriegs** im Völkerrecht – als »Verzicht auf den Krieg als Mittel nationaler Politik« – hatte es 1928 durch den **Briand-Kellog-Pakt** gegeben (benannt nach den französischen und US-amerikanischen Außenministern *Aristide Briand* und *Frank Kellogg*, die 1926 für ihre Verständigungspolitik den Friedensnobelpreis erhalten hatten, sowie unterzeichnet u. a. auch von den weiteren Großmächten Deutschland, Großbritannien, Italien und Japan). Obwohl letztlich eine politische Absichtserklärung – und ohne die folgenden Kriege in Abessinien, Spanien (Bürgerkrieg), Japan/China und den Zweiten Weltkrieg verhindern zu können – nahmen u. a. die Richter in den Nürnberger Kriegsverbrecherprozessen in ihrer Verurteilung des deutschen Angriffskrieges darauf Bezug.

Nach dem Zweiten Weltkrieg verabschiedete die UNO in ihrer Charta schließlich ein **Gewaltverbot** (Art. 2/4), das weit über ein bloßes Kriegsverbot hinausgeht und den Verzicht auf die Anwendung oder auch nur Androhung von Gewalt im zwischenstaatlichen Verkehr einfordert.

Eine allgemein verbindliche, **positive Definition von »Frieden«** ist nicht möglich. Doch wird in der neueren Friedensforschung (vgl. Reinhard Meyers 1994, Imbusch/Zoll 1996 und Meyer 1997) versucht, eine lediglich »negative« Definition – d. h. Friede lediglich mit »**nicht Krieg**« gleichzusetzen – zu vermeiden. Ein positiv bestimmter Friedensbegriff, der nach Meinung der Kritiker niemals gefunden werden kann, ist subjektiv und sollte die Realisierung sozialer Gerechtigkeit und Gleichheit, politische und persönliche Freiheitsrechte, Selbstverwirklichung des Menschen usw. beinhalten (Woyke 2000, 249ff).

Als Hauptfrage gilt, warum es zwischen »zivilisierten« Gesellschaften zum offenen Ausbruch von Gewalt kommt bzw. welche Maßnahmen dagegen zu unternehmen sind. **Forschungsfelder der Friedens- und Konfliktforschung** sind daher auch im Wandel von einer quantitativen Kriegsursachen-Forschung als deskriptiver Statistik zu einer Historisierung, Typologisierung und Regionalisierung zu verstehen:

- die theoretische und empirische Erforschung von Kriegsursachen;
- die Beschäftigung mit Krisen und Konflikten, um Ausbruch von Gewalt zu vermeiden;

- die Entwicklung von Methoden zur Konfliktvermeidung bzw. zu deren besserem Management.

Die Friedensforschung hat sich angesichts der **Gefahr eines Atomkrieges** und des Vietnamkrieges in den 1960er-Jahren von der Disziplin der Internationalen Beziehungen etwas abgesetzt; sie ist insbesondere wertorientiert (Friede gilt als Wert an sich), eine multidisziplinäre Integrationswissenschaft und unterscheidet zwischen offener und struktureller Gewalt (Galtung 1972).

Vorläufer waren Immanuel Kant (1795/1964) und andere Vertreter der Aufklärung bis hin zu Repräsentanten des Pazifismus bzw. der Friedensbewegung wie Mahatma Gandhi, Bertha von Suttner und Albert Schweitzer. Vertreter der neueren Friedensforschung sind Erich Fromm, Johan Galtung, Alexander Mitscherlich, Horst E. Richter, Anatol Rapoport, Ekkehart Krippendorff, Carl Friedrich v. Weizsäcker u.v.a.

Die wichtigsten **Kriegsursachen-Theorien** in der Friedensforschung:

- **Anarchie-Theorie**: Im internationalen System fehlt eine allgemein verbindliche, übergeordnete, internationale Instanz. Krieg ist die logische Folge des Fehlens einer solchen Autorität (Aron 1962).
- **Distanz-Theorie**: Es besteht politisch-ökonomische Ungleichheit, diese Asymmetrie zwischen den Staaten führt zu Krieg (Wright 1942).
- **Machtrivalitäts-Theorie**: Das Streben nach Machtzuwachs führt zum Kampf um die Macht und damit zum Krieg (Morgenthau 1963).
- **Kalkül-Theorie**: Krieg ist ein rationales Kalkül zur Interessensdurchsetzung: »Die Fortsetzung der Politik mit anderen Mitteln« (Clausewitz 1832).
- **Fehlperzeptions-Theorie**: Die fehlerhafte bzw. unvollständige Information über Absichten und/oder Potential des Gegners veranlasst Staaten zu Kriegshandlungen (Senghaas 1981).
- **Substitutions-Theorie**: Das Ableiten innerer Konflikte nach außen bedingt Krieg zwischen Staaten (Burton 1984).
- **Interessen-Theorie**: Zur Interessenswahrung bestimmter Gruppen (Eliten) ist Krieg ein mögliches Mittel (Waltz 1979).
- **Ideologie-Theorie**: Es besteht ein religiöses, zivilisatorisches, missionarisches Sendungsbewusstsein, das auch mit den Mitteln eines Krieges durchgesetzt werden »muss« (Bush 2001).

- **Aggressions-Theorie** (»Sozialpsychologische Variante«): Bestimmte Gesellschaften neigen zu Aggressivität. Krieg ist ein Ventil zum Aggressionsabbau (Mentzos 2002).
- **Schichtungs-Theorie**: Die Befreiung von politisch-ökonomischer Unterprivilegierung erscheint durch Krieg möglich: »Krieg als Fortsetzung des Klassenkampfes mit anderen Mitteln« – ein Resultat der Clausewitz-Rezeption durch Lenin (Hahlweg 1954).

Weitere zentrale Forschungsbereiche der Friedensforschung sind Abschreckungstheorie, Vorurteilsforschung, Rüstung und Abrüstung, strukturelle Gewalt, Entwicklungspolitik usw. **Postmoderne** Formen der Friedensforschung haben nur noch bedingt klassentheoretische Wurzeln, sondern stellen u. a. interdisziplinäre Verbindungen (etwa zur Philosophie, Psychologie, Anthropologie etc.) her.

Das reale **Dilemma** der Friedensforschung liegt in den »Wohlstandsstaaten«. Diese können einerseits – wie die Empirie zeigt – nachweislich nicht längerfristig bewaffnete Konflikte in weniger entwickelten Gebieten verhindern bzw. sind **nicht** zu dafür notwendigen, sehr tief greifenden Veränderungen des Nord-Süd-Verhältnisses bereit. Andererseits werden sie aufgrund der durch globale Medien vermittelten Schrecken des Krieges zum Handeln gleichsam durch die öffentliche Meinung gezwungen. Die Konsequenz daraus ist, dass Interventionen – als Reaktion auf aktuelle Schreckensmeldungen via einer »Ethik des Fernsehens« wird an den **Symptomen der Konflikte**, nicht aber an ihren Ursachen angeknüpft – nicht wirklich die Abschaffung, sondern lediglich die Zivilisierung des Kriegs zum Ziel haben (Ignatieff 2000). Seit dem Ende des Kalten Krieges haben sich die **Konflikt- und Bedrohungsszenarien** tief greifend verändert: Zwischenstaatliche Gewaltauseinandersetzungen sind viel seltener geworden, dagegen haben intra-staatliche Konflikte aus sozialen, ethnischen oder religiösen Gründen erheblich zugenommen. Der **Kampf gegen den internationalen Terrorismus** nach den Anschlägen am 11. September 2001 bestätigt diese These, da er sich gegen terroristische Gruppen bzw. diese unterstützende Staaten richtet. Eine präventive grundlegende Bekämpfung des Phänomens Terrorismus in Form seiner gesellschaftlichen Ursachen (»*root causes*«-Debatte) erfolgt kaum.

Abb. 13: Kritische Theorie und Friedensforschung im Vergleich

	KRITISCHE THEORIE	FRIEDENSFORSCHUNG
Menschenbild	Eher pessimistisch, materialistisch	Neutral, eher optimistisch
Vordenker	K. Marx, V. Lenin, J. Hobson, R. Luxemburg	Q. Wright, D. Singer, E. B. Haas, I. Kende, J. Locke, I. Kant, J. Galtung
Zentrale Fragestellung	Funktion des globalen Kapitalismus erklären, Auswirkungen auf Arbeitnehmer/-Klasse und Dritte Welt	Ursachen von Kriegen, Konfliktverhalten – Regimefrage, politische Kultur, Entwicklung, Konfliktlösung
Akteure	Internationales System, Staaten, TNCs, Klassen, IGOs, NGOs, internationale Zivilgesellschaft	Internationales System – Konfiguration, Staaten, Regime/Systeme, Personen, Klassen, revolutionäre Bewegungen
Handlungsziele	Interessen der Ausgebeuteten vertreten, Herrschaft verringern, solidarische und kooperative Gesellschaft	Frieden/Stabilität schaffen, Freiheit, Gerechtigkeit, Konflikt- und Krisenmanagement, Konfliktlösung
Mittel der Zielverwirklichung	Widerstand der Betroffenen, internationale Solidarität	Partizipation der Betroffenen, Systeme verbessern, Strategien entwickeln
Strukturprinzip	Zyklischer Widerspruch Kapital/Arbeit, Zentrum/Peripherie	Verwerfungen/Ungerechtigkeit der kapitalistischen Weltwirtschaft, Machtpolitik
Charakteristikum der Internationalen Politik	Klassenkampf, Kapital-/Interessenkonflikte (national vs. transnational)	Herrschaftssystem, Interessen-/Machtwiderspruch, Systempathologie
Vertreter	J. Galtung, D. Senghaas, A. G. Frank, I. Wallerstein, U. Albrecht	J. Galtung, E. Krippendorff, V. Rittberger, C. Kegley
Beispiele	Befreiungskriege; Dissoziation	KSZE-Prozess; Konfliktmediation

Quelle: eigene Darstellung.

6
Chaostheorie und Spieltheorie

Die aus der modernen Naturwissenschaft (v. a. Mathematik und Physik) stammende **Chaostheorie** geht davon aus, dass in der sozialen Realität keine geschlossenen Systeme existieren. Folgerichtig ist auch die Internationale Politik kein geschlossenes und determiniertes System. Soziale Systeme besitzen die Fähigkeit zur **Autopoiese**, d. h. der Selbstregulation (Maturana/Varela 1980). Konfliktbewältigung kann daher nicht eindimensional, sondern nur dezentral und prozessartig erfolgen (*»Bottom up/Top down«*-System). System-Interventionen zur Regulierung sind dann erfolgreich, wenn sie nicht gegenzusteuern versuchen, sondern positive/erwünschte Tendenzen verstärken. Auch kleine und kleinste Abweichungen können enorme Veränderungen bewirken, was bedeutet, dass auch Individuen unter bestimmten Bedingungen Einfluss auf komplexe Systeme wie das internationale System nehmen können (Rosenau 2000). Daraus ziehen die Autoren Maturana/Varela (1990) den Schluss, dass jeder Einzelne auch **Verantwortung für das Ganze** übernehmen muss: »Wir sind keine willenlosen Automaten im Ablauf eines Uhrwerks, und wir sind auch nicht Spielbälle eines Zufalls, sondern gestaltete und gestaltende Teilnehmer eines offenen, dynamischen Systems.« Und: »Sowohl das Individuum als auch die ganze Menschheit sind mit ihrem Handeln verantwortlich für künftige Ereignisse.«

Die **Spieltheorie** beruht auf der Analyse von bestimmten Entscheidungssituationen, in denen die eigene Entscheidung von den Entscheidungen anderer Akteure abhängt. Hier besteht eine klare Analogie zur Disziplin Internationale Politik. Ausgangspunkt der Spieltheorie war die angewandte Mathematik zur Bestimmung des zweckoptimalen Verhaltens in **Interaktionen**. Werden solchen Interaktionen (zwischen Menschen) numerische Werte zugeordnet, kann die Nützlichkeit verschiedener Strategien verglichen werden (Colman 1995).

Das bekannteste Beispiel ist das viel zitierte *»Prisoner's Dilemma«*: Zwei Gefangene, die nicht miteinander kommunizieren dürfen, können im Verhör entweder schweigen oder den jeweils anderen belasten. Wenn beide schweigen, kommen beide frei. Wenn einer schweigt und der andere aber den ersten belastet, wird dieser hart bestraft, der zweite belohnt. Wenn sie einander gegenseitig belasten, werden beide – weniger hart – bestraft. Es geht also darum, mit dem eigenen Verhalten sich zwischen maximalem Gewinn und maximalem Verlust (Belohnung für die Belastung und harte Bestrafung des anderen), möglicher Sicherheit (Freiheit für beide) und einem geringeren Verlust (weniger harte Bestrafung für beide) zu entscheiden. Vor ähnlichen **Entscheidungsnotwendigkeiten** stehen Entscheidungsträger der internationalen Politik immer wieder von Neuem, im Regelfall ebenfalls ohne klare Kenntnis der Verhaltensweisen der anderen Akteure.

Morton Deutsch hat solche Dilemmata auf komplexe Problemlagen der internationalen Politik zu übertragen versucht. Überlegungen anderer Akteure werden auch in der internationalen Politik in der Entscheidungsfindung berücksichtigt. Durch die Beschreibung spieltheoretischer Abläufe könnten **Konfliktsituationen** – Streik, Wirtschaftsboykott, Krieg usw. – bzw. das Verhalten der Akteure in solchen Konfliktsituationen analysiert werden. Es ergeben sich daher idealtypisch für Akteure im internationalen System folgende Spielvarianten:

- **kooperatives Spiel** – bindende Vereinbarungen sind möglich;
- **nicht-kooperatives Spiel** – Akteure halten sich nicht an Vereinbarungen;
- **Nullsummen-Spiel** – die Summe von Gewinnen und Verlusten ergibt Null (im Kalten Krieg zumindest teilweise der Fall);
- **Nicht-Nullsummen-Spiel** – der Ausgang ist größer/kleiner Null, es gibt Gewinner und Verlierer, gegebenenfalls auch nur Gewinner oder nur Verlierer.

Die Probleme bei der Anwendung in der Praxis liegen in der extrem hohen Komplexität des realen internationalen Systems. So gibt es etwa meist mehr als zwei Spieler, oft halten sich diese Akteure an keinerlei Regeln oder fungieren gleichsam als »intervenierende Variablen«, d. h. sie beteiligen sich selbst nicht an dem Spiel, erzeugen aber dennoch Wirkung für das »Spiel«. Moderne Computersimulationen bieten allerdings Möglichkeiten zur Erfassung derartiger Komplexität.

7
Konstruktivismus

Der »Konstruktivismus« ist in der Disziplin Internationale Politik erst seit etwa Mitte der 1980er-Jahre unter dieser Bezeichnung in der Theoriediskussion vertreten. Seine AutorInnen verstehen diesen Ansatz als theoretisch-**reflexive Herangehensweise** an die tatsächliche Praxis internationaler Beziehungen. Der Ansatz entstand in kritischer Auseinandersetzung mit bestimmten Mängeln von Realismus und Institutionalismus. Die Überlegungen setzen an einer gemeinsamen Schwachstelle des realistischen wie des institutionalistischen Ansatzes an, nämlich der Annahme von (nationalen) **Identitäten und Interessen** als fixen, gegebenen Größen, und versuchen, die damit zusammenhängenden Erklärungsdefizite zu beseitigen, indem die Identitäten und Interessen von Akteuren problematisiert und als veränderbar verstanden werden. Im Zentrum der konstruktivistischen Sichtweise steht das menschliche Bewusstsein sowie dessen Ideen und Funktionen im Verhältnis zum internationalen Geschehen. Dabei wird von **drei grundlegenden Annahmen** ausgegangen:

- Auch grundlegende Strukturen internationaler Politik sind immer sozial konstruiert, nicht nur materiell;
- das **Verhalten** von Akteuren in der internationalen Politik wird nicht nur von materiellen Gegebenheiten und Strukturen bestimmt, sondern auch von Identitäten und Perzeptionen; sie beeinflussen die Interessen von Akteuren und somit deren Verhalten;
- es existiert ein **Wechselverhältnis** zwischen sozialen Strukturen als Ergebnissen sozialer Praxis und den Identitäten der Akteure: Die soziale Umwelt konstituiert die Akteure, wie auch Akteure ihre Umwelt über Ideen und Normen beeinflussen und konstituieren.

Die zentrale konstruktivistische Fragestellung lautet daher, wie die dominanten Akteure, die Staaten, bestehende **Identität und Interessen** angenommen und ausgebildet haben. **Ideen und Normen (sowie deren Veränderung)** sind zentrale Elemente im konstruktivistischen Denken. Sie wirken nicht nur regulativ, sondern auch konstitutiv, indem sie die Identitäten und Interessen von Akteuren prägen; **Normen** sind nicht nur Reflexe einer materiellen Struktur, etwa der Machtverteilung im internationalen System, sondern bilden und definieren gleichzeitig auch die **Basis für diese materielle Struktur**.

Institutionen leiten sich im konstruktivistischen Denken unmittelbar aus Ideen und Normen ab und werden als Teil der sozialen Umwelt von Akteuren aufgefasst. Wie auch beim institutionalistischen Verständnis wird angenommen, dass **Institutionen** nicht nur Transaktionskosten reduzieren und Kooperationshemmnisse zwischen Staaten überwinden helfen, sondern intentionale Gebilde sind, die in einigen Fällen Einzelstaaten und deren Interessen **überlagern können**. Internationale Organisationen können demnach auch dazu beitragen, dass Staaten ihre Interessen **verändern, re-definieren**.

Das konstruktivistische Institutionenverständnis ist aber noch weiter gefasst und setzt auf einer grundlegenderen Ebene an: Statt das internationale System in Kategorien der Verteilung knapper Ressourcen und Strukturen zu betrachten, die hinter dem Rücken der Akteure wirken, betrachtet der Konstruktivismus das **internationale System als Konstrukt aus von Menschen geschaffenen Institutionen** wie – beispielsweise, aber nicht nur – Staaten. »Institutionen« sind durch Normen regulierte und routinisierte Praxis. Sie stellen für Staaten und ihre Interessen also nicht nur einschränkende Bedingungen oder Instrumente dar, sondern begründen diese zugleich auch. Sie sind somit immer auch Ausdruck und **Träger von Ideen und Normen**. Nach konstruktivistischem Verständnis ordnen Institutionen internationale Beziehungen, indem sie das System sowohl strukturieren als auch organisieren. Sie tun dies, indem sie staatliche Interessen oder Politiken direkt beeinflussen. Institutionen regulieren den Zugang zum politischen Prozess auch über Personen als Träger von Ideen. Schließlich kanalisieren Institutionen den langfristigen Fluss von Ideen auf die politische Ebene.

Die konstruktivistische Literatur über Institutionen befasst sich vor dem Hintergrund ihres Verständnisses von Institutionen als Verbindungsglied zwischen Ideen und Normen einerseits und Identitäten, Interessen und staatlichem Verhalten andererseits auch mit konstitutiven Institutionen, wie etwa dem **Prinzip der Souveränität** oder Normen prozeduraler Gerechtigkeit, oder auch mit regulativen Institutionen wie Regimen. Sie geht von einer Hierarchie von Institutionen

Abb. 14: Theorien der Internationalen Politik – wichtige theoretische Differenzen

Historischer Kontext	Theoretische Schulen sind in bestimmten historischen Kontexten entstanden; sie bestehen – konkurrierend und oft mit wechselnder Akzeptanz – nebeneinander weiter
Grundsätzliche Dimension der Unterscheidung	Traditionelle/hermeneutische/konstruktivistische/ideologiekritische Ansätze; (Idealismus, Realismus, Englische Schule, Konstruktivismus, Sozialpsychologische Ansätze …) versus szientistische/quantitative/strukturelle/materielle/objektive Ansätze (Neoimperialismus, Neostrukturalismus, Dependenztheorie, Rational Choice, Politische Ökonomie, Weltsystemtheorie …)
Menschenbild	Positiv oder negativ
Zentrale Akteure	Individuen oder Staat, IOs, TNCs, Klassen …
Ausrichtung	Evolutionär – revolutionär, Mission (aktiv) versus Entwicklungsnehmer (passiv)
Hauptfaktoren	Macht (militärisch/finanziell/mental/strategisch), oder Struktur, Motivation, System, Idee …
Wissenschaftstheoretische Traditionen	Angelsächsisch: Hobbes, Macchiavelli, Hegel, Niebuhr, Morgenthau … = »Weberarian«; französisch: Rousseau, Comte, Durkheim = »Durkheimian«; deutsch: Kant, Hegel, Marx, Weber …; aber auch: säkularistisch (Werte der Aufklärung) versus religiös (göttliche, geoffenbarte Werte)

Quelle: eigene Darstellung.

in der internationalen Sphäre aus. Institutionen operieren auf **drei Ebenen** in der modernen internationalen Gesellschaft: Verfassungsstrukturen sind Institutionen, die die grundlegenden Werte umfassen, welche legitime Staatlichkeit und rechtmäßiges staatliches Handeln definieren; Basisinstitutionen beinhalten die Regeln der Praxis zur Lösung von Kooperationsproblemen zwischen Staaten; bereichsspezifische Regime errichten grundlegende institutionalisierte Praktiken in bestimmten Bereichen zwischenstaatlicher Beziehungen. Konstruktivistische Literatur über einzelne internationale Organisationen, und insbesondere über Militärallianzen, ist kaum zu finden. Als Referenztheoretiker des Konstruktivismus in den Internationalen Beziehungen gilt Alexander Wendt (1992; 1999).

8
Zusammenfassung

Abschließend sollen die wichtigsten theoretischen Differenzen noch einmal zusammenfassend in Abbildung 14 (Seite 100) veranschaulicht werden. Als Fazit bleibt, dass, neben der Unmöglichkeit eine allgemein gültige oder anerkannte Theorie der Internationalen Beziehungen zu identifizieren, auch die Unterscheidungen zwischen den Theorien oftmals idealtypische sind. Häufig ist man mit Grauzonen oder Vermischungen konfrontiert, die jedoch für die konkrete Analyse durchaus fruchtbar gemacht werden können.

Literatur

Albrecht, Ulrich (1999). *Internationale Politik*. Einführung in das System internationaler Herrschaft, Oldenbourg.
Aron, Raymond (1962). *Paix et guerre entre les nations*, Paris.
Burton, John W. (1984). *Global Conflict*. The Domestic Sources of International Crisis, Brighton.
Clausewitz, Carl v. (1832). *Vom Kriege*, Berlin.
Colman, Andrew M. (1995). *Game Theory and its Applications*, New York.
Deutsch, Karl W. (1969). *Politische Kybernetik*. Modelle und Perspektiven, Freiburg/Br.
Galtung, Johan (1972). *Eine strukturelle Theorie des Imperialismus,* in: Dieter Senghaas (Hg.). *Imperialismus und strukturelle Gewalt,* Frankfurt/M.
Haas, Ernst B. (1975). *The Obsolescence of Regional Integration Theory*, Stanford.
Haftendorn, Helga (1996). *Die Sehnsucht nach der Kristallkugel:* Über Leistungsfähigkeit und Versagen der Theorie der internationalen Politik, in: Internationale Politik, 8, 3–7.
Hahlweg, Werner (1954). *Lenin und Clausewitz*. Ein Beitrag zur Ideengeschichte des 20. Jahrhunderts, in: Archiv für Kulturgeschichte, XXXVI 1, 3, 357–387.
Herz, John (1957). *Political Realism and Political Idealism*, Chicago.
Hobson, John A. (1902). *Imperialism*. A Study, London.
Holsti, Kalevi J. (1991). *Change in the International System*. Essays on the Theory and Practice of International Relations, Aldershot.
Ignatieff, Michael (2000). *Die Zivilisierung des Krieges*. Ethnische Konflikte, Menschenrechte, Medien, Hamburg.
Imbusch, Peter/Ralf Zoll (Hg., 1996). *Friedens- und Konfliktforschung*. Eine Einführung mit Quellen, Opladen.

Kaiser, Karl/Hans-Peter Schwarz (Hg., 2000). *Weltpolitik im neuen Jahrhundert*, Baden-Baden.
Kant, Immanuel (1964). *Zum Ewigen Frieden*. Ein philosophischer Entwurf, in: Immanuel Kant. *Werke* (Bd. 6), Frankfurt/M. (Erstveröffentlichung 1795).
Kaplan, Morton A. (1957). *System and Process in International Politics*, New York.
Keohane, Robert O. (1989). *International Institutions and State Power*. Essays on International Relations Theory, Boulder.
Keohane, Robert O./Joseph S. Nye (1977). *Power and Interdependence*, New York.
Knorr, Klaus/Rosenau, J. N. (Hg., 1969). *Contending Approaches to International Politics*, Princeton.
Krippendorff, Ekkehart (1975). *Einführung in die internationalen Beziehungen* (2 Bde.), Frankfurt/M.
Lenin, Vladimir I. (1977). *Der Imperialismus als höchste Stufe des Kapitalismus*, in: *Werke* (Bd. 22), Berlin.
Luxemburg, Rosa (1913). *Die Akkumulation des Kapitals*. Ein Beitrag zur ökonomischen Erklärung des Imperialismus, Berlin.
Maturana, Humberto/Francisco Varela (1980). *Autopoesis and Cognition*, Dordrecht.
Maturana, Humberto/Francisco Varela (1990). *Der Baum der Erkenntnis*. Die biologischen Wurzeln des menschlichen Erbes, München.
Mentzos, Stavros (2002). *Der Krieg und seine psychosozialen Funktionen*, Göttingen.
Meyer, Berthold (1997). *Formen der Konfliktregulierung*, Opladen.
Meyers, Reinhard (1990). *Metatheoretische und methodologische Betrachtungen zur Theorie der internationalen Beziehungen*, in: Volker Rittberger (Hg.). *Theorien der internationalen Beziehungen*, Opladen, PVS-Sonderheft 21.
Meyers, Reinhard (1994). *Begriffe und Probleme des Friedens*, Opladen.
Mitrany, David (1975). *The Prospect of Integration*. Federal or Functional, in: A. J. R. Groom/Paul Taylor (Hg.). *Functionalism*, London.
Mommsen, Wolfgang (1967). *Imperialismustheorien*, Göttingen.
Morgenthau, Hans (1948). *Politics among Nations*. The Struggle for Power and Peace, New York.
Morgenthau, Hans (1963). *Macht und Frieden*. Grundlegung einer Theorie der Internationalen Politik, Gütersloh.
Rosecrance, Richard N. (1963). *Action and Reaction in World Politics*, Boston.
Rosenau, James N. (2000). *Thinking Theory Thoroughly: Coherent Approaches to an Incoherent World*, New York.
Schumpeter, Jospeh (1953). *Zur Soziologie der Imperialismen*, in: Jospeh Schumpeter. *Aufsätze zur Soziologie*, Tübingen (Erstveröffentlichung 1918/19).
Senghaas, Dieter (1981). *Abschreckung und Frieden*. Studien zur Kritik organisierter Friedlosigkeit, Frankfurt/M.
Singer, David (1969). *The Incomplete Theorist*. Insight without Evidence, in: Klaus Knorr/James N. Rosenau (Hg.). *Contending Approaches to International Politics,* Princeton.
Waltz, Kenneth. N. (1979). *Theory of International Politics*, New York.
Weber, Max (1972). *Wirtschaft und Gesellschaft*. Grundrisse der verstehenden Soziologie (Studienausgabe), Tübingen.
Wehler, Hans-Ulrich (1972). *Imperialismus*, Köln.
Wendt, Alexander (1992). *Anarchy is What States Make of It,* in: International Organization 46: 2, 391–425.
Wendt, Alexander (1999). *Social Theory of International Politics*, Cambridge.
Woyke, Wichard (1993). *Theorien der Internationalen Beziehungen*, Opladen
Woyke, Wichard (2000). *Handwörterbuch Internationale Politik*, Opladen.
Wright, Quincy (1942). *A Study of War*, Chicago/London.

Zentrale Konflikte

Die Rahmenbedingungen des internationalen Systems und des außenpolitischen Handelns aller Staaten bzw. Akteure haben sich in den letzten Dekaden dramatisch verändert. Jahrzehntelang bestimmte der Ost-West-Konflikt als primäre Formation die Weltordnung. Andere intensive und weit reichende Konfliktformationen, insbesondere der Nord-Süd- und der Nahost-Konflikt, wurden von diesem überlagert und determiniert. Am Beginn des 21. Jahrhunderts ergibt sich ein insofern duales System, als einerseits immer noch Langzeitwirkungen des Ost-West-Konfliktes – etwa durch die formelle und reelle Stellung Russlands als Vetomacht im UN-Sicherheitsrat, als Atommacht und als für die USA notwendigerweise stabiler Partner im EU-ropäischen und asiatischen Raum – bestehen, andererseits jedoch längst mit der Logik der Bipolarität weder erklär- noch lösbare Konfliktbereiche (insbesondere neue Nationalitätenkonflikte und Fundamentalismen bis hin zum globalen Terrorismus) entstanden sind.

1
Der Ost-West-Konflikt als historische Konfliktformation: sicherheitspolitische Geschichte und aktuelle Weltordnung

Der Ost-West Konflikt war von 1947/48 bis 1989 die zentrale Struktur in einem ansonsten ungegliederten System (vgl. als Einführung Link 1988 und 1996; Wassmund 1989; LaFeber 2002; Dülffer 2004; Gaddis 1997; Isaacs/Downing 2001; Stöver 2003; Steininger 2003 u.v. a.). Er

Abb. 15: Zentrale Konfliktformationen im Überblick

Ost-West-Konflikt	Nord-Süd-Konflikt	Nahost-Konflikt
Kalter Krieg 1945/49–1989/91	18./19. Jh. Kolonialismus; ab 1955 Institutionalisierung (Bewegung der Blockfreien und G-77)	Wurzeln des Konflikts um 1917; arabisch-israelische Kriege ab 1948

• USA vs. UdSSR als machtpolitischer Gegensatz
• NATO vs. WPO als zwei Allianzsysteme
• militärische, ideologische, wirtschaftliche und kulturelle Dimensionen der Bipolarität
• Kapitalismus vs. Realsozialismus
• Mutually Assured Destruction (MAD) – atomarer Overkill
	• Industrie- vs. Entwicklungsländer
	• Konflikte um
	  – Globalisierung
	  – Wirtschaft
	  – Rohstoffe (Erdöl u. a.)
	  – Entwicklungshilfe
	  – Ökologie
	  – Migration
	  – umfassende Sicherheit
	  – Menschenrechte/Demokratie
	  – Machtverteilung
		• arabisch-israelischer Konflikt um Land
		• innerarabischer Konflikt um die Führungsrolle in der Region
		• Interessen der Supermächte im Ost-West-Konflikt, Stellvertreterkriege
		• religiöse und kulturelle Komponenten (Fundamentalismus)
		• hohe regionale Eigendynamik

zentrale Bedeutung für die Außenpolitik aller Staaten	Wachstums- und Modernisierungstheorien bzw. Dependenztheorien prägen globale Zusammenhänge	globale Bedeutung des Konflikts, geostrategische Lage und Erdölvorkommen

Quelle: eigene Darstellung.

war von dominanter Bedeutung für das außenpolitische Handeln aller Staaten, weil auf beiden Seiten je ein Allianzsystem stand (*North Atlantic Treaty Organization/NATO* bzw. *Warschauer Pakt Organisation/ WPO*) und zwischen den Mitgliedern dieser Allianzen kaum Kontakte bestanden. Dadurch war die internationale Politik – retrospektiv betrachtet – relativ einfach zu analysieren und in einem vergleichsweise hohem Ausmaß berechenbar. Man spricht in diesem Zusammenhang von der **Phase der Bipolarität** des internationalen Systems.

Seit Ende der 1980er-Jahre existiert die bipolare Struktur nicht mehr, das internationale System ist komplexer geworden. Im wirtschaftlichen Bereich zeigt sich ein tri- bzw. multipolares System, ob dies im sicherheitspolitischen Bereich auch so ist, ist fraglich. Eine militärische Unipolarität mit den USA als Zentrum ist eher gegeben (siehe dazu das Einleitungskapitel).

Konstituierend für das bipolare System waren die Konferenzen von Teheran im November 1943 als Anti-Hitler-Allianz und von Jalta im Februar 1945 für eine **Zweiteilung Europas**, wodurch die Einflusssphären der USA und der UdSSR festgelegt wurden (Yergin 1978). Jalta stand synonym für die »alte« **europäische Nachkriegsordnung**, während wir uns gegenwärtig in der Phase der Nach-Nachkriegsordnung befinden. Zuvor hatte 1917 die bis 1989 letzte wirkliche Änderung der Struktur des internationalen Systems stattgefunden. Die Bipolarität wurde vorbereitet durch die Oktoberrevolution, den Sieg der Sowjetmacht und durch das Faktum, dass das erste Mal in der Weltgeschichte die »Macht des Proletariates« im Sinn von Karl Marx gesellschaftliche Realität in einem Staat geworden war. Der Hauptwiderspruch des internationalen Systems aus der Sicht der UdSSR bestand darin, dass sich imperialistische Kräfte (weil kapitalistisch produzierend) einerseits und antiimperialistische Kräfte andererseits gegenüberstanden. Die Ideologie der UdSSR war, dass dieser Widerspruch auf Dauer nicht tragbar wäre, ohne dass es zu gewaltsamen kriegerischen Konflikten – innerstaatlich oder zwischenstaatlich – kommen würde.

Im Unterschied zur konkreten Bipolarität ab 1947/48 reichen demzufolge die Wurzeln des Ost-West-Konflikts bis 1917/18 zurück. In einem Leitartikel der *Neuen Zürcher Zeitung (NZZ)* stand beispielsweise am 27. Oktober 1918, dass »sicher ist, die Menschheit muss sich für Lenin oder für Wilson entscheiden«.

In der Zeit der Anti-Hitler-Allianz ist dieser Gesichtspunkt in den Hintergrund getreten. In Anti-Hitler-Propagandafilmen der USA wurde die UdSSR als Partner dargestellt. Stalin war »Uncle Joe«. Diese Allianz begann sich noch vor Ende des Zweiten Weltkrieges aufzulösen, ein wichtiger Einschnitt war die erwähnte Konferenz von Jalta. Schon zwei bis drei Jahre nach dem Ende des Zweiten Weltkrieges hatte sich die Kluft zwischen den neuen Supermächten vertieft, von beiden Seiten kamen Vorwürfe wegen aggressiver Politik (USA an UdSSR) und Nichtrespektierens von Einflusssphären (UdSSR an USA).

Das beherrschende weltpolitische Konfigurationselement in der Phase des Kalten Krieges nach 1945 war ein **Interessenkonflikt zwischen zwei kontradiktorischen Systemen** – USA bzw. Kapitalismus contra UdSSR bzw. Kommunismus/Realsozialismus. Der Interessenkonflikt war zugleich ein machtpolitischer Gegensatz, weil beide Staaten versuchten, ihre gesellschaftliche Ordnung universal durchzusetzen. Der Ost-West-Konflikt wurde daher konsequenterweise zum **Machtkonflikt** auf faktisch allen (sicherheits-)politischen und sozioökonomischen Ebenen, er wurde geführt z. B. als Null-Summen-Spiel und mit Stellvertreterkriegen. Es herrschte jedoch keine unbegrenzte Konkurrenz, gewisse Regeln wurden beachtet, die Interaktionen waren bilateral und multilateral nicht völlig ausgeschaltet. So war *arms control* als kooperative Rüstungssteuerung zwar keine Abrüstung, doch immerhin eine **kontrollierte** Aufrüstung.

1.1
Phasen des Kalten Krieges

Eine Darstellung des Zeitverlaufs im Kalten Krieg kann sich an politischen, wirtschaftlichen und/oder sozialen Bezügen orientieren. Aufgrund der Dominanz sicherheitspolitischer Aspekte zeigen jedoch Atomwaffenentwicklung und Rüstungskontrolle besonders deutlich die wechselnde Konfliktintensität.

1.1.1 1945-1957

Diese Zeit – siehe für einen Überblick seit 1941 Loth 2000 – ist von einer deutlichen **Überlegenheit der USA** im Bereich der Atomwaffen gekennzeichnet, zurückreichend auf das *Manhattan Project*, das 1943 die erstmalige Zündung eines Atomsprengkopfs bewirkte. Bis 1949 verfügten die USA allein über Atomwaffen und bis 1957 galt ihr Territorium als praktisch unverletzbar. Über Spionage gelangte die UdSSR 1949 an die Konstruktionspläne der Atombombe. Sie verfügte aber, im Gegensatz zu den USA, nicht über die notwendigen Pläne für Trägerraketen. Nur so jedoch hätte sie den USA gefährlich werden können. Nach 1949 veränderte sich die Situation sehr rasch, die USA zündeten 1953 ihre erste Wasserstoffbombe und nur ein knappes Jahr später folgte die UdSSR. Dennoch erschienen die USA weiterhin unverletzbar, eben aufgrund des Fehlens von adäquaten Trägersystemen in der UdSSR. Die Strategie der USA unter Außenminister John Foster Dulles in Hinblick auf die konventionelle Überlegenheit der UdSSR war die Drohung mit **massiver nuklearer Vergeltung** *(massive response)*, und zwar überall dort, wo die UdSSR militärisch präsent war. Zur gleichen Zeit gab es erste Rüstungskontrollversuche, die aber aufgrund dieses extremen Ungleichgewichtes scheiterten. In die erste Phase des Kalten Krieges fiel auch dessen militärische Institutionalisierung durch die Gründung der NATO 1949 und der WPO 1955.

1.1.2 1957–1962

Die USA wurden zu Beginn der zweiten Phase ihres atomaren Monopols beraubt und damit verwundbar. 1957 stand in der UdSSR die erste atomare Bomberstaffel mit einer Reichweite bis in die USA, und es gelang – noch vor Beginn der Raumfahrt in den USA – den ersten bemannten *Sputnik* ins All zu fliegen. Daraufhin reagierten die USA und die anderen westlichen Staaten sehr verunsichert. Das wiederum führte seitens der USA zum zweiten großen technologischen Schritt nach vorne, zum *Apollo*-Programm unter Präsident John F. Kennedy. Das Programm enthielt militärische und zivile Ziele. Geplant war, Trägerraketen zu entwickeln, die ein Vielfaches der bis dahin möglichen Last tragen konnten und auch eine Mondlandung bis zum Ende der Dekade ermöglichen sollten.

Die UdSSR verfügte, parallel zum *Sputnik,* früher als die USA über ballistische Waffen. Allerdings wurde ihre Schlagkraft damals überschätzt, da die UdSSR über keine große Anzahl von Raketen verfügte und keine hinreichende Infrastruktur besaß, so dass ein gezielter Angriff auf die USA gar nicht möglich gewesen wäre. Es zeigte sich aber, dass das US-Konzept der *massive response* gegen konventionelle Aggressionen unglaubwürdig wurde, da die atomare Verletzbarkeit der USA nun ebenfalls gegeben war. So entwickelten sowohl die USA als auch die UdSSR das Konzept der **gesicherten Zweitschlagfähigkeit**. Darunter war der Versuch zu verstehen, durch geeignete Mittel einen ersten atomaren Schlag des Gegners so zu überstehen, dass man in der Lage ist, geschützte Atomwaffen zu starten und den Gegner zu vernichten. Diese Entwicklung führte zur Aufgabe der Strategie des *massive response*, die durch die Strategie der *flexible response* ersetzt wurde. Es wurden verschiedene Optionen für die Streitkräfte zur Beantwortung von Aggressionen erstellt, nicht jeder konventionelle Angriff hätte zu einer atomaren Antwort geführt. Weiters ging man von der Forcierung großer Raketensysteme ab und entwickelte neue Waffensysteme mit mittleren oder kürzeren Reichweiten.

Bei strategischen (Atom-)Waffen war zu unterscheiden zwischen interkontinentalen Waffen (Interkontinentalraketen), Mittelstreckenraketen mit einer Reichweite zwischen 1.000 und 5.000 Kilometern und taktischen Raketen mit einer Reichweite bis zu 1.000 Kilometern.

Im Oktober 1958 begann die **Genfer Konferenz** zur Einstellung von Atomversuchen. Auf der 14. UN-Vollversammlung forderte Nikita Chruschtschow eine totale Abrüstung innerhalb von vier Jahren. Der Wechsel an der sowjetischen Staats- und Parteispitze hin zu Chruschtschow führte dazu, dass die UdSSR ihren Anspruch auf eine weltweite Durchsetzung des Realsozialismus aufgab und den Begriff einer **friedlichen Koexistenz** prägte. Gleichzeitig gab es Gespräche über Rüstungskontrolle – mit dem Gipfelgespräch zwischen US-Präsident John F. Kennedy und dem sowjetischen KPdSU-Parteichef Nikita Chruschtschow in Wien 1961 –, die 1963 einen ersten Erfolg durch den Kernwaffenteststopp über der Erde hatten. Die täglichen Rüstungsausgaben der Welt betrugen aber schon 1961 etwa 330 Millionen US-Dollar.

1.1.3 1962–1970

Am Beginn der dritten Phase stand die **Kuba-Krise**, in der sich die Welt nahe an einem nuklearen Schlagabtausch befand. Hintergrund der Krise war, nach Meinung des US-amerikanischen Geheimdienstes, das Aufstellen nuklearer Waffen der UdSSR auf Kuba, worauf US-Präsident Kennedy mit einem atomaren Schlag drohte. Letztlich zog Chruschtschow die Raketen aus Kuba zurück. Die Krise führte zur Einrichtung des »roten Telefons«, einer direkten Verbindung zwischen Weißem Haus und Kreml. Sinn der Direktverbindung war es, Fehlreaktionen auf häufig vorkommende Interpretationsfehler der automatisierten Radarüberwachung – Fehler, die Mitte der 80er-Jahre ungefähr 300-mal wöchentlich vorkamen – zu verhindern. In der Phase von 1962 bis 1970 haben die USA endgültig ihre Vormachtstellung im nuklearen Bereich verloren. Die Zeitspanne war gekennzeichnet durch ein rasches Aufholen der UdSSR und deren beschleunigtes Raketenprogramm. Im Jahr 1963 besaßen die UdSSR angeblich 44 und im Jahr 1970 bereits 3.300 Interkontinentalraketen, weiters hatte die UdSSR auch im Atom-U-Boot-Bereich und in der Luftabwehr gegenüber den USA aufgeholt. Allerdings wurden die von der UdSSR hergestellten Waffensysteme qualitativ häufig überschätzt.

Gegen Ende der 60er-Jahre verfügten jedenfalls beide Seiten über eine gesicherte Zweitschlagfähigkeit, d. h. es wäre keiner Seite gelungen, mit einem Erstangriff alle Atomwaffen des Gegners zu vernichten. Mit der Perfektionierung des Abschreckungssystems auf beiden Seiten begann die Phase des **MAD *(mutually assured destruction)*.** Die Einsicht, dass die ganze Welt auch irrtümlich mehrfach hätte zerstört werden können, führte zu Rüstungskontrollverhandlungen.

1968 kam es zum Abschluss des *non-proliferation*-**Vertrages für Atomwaffen**, der die Weiterverbreitung und damit die Weitergabe von Atomwaffen verhindern sollte. Innerhalb von acht Jahren hatte sich die Anzahl Atomwaffen besitzender Staaten verdoppelt, doch unterschrieben nicht alle diese Staaten den Vertrag. Weiters begannen die **SALT-I-Gespräche** *(Strategic Arms Limitation Talks),* und noch 1968 einigten sich die beiden Supermächte darauf, zwei weitere Verhandlungsrunden aufzunehmen:

- die **MBFR-Verhandlungen** *(Mutual Balanced Force Reduction)* in Wien, deren Ziel der relative Abbau von Streitkräften in Europa im konventionellen Bereich war,
- sowie die in Planung befindliche **KSZE (*Konferenz über Sicherheit und Zusammenarbeit in Europa*)**.

Eine solche Konferenz forderte die UdSSR bereits in den 30er- und 50er-Jahren. Die westlichen Staaten waren einverstanden, nachdem die UdSSR ihre Zustimmung zu den MBFR-Verhandlungen bzw. zur Teilnahme der USA und Kanadas daran gaben. Inhalte der KSZE waren u. a. sicherheitspolitische und vertrauensbildende Maßnahmen, eine Kooperation in den Bereichen Wirtschaft, Wissenschaft und Technologie sowie die Verbesserung der menschlichen Kontakte und des Informationsaustausches zwischen Ost und West. Ziel der westlichen Staaten war auch, das sowjetische System von innen her, über den sozialen und menschlichen Verhandlungsbereich (»Korb 3«), zu destabilisieren. Die feierliche Schlusserklärung sollte 1975 in Helsinki stattfinden (Loth 1998), allerdings geschah das in Form einer politischen Absichtserklärung und nicht als ein völkerrechtlich bindender

Vertrag. Nach 1975 wurde beschlossen, dass es eine Folgekonferenz in Belgrad geben sollte. Aus einer einmaligen Konferenz wurde ein Prozess und später eine Art internationale Organisation.

1.1.4 1970–1975

Durch die Einigung auf MBFR und KSZE war es zu einer **Entspannung des Verhältnisses** der Supermächte gekommen, die bis 1975 – dem Jahr des Abschlusses der Helsinki-Schlussakte – mehr oder weniger andauerte. Einbrüche gab es 1973, als nach einer Einigung über die Ausweitung der wirtschaftlichen Beziehungen zwischen den USA und der UdSSR dieser Vertrag durch das *Jackson Amendment* in den USA rückgängig gemacht wurde, weil die UdSSR der Ausreise jüdischer Emigranten nicht zustimmte.

Ursprünglich wollten die USA durch den Handelsvertrag mit der UdSSR neue Märkte erschließen, um den rückläufigen wirtschaftlichen Wachstumsraten entgegenzuwirken. Dieses im Osten nicht zum Einsatz gekommene Kapital wurde wegen der zunehmenden Spannungen im Ost-West-Konflikt und dem *Jackson Amendment* in den Entwicklungsländern investiert, was auch zur hohen Verschuldung dieser Länder in den 70er- und 80er-Jahren beigetragen hat.

In der vierten Phase von 1970 bis 1975 erreichte das wechselseitige Abschreckungssystem ein gewisses Gleichgewicht, das zu erstmals **erfolgreichen Rüstungsverhandlungen** führte. Die USA hatten 1970 Mehrfachsprengkörper entwickelt. Ihre Waffensysteme waren zwar technologisch jenen der UdSSR überlegen, doch verfügte die UdSSR über mehr Interkontinentalraketen der neuesten (»vierten«) Generation, mit einer achtfachen Nutzlast im Vergleich zu den USA, und über eine neue Bombergeneration *(»Backfire«)*. Ein Vergleich der Stärkeverhältnisse zu dieser Zeit fällt daher nicht leicht.

1972 wurde die erste Runde der SALT-Gespräche abgeschlossen und später ratifiziert. Man einigte sich darauf, dass

- land- und seegestützte Interkontinentalraketen zahlenmäßig begrenzt werden sollten, und

- auf den **ABM-Vertrag** *(Anti Ballistic Missiles)*, der die Zahl der Antiraketensysteme auf je zwei bei beiden Vertragsparteien beschränken sollte. Das ABM-System war ein Versuch, einen Erst- oder Zweitschlag lediglich abzuschwächen. Die Zahl der Antiraketensysteme wurde 1974 weiter auf jeweils eines reduziert und dadurch die Verwundbarkeit beider Seiten erhöht.

Nach dem Ende des Kalten Krieges entstand die Problematik, dass die USA – u. a. mit möglicher japanischer Unterstützung – einen Ausbau des ABM-Schutzes gegenüber potentiellen Aggressoren wie Nordkorea oder Irak wünschten, während Russland – auch finanziell dazu kaum in der Lage – Vertragstreue reklamierte. Am 13. Juni 2002 traten die USA einseitig vom ABM-Vertrag zurück, nachdem Präsident George W. Bush sechs Monate zuvor, am 13. Dezember 2001, eine Absichtserklärung zur Kündigung des ABM-Vertrages abgegeben hatte.

1972/73 begannen die **SALT-II-Gespräche**, es kam zu einem Staatsbesuch des neuen KPdSU-Generalsekretärs Leonid Breschnew in den USA und einem Abkommen zur Verhinderung eines Atomkrieges im Juni 1973. Zur selben Zeit begannen die MBFR-Konsultationsgespräche und es wurde die KSZE in Helsinki eröffnet. Der Abschluss des SALT-II-Gesprächs beim Treffen Breschnews mit US-Präsident Gerald Ford in Wladiwostok im Dezember 1974 und die KSZE-Schlussakte von Helsinki 1975 symbolisieren eine Periode der relativen Entspannung.

1.1.5 1977–1985

Diese Zeit war eine **Periode der Spannungen** (Czempiel 1989). Die Zunahme der Konfliktintensität erfolgte bereits kurz nach 1975, zu einer wesentlichen Verschlechterung kam es 1977:
- mit der Aufstellung von sowjetischen SS-20-Mittelstreckenraketen in Europa sowie politisch-militärischen Interventionen der UdSSR in Angola und Afghanistan;
- mit den Beschuldigungen der NATO an die Adresse der WPO und der UdSSR, die Phase der Entspannung ausgenützt zu haben, um insbesondere im konventionellen Bereich aufzurüsten. Die Parität wäre damit gefährdet. Die US-Regierung unter Präsident Ronald Reagan forcierte nach ihrem Amtsantritt 1981 vermehrt diese Anschuldigungen.

Bei den **Rüstungsverhandlungen** – MBFR, SALT II und KSZE-Folgetreffen in Belgrad – kam es zu **keinerlei Fortschritten**. Trotz der laufenden Verhandlungen hatte die UdSSR sehr stark aufgerüstet und sowohl die nukleare als auch die konventionelle Abwehr verbessert. Zwar wurden 1979 nach fast sieben Jahren Verhandlungszeit die **SALT-**

II-Gespräche abgeschlossen – die Zahl der Sprengköpfe pro Rakete sollte begrenzt werden und jede Seite nur ein neues Interkontinentalsystem entwickeln dürfen –, allerdings mit einem unbefriedigenden Ergebnis. Der Vertrag wurde **von den USA niemals ratifiziert**, d. h. nicht in Gesetzesform gebracht, sondern blieb nur ein politisches Versprechen.

Die 1977 aufgestellten und auf Westeuropa und Asien gerichteten »SS 20« wurden als *extended deterrence* verstanden. Die UdSSR hatte angeblich eine neue Überlegenheit auf der Ebene der Interkontinentalraketen erlangt, wodurch der Schutz Europas durch die USA gefährdet war. Dieses ungleiche Verhältnis ließ Kriege mit kalkuliertem Risiko möglich erscheinen. Im Oktober 1984 wurden weitere SS-20-Raketen in Stellung gebracht.

Die SALT-Verhandlungen waren an einem toten Punkt angelangt, auf Initiative Reagans wurden 1982 neue Verhandlungen im strategischen Bereich unter dem Namen **START (***Strategic Arms Reduction Talks* als erste Verhandlungen nicht nur zur Rüstungskontrolle, sondern zur **Abrüstung**) eingeleitet. Die Spannungen erhöhten sich dennoch bis 1983, alle Verhandlungen scheiterten. Parallel dazu befanden sich die USA wirtschaftlich im Aufschwung, und die UdSSR geriet zunehmend in innerstaatliche und außenpolitische Schwierigkeiten. Erst Ende 1984/85 wurden die START-Verhandlungen wieder aufgenommen, nachdem die KSZE-Folgekonferenz in Madrid doch noch erfolgreich war – ein österreichischer Verdienst, gemeinsam mit der Gruppe der neutralen und blockfreien Staaten (*neutral and non-aligned countries*) – und als die **Konferenz für vertrauensbildende Maßnahmen und Abrüstung in Europa (KVAE)** in Stockholm 1985 beschlossen worden war.

Im Jänner 1985 wurden drei Abrüstungsverhandlungen aufgenommen: START, INF (*Intermediate Nuclear Forces*, im Dezember 1987 abgeschlossen) sowie Verhandlungen über Weltraumwaffen (im Jänner 1987 erfolgreich abgeschlossen).

Die KVAE gliederte sich in **zwei räumliche Etappen**:
- Stockholm: mit vertrauensbildenden Maßnahmen zu allem, das mit bestimmten militärischen Parametern zusammenhing (Vorankündigung, Beobachterstatus, Zahl von Manövern usw.).
- Wien: Die Konferenz wurde 1985 verlegt, jedoch nur unter Beteiligung der beiden Allianzblöcke, d. h. ohne die Gruppe der Neutralen

und Blockfreien. Die Ergebnisse waren gegen Ende nur bedingt relevant, da eine völlig neue Entwicklung eingesetzt hatte.

1985 kam – siehe unten – **Mikhail Gorbatschow** als Generalsekretär der *Kommunistischen Partei der UdSSR (KPdSU)* an die Macht und führte *Perestrojka* und *Glasnost* ein. Bis zum Ende der 80er-Jahre verschwand die Bipolarität, in der Folge kam es zur Auflösung der UdSSR.

Die **SDI-Ankündigung** *(Strategic Defense Initiative/»Star Wars«)* 1983 von Präsident Reagan hatte die UdSSR unter großen Zugzwang gebracht. Reagan propagierte die Vorstellung, dass man auf das menschenunwürdige nukleare Abschreckungssystem verzichten könnte, wenn die USA einen defensiven Verteidigungsschutz aufbauten (in Form von dreigestaffelten Raketenabwehrsystemen mit einer 100-prozentigen Vernichtung von feindlichen Raketen).

Die proklamierte absolute Sicherheit dieses Systems war illusionär, hat aber auf die UdSSR einen großen Eindruck gemacht, und signalisierte, dass ein gigantischer zusätzlicher Rüstungsaufwand bevorstand. Bereits der bestehende Aufwand stellte ein beträchtliches wirtschaftliches Problem dar (Bruhn 1995). Das SDI-Programm widersprach zudem dem revidierten ABM-Vertrag von 1974, der nur ein Abschreckungssystem vorsah. Nach Kündigung des ABM-Vertrags im Jahr 2002 realisieren nicht nur die USA entsprechende Systeme (2005 gab das US-Verteidigungsministerium 10 Milliarden Dollar für die Forschung an Weltraumwaffen und deren Entwicklung aus; die Militärdoktrin der USA basiert auf *full spectrum dominance*, so dass mit den entsprechenden Systemen auch der Weltraum beherrscht werden soll). Auch Japan arbeitet sowohl an militärischen als auch an zivilen Weltraumtechnologien. Es entwickelt so genannte »Raketenverteidigungs«-Systeme, neue Generationen von militärischen Spionagesatelliten und arbeitet an Plänen für bemannte Stationen auf dem Mond. Japan als starker Verbündeter im asiatischen Raum gegen Nordkorea und allenfalls die Volksrepublik China entspricht jedoch dem US-Interesse.

SDI war die dritte große staatliche technologische Initiative der USA seit dem Zweiten Weltkrieg (nach dem *Manhattan Project* und dem *Apollo*-Programm) mit einer zweifachen Zweckausrichtung *(dual purpose)*, nämlich als innovative technologische Entwicklung sowohl im militärischen als auch im zivilen Bereich. Weiters sollte SDI politische Signale in zwei Richtungen aussenden. Einerseits als Signal von erhöhtem Druck auf die UdSSR, dass man bereit sei, sich militärisch zu stärken. Andererseits als Signal an die westlichen Allianzpartner der

USA, dass man nicht bereit sei, die eigene technologische Position kampflos aufzugeben (Kuppig 1990).

Daher schlug 1983 der französische Präsident François Mitterand vor, eine eigene europäische Raumfahrt-Initiative zu starten (»EUREKA«) – ein Programm, das ebenfalls ursprünglich mit *dual purpose-high tech*-Programmen gestartet werden sollte. Deutschland stellte sich dagegen, so wurde EUREKA später zu einem rein zivilen Programm der westeuropäischen Staaten, mit Beteiligung der damaligen EFTA-Staaten (*European Free Trade Association*) und einiger osteuropäischer Staaten.

Bis 1985 schien eine Konfliktlösung – der Sieg eines Blockes oder ein grundsätzlicher Kompromiss – nicht möglich, das Hauptaugenmerk musste daher auf einer primär sicherheitspolitischen Konfliktregulierung liegen, um eine Eskalation bis hin zum *»overkill«* zu verhindern. Die Formen der Konfliktregelung verliefen in Wellen, d. h. abwechselnd regressiv-konfrontativ bzw. mehr oder minder kooperativ-integrativ. **Zwei Methoden der Konfliktregulierung** waren denkbar:
- Integral, d. h. der Ost-West-Konflikt wurde als umfassender Konflikt gesehen.

Beispiel waren die SALT-Gespräche in den 70er-Jahren, d. h. ein/e umfassende/s Friedensprogramm/-initiative.

- Differenzierend, d. h. einzelne Konfliktbereiche und/oder -regionen werden vom zentralen Konflikt isoliert und reguliert – mit der Hoffnung auf einen *spill over*-Effekt für immer mehr Bereiche/Regionen.

Ziel war die Entideologisierung des Konflikts durch Loslösung vom grundsätzlichen Gegensatz und ein Kompromiss in konkreten Verhandlungen über Sachthemen.

1.1.6 Seit 1985

Im Frühjahr 1985 wurde, wie erwähnt, **Mikhail Gorbatschow zum Generalsekretär der KPdSU** gewählt. Seine herausragende Leistung war eine **tief greifende Wende in der sowjetischen Außenpolitik**, die sich vor allem auf die osteuropäischen Staaten dahingehend ausgewirkt hat, dass sie mehr außenpolitischen Freiraum erhielten und dadurch wirtschaftliche und politische Reformen möglich wurden. 1987 wurde der INF-Vertrag unterzeichnet, 1988 begannen amerikanisch-sowjetische Abrüstungsverhandlungen.

Letztendlich **löste sich im Juli 1991 die WPO auf.** Die ersten **Auswirkungen** zeigten sich im Bereich der Rüstungskontrolle: Noch 1990 schloss man auf dem KSZE-Gipfeltreffen in Paris einen Vertrag über konventionelle Abrüstung in Europa. Im Juli 1991 wurde der START I-Vertrag unterzeichnet, in dem sich USA und UdSSR verpflichteten, einen Teil ihrer Atomsprengköpfe abzubauen. Als Fortführung unterzeichneten die USA und Russland 1993 den START-II-Vertrag mit weiteren Reduktionen im Bereich der Interkontinentalraketen. Insgesamt wurden die strategischen Atomwaffen damit um zwei Drittel verringert. 1997 gab es Absichtserklärungen für START-III-Verhandlungen. Die »Grundakte über gegenseitige Beziehungen zwischen der NATO und der Russischen Föderation«, ein politisches und nicht völkerrechtliches Dokument, bedeutete im Mai 1997 ein formelles Ende des Ost-West-Konfliktes. Die NATO wurde dadurch zunehmend von einer militärischen zur (auch) politischen Organisation. 1999 begannen die USA und Russland ihre START-III-Gespräche mit dem Ziel einer Reduktion auf jeweils 2.000 bis 2.500 Atomsprengköpfe bis zum Jahr 2007. Der geplante START-III-Vertrag verlor mit der Unterzeichnung eines bilateralen Vertrages zwischen den USA und Russland am 24. Mai 2002 in Moskau, der eine Reduktion auf 1.700 bis 2.200 Atomsprengköpfe bis 2012 vorsah *(Strategic Offensive Reductions Treaty/SORT)*, an Bedeutung.

START I sah die Reduktion auf 8.500 Sprengköpfe in den USA bzw. 7.000 in der UdSSR/Russland vor, START II die Reduktion auf 3.500 bzw. 3.000. Der START-II-Vertrag wurde vom US-Kongress 1996 und von der russischen Duma erst im Frühjahr 2000 ratifiziert; Russlands Duma verfügte allerdings eine START-II-Ausstiegsklausel für den Fall eines ABM-Ausstieges der USA und machte davon am 14. Juni 2002 Gebrauch.

ABM-widrig plante die **USA** in Anlehnung an das gescheiterte SDI-Programm von 1983 den Aufbau einer **nationalen Raketenverteidigung** *(National Missile Defense/NMD)* als landunterstütztes System. Die US-amerikanischen Pläne für ein Raketenschutzschild wurden nicht nur von Russland als in Widerspruch zu den Abrüstungs- bzw. Rüstungskontrollverträgen der 70er-Jahre gesehen. Die russische Ablehnung war jedoch weniger gegen die Idee an sich gerichtet, als vielmehr aus dem Umstand zu erklären, dass Russland sich ökonomisch und technologisch nicht in der Lage sah, ein vergleichbares nationales

Raketenabwehrprogramm ins Leben zu rufen. Allerdings gab es für das NMD-Programm auch in EU-ropa kein Verständnis.

Innerhalb der NATO wurde sowohl das Prinzip einer derartigen Aufrüstung nach dem Ende der traditionellen Bedrohungen im Kalten Krieg in Frage gestellt als auch bezweifelt, ob ein solches System jemals funktionieren könnte. NMD ist allerdings im Unterschied zu SDI nicht gegen einen atomaren Großangriff der UdSSR ausgerichtet. Vielmehr sollten bis 2005 in Alaska 20 Abfangraketen (100 bis 2007) stationiert sein, um einige Raketen abfangen zu können – Zielrichtung ist daher primär der Schutz vor Terroristen mit atomarem Potential bzw. »Schurkenstaaten« *(rogue states)* – siehe auch im Kapitel zur US-Außenpolitik die sprachliche Transformation des Begriffs –, die möglicherweise über Atomwaffen verfügen (Nordkorea, Iran, Libyen usw.).

1.2
Perspektiven nach dem Konflikt

Durch das Ende des Kalten Krieges und die neue Rolle der Supermächte sind vier – theoretische – positive Zielsetzungen möglich:

- **Weniger Kriege** als Form der Konfliktaustragung zwischen Staaten. Möglich ist ein Ende der Stellvertreterkriege sowie verstärkte Interventionsmöglichkeiten – siehe das Positivbeispiel UN-*peace keeping* u. a. – ohne Eskalationsgefahr bzw. wechselseitige Beschlussfassungsblockade von USA und UdSSR mit deren Rechtsnachfolger Russland im UN-Sicherheitsrat. Es ist aber umstritten, ob die Friedenssicherung und Konfliktprävention durch das Ende des Ost-West-Konflikts tatsächlich quantitativ und qualitativ an Bedeutung gewonnen hat. Des Weiteren könnte der Irak-Krieg trotz seines politischen Scheiterns mittelfristig eine gewisse Rehabilitation des Krieges als Mittel der Außen- und Sicherheitspolitik bedeuten bzw. auch eine Renaissance des Versuches einleiten, Krieg moralisch als »gerechten Krieg« zu rechtfertigen. Das Verhalten der USA nach den Terroranschlägen des 11. September 2001 und die Etablierung von Präventivschlägen als Teil der *National Security Strategy (NSS)* seit 2002 belegen das.

Des Weiteren zeigen die Daten sowohl des Heidelberger Instituts für Internationale Konfliktforschung als auch der Hamburger *Arbeitsgemeinschaft Kriegsursachen-*

forschung (AKUF) die weltweite Verbreitung von Kriegen und bewaffneten Konflikten. Die von organisierten Kämpfen am stärksten betroffenen Weltregionen sind Asien und Afrika, aber auch der Vordere und Mittlere Orient weist eine große Anzahl kriegerischer Auseinandersetzungen auf.

- Eine **Reduktion der Waffenproduktion** bzw. insbesondere der Massenvernichtungswaffen und der Zahl jener Staaten, die über solche verfügen. Ein Positivbeispiel sind die START-Verträge, doch ist die Entwicklung nicht eindeutig: Zwar sind die weltweiten Militärausgaben zwischen 1985 und 1997 von 1.210 Milliarden US-Dollar auf 800 Milliarden US-Dollar zurückgegangen, bis 2003 jedoch wiederum auf knapp 900 Milliarden US-Dollar gestiegen. Allgemein zeigt sich, dass die zunächst positive Statistik mehrheitlich vor allem aus einer dramatischen Senkung der Verteidigungsbudgets von ehemaligen Warschauer-Pakt-Staaten resultierte, während innerhalb der NATO die Reduktion deutlich geringer war. Es konnte schon vor dem Irak-Krieg von einer »überrüsteten und überfinanzierten NATO-Landschaft« mit beträchtlichem Konfliktpotential gesprochen werden. 2004 sind die weltweiten Rüstungsausgaben auf mehr als eine Billion US-Dollar gestiegen und haben damit fast wieder das Rekordniveau aus dem Kalten Krieg erreicht. Sie lagen lediglich sechs Prozent unter dem Rekordhoch 1987/88 und betrugen 162 US-Dollar pro Kopf bzw. machten 2,6 Prozent der weltweiten Wirtschaftsleistung aus. Knapp die Hälfte davon machten mit 47 Prozent die Ausgaben der USA aus. Zusätzlich zu seinem regulären Militärbudget hat das US-Verteidigungsministerium seit 2003 etwa 238 Milliarden Dollar für den Kampf gegen den Terror zur Verfügung gestellt. Diese Ausgaben übersteigen für die Zeit 2003 bis 2005 alle Militärausgaben in Afrika, Lateinamerika und Asien – unter Einschluss Chinas, aber ohne Japan – zusammen (SIPRI 2005). Auf Atomwaffen bezogen liegt ein Teststoppvertrag der *Comprehensive Test-Ban Treaty Organization (CTBTO)* seit Jahren auf dem Tisch, 175 Staaten haben unterschrieben und 122 ihn sogar ratifiziert. Dennoch ist er bisher (2005) nicht rechtswirksam, weil 11 der 44 Staaten fehlen, die prinzipiell über das technische Knowhow zum Atomwaffenbau verfügen und deren Mitgliedschaft Voraussetzung für das In-Kraft-Treten ist. Zu ihnen gehören auch die USA.

Diese nahmen nach einem 13-jährigen Moratorium deutlich Kurs auf die Wiederaufnahme der Testexplosionen.

Das Volumen des internationalen Waffenhandels sank zwischen 1987 und 1997 von 89 auf 46 Milliarden US-Dollar. Bis etwa 2002 blieb der Wert stabil, um in der Folge wiederum anzusteigen. Hauptempfänger sind die Volksrepublik China und Indien, hauptsächlicher Lieferant konventioneller Waffen ist Russland. Als Überleitung zum Nord-Süd-Konflikt kann plakativ darauf verwiesen werden, dass etwa 900 Milliarden US-Dollar jährlicher Rüstungsausgaben 2003 lediglich 50 Milliarden US-Dollar von öffentlicher Entwicklungshilfe durch OECD-Länder gegenüberstehen.

- Die Akzeptanz einer – begrenzten – Doktrin von **Interventionspolitik aus humanitären Gründen**. Die Positivität dieses Ziels ist aufgrund der damit zwangsläufig verbundenen Verletzung nationaler Souveränität jedoch kontroversiell (siehe ICISS 2001).

Der Begriff der »humanitären Intervention« wurde, basierend auf der UN-Resolution 688, am Ende des Zweiten Golfkriegs kreiert. Kritiker sehen eine Transformation des UN-Sicherheitsrates bzw. eine Verletzung der UN-Charta und ihres Gewaltverbots. Zugleich behauptet wird der Versuch, die NATO oder gar nur die USA zur internationalen Interventions- und Ordnungsmacht ohne Mandat des Sicherheitsrats völkergewohnheitsrechtlich zu etablieren. Konsequenz wäre eine Selbstbeauftragung der NATO oder – wie im Dritten Golfkrieg vulgo Irak-Krieg geschehen – der USA zur willkürlichen weltweiten Kriegführung.

- Eine vermehrte **Anerkennung und Berücksichtigung individueller – politischer und wirtschaftlicher – Menschenrechte**.

Die 1948 proklamierte Allgemeine Erklärung der Menschenrechte der UN-Generalversammlung mit ihren 30 Artikeln setzt einen Standard politischer, bürgerlicher, wirtschaftlicher und sozialer Rechte und Freiheiten. Im Verlauf der Nachkriegsgeschichte entstanden zahlreiche universale völkerrechtlichen Normen über Menschenrechte. Von herausragender Bedeutung sind zwei internationalen Pakte von 1966 über bürgerliche und politische Rechte und über wirtschaftliche, soziale und kulturelle Rechte. Staaten sind völkerrechtlich verpflichtet, die Menschenrechte zu achten und zu verwirklichen. Nichtsdestoweniger werden überall auf der Welt Menschenrechte verletzt. Nach der Doktrin der humanitären Intervention wäre in Extremfällen militärische Gewalt von außen zur Durchsetzung der Menschenrechte zulässig. Zusätzlich zu Staaten als alleiniges Völkerrechtssubjekt könnte man Individuen bzw. Gruppen vor internationalen Gerichten, soweit diese anerkannt werden, Subjektstatus zuerkennen.

Der Ost-West-Konflikt   119

Abb. 16: Entwicklung der weltweiten Militärausgaben (1991–2002)
und US-Militärausgaben (1987–2003)

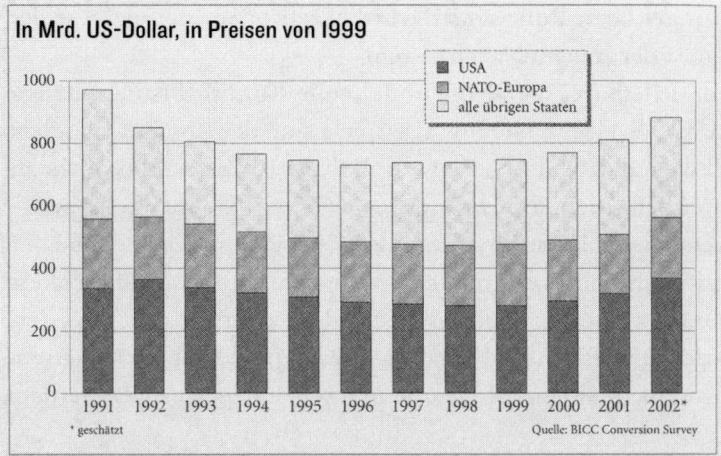

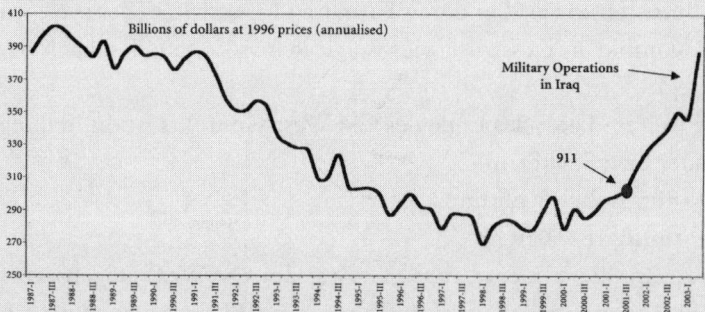

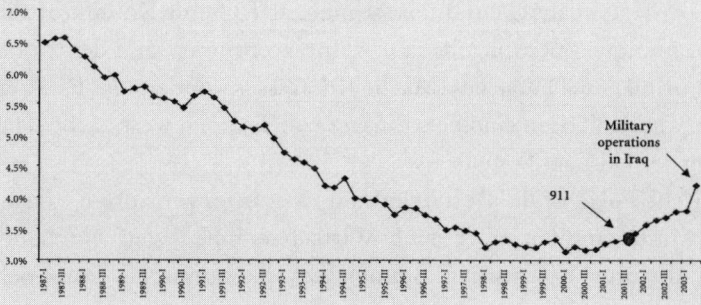

Quellen: Hauchler et al. 2003, 272; Filzmaier/Fuchs 2003, 105.

Empirisch zeigen sich mehrfach **Grenzen einer neuen Weltordnung**, Argumente dafür sind:
- die **ungeklärte Rolle »mittlerer« Mächte** (ein Beispiel war der Irak und ist der Iran im Nahen Osten),
- potentielle **Kriegsgefahren ohne reelle Konfliktlösungschance** durch USA, NATO, UNO usw. (Beispiele sind der Konflikt zwischen der Volksrepublik China und Taiwan als in der völkerrechtlich nicht anerkannten Selbstdefinition als *Republic of China/RNC* mit wechselweise umfassenden Gebietsansprüchen sowie der Libanon-Krieg 2006),
- **Menschenrechtsverletzungen ohne Interventionsmöglichkeit** bzw. deren Akzeptanz aus politischen und/oder wirtschaftlichen Gründen (wiederum als Beispiel kann die Volksrepublik China mit ihrem Markt von mehr als einer Milliarde Menschen herangezogen werden) und
- **Streitigkeiten über Interventionen** hinsichtlich ihrer Legitimation und Kosten sowie über deren Form und Effektivität (Beispiele waren der Konflikt in Ex-Jugoslawien sowie selbstverständlich auch der Irak-Krieg).

Eine weitere Folge des Ende des Ost-West-Konflikts ist die Teilung der Länder bzw. Staaten in
- eine **»nützliche«** Welt und
- eine **»unnütze«** Welt.

Diese Einteilung meint, dass zur Zeit des Ost-West-Gegensatzes jede Region strategische Bedeutung hatte, obwohl diese manchmal nur aus der Gefahr resultierte, in den Machtbereich der jeweils anderen Supermacht zu gelangen. Heute hingegen ist durch wenige Krisen der Weltfriede bedroht – etwa durch den Konflikt zwischen Indien und Pakistan –, es besteht aber kein Interesse mehr an früheren Konfliktorten wie Mozambique oder Nicaragua usw. Interventionen sind demzufolge nicht primär eine Frage des (Macht-)Interesses, sondern des Risikos, d. h. nur wenige Krisen sind den Einsatz von Truppen wert (siehe den Rückzug der USA aus Somalia usw.).

Logische Folge ist die **Beschränkung von Interventionen** – dazu zählen Militäreinsätze, aber auch Wirtschaftshilfe – auf nützliche Staaten, die über Rohstoffvorkommen bzw. ökonomisches Potential usw. verfügen (Angola, Nigeria, Korea u. a.). Demgegenüber stehen als graue Zonen geopolitisch unnütze Staaten oder Regionen (Südsudan, Norduganda, Kaukasus u. a.), die trotz humanitärer Katastrophen von der Gleichgültigkeit der internationalen Gemeinschaft betroffen sind.

Literatur

Bruhn, Jürgen (1995). *Der Kalte Krieg oder: Die Totrüstung der Sowjetunion*, Gießen.
Czempiel, Ernst O. (1989). *Machtprobe*. Die USA und die UdSSR in den 80er Jahren, München.
Dülffer, Jost (2004). *Europa im Ost-West-Konflikt 1945–1990*, München.
Filzmaier, Peter/Eduard Fuchs (Hg., 2003). *Supermächte*. Zentrale Akteure der Weltpolitik, Wien.
Gaddis, John Lewis (1997). *We now know*. Rethinking Cold War History, Oxford.
Hauchler, Ingomar/Dirk Messner/Franz Nuscheler (Hg., 2003). *Globale Trends 2004/2005*. Fakten, Analysen, Prognosen, Frankfurt/M.
International Commission on Intervention and State Sovereignty (ICISS, 2001). *The Responsibility to Protect*, Ottawa, verfügbar unter: www.dfait-maeci.gc.ca/iciss-ciise/menu-en.asp.
Isaacs, Jeremy/Taylor Downing (2001). *Der Kalte Krieg*, München 2001.
Kegley, Charles W./Eugene R. Wittkopf (1995). *World Politics*. Trend and Transformation, New York.
Kuppig, Bernd W. (1990). *Die militärische Eroberung des Weltraums* (2 Bde.), Frankfurt/M.
LaFeber, Walter (2002). *America, Russia and the Cold War: 1945–2000*, New York.
Link, Werner (1988). *Der Ost-West-Konflikt*, Stuttgart.
Link, Werner (1996). *Die Entwicklung des Ost-West-Konflikts*, in: Manfred Knapp/Gert Krell (Hg.). *Einführung in die Internationale Politik*, München/Wien, 242–274.
Loth, Wilfried (1998). *Helsinki 1. August 1975*. Entspannung und Abrüstung, Hamburg.
Loth, Wilfried (2000). *Die Teilung der Welt*. Geschichte des Kalten Krieges 1941–1955, Hamburg.
SIPRI (Hg., 2005). *SIPRI Yearbook 2005*. Armaments, Disarmament and International Security, Oxford.
Steininger, Rolf (2003). *Der Kalte Krieg*, Frankfurt/M.
Stöver, Bernd (2003). *Der Kalte Krieg*, München.
Wassmund, Hans (1989). *Die Supermächte und die Weltpolitik*. USA und UdSSR seit 1945, München.
Yergin, Daniel (1978). *Shattered Peace*. The Origins of the Cold War and the National Security State, Boston.

2
Der Nord-Süd-Konflikt

Als Nord-Süd-Konflikt bezeichnet man jene Struktur, die durch die Gegensätze von Arm und Reich, Macht und Ohnmacht, und die dadurch unterschiedlichen Entwicklungschancen von Staaten im internationalen System gekennzeichnet ist. Mit Johan Galtung kann der Nord-Süd-Konflikt als »**struktureller Konflikt**« bezeichnet werden, der sich nicht vorrangig in manifester Gewalt zwischen Norden und Süden äußert. Bei einem strukturellen Konflikt handelt es sich um einen Konflikt, in dem Gewalt den Gesellschaftsstrukturen inhärent ist – und sich im Fall des Nord-Süd-Konflikts durch die extreme Ungleichverteilung von Macht oder Lebenschancen (siehe dazu weiter unten zur aktuellen Situation im Nord-Süd-Konflikt) ausdrückt. Die Lösung des Nord-Süd-Konfliktes mittels bi- oder multilateraler **Entwicklungspolitik** ist aus Sicht des Südens in den letzten 50 Jahren wenig erfolgreich verlaufen. Die Ungleichheitsstrukturen im globalen Maßstab blieben bestehen, die Kluft zwischen Norden und Süden – etwa in Bezug auf das Pro-Kopf-Einkommen – hat sich sogar vergrößert.

Wer ist Norden, wer Süden in diesem Konflikt? Bei einer Beschäftigung mit dem Nord-Süd-Konflikt (einführend etwa Nuscheler 2004; Nohlen 2000; Fischer et al. 2004) liegt der Versuch nahe, zuerst den Norden wie den Süden geographisch und politisch zu bestimmen. Unter **Norden** versteht man die Industrieländer Europas und Nordamerikas sowie Japan, Australien und Neuseeland – andernorts also den »Westen«, die OECD-Welt. Demgegenüber ist der **Süden** der Begriff, der sich als Sammelbegriff für die »Dritte Welt« in der Praxis oft durchgesetzt hat, obwohl nicht alle Länder des »Südens« geographisch auf der Südhalbkugel der Erde liegen. Entwicklungsländer ist ein Begriff, der im offiziellen Sprachgebrauch internationaler Organisationen verwendet wird, gegen den KritikerInnen aber einwenden, dass er einen Zustand vortäuscht – Entwicklung – der de facto in den letzten 50 Jahren nicht für alle in gleichem Maße stattgefunden hat. Der Begriff »**Dritte Welt**« hingegen wurde ursprünglich zur Bezeichnung eines Dritten Weges jenseits des industrialisiert-kapitalistischen Weges der westlichen Industrieländer (Erste Welt) und des realsozialistischen Weges des ehemaligen Ostblocks (Zweite Welt) benutzt. In den 1960er-Jahren prägt Frantz Fanon den Terminus »Dritte Welt«. Der Begriff war emanzipatorisch in Anlehnung an den dritten Stand in der Französischen Revolution gemeint und wurde zum Sammelbegriff für »Die Verdammten dieser Erde« (Fanon 1981). Mittlerweile existiert die Zweite Welt als ideologisch-politischer Block nicht mehr, und auch die Existenz der Dritten Welt wurde in Frage gestellt (Menzel 1992).

Weder »Dritte Welt« noch »Länder des Südens« können als Sammelbegriffe der komplexen Realität und Heterogenität der damit bezeichneten Länder gerecht werden. Der Süden, aber auch der Norden sind keine homogenen Ländergruppen, sondern intern vielfach differenziert. Sie unterscheiden sich etwa in der Ressourcenausstattung (Erdöl und nicht Erdöl exportierende Staaten/OPECs und »NOPECs«), der Entwicklung der Infrastruktur (bis hin zum vollkommenen Zerfall jeglicher staatlichen Struktur in so genannten »failed states« wie Somalia) oder der Größe (Indien im Gegensatz zu winzigen pazifischen Inselstaaten).

Von der Dritten Welt unterschieden werden die so genannten **»Schwellenländer«** *(Newly Industrializing Countries/NICs)*. Der Begriff benennt jene Länder, die am Übergang vom Entwicklungs- zum Industrieland sind, wie z.B. die asiatischen »Tigerstaaten« (Südkorea, Taiwan, Hongkong, Singapur). Die Asienkrise 1997/98 hat vor allem in Südkorea zu einer bedrohlichen Wirtschaftskrise geführt und den Ruf der Region als Wachstumswunder getrübt. Die Situation hat sich seit 2000 wieder stabilisiert; die Region profitiert weiter vom anhaltenden Wachstum in China. Die lateinamerikanischen Schwellenländer hingegen wurden durch die Verschuldungskrise der 80er-Jahre zurückgeworfen.

Die Problematik der **Differenzierung** zeigt sich auch anhand der vielfältigen Bezeichnungen für die Ländergruppen im Sprachgebrauch internationaler Organisationen. Die *Weltbank (International Bank for Reconstruction and Development/IBRD)* kategorisiert anhand des Pro-Kopf-Einkommens und spricht daher von *Low Income Countries/LICs, Middle Income Countries/MICs* und *High Income Countries/HICs. Middle Income Countries* werden weiter differenziert in *Lower Middle* und *Upper Middle Income Countries* – je nachdem, ob man beide Kategorien zur Dritten Welt zählt, gibt es laut Weltbank (2005) zwischen 113 und 153 Entwicklungs-Ökonomien. In Verbindung mit der Verschuldungsproblematik enstanden in der Weltbank die

Bezeichnungen »ernstlich verschuldete Länder« *(Severely Indebted Countries/SICs)* bzw. »ernstlich verschuldeten Ländern mit niedrigem und mittlerem Einkommen« *(Severely Indebted Low Income Countries/SILICs* und *Severely Indebted Middle Income Countries/SIMICs).*

Die UNO unterscheidet zwischen *Less Developed Countries (LDCs)* bzw. *Developing Countries (DCs)* und der Untergruppe der *Least Developed Countries (LLDCs)*, der oft so genannten »Vierten Welt«. Die Least Developed Countries umfassten 2005 laut offizieller UN-Zählung 50 Länder, die zu einem großen Teil in Subsahara-Afrika liegen. Für die Einstufung in die Kategorie der LLDCs müssen drei Kriterien erfüllt werden. Da aber mit der Einstufung reale wirtschaftliche Konsequenzen – z. B. die Aufnahme in Förderungsprogramme, günstigere Kreditkonditionen oder Schuldenerlass – verbunden sein können, handelt es sich einerseits um ein Privileg, andererseits um eine politische Entscheidung. Staaten mit mehr als 75 Millionen Einwohnern sind ausgeschlossen – was heißt, dass ein Großteil der in absoluter Armut lebenden Menschen nicht in den LLDCs lebt, da Länder wie Indien oder China per Definition nicht in diese Kategorie fallen. Insgesamt werden der Welt der *Developing Countries* in der UNO zur Zeit 137 Länder zugerechnet.

Die Dritte Welt war **niemals eine homogene Gruppe** von Ländern, sondern eine lose Gruppierung von Staaten mit jeweils unterschiedlichen Problemlagen – die begriffliche Einheit spiegelt die Realität nur bedingt wider. Es gibt daher gute Gründe dafür, die interne Differenzierung auch begrifflich deutlich zu machen. Eine politikwissenschaftlich-theoretische (Zwei-)Teilung der Welt in Industrie- und Entwicklungsländer scheint vor der Tatsache der Heterogenität von Entwicklungsländern aber nicht haltbar. Es besteht ein **Kontinuum von Gesellschaften** mit äußerst niedrigem Einkommen (LICs bzw. LLDCs) über Gesellschaften mit mittlerem Einkommensniveau (MICs bzw. LDCs) bis zu den reichsten Gesellschaften (HICs, im Regelfall Mitgliedsstaaten der OECD). Dennoch – wie Nuscheler (2004, 120) hervorhebt – bleibt der Begriff »Dritte Welt« relevant. Er war niemals ein theoretisches Konstrukt, sondern immer ein politischer Begriff; abgesehen davon gibt es bis dato (noch) keinen besseren Begriff, der ausdrücken könnte, was im politischen Alltagsverständnis mit »Dritter Welt« assoziiert wird.

2.1
Nord-Süd und der Begriff »Entwicklung«

Die potentielle Überwindung des Nord-Süd-Konflikts verspricht sich die Staatenwelt im Begriff der »**Entwicklung**«. Entwicklung ist an sich ein vager Begriff, der nicht impliziert, wer sich wie wohin entwickeln soll (vgl. Höll 1994a; 1994b). Der Begriff muss erst mit einer **Zielvorstellung** gefüllt werden. Viel Kritik am Entwicklungsbegriff konzentriert sich darauf, dass in den letzten 50 Jahren Entwicklungspolitik nur ein – vorgeblich universell gültiges – westliches Modell von Entwicklung propagiert wurde. Das bedeutet für die Entwicklungsländer wenig Raum für ihre jeweils eigenen Entwicklungswege. Entwicklung hieße demzufolge ein Nachholen, ein Kopieren, ein Sich-Hinentwickeln zur Norm der industrialisiert-kapitalistischen Ökonomie und nicht ein eigenständiges Sich-Entwickeln. Entwicklungsländer werden nicht über das definiert, was sie auszeichnet, sondern primär über ihre Defizite im Vergleich zu einem westlichen Standard.

Die Definitionsmacht darüber, was Entwicklung ausmacht, ist wegen ihrer großen **Auswirkungen auf die Praxis der Entwicklungspolitik** bedeutsam. Im traditionellen Entwicklungsdenken der Wachstumstheorien versteht man unter Entwicklung Wirtschaftswachstum und Industrialisierung, dementsprechend gilt als Indikator für Entwicklung ein steigendes Bruttosozialprodukt, und alle Entwicklungsanstrengungen konzentrieren sich auf Wachstum als Ziel per se. Entwicklungswege und -strategien sehen anders aus, wenn neben hohem Pro-Kopf-Einkommen auch andere Parameter den Status eines »entwickelten Landes« begründen, der **Entwicklungsbegriff erweitert** wird. Nohlen/Nuscheler (1993) nähern sich dem Begriff der Entwicklung über ein »magisches Fünfeck«, das neben dem Ziel des Wirtschaftswachstums zur gesellschaftlichen Wohlstandsmehrung auch Arbeit/Beschäftigung, soziale Gerechtigkeit/Strukturwandel, Politische Partizipation und politische wie wirtschaftliche Unabhängigkeit als gleichberechtigte und sich bedingende Elemente des Entwicklungsbegriffs einschließt. Nobelpreisträger Amartya Sen definiert als Ziel von Entwicklung allgemeiner die Erweiterung der Freiheiten des Einzelnen, die Stärkung der individuelle Fähigkeiten zur Überwindung des Elends, wozu etwa als

Voraussetzungen Gesundheitsfürsorge oder Bildungschancen gehören (Sen 1999).

Eine Einteilung von Staaten in entwickelte und unterentwickelte Länder allein nach dem Pro-Kopf-Einkommen, wie sie die Weltbank nach wie vor vornimmt, sagt daher – folgt man einem erweiterten Entwicklungsbegriff – wenig über den Entwicklungsstand des Landes oder über die Lebensbedingungen der Menschen aus. Dieser Durchschnittswert trifft z. B. keine Aussage über die Einkommensverteilung – die in vielen Entwicklungsländern extrem ungleich ist. Wenigen sehr reichen steht eine Masse an extrem armen Menschen gegenüber.

Einen Versuch, Entwicklung nicht nur mittels rein ökonomischer Faktoren zu messen und einen erweiterten Entwicklungsbegriff auch in einem Index abzubilden, stellt der vom *United Nations Development Programme/UNDP* veröffentlichte **Human Development Index/HDI** dar. UNDP reiht im jährlich erscheinenden Human Development Report Staaten nach dem Grad der »menschlichen Entwicklung«, mit dem HDI als Korrelationskoeffizient dreier Faktoren. Einbezogen werden neben dem Bruttoinlandsprodukt eines Landes pro Kopf der Bildungsstand der Bevölkerung (der errechnet wird aus Alphabetisierung und Gesamteinschulungsrate) und die Lebenserwartung bei Geburt als Indikator für Gesundheit. Die Liste der Länder mit der höchsten Lebensqualität wurde im Report 2005 (mit den Daten von 2003) von Norwegen, Island, Australien und Luxemburg angeführt. Die letzten 20 Plätze unter 177 Ländern belegten afrikanische Staaten. Nicht alle Länder sind im Index aufgeführt: 16 UN-Mitgliedsstaaten fehlen, weil die entsprechenden Daten nicht vorhanden sind oder aufgrund der (politischen) Situation gar nicht erhoben werden könnten. Dazu zählten u. a. der Irak, Afghanistan oder Somalia (UNDP 2005). Augenfällig wird im Human Development Report auch der Unterschied zwischen einer reinen Reihung nach Einkommen und nach dem HDI: Saudi-Arabien ist etwa nach Weltbankreihung im Jahr 2005 ein High Income Country, nach HDI Daten aber nur auf Platz 77. Es ergibt sich ein Unterschied von 33 Rängen – je nachdem, ob das Pro-Kopf-Einkommen oder der kombinierte Indikator des HDI verwendet wird. Saudi-Arabien wird dementsprechend im Human Development Report 2005 nur als Land mit Medium Human Development klassifiziert.

Abb. 17: Human Development Index 2005 (Maximalwert ist 1,0)

Platz	Land	HDI	Platz	Land	HDI
1	Norwegen	0,963	...		
2	Island	0,956	158	Nigeria	0,453
3	Australien	0,955	159	Ruanda	0,450
4	Luxemburg	0,949	160	Angola	0,445
5	Kanada	0,949	161	Eritrea	0,444
6	Schweden	0,949	162	Benin	0,431
7	Schweiz	0,947	163	Elfenbeinküste	0,420
8	Irland	0,946	164	Tanzania	0,418
9	Belgien	0,945	165	Malawi	0,404
10	USA	0,944	166	Sambia	0,394
11	Japan	0,943	167	Dem. Rep. Kongo	0,385
12	Niederlande	0,943	168	Mozambique	0,379
13	Finnland	0,941	169	Burundi	0,378
14	Dänemark	0,941	170	Äthiopien	0,367
15	Großbritannien	0,939	171	Zentralafrik. Rep.	0,355
16	Frankreich	0,938	172	Guinea-Bissau	0,348
17	Österreich	0,936	173	Tschad	0,341
18	Italien	0,934	174	Mali	0,333
19	Neuseeland	0,933	175	Burkina Faso	0,317
20	Deutschland	0,930	176	Sierra Leone	0,298
...			177	Niger	0,281

Quelle: Human Development Report 2005.

2.2
Entwicklungstheorien

Wie wird Entwicklung erreicht bzw. Unterentwicklung überwunden? Die bisherigen großen Entwicklungstheorien und -strategien lassen sich grob in vier Phasen gliedern (vgl. Cordova 1973; Menzel 1991 und 1995; Todaro 2003):

- **Wachstumstheorien** der 1950er-Jahre, mit einer »Wiedergeburt« im Neoliberalismus der 1990er-Jahre,

- **Modernisierungstheorien** in den 1960er-Jahren,
- **Dependenztheorien** bzw. Zentrum- und Peripheriemodelle der 1970er-Jahre sowie,
- nach einem für viele Entwicklungsländer »verlorenen« Jahrzehnt in den 1980er-Jahren, der Mainstream des **Neoliberalismus** und **neue alternative Ansätze** (*Sustainable Development*, Grenzen des Wachstums, Ökologiekonzepte usw.) in den 1990er-Jahren.

Wechselweise werden in den unterschiedlichen Theorien interne, d. h. in den Entwicklungsländern begründete, oder externe, d. h. außerhalb der Entwicklungsländer liegende, Faktoren als Ursache von Unterentwicklung angesehen. Als interne Entwicklungshemmnisse werden so unterschiedliche Faktoren wie inländischer Kapitalmangel (den finanzielle Entwicklungshilfe ausgleichen soll) oder kulturelle Faktoren genannt, als externe Faktoren etwa Abhängigkeitsstrukturen im internationalen System ausgemacht. Keine der Theorien wird der Komplexität des Phänomens Unterentwicklung, mit seinen länderspezifischen Voraussetzungen und Komponenten sowie den internationalen Rahmenbedingungen, umfassend gerecht; jede der Theorien kann aber partiell zum Verständnis von Unterentwicklung beitragen. Eine Konsequenz ist das Paradoxon, dass Erfolge der oben erwähnten Tigerstaaten entwicklungsökonomische Ansätze bestätigen, während gleichzeitig dieselben Theorien durch Misserfolge in Afrika oder Lateinamerika widerlegt werden.

2.2.1 Wachstums- und Modernisierungstheorien

Hinter **wachstumstheoretischen Modellen** steht ab den 1940er-Jahren der Keynesianismus als wirtschaftswissenschaftliches Paradigma. Entwicklung wird gleichgesetzt mit wirtschaftlichem Wachstum, auf dessen Planbarkeit man vertraut. Wesentliche Wachstumsursache ist für Wachstumstheoretiker ein vermehrter Kapitaleinsatz. Die Kapitalbildung, die in Entwicklungsländern infolge eines minimalen Sparaufkommens unzureichend sei, müsse durch Importe von Kapital – etwa in Form von Entwicklungshilfe – angeregt werden. Große Bekanntheit unter den wachstumstheoretischen Modellen erlangt vor allem *Walt W. Rostows* **Stadientheorie**. Ihr zufolge müssten zumindest 15 Prozent des Bruttoinlandsprodukts investiert werden, um einen »*Take Off*«, d. h.

den Übergang zur modernen Industriegesellschaft, zu gewährleisten. Unterentwicklung ist nur ein Übergangsstadium hin zu einem »Zeitalter des Massenkonsums« (Rostow 1960).

Externe Faktoren sind keine Entwicklungshemmnisse, sondern zeigen nach den Wachstumstheorien vor allem positive Auswirkungen. Der **Weltmarkt** wird als »Maschine des Wachstums« (**Engine of Growth**) bezeichnet. Ausgangspunkt ist der Gedanke einer weltwirtschaftlichen Arbeitsteilung, in der sich alle Länder auf ihre **komparative Bestproduktion** spezialisieren. Entwicklungsländer sollten dementsprechend vorwiegend Rohstoffe bzw. Fertigprodukte mit hoher Arbeitsintensität exportieren, d. h. Güter, die sie mit besonders hoher Produktivität bzw. besonders niedrigen Kosten erzeugen. Im Gegenzug werden hochwertige Industriegüter importiert. Infolge der Nutzung von absoluten und relativen Kostenvorteilen würde in Summe mehr bzw. kostengünstiger produziert, so dass alle Länder zu ihrem jeweiligen Vorteil am internationalen Warenaustausch teilnehmen und in der Folge ihre Sozialprodukte sowie Reallöhne erhöhen könnten. Dieser Gedanke geht auf Adam Smiths und David Ricardos Frei- und Außenhandelstheorien zurück, die von Heckscher, Ohlin und Samuelson im differenzierten »HOS«-Theorem um die Produktionsfaktoren Arbeit und Kapital erweitert wurden. Tatsächlich verfolgten beispielsweise Südkorea, Taiwan, Hongkong und Singapur einen exportorientierten Entwicklungsweg und konnten ihren wichtigsten Vorteil nutzen: Arbeitskräfte sind reichlich vorhanden, vergleichsweise billig und hoch qualifiziert.

In wachstumstheoretischen Modellen soll Wirtschaftswachstum über den so genannten »**Trickle Down**«-Effekt der gesamten Gesellschaft zugute kommen, und nicht nur einer reichen, städtischen Minderheit, indem der vermehrte Wohlstand zu den Ärmsten »durchsickert«. In der Realität konnte sich diese Annahme nicht bewahrheiten – ein Theorie-Defizit, das die Modernisierungstheorien der 1960er-Jahre zu lösen versuchten.

Modernisierungstheorien wurden in den 1960er-Jahren zu den bestimmenden Paradigmata. Zusätzlich zum Wirtschaftswachstum wurde der Komponente des sozialen Wandels Eigenberechtigung zugesprochen. Nicht Wirtschaftserfolge bedingen durch »*Trickle Down*«-

Effekte sozialen Wandel hin zu einem entwickelten Staat westlichen Musters, sondern soziale Voraussetzungen für Wirtschaftswachstum müssen erst geschaffen werden. Anstatt »Wachstum jetzt, Umverteilung später« heißt es »Wachstum mit Umverteilung« bzw. »**Wachstum und Wandel**«. Ein starker Staat muss Wachstumsprozesse initiieren und eine soziale Basis für Entwicklung schaffen. Autoritäre Systeme, z. B. Militärdiktaturen, könnten positiven Einfluss auf das Wirtschaftswachstum nehmen. **Unterentwicklung** wird jedoch unverändert als **frühes (Übergangs-)Stadium der gesellschaftlichen Entwicklung** angesehen. Der Kapitalbildungsprozess als primäre Größe des Entwicklungsprozesses und der positive Einfluss externer Faktoren stehen weiterhin im Mittelpunkt. Entwicklungshilfe muss Kapitaldefizite ausgleichen und in Form eines »*Big Push*« erfolgen. Ein solcher Kapitalschub ist für die Tigerstaaten auch empirisch belegbar: Die jährlichen US-Hilfsleistungen von über 100 Millionen US-Dollar entsprachen in Taiwan und Südkorea anfänglich etwa 10 Prozent des BIP.

In Entwicklungsländern besteht nach den Modernisierungstheorien ein **interner Dualismus**, d. h. es gibt moderne und traditionelle Sektoren. Der moderne Sektor (die städtische Industrieproduktion) sei dynamisch und am Weltmarkt orientiert, er verkörpere die Entwicklungschancen eines Landes. Der traditionelle Sektor (die ländliche Agrarproduktion) stagniere und sei nicht mit den höher entwickelten Wachstumspolen verbunden. Seine Resistenz gegen die Dynamik des Kapitalismus begründe Unterentwicklung. Diese wird durch Ausdehnung moderner Sektoren auf traditionelle Bereiche überwunden. **Entwicklung** erfolgt also durch die **Überwindung traditioneller kultureller Handlungsweisen**.

Vordergründig scheinen Wachstums- und Modernisierungstheorien durch das Fallbeispiel der vier Tigerstaaten, Südkorea, Taiwan, Hongkong und Singapur, bestätigt, dennoch ergeben sich einige Unstimmigkeiten:

- Wachstums- und Modernisierungstheorien implizieren ein unhinterfragtes **Modernitätsleitbild nach dem Ideal einer westlich-kapitalistischen Industriegesellschaft**. Es zeigte sich in der Folge, dass aber soziokulturelle Phänomene, z. B. »koloniales Erbe« und/oder Religion, unter Umständen zentrale Faktoren des Erfolges der Tiger-

staaten sind. Eine Allgemeinbeschreibung von Tradition als »alles Nicht-Moderne« bzw. von Modernisierung als »Diffusion westlicher Werte und Verhaltensweisen« genügt in keinem Fall.
- Außenhandelstheorien implizieren ein **Modell ohne Dynamik**, d. h. Lerneffekte. Produktionen sind quantitativ festgelegt und qualitativ beständig. Bei Vollbeschäftigung und unbeschränkter Beweglichkeit von Kapital und Arbeit auf nationaler Ebene gibt es keine internationale Mobilität der Produktionsfaktoren. Anders ausgedrückt: Ein Land, das einmal auf Agrarproduktion festgelegt ist, bleibt auf ewig Primärgüterexporteur. Die Teilnahme am Welthandel wäre in einem solchen Fall im Rahmen der Theorie vorteilhaft, eine nachholende Entwicklung jedoch unmöglich.
- Während für die Wachstumstheorien **Regierungen keine Funktion** für die internationale Wirtschaft haben, begünstigte in den Tigerstaaten, mit Ausnahme Hongkongs, ein starker Staat die Entwicklungsgeschichte. Können, unabhängig von der theoretischen Abweichung, also starke Entwicklungsstaaten (bis hin zu Entwicklungsdiktaturen) als Modell empfohlen werden? Nicht nur angesichts der Unruhen in Südkorea in den 1980er-Jahren sind Zweifel berechtigt, dass wirtschaftliche Erfolge um jeden Preis erkauft werden dürfen.
- Die Tigerstaaten vertrauten, im Widerspruch zur **kapitalistischen Orientierung** der Entwicklungsökonomie, einer spezifischen Mischung von plan- und marktwirtschaftlichen Elementen. Mehrjahrespläne in Taiwan, Südkorea und Singapur passen einerseits nicht in Konzepte des Vertrauens auf den freien Markt. Andererseits widersprechen mehrere Liberalisierungsmaßnahmen im wirtschaftlichen Bereich dem Konzept des starken Staates.

2.2.2 Dependenztheorien

Die **Schule der *Dependencia*** beherrschte die 1970er-Jahre und bedeutete erstmals entwicklungstheoretisches Denken, das in den Entwicklungsländern selbst seinen Ausgang nahm, namentlich in Lateinamerika. Die Dependencia-Ansätze zerfallen in zwei Theoriestränge, denen der **zentrale Begriff der Dependenz**, der Abhängigkeit der Entwicklungsländer, gemeinsam ist. Abhängigkeit der Entwicklungsländer von den Industrieländern entsteht durch eine ungleiche Integration in den

Weltmarkt. Entwicklung auf der einen Seite und Unterentwicklung auf der anderen Seite bedingen sich gegenseitig – Unterentwicklung ist im Denken der Dependenztheorie also **kein vorübergehendes Stadium**, das im Sinne der Modernisierungstheorie überwunden werden könnte.

Im Mittelpunkt der **strukturellen Variante** (strukturelle Heterogenität nach Cardoso/Faletto 1976) steht die Asymmetrie internationaler Wirtschaftsbeziehungen. Die Grundthese einer »Standardversion« lautet: Es besteht ein **weltweites Abhängigkeitsgefüge** schwacher von starken Ländern. Unterentwicklung ist das Resultat der gewaltsamen Einfügung von Entwicklungsländern in den Weltmarkt. Höchstentwickelte Industrieländer beherrschen als **Zentren** das hierarchische Weltsystem, unterentwickelte Länder haben als **Peripherien** keine Möglichkeit zur wirtschaftspolitischen Eigenständigkeit.

Entwicklungsländern, d.h. Peripherien, werden durch das ausländische Kapital Produktionsweisen aufgezwungen, die für Industrieländer, z.B. aufgrund hoher Lohnkosten und/oder Umweltbelastung, unattraktiv sind. Der Handlungsspielraum von Peripherien ist reduziert auf eine reflexhafte Exekution von externen, weltwirtschaftlichen und weltpolitischen Funktionsimperativen. Peripherien zerfallen ihrerseits in moderne und traditionelle Sektoren bzw. Regionen. Wachstumsraten in der Peripherie kommen dem dortigen Zentrum, z.B. den städtischen Großbetrieben, zugute, die »Peripherie der Peripherie«, in der Regel im ländlichen bzw. landwirtschaftlichen Bereich, entwickelt sich nicht. **Strukturelle Abhängigkeit** des Entwicklungslandes im Äußeren führt so zu **struktureller Heterogenität** im Inneren.

Charakteristikum der strukturell heterogenen Gesellschaften ist eine Zu- bzw. Unterordnung von Produktionsweisen. Moderne Sektoren benötigen, etwa als Lieferanten für billige Arbeitskräfte, traditionelle Sektoren, um internationale Standards halten zu können. »Erfolge« sind lediglich partielle Entwicklungsschübe für bestimmte Exportsektoren, denen sämtliche Gesellschaftsbereiche untergeordnet werden. Die Wirtschaft entwickelt sich, im Unterschied zu den relativ homogenen Ökonomien der Industrieländer, inhomogen. Eine vollgültige nachholende Entwicklung ist unmöglich, es gibt aber eine »abhängige Entwicklung« in einzelnen Bereichen.

Die dependenz-theoretische **Variante des ungleichen Tausches** (Frank 1967) verweist, vereinfacht dargestellt, auf die **Ausbeutung durch den Welthandel** als entscheidendes Entwicklungshemmnis. Entwicklungsländer exportieren Rohstoffe, importiert werden aus diesen Rohstoffen anderswo hergestellte Sekundärgüter. Allenfalls werden nicht Rohstoffe gegen Sekundärgüter, sondern Fertigprodukte mit unterschiedlicher Faktorintensität getauscht. Die Austauschrelation in diesem ungleichen Tausch verschlechtert sich mittel- und langfristig zum Nachteil der Primärgüterproduzenten, die relativ immer billigere Nahrungsmittel in die Industrieländer liefern. Umgekehrt heißt das, dass für Entwicklungsländer immer höhere Exporte notwendig sind, um das Importvolumen an Sekundärgütern zu halten. Es kommt zum »Verelendungswachstum«, etwa durch Überausbeutung der Arbeitskraft und die Verengung des internen Marktes.

Die Schuldenkrise der Dritten Welt scheint die Existenz eines Abhängigkeitsmodells als Grundthese zu bestätigen. Als Alternative zu den wachstums- und weltmarktorientierten Entwicklungsstrategien (Assoziation) bleibt nur die **Dissoziation**, d. h. Abkoppelung, vom Weltmarkt, um den Aufbau autonomer binnenmarktorientierter Wirtschaftsstrukturen zu ermöglichen.

Die Entwicklungsgeschichte der vier Tigerstaaten begründete für Dependenztheoretiker einen mehrfachen Erklärungsnotstand:
- Gemäß dem Zentrum-Peripherie-Modell hätten die Tigerstaaten an den restriktiven **Bedingungen des Weltmarktes scheitern** müssen. Tatsächlich ist es so, dass diese asiatischen Länder den Anschluss an die ökonomische Triade geschafft haben und keineswegs nur billige Rohstoffe exportieren und teure Fertigwaren importieren. Die Dependenztheoretiker unterschätzten die Chancen des Weltmarkts. Dissoziationsmodelle konnten zudem bislang nirgendwo verwirklicht werden und sind auch vor dem Hintergrund der Globalisierung und einer messbar überdurchschnittlichen Zunahme des Welthandels schwer vorstellbar.
- Dependenztheorien schließen zur Entwicklung eine dialektische Vermittlung zwischen internen und externen Faktoren aus, indem sie die **internen Faktoren für Entwicklung** (etwa ungleiche Einkommens- und

Produktionsstrukturen) fast gänzlich außer Acht lassen. Der Erfolg der Tigerstaaten wurzelt jedoch in der Nutzung einer wechselseitigen Beziehung interner Bedingungen, z. B. billige Arbeitskraft, und externer Aspekte, z. B. US-Hilfe aufgrund weltpolitischer Konstellationen.

Eine theoretische (Zwei-)Teilung in Zentren und Peripherien als Passepartout für jegliche entwicklungspolitische Analyse scheint daher nicht weiter haltbar. Dennoch können etwa dependenztheoretische Ansätze für länderspezifische Analysen der (Unter-)Entwicklung, nicht nur in Lateinamerika, nach wie vor Erklärungsansätze bieten. Das Zentrum-Peripherie-Modell kann in einer globalisierten, und gleichzeitig regionalisierten, Welt auch für die Analyse innerstaatlicher oder regionaler Abhängigkeitsstrukturen fruchtbar gemacht werden.

2.2.3 Neoliberalismus

Ab den frühen 1980er-Jahren verschwanden dependenztheoretische Konzepte aus dem Diskurs und es etablierte sich die bis heute andauernde Dominanz neoklassischer/neoliberaler Entwicklungstheorie. *Reagonomics* und *Thatcherism* als Gebote der Stunde waren Ausdruck einer ökonomischen Orthodoxie, die im Entwicklungsdiskurs unter dem Begriff »**Washington Consensus**« zusammengefasst wird. Der Begriff wurde 1989 von John Williamson geprägt und bezeichnet zusammenfassend ein Set von zehn als unabdingbar gesehenen wirtschaftpolitischen Maßnahmen. Wesentliche Punkte des *Washington Consensus* umfassen Fiskaldisziplin, Liberalisierung von Märkten und Handel sowie umfassende Privatisierungsmaßnahmen und Deregulierung. Nach der Verschuldungskrise und dem verlorenen Jahrzehnt der 1980er-Jahre stellte der Neoliberalismus mit seinem Vertrauen in die regulierende Kraft des Marktes wieder eine Trendumkehr für die Entwicklungsländer in Aussicht.

Analog den Wachstumstheorien der 1950er-Jahre ist im Neoliberalismus **Wirtschaftswachstum** das Ziel von und auch **gleichbedeutend mit Entwicklung.** Als Entwicklungshemmnisse werden vor allem die internen Sozial- und Wirtschaftsstrukturen der Entwicklungsländer ausgemacht. Wirtschaftswachstum soll erreicht werden durch eine möglichst weitgehende Öffnung der nationalen Märkte und eine möglichst weit reichende Integration in den Weltmarkt. Im Verständnis von Weltbank, *Internationalem Währungsfonds/IWF*, aber auch der führenden Gebernationen wären diese Maßnahmen als universelles Modell wirtschaftspolitischen Erfolges einsetzbar. Das Modell »**one size fits all**« wurde mit Hilfe der Strukturanpassungsprogramme von Weltbank und IWF in der Form von wirtschaftspolitischen Konditionalitäten im Rahmen der Kreditvergabe umgesetzt. Strukturanpassungsprogramme führten in weiten Teilen der Dritten Welt allerdings zu einer Verschlechterung der Armutssituation, weil etwa zur Budgetkonsolidierung Gesundheits- und Sozialsysteme abgebaut wurden oder im Zuge der Marktliberalisierung Preisstützungen für Grundnahrungsmittel wegfielen (vgl. SAPRIN 2004).

Der so genannte »**Post-Washington Consensus**«, der heute vor allem mit dem Namen des ehemaligen Chefökonomen der Weltbank, Joseph Stiglitz, in Verbindung gebracht wird, erweitert den *Washington Consensus* um die grundlegende Einsicht, die sich auch in neo-institutionalistischen Theorien findet: »Institutions matter« – d.h. der Markt alleine kann nicht alle Bereiche des menschlichen Lebens regeln. Die staatlichen bzw. institutionellen Rahmenbedingungen des freien Marktes rücken so wieder ins Blickfeld der Analyse, der Staat erhält im *Post-Washington Consensus* wieder eine Rolle, die den freien Markt allerdings nicht ersetzt (vgl. Martin 2000). In diesem Zusammenhang sollen auch die Forderungen nach »**Good Governance**« (»guter Regierungsführung«, Rechtsstaatlichkeit, Verantwortlichkeit der Regierenden) in den Ländern der Dritten Welt genannt werden.

2.3
Stationen des Nord-Süd-Konflikts

2.3.1 Kolonialismus

Der Kolonialismus im Zusammenhang mit Eroberungskriegen und der militärischen Überlegenheit der europäischen Mächte führte zu einer Unterbrechung eigenständiger Entwicklungswege in den Gesellschaften des Südens und stellte einen Ethnozid in höchstem Ausmaß dar. Dieser »Aderlass« ist für viele Länder auch Jahrhunderte später kaum aufzuholen. Der Beginn des Kolonialismus fällt zeitlich mit dem

Beginn der Neuzeit zusammen. Die **Entkolonialisierung** gliedert sich grob in drei Phasen:

- **Im 18. und 19. Jahrhundert** gab es in manchen Ländern ein Ende des Kolonialismus aus »objektiven« Gründen, wie etwa zu hohe Militärausgaben in den Kolonien. Diese Phase der Entkolonialisierung dauerte unterschiedlich lange. Sie begann bereits 1776 mit der Unabhängigkeitserklärung der ehemaligen britischen Kolonien in Nordamerika, und fand ihren Fortgang 40 Jahre später mit der gewaltsamen Befreiung der spanischen Kolonien in Lateinamerika und der friedlichen Sezession Brasiliens von Portugal.
- **Nach dem Ersten Weltkrieg** erlangten vor allem ehemals britische Siedlungsgebiete die Selbständigkeit, z. B. Kanada, Australien und Neuseeland, Südafrika.
- **Nach dem Zweiten Weltkrieg** kam es zur Schwächung der europäischen Kolonialmächte, nicht zuletzt durch innenpolitische Veränderungen. Hinzu kam die beginnende Systemkonkurrenz zum kommunistischen Block. Der Nord-Süd-Konflikt wurde durch den Ost-West-Konflikt »überlagert«. 1965 war auch diese Phase der Entkolonialisierung beendet.

Die EU bezeichnet ihre nach wie vor abhängigen Gebiete als *Überseeische Länder und Gebiete*. Zu ihnen zählen etwa: Niederländische Antillen, Neukaledonien, Franz. Polynesien, Brit. Jungferninseln, Aruba oder die Caymaninseln.

Die einzelnen Kolonialmächte bedienten sich unterschiedlicher politischer (Kolonial-)Systeme. England herrschte durch ein geringeres Niveau von Gewalt. Diese *»indirect rule«* führte schließlich vom *British Empire* zum *Commonwealth of Nations*. Frankreichs Kolonialpolitik (z. B. in Algerien oder Indochina) war dazu vergleichsweise sehr gewaltreich *(Communauté)*. Portugal verfügte am längsten über (größere) Kolonien (in Angola und Mozambique).

Nicht alle Beziehungskanäle zwischen den Kolonien und den Kolonialmächten wurden mit dem Ende der Kolonialreiche gekappt. Das zeigt sich darin, dass es England gelungen ist, den *Commonwealth of Nations* zu gründen, und Frankreich sich enge Kontakte zu und großen politischen Einfluss in seinen Ex-Kolonien in Afrika und der Karibik bewahrt hat. Weiters zeigt sich die Verbundenheit in den Wirtschaftsbeziehungen etwa bei jenen afrikanischen, karibischen und pazifischen Ländern, die als AKP-Staaten im Lomé-Vertrag bzw. dem nachfolgenden Cotonou-Abkommen mit der EU assoziiert sind.

Norden und Süden des Nord-Süd-Konflikts haben sich aus kolonialen Strukturen entwickelt, die bis heute nachhaltigen Einfluss auf die betroffenen Länder haben. Aus der Situation der **Entkolonialisierung** und im beginnenden Zeitalter des Kalten Krieges entstand im Norden nach dem Zweiten Weltkrieg das politische Konzept, **Entwicklungshilfe** zu leisten, um Länder der Dritten Welt durch die Aussicht auf Entwicklung u. a. weiter an das kapitalistische System zu binden und die Ausbreitung des Kommunismus zurückzudrängen. Der Entwicklung der Nord-Süd-Strukturen wird gemeinhin ein spezifisches Beginndatum für den Politikbereich Entwicklungspolitik entgegengesetzt: die Inaugurationsrede von US-Präsident Truman am 20. Jänner 1949, in der er – eben vor dem Hintergrund des beginnenden Kalten Krieges – die Universalisierung des »American Way of Life« als Weg zur Überwindung der Armut in den Ländern des Südens propagierte.

2.3.2 1955

1955 fand die afroasiatische **Konferenz von Bandung** unter Teilnahme der sie initiierenden Staatschefs *Nasser* (Ägypten), *Nehru* (Indien) und *Tito* (Jugoslawien) statt. Bei dieser Konferenz wurde ein »**Dritter Weg«** zwischen den beiden Blöcken NATO und Warschauer Pakt, denen man eine gemeinsame Außenpolitik entgegensetzen wollte, in sowohl wirtschaftlicher als auch militärischer Hinsicht beschlossen. Aus der Konferenz entstand die Bewegung von nicht alliierten Staaten (**Blockfreienbewegung,** *Non-Alignment*), deren erste Gipfelkonferenz in Belgrad 1961 stattfand. Die Blockfreienbewegung fungierte als politisches Sprachrohr der Dritten Welt und umfasst gegenwärtig (2005) rund 100 Staaten. Ihre Bedeutung ist aber seit dem Ende der 1970er-Jahre zurückgegangen und wurde nach dem Ende des Ost-West-Konflikts weiter verringert.

2.3.3 1960

1960 begann die **erste UN-Entwicklungsdekade**. Ziel war es, die Kluft zwischen armen und reichen Ländern innerhalb einer Dekade aufzuheben. Das Hilfsprogramm basierte anfangs hauptsächlich auf

Außenhandelshilfe. Dahinter stand die wachstumstheoretische Annahme, den Entwicklungsländern fehle es an Kapital, doch mit einem ausreichend großen Kapitalstock könnten die Staaten zu selbst tragenden Ökonomien werden.

2.3.4 1964

Als zweite »Süd-Vereinigung« entstand die **Gruppe der 77 (G-77)**. Alle Mitglieder der blockfreien Staaten waren automatisch Mitglieder der G-77, nicht umgekehrt. Das ideologische Moment hatte in der G-77 geringeres Gewicht, sie versteht sich als »Gewerkschaft« der Länder des Südens im Rahmen der UNO. Die G-77 spielte insbesondere eine große Rolle bei allen Fragen, die wirtschaftliche und soziale Bereiche betrafen. Wesentliche Ziele waren die Errichtung einer *Neuen Weltwirtschaftsordnung (NWWO)*, der Aufbau einer Gegenmacht zu den Industrieländern, und die Durchsetzung der bis heute nicht verwirklichten UN-Richtlinien für Entwicklungszusammenarbeit von 0,7 Prozent des jeweiligen Bruttosozialprodukts. Die G-77 umfasst mit rund 130 Ländern mittlerweile die **Mehrheit der UN-Mitglieder**, was aber wenig über ihren tatsächlichen Einfluss aussagt.

2.3.5 1970

Der Beginn der **zweiten UN-Entwicklungsdekade** erfolgte mit dem *Pearson*-Bericht (als Bericht einer UN-Kommission unter dem Vorsitz von Kanadas Außenminister *Lester Pearson*; Pearson 1969), der die grundsätzliche Feststellung machte, dass das entwicklungspolitische Modell der ersten Entwicklungsdekade nicht erfolgreich verwirklicht werden konnte. Die Kluft zwischen Arm und Reich war noch größer geworden, Massenverelendung folgte. Der durch die Finanzhilfe von oben erhoffte Durchsicker-Effekt blieb aus. So beschloss die UNO die modifizierte Grundbedürfnisstrategie, die an *basic needs*, der Grundbedürfnisbefriedigung der Armen, orientiert war und der sich die Weltbank anschloss.

2.3.6 1973

Der **Ölpreisschock** hatte weit reichende Folgen für die 1970er-Dekade, weil es für die Dritte Welt plötzlich möglich schien, Kartelle zu bilden und so mit ihrer Marktmacht die Industriestaaten unter Druck zu setzen. Durch die vorerst gelungene Erhöhung des Rohölpreises, von 3,6 auf 11,8 US-Dollar pro Barrel innerhalb von drei Monaten (Oktober bis Dezember 1973) bzw. von 2,7 auf 9,8 US-Dollar zwischen 1972 und 1974, und einer künstlich hergestellten Verknappung des Ölangebots gelang es bis 1977/78, die Verhandlungsposition der Länder des Südens zu stärken. Sie konnten auf Großkonferenzen im Rahmen der UNO den Industriestaaten gewisse Zugeständnisse abringen.

Die Industriestaaten reagierten jedoch mit Einsparungen, Lagerhaltung und Substitution von Öl und sonstigen Rohstoffen. So entstanden erhebliche Preisschwankungen und es kam zum tendenziellen Fallen der Rohstoffpreise und damit wieder zu einer Schwächung der Verhandlungsposition des Südens. Dieser war darüber hinaus durch die Interessensgegensätze zwischen Erdöl exportierenden und nicht Erdöl exportierenden Staaten (OPECs und NOPECs) gespalten.

Zudem gab es kurz- und mittelfristig weniger eine Ölkrise aus Sicht der Erdölimporteure, als sich die Förderländer Sorgen um Absatzmärkte machten. Nach dem Höchststand des Ölpreises 1982 nach der islamischen Revolution im Iran (17,1 US-Dollar 1982 auf Basis des Dollarkurses von 1972 berechnet) sind die Preise bis 1998 – in diesem Jahr um 34,4 Prozent! – kontinuierlich gesunken. Selbst nach einem erneuten Anstieg um 42,2 Prozent im Jahr 1999 betrug der Ölpreis real weniger als die Hälfte des Niveaus von 1974. Relativ gesehen ist der Erdölbedarf – d. h. die benötigte Energiemenge in Relation zum BSP von Staaten – gesunken. Längerfristig wird sich aber – auch angesichts des in absoluten (!) Zahlen radikal **steigenden Weltenergiebedarfs** – der Schwerpunkt der Erdölförderung auf wenige Länder des Nahen Ostens (Irak, Iran, Kuwait, Saudi-Arabien und Vereinigte Arabische Emirate) konzentrieren, so dass vielfältige politische Risken damit verknüpft sind. Diese Region behält somit strategische Bedeutung und wirtschaftliche Relevanz für die OECD-Welt, was auch dafür spricht, die betreffenden Ländern als eigene Ländergruppe mit spezifischem Profil innerhalb der Entwicklungsländer zu analysieren.

2.3.7 1977/78

Die späten 1970er-Jahre sind durch die beginnende Verschärfung der **Verschuldungskrise** gekennzeichnet. Davor wurde nach fehlgeschlagenen Investitionen im Osten das überschüssige Kapital auf den Weltmärkten dazu verwendet, in den Ländern des Südens zu investieren. Die Devisenüberschüsse der OPEC (»*Petrodollars*«, 1980: 120 Milliarden US-Dollar) wurden in die »Eurodollarmärkte« am Finanzmarkt rezykliert und nicht vor Ort investiert. Dieser Geldüberschuss führte zu sehr niedrigen Weltmarktzinsen für Kredite. In dieser Zeit war Geld billig, alle Kreditgeschäfte wurden mit festen Zinssätzen abgeschlossen. Erst 1977/78 ging man dazu über, flexible Zinssätze zu vereinbaren, die sich am jeweiligen Weltmarktzins orientierten.

Es gibt zwei wesentliche internationale (Orientierungs-)Zinssätze: Den LIBOR *(London Inter Bank Offer Rate)* und die *Primerate* als US-Leitzinssatz.

Bis 1977/78 war die reale Verzinsung – der reale Zinssatz errechnet sich aus dem nominalen Zinssatz abzüglich der Inflationsrate – gering, die Inflationsrate manchmal sogar höher als der Nominalzinssatz. Zusätzlich stiegen für manche Entwicklungsländer die Preise ihrer Exportprodukte, so dass die Versuchung sich zu verschulden – verstärkt durch den teilweise negativen Realzinssatz – groß war: Man zahlte theoretisch weniger zurück, als man real geborgt hatte. Die Finanzmärkte waren überliquid, es gab zu viel Geld im Verhältnis zu Investitionen und Geldnachfrage. All das führte zu einer großen Zahl an Krediten, die an Länder bzw. in Ländern des Südens vergeben wurden. Oft bestanden unrealistische Einschätzungen über das Risiko, gewährte Kredite nicht rückbezahlt zu erhalten. Es schien nicht denkbar, dass Staaten, die »immer existieren«, zahlungsunfähig werden könnten.

1977/78 stieg die Weltkonjunktur wieder an, die Geldmenge wurde geringer, da die USA Kredite auf dem Weltfinanzmarkt aufnehmen mussten. Die Geld- bzw. Kreditgeber wechselten von einem festen zu einem flexiblen Zinssatz, der sich am jeweils geltenden durchschnittlichen Weltmarktzins orientierte. Die Industriestaaten »unterstützten« die Länder des Südens häufig in Produktionsbereichen, in denen kaum ausreichend Nachfrage bestand.

Die US-Regierung Reagan betrieb eine deflationäre Wirtschaftspolitik (Geld war teuer), um Kapital in die USA zu locken. Resultat war eine negative Leistungsbilanz (Handels- und Dienstleistungsbilanz) und eine positive Kapitalverkehrsbilanz. Ziel war es, die Kapitalverkehrsbilanz mittels Hochzinspolitik zu stärken. So wurde viel Geld in den USA angelegt, es kam zu einer »Trockenlegung« des Weltfinanzmarktes. Die Zinssätze stiegen, die Inflation stagnierte, die Rohstoffpreise fielen – die Rückzahlung der ursprünglich billig aufgenommenen Kredite gestaltete sich für die Länder des Südens immer schwieriger, es wurden neue Kredite aufgenommen, um alte Kredite rückzahlen zu können. Die Verschuldungskrise erreichte einen ersten Höhepunkt im Sommer 1982.

2.3.8 August 1982

Mexiko erklärte sich im August 1982 für **zahlungsunfähig**. Dies führte zu zwei Entwicklungen: Die Kommerzbanken vergaben weniger neue Kredite und der *Pariser Club*, bestehend aus den öffentlichen Gläubigern (Staaten und multilaterale Entwicklungsbanken), führte Verhandlungen mit den betroffenen, hoch verschuldeten Staaten. Ziel war die Umschuldung von Krediten (Verschiebung von Fälligkeiten, Abstriche beim nominalen Zinssatz, Verlängerung der Rückzahlungsdauer).

Zwei Lösungsvorschläge für die Verschuldung wurden entwickelt:
- Der Baker-Plan 1985 zielte vor allem auf verstärktes Wachstum durch frisches Geld von IWF und Weltbank ab, verbunden mit verpflichtenden Strukturanpassungsmaßnahmen. Die Schuldenkrise wurde dabei nur als kurzfristige Liquiditätskrise verstanden, nicht als Strukturmerkmal der Nord-Süd-Beziehungen.
- Der Brady-Plan 1989, der erstmals den Verzicht auf einen Teil, d. h. etwa 20–30 Prozent, der Verschuldung einzelner Länder vorsah. Als dubiose Forderungen waren diese von den privaten Banken ohnehin großteils buchhalterisch schon abgeschrieben worden. Die Restschuld sollte im Gegenzug für den teilweisen Forderungsverzicht durch IWF und Weltbank garantiert werden (vgl. Mestel 1999).

Studien weisen für die 1980er- und 1990er-Jahre nach, dass die Dritte Welt insgesamt gesehen zum **Kapitalnettoexporteur** geworden war. »Kapitalnettoexporteur« bedeutet, dass der gesamte Kapitalfluss, der jährlich an Direktinvestitionen, neuen Krediten und Entwicklungshilfeleistungen in die Entwicklungsländer fließt, geringer ist als der Schuldendienst dieser Länder. Daraus folgt, dass theoretisch ein höherer Geldbetrag von den Entwicklungsländern in die Industriestaaten fließt als umgekehrt. Die konkreten Zahlen, welche in diesem Zusammenhang vor allem von Nicht-Regierungsorganisationen im Entwicklungsbereich präsentiert wurden, sind umstritten; auch von Weltbank und IWF wird aber bestätigt, dass der Schuldendienst auch heute noch höher ist, als das aus laufenden Krediten ausbezahlte Geld. Das grundsätzliche Argument, dass aufgrund des hohen Schuldendienstes kaum Geld für Entwicklungsinvestitionen verbleibt, hat daher unabhängig davon Bestand.

Abb. 18: Realität des Schuldenmanagements?

Quelle: Allen, Tim/Alan Thomas 2000, 303.

1996 mussten auch Weltbank und IWF erkennen, dass die bisher eingesetzten Instrumente zur Bewältigung der Schuldenkrise nicht ausreichten und starteten die so genannte ***HIPC/Heavily Indebted Poor Countries*-Initiative**. Erstmals wurden damit auch die bis dato präferentiell behandelten multilateralen Schulden in das Schuldenmanagement einbezogen. Insbesondere in den hoch verschuldeten Ländern mit niedrigem Einkommen sind Weltbank und IWF primäre Quellen neuer

Kredite und erlangten so eine dominante Stellung als Gläubiger. Die HIPC-Initiative wurde 1999 nachgebessert (**HIPC II**), da die Kriterien für einen Schuldenerlass zu restriktiv angelegt waren. Im April 2000 profitierten lediglich fünf der ärmsten Länder von einem Schuldenerlass im Rahmen der HIPC. Der Schuldenerlass erfolgt bei HIPC in einem mehrjährigen, zeitlich nicht begrenzten Prozess und ist mit Auflagen für die Wirtschafts- und Sozialpolitik der betroffenen Länder verbunden. Weiters muss seit 1999 als Vorbedingung für den Schuldenerlass in den ärmsten Ländern eine Strategie erarbeitet werden, in der dargelegt wird, wie die durch eine Entschuldung frei werdenden Mittel zukünftig für die Armutsbekämpfung verwendet werden *(PRS – Poverty Reduction Strategy)*. Diese nationale Strategie soll auch dazu führen, dass »**country ownership**« – d.h. die Eigenverantwortlichkeit für die nationale Entwicklung im Gegensatz zu von außen vorgelegten Entwicklungsstrategien – gesteigert wird sowie die Zivilgesellschaft verstärkt in den Prozess der Armutsbekämpfung eingebunden wird. Dieses Konzept stößt in der Praxis jedoch an vielfältige Grenzen (vgl. weiterführend www.prspwatch.de; Walther/Hentschel 2002; Eberlei/Siebold 2002).

Eine Ausweitung des Schuldenerlasses durch die internationalen Finanzinstitutionen konnte durch HIPC II erreicht werden – den Kreislauf der (Neu-)Verschuldung konnte die Initiative jedoch durch ihre noch immer zu geringe Reichweite nicht unterbrechen. Im September 2005 hatten sich insgesamt 28 der ärmsten Länder für einen Schuldenerlass im Rahmen der HIPC qualifiziert (vgl. www.worldbank.org/hipc).

Eine besondere und der Öffentlichkeit wenig bekannte Problematik der Schuldenkrise und allgemein der Entwicklungszusammenarbeit ergibt sich daraus, dass etwa 25 Prozent der Finanzleistungen für Entwicklungsländer durch Exportkreditagenturen (EKA) vergeben werden (vgl. www.eca-watch.org).

EKAs sind »staatliche Förderbanken«, die mit Krediten, Garantien und Versicherungen die Exportwirtschaft eines Geberlandes ankurbeln sollen. An dieser Praxis wird deutlich sichtbar, dass Entwicklungshilfe auch ein Vehikel für Interessenspolitik ist/sein kann. Nach Schätzungen der Weltbank fließen jährlich etwa 50 Milliarden US-Dollar allein für Infrastrukturprojekte via EKAs in Entwicklungsländer. EKAs sind jedoch gekennzeichnet durch:
- kein Entwicklungshilfemandat;
- keine Bindung an ökologische bzw. soziale Auflagen (oder auch an wirtschaftliche Nachhaltigkeit), d.h. es können durch sie beispielsweise auch auf staatlicher Ebene und/oder von der Weltbank abgelehnte Projekte finanziert werden;

- mangelnde Transparenz der Geldvergabe in den Industrieländern für Bürger und Parlamente, obwohl Steuergelder vergeben werden.

Die **Verschuldung der Entwicklungsländer** betrug nach Daten der Weltbank (2005) im Jahr 2003 etwa 2.500 Milliarden US-Dollar. Entwicklungsländer zahlen an Schuldendienst jährlich knapp 400 Milliarden für Kreditrückzahlung und Zinsen. Die Verschuldung ist nicht auf alle Länder der Dritten Welt gleichmäßig verteilt, es gibt auch Entwicklungsländer, die ihrerseits Kredite gewähren. Besonders betroffen von der Verschuldung sind in Lateinamerika Argentinien (siehe die Krise 2002), Mexiko und Brasilien, aber auch Länder in Afrika und Asien. Da Brasiliens Auslandsschulden höher sind als die Schulden von ganz Subsahara-Afrika, ist neben der absoluten Höhe der Schulden vor allem das Verhältnis des Schuldendienstes bzw. des Gesamtschuldenstandes zu den Exporterlösen bzw. zum BIP wichtig: Nur diese Verhältniszahlen (Indikatoren) können angeben, ob die Schulden des jeweiligen Landes noch »tragfähig« sind. Im Schnitt der Entwicklungsländer beträgt die jährliche **Schuldendienstquote** (Verhältnis der Zinsen und Tilgungszahlungen zu den Exporterlösen) rund 20 Prozent. Zum Vergleich: Argentiniens Schuldendienstquote lag 2001 bei rund 50 Prozent, Burundis bei knapp 40 Prozent, als tragfähig gelten in der HIPC-Initiative 15 Prozent Schuldendienstquote (zu den Daten vgl. Hauchler et al. 2003, 332ff).

2.3.9 1987

Das Jahr 1987 symbolisiert die Thematisierung der Ökologiefrage in den Nord-Süd-Beziehungen. Es kam zur Veröffentlichung des ***Brundtland*-Reports** der Weltkommission für Umwelt und Entwicklung (unter der Leitung der norwegischen Ministerpräsidentin Gro Harlem Brundtland) an die Generalversammlung der UNO (Brundtland 1987). Dieser Bericht schien eine neue Phase der Nord-Süd-Beziehungen einzuleiten. Er hält fest, dass die gegenwärtige Konsum- und Produktionsstruktur keine aufrechterhaltbare Entwicklung *(Sustainable Development)* gewährleistet.

Der Begriff des *Sustainable Development* wird als nachhaltige (auch erhaltbare, dauerhafte, tragfähige) Entwicklung übersetzt. Es geht um die Ermöglichung einer über Generationen hinweg »aufrechterhaltbaren« Entwicklung, d. h. »die Bedürfnisse gegenwärtiger Generationen zu befriedigen, ohne [etwa durch Umweltzerstörung] die Bedürfnisse künftiger Generationen zu gefährden«.

Bei der momentan erfolgenden Rohstoffnutzung und dem gegenwärtigen Ausmaß an Umweltverschmutzung und Energieverbrauch scheint die Entwicklung von Konsum und Produktion nicht aufrechterhaltbar. Inzwischen wurden auch neue, noch dramatischere Berichte und Prognosen veröffentlicht (vgl. Meadows 1987; World Watch Institute 2004). Neu war 1987 die **Globalisierung des Problems**, d. h. die Diskussion globaler Entwicklung (nicht nur jener der Dritten Welt), und die Erkenntnis, dass insbesondere auch die Industriestaaten für eine umweltgerechte Produktion und eine nachhaltige Energienutzung Sorge tragen müssen, um die Überlebensfähigkeit der Menschheit auch in Zukunft zu sichern.

2.3.10 1992
Der Brundtland-Bericht führte zur *UN-Konferenz über Umwelt und Entwicklung (UNCED)* im Juni 1992 in Rio de Janeiro. Der Fokus auf *Sustainable Development* stellte eine Wende dar – und gleichzeitig eine Herausforderung, der sich die Politik der Industrie- und Entwicklungsländer noch nicht gewachsen zeigt(e). Die Auswirkungen der Globalisierung der Wirtschaft laufen derzeit eher konträr zu den Zielvorstellungen von *Sustainable Development*, da tendenziell die soziale und ökologische Verträglichkeit des Wirtschaftens in den Hintergrund tritt gegenüber Gewinnerwartungen und erreichbarer Marktdominanz.

2.4
Charakteristika des Nord-Süd-Verhältnisses heute

2.4.1 Wohlstandsgefälle
Seit den 1950er-Jahren hat sich das Wohlstandsgefälle verdoppelt (vgl. für Daten v. a. die jährlich erscheinenden Human Development Reports des United Nations Development Program, http://hdr.undp.org/, sowie die jährlich erscheinenden World Development Reports der Weltbank, http://worldbank.org/wdr).

Abb. 19: Just one step?

Quelle: Allen, Tim/Alan Thomas 2000, 519.

Das Verhältnis der 20 ärmsten Prozent der Weltbevölkerung zu den 20 Prozent der Reichsten hat sich seit 1960 von 1:30 auf ungefähr 1:78 im Jahr 2002 verschlechtert. Ebenso ist die Kluft des Durchschnittseinkommens pro Kopf zwischen den 20 ärmsten und den 20 reichsten Ländern in den letzten 40 Jahren dramatisch gewachsen. Wenn der Human Development Report des UNDP absolut gesehen Einkommenszuwächse der Entwicklungsländer über die letzten 40 Jahre konstatiert, sagt dies daher wenig über gesteigerten Lebensstandard oder ein Aufholen gegenüber den Industrieländern aus.

Die Durchschnittswerte für alle Entwicklungsländer verstellen wiederum den Blick auf regionale Disparitäten. Weltweit müssen etwa 1,2 Milliarden Menschen (also rund ein Fünftel der Weltbevölkerung) mit weniger als einem US-Dollar pro Tag auskommen. Fortschritte in der Bekämpfung der Einkommensarmut sind länderspezifisch. Während Asien insgesamt, vor allem durch die wachsenden Volkswirtschaften China und Indien, die Zahl der in absoluter Armut lebenden

Menschen deutlich reduzieren konnte, stieg die Zahl der absolut armen Menschen in Subsahara-Afrika weiter an. In dieser Region sind noch immer rund die Hälfte der Menschen von absoluter Armut betroffen. In insgesamt 54 Ländern (die 12 Prozent der Weltbevölkerung repräsentieren) entwickelt sich das Pro-Kopf-Einkommen seit Jahren rückläufig.

Abb. 20: Die zehn reichsten und ärmsten Staaten

Die zehn reichsten Staaten (Bruttosozialprodukt je Einwohner in US-Dollar nach Weltbank, ohne Kleinstaaten)

	2001	2000	Reale Veränderung
Luxemburg	39.840	42.060	-5,3%
Schweiz	38.330	38.140	0,5%
Norwegen	35.630	34.530	3,2%
Japan	35.610	35.620	0,0%
USA	34.280	34.100	-0,5%
Dänemark	30.600	32.280	-5,2%
Island	28.910	30.390	-6,4%
Schweden	25.400	27.140	1,0%
Großbritannien	25.120	24.430	2,8%
Niederlande	24.330	24.970	-2,6%

Die zehn ärmsten Staaten (Bruttosozialprodukt je Einwohner in US-Dollar nach Weltbank, ohne Kleinstaaten)

	2001	2000	Reale Veränderung
Tadschikistan	180	180	0,0%
Niger	180	180	0,0%
Malawi	160	170	-5,9%
Guinea-Bissau	160	180	-11,1%
Eritrea	160	170	-5,9%
Sierra Leone	140	130	7,7%
Liberia	140	k. A.	-
Burundi	100	110	-9,1%
Äthiopien	100	100	0,0%
Dem. Rep. Kongo	80	100	-20,0%

Quelle: Baratta, Mario v. (Hg., 2003). Fischer Weltalmanach 2004, Frankfurt/M., 1142.

Zentrale Konflikte

2.4.2 Bevölkerungsentwicklung

In den Industriestaaten leben weniger als ein Fünftel, in den Entwicklungsländern mehr als drei Viertel der Weltbevölkerung. Die Tendenz ist in den Entwicklungsstaaten stark steigend, in den Industriestaaten sinkend.

Die Weltbevölkerung wächst jährlich um fast 100 Millionen Menschen; davon leben knapp 90 Millionen in Entwicklungsländern. Die höchsten Wachstumsraten zeigen dabei Großstädte in den Entwicklungsländern. Schätzungen gehen davon aus, dass im Jahr 2025 rund 85 Prozent der Weltbevölkerung in Ländern des Südens leben werden.

2.4.3 Umweltverschmutzung

Das Verhältnis des Anteils an der Umweltverschmutzung zwischen Industrieländern und Entwicklungsländern beträgt etwa 80:20. Zentrale Probleme sind neben Schadstoffemissionen und Klimaveränderung u. a. der mangelnde Zugang zu unverseuchtem Wasser sowie die Abnahme der Pro-Kopf-Ackerfläche (Stichwort: Welthunger) infolge der Bodenzerstörung etwa durch Brandrodung in Regenwaldgebieten und Wüstenausbreitung.

Abb. 21: Kohlendioxid-Emissionen pro Einwohner/t (1999)

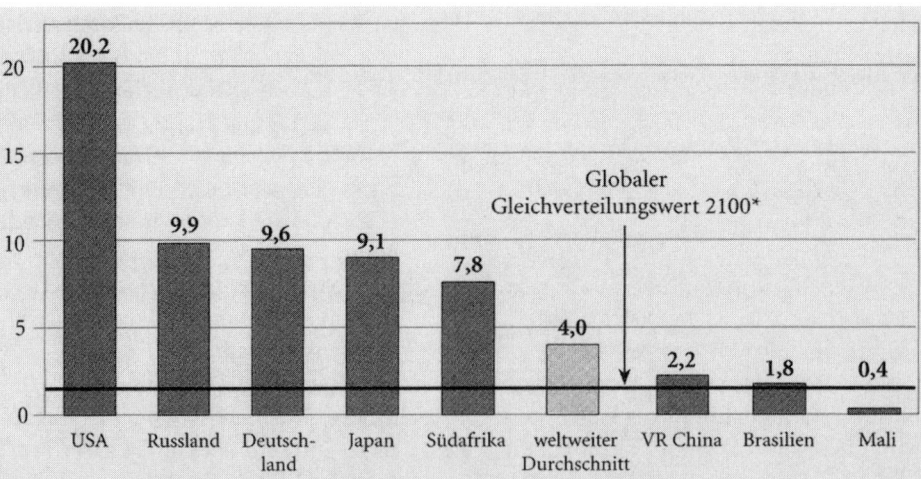

* geschätzte Weltbevölkerung: 9 Mrd., klimapolitisch zulässige CO_2-Emissionen: 13,9 Mrd. t

Quelle: Hauchler et al. 2003, 194.

2.4.4 Ressourcenverbrauch

Industrie- und Entwicklungsländer verbrauchen Ressourcen der Erde im Verhältnis von 75 Prozent zu 25 Prozent. Hinsichtlich des Energieverbrauches beträgt die Relation 80:20. Durch ein konstantes Ansteigen des Weltenergiebedarfs, der sich vor allem in Entwicklungsländern bei einer Industrialisierung sprunghaft erhöht (Stichwort: China), gehen die Annahmen von einer Erhöhung der Nachfrage für Energie bis zum Jahr 2030 um rund zwei Drittel aus (vgl. www.iea.org). Gleichzeitig leben weiterhin 1,6 Milliarden Menschen – 30 Prozent der Weltbevölkerung – ohne Strom.

2.4.5 Technologie: Brain Drain und Digital Divide

Das Verhältnis der Ausgaben für Forschung und Entwicklung zwischen Erster, Zweiter und Dritter Welt lautete bereits vor Ende des Ost-West-Konfliktes 67:30:3. Das Ungleichgewicht zwischen Nord und Süd drückt sich in diesem Bereich heute im »Brain Drain« (Abwanderung von gebildeten Bevölkerungsschichten aus den Entwicklungsländern in die Industrieländer) sowie in der »Digital Divide« aus. Unter »Digital Divide« versteht man die Schere zwischen Nord und Süd – oder generell zwischen zentralen und peripheren Regionen – in Bezug auf den Zugang zu digitalen Informationstechnologien.

2.4.6 Bildung

Die Alphabetisierungsrate der erwachsenen Bevölkerung liegt in den Entwicklungsländern bei rund 75 Prozent, wobei zwei Drittel der erwachsenen AnalphabetInnen in den Entwicklungsländern Frauen sind. In modernen Industrieländern beträgt die Alphabetisierungsrate durchgehend an die 100 Prozent (ohne das Problem des funktionellen Analphabetismus auch in den Industrieländern zu verkennen). Rund ein Sechstel der erwachsenen Weltbevölkerung kann jedoch weder lesen noch schreiben.

2.4.7 Lebensbedingungen

Die Unternährung in Entwicklungsländern ist insgesamt rückläufig, dennoch hungern gegenwärtig rund 18 Prozent der Weltbevölkerung. Der Zugang zu Trinkwasser hat sich zwischen 1970 und 1999 von 13 auf

71 Prozent vervielfacht, doch hat mehr als eine Milliarde Menschen in Entwicklungsländern keinen Zugang zu sauberem Trinkwasser und für 2,4 Milliarden Menschen gibt es keine angemessenen sanitären Einrichtungen.

2.4.8 Lebenserwartung und der Einfluss von Aids

In den Industriestaaten betrug die durchschnittliche Lebenserwartung 1950 61 Jahre, 1980 74 Jahre und 1992 77 Jahre. 1999 rechnete das UNDP für die 20 höchstentwickelten Länder mit einer Lebenserwartung zum Zeitpunkt der Geburt von zwischen 76,1 und 80,4 Jahren. In Entwicklungsländern war der Wert für die Lebenswartung 1950 48 Jahre, 1980 61 Jahre, 1992 64 Jahre und 1998 65 Jahre. 1999 betrug die durchschnittliche Lebenserwartung in 12 der am wenigsten entwickelten Länder nur zwischen 41 Jahre (z. B. in Botswana und Sambia) und 49 Jahre.

2003 waren weltweit 42 Millionen Menschen mit **HIV/Aids** infiziert (1996 waren es noch 26 Millionen), drei Viertel davon in Subsahara-Afrika, wo Aids 10 Prozent der Bevölkerung betrifft (in einzelnen Ländern ist die Rate noch höher). In insgesamt 34 Ländern sinkt die Lebenserwartung – auch durch die weitere Verbreitung von Aids – seit den 1990er-Jahren erstmals wieder kontinuierlich.

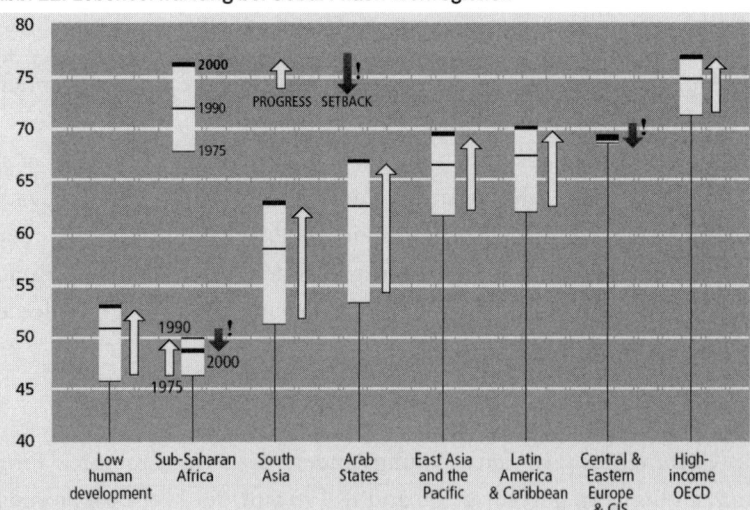

Abb. 22: Lebenserwartung bei Geburt nach Weltregionen

Quelle: UNDP (Hg., 2002). Human Development Report 2002 (www.undp.org/hdr2002).

Abb. 23: Einfluss von HIV auf die Lebenserwartung in ausgewählten Ländern

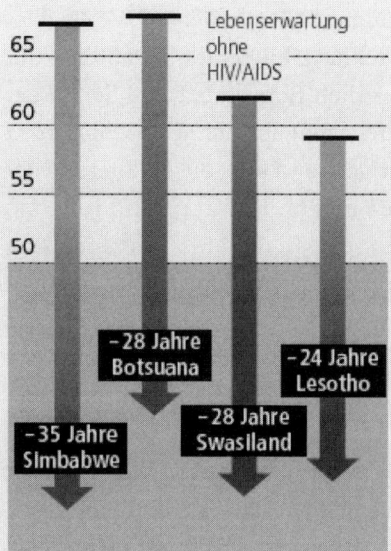

Quelle: UNDP (Hg., 2003). Bericht über die menschliche Entwicklung 2003 (www.undp.org/hdr2003).

2.5
Die aktuelle Situation im Nord-Süd-Konflikt

2.5.1 Millenium Development Goals

Die *Millenium Development Goals/MDGs* (vgl. dazu UNDP, www.undp.org/mdg; oder Weltbank, www.developmentgoals.org) wurden im Rahmen der Milleniums-Erklärung der UNO im Jahr 2000 verabschiedet. Sie stellen Zielvorgaben dar, um bis zum Jahr 2015 eine Reihe von Verbesserungen der Lebensqualität für Menschen weltweit und vor allem im globalen Süden zu erreichen. Bis zu diesem Zeitpunkt soll etwa die Zahl der in absoluter Armut lebenden Menschen halbiert, die Kindersterblichkeit um zwei Drittel reduziert oder die Ausbreitung von HIV/Aids, Malaria und anderen Krankheiten gestoppt werden.

Die Möglichkeit der **Erreichung** dieser Ziele wird heftig diskutiert und ist bei einer Fortsetzung der momentanen Politik wohl eher **zu be-**

zweifeln. UNDP schätzt, dass Gelder in der Höhe von zusätzlich rund 50 Milliarden US-Dollar für den Süden dafür notwendig wären. Das würde eine Verdopplung der Entwicklungshilfeetats bedeuten – für deren Anhebung seit Jahren nur zögerlich Bereitschaft auf Seiten der Geberländer herrscht und die sich auch nicht abzeichnet. In Subsahara-Afrika wird, setzt sich der gegenwärtige Trend fort, die Halbierung der Anzahl in Armut lebender Menschen erst im Jahr 2147 (also rund 130 Jahre später als geplant) zu erreichen sein. In diesem Zusammenhang ist auch darauf hinzuweisen, dass im Jahr 2003 nur fünf OECD-Länder das UN-Ziel, Entwicklungshilfemittel im Ausmaß von 0,7 Prozent des Bruttosozialproduktes zur Verfügung zu stellen, erfüllen. Österreich zählt diesbezüglich zu den Schlusslichtern im OECD-Raum.

Nach den Terroranschlägen des 11. September 2001 wurden Kommentatoren auf der Suche nach den tiefer liegenden Ursachen (»root causes«) der Anschläge oftmals in den vielfach als ungerecht empfundenen Nord-Süd-Strukturen fündig. Aus Eigen- bzw. Sicherheitsinteresse

Abb. 24: Offizielle Entwicklungshilfe der OECD 2003

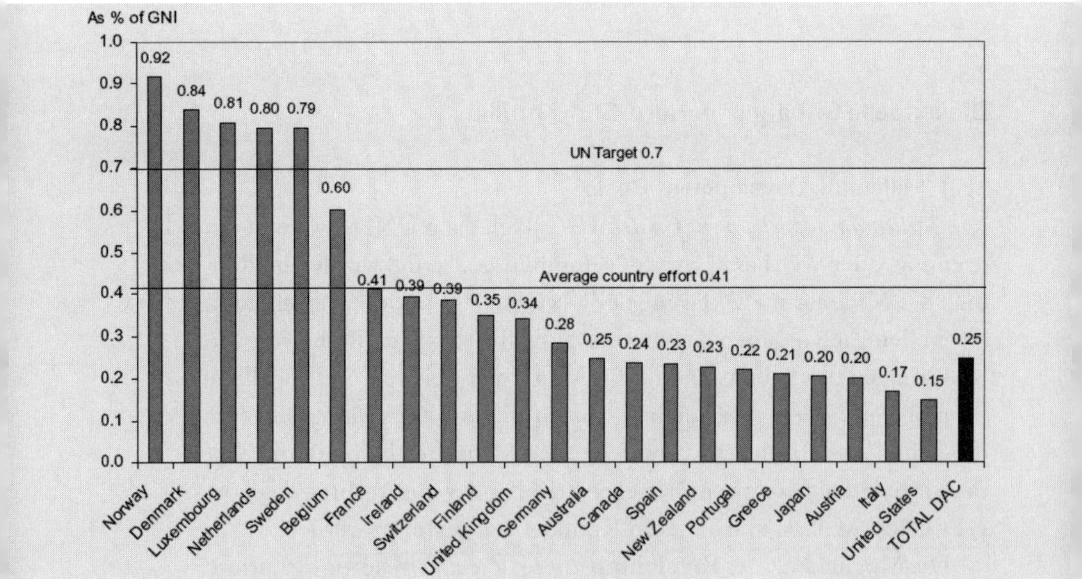

Land	As % of GNI
Norway	0.92
Denmark	0.84
Luxembourg	0.81
Netherlands	0.80
Sweden	0.79
Belgium	0.60
France	0.41
Ireland	0.39
Switzerland	0.39
Finland	0.35
United Kingdom	0.34
Germany	0.28
Australia	0.25
Canada	0.24
Spain	0.23
New Zealand	0.23
Portugal	0.22
Greece	0.21
Japan	0.20
Austria	0.20
Italy	0.17
United States	0.15
TOTAL DAC	0.25

UN Target 0.7 — Average country effort 0.41

Quelle: OECD 2005 (www.oecd.org/dataoecd/19/52/34352584.pdf).

schien die Staatenwelt plötzlich bereit, mit neuen, auch finanziellen Mitteln an der Lösung des Nord-Süd-Konflikts arbeiten zu wollen. In der Zwischenzeit ist vielerorts wieder Ernüchterung eingekehrt: Der »Krieg gegen den Terror« wird vorrangig mit anderen Mitteln geführt.

Zur tatsächlichen Umsetzung der MDGs fehlt der politische Wille, sie stellen derzeit dennoch einen »**normativen Referenzrahmen**« (Nuscheler 2004, 579) für Entwicklungspolitik dar. Geht man allerdings davon aus, dass die Umsetzung der Ziele im Jahr 2000 von den Staats- und Regierungschefs für möglich gehalten wurde, würde das (voraussichtliche) Nichterreichen der MDGs die internationale Entwicklungspolitik in eine noch tiefere Sinnkrise manövrieren.

2.5.2 Das Ende des Ost-West-Konflikts

Keinesfalls kann der Nord-Süd-Konflikt losgelöst vom Ost-West-Konflikt, der ihn jahrzehntelang überlagert hat, und dessen Ende gesehen werden. Folgende Auswirkungen und aktuelle Befunde sind beispielhaft erkennbar:

- **Erhöhte Friedenschancen für Regionalkonflikte im Süden, aber auch mögliche Mehrausgaben für Entwicklungshilfe durch theoretisch geringere Rüstungsbudgets**

Es gibt die Idee einer »**Friedensdividende**« anstelle von »Kriegsentwicklungshilfe« durch die Supermächte. Die Idee geht zurück auf den Bericht der UN-Nord-Süd-Kommission aus 1980 unter dem Vorsitz von Willy Brandt. An die Stelle von Rüstungsausgaben für Stellvertreterkriege im Süden sollte Entwicklungshilfe als Friedenspolitik treten; die Globalisierung und die dadurch verschärften Interessensgegensätze sollten von Partnerschaftsmodellen bis hin zur *Global Governance* abgelöst werden, um »das Überleben der Welt zu sichern« (vgl. Brandt 1980). Realpolitisch zeigt sich allerdings, dass auch nach dem Wegfall des Ost-West-Konflikts insbesondere eine **präventive Friedensstrategie fehlt** und bestenfalls partiell versucht wird, Konflikte nach deren Ausbrechen zu begrenzen (Nuscheler 2000). Nach dem 11. September 2001 erlebte die Idee einer Friedensdividende und von Entwicklungspolitik als präventiver Sicherheitspolitik einen kurzen Aufschwung. Doch die gut gemeinten Absichtserklärungen, mit Entwicklung, dem Terrorismus den Nährboden zu entziehen, schlugen sich nicht in erhöhten Entwicklungsetats nieder. Ganz im Gegenteil stiegen die Rüstungsetats, und dem Krieg gegen den Terror werden entwicklungspolitische Forderungen untergeordnet – eine »Terrordividende« anstelle der »Friedensdividende«.

- **Spill Over-Effekte von Demokratiebewegungen im Osten auf Diktaturen im Süden**

Samuel P. Huntington spricht in diesem Zusammenhang von einer Dritten Welle der Demokratisierung (Huntington 1991) – ein Beispiel dafür wäre das Ende der Apartheid in Südafrika. Allerdings sehen sich viele der labilen, jungen Demokratien der Schwierigkeit gegenüber, sich durch »Entwicklung« und Verbesserung des Lebensstandards der Bevölkerung legitimieren zu müssen. Rückfälle in autoritäre Muster können daher nicht ausgeschlossen werden, genauso wie in vielen der neu entstandenen Demokratien demokratische und (häufig informelle) demokratiefeindliche Institutionen nebeneinander bestehen.

Blockfreie Staaten haben schon allein namentlich ihre Funktion verloren. Mit dem Scheitern des »realen Sozialismus« verschwanden sowohl Debatten über den Kommunismus als Ideologie als auch über eine mögliche »Dritte-Welt-Ideologie«, weil jeder Widerspruch zur

Abb. 25: Weltweite Demokratisierung

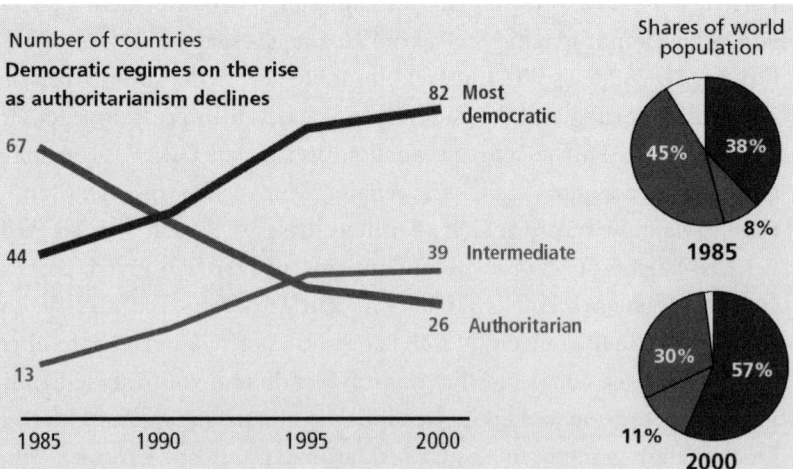

Quelle: UNDP (2002). Human Development Report (www.undp.org/hdr2002).

Überlegenheit liberaler Demokratie und freier Marktwirtschaft verstärkt theoretisch abgelehnt wurde.

- **Ende staatsinterventionistischer Wirtschafts- und damit auch Entwicklungsmodelle**

Mit dem Zerfall der UdSSR entstand ein – nun scheinbar alternativenloses – stärkeres **Vertrauen auf die Dynamik des freien Marktes**, mit zumindest ambivalenten Auswirkungen auf den Süden.

Deutlich seltener waren demgegenüber Theoriekonzepte, die zwar einen Höhepunkt der kapitalistischen Weltwirtschaft konzedierten, aber gleichzeitig eine strukturelle Krise erkennen wollten. Nach Immanuel Wallersteins Weltsystemansatz (1986) bewegt sich die Welt wie jedes System in zyklischen Rhythmen. Als Grundproblem bestünde, dass die langfristigen Trends als Zyklen bzw. »normales Funktionieren des Systems« nicht für immer andauern können, sondern an ihre Grenzen stoßen. Es gibt, laut Wallerstein, demnach einen Zeitpunkt X, an dem zyklische Bewegungen das System nicht mehr ins Gleichgewicht bringen können, sondern es in seinem Bestand bedroht ist. Dies könnte, laut Wallerstein, etwa dann eintreten, wenn sich Material- oder Lohnkosten, die durch Umweltzerstörung oder Lohndruck des Nordens auf den Süden künstlich niedrig gehalten wurden, nicht mehr halten lassen.

- **Verlust der strategischen Funktion des Südens**

Der Nord-Süd-Konflikt erfordert durch das Ende des Kalten Krieges weniger Handlungsnotwendigkeit. Gab es vorher ein (sensibles) Gleichgewicht strategischer Interessen der Supermächte an zusätzlichen Einflussgebieten im Süden, wodurch Länder der Dritten Welt unterstützt wurden, so darf nun der Süden zumindest kurz- und mittelfristig ungestraft vernachlässigt werden. Diese Verlust an strategischer Bedeutung verstärkt das **Gefühl politischer Ohnmacht** in den Ländern des Südens gegenüber der in Weltbank, IWF oder WTO übermächtigen Verhandlungsposition der OECD-Welt.

Ein großer Teil der armen Länder ist darüber hinaus für den Norden aus ökonomischem Kalkül schlicht uninteressant. 1999 entfielen 86 Prozent des globalen Bruttoinlandsprodukts, über 80 Prozent der Exportmärkte und über zwei Drittel der ausländischen Direktinvestitionen auf die etwa 1,2 Milliarden Einwohner der Staaten mit dem höchsten Einkommen. Der Anteil Afrikas am Welthandel betrug 1999 demgegenüber 1,5 Prozent, jener der LLDCs 0,4 Prozent.

- **Globalisierung der Weltwirtschaft**

Während die tatsächlichen Auswirkungen der Globalisierung auf die Entwicklungsländer Gegenstand vieler Kontroversen sind, bleibt unbestritten, dass die **Gravitationszentren** der Weltwirtschaft (USA, EU-ropa, Japan) viel stärker von der Globalisierung **profitieren** als die Entwicklungsländer, die am Rande stehen. Wirtschaftliche Globalisierung ist ein politisches Projekt und kann, in gewissem Rahmen, demnach auch politisch gesteuert werden – nachdem die politische Machtverteilung jedoch eindeutig zugunsten der OECD-Welt ausfällt, kann sich diese bis dato die Globalisierungsgewinne sichern.

Ein zentraler Faktor, der die Abhängigkeit von Entwicklungsländern fördert, ist ihre Abhängigkeit von Rohstoff-Einnahmen und deren starker Preisfluktuation auf den Weltmärkten. Die Tendenz der Preise ist langfristig fallend, weil es verhältnismäßig viele Anbieter für bestimmte Rohstoffe (von Kupfer bis Kaffee) gibt. Mit den niedrigen Rohstoffpreisen wird es für die Länder der Dritten Welt immer schwieriger, ihre monokulturelle Landwirtschaft (oftmals ein Erbe der Kolonialherren) umzugestalten. Keine Gewinne bedingen jedoch ein »Einfrieren« der bestehenden Wirtschaftsstruktur. Im Bereich der Landwirtschaft sind auch nur sehr geringe Produktionsfortschritte zu erzielen, das Verhältnis von *Input* an Arbeitskraft und Kapital zu *Output* an Produkten kann nicht wesentlich gesteigert werden. Die Entwicklungshilfeleistungen nehmen in manchen Staaten einen Großteil des Budgets ein, diese Abhängigkeit führt zu einer Erstarrung der Strukturen. Hilfsleistungen können aber auch den nationalen Markt ruinieren, indem Hilfsprodukte verschenkt werden, die einheimische Bauern verkaufen müssten, um Einkommen zu erzielen.

Wenn die oben genannten Prozesse als Marktmechanismen beschrieben werden können – dem Gesetz von Angebot und Nachfrage gehorchend –, stützen die Industrieländer darüber hinaus jedoch ihre eigenen Primärgüterindustrien durch hohe Subventionen oder verwehren den konkurrenzfähigen Produkten der Entwicklungsländer den Zutritt zum OECD-Markt, um die eigene Produktion zu schützen (Stichwort: Textilstreit mit China). Plakativ demonstriert dies der

Human Development Report 2003, der vorrechnet, dass die Subventionen für jede Kuh in der OECD höher sind als die Pro-Kopf-Entwicklungshilfe für Subsahara-Afrika. Die jährlichen Stützungszahlungen für Produktion und Export von Agrarprodukten der OECD-Länder übersteigen die Entwicklungshilfe für Subsahara-Afrika um das Sechsfache.

Im Gegensatz zu EU, NAFTA und ASEAN befinden sich Initiativen für einen gemeinsamen Markt zwischen Ländern des Nordens und des Südens lediglich im Planungsstadium. Siehe dazu die 1994 begonnenen Verhandlungen für eine *Free Trade Area of the Americas/FTAA* bzw. *ALCA*, wobei allerdings die Unausgewogenheit der Partnerschaft zwischen den USA und 34 amerikanischen Ländern ohne Kuba – die Teilnahme ist an eine »Demokratieklausel« geknüpft, der Kuba (im Unterschied etwa zum Kuba-freundlichen Venezuela) nicht zustimmte – Kritikpunkt ist.

- **Hoffnung auf die Möglichkeiten von Global Governance**

In Verbindung mit dem Ende der Bipolarität und der zunehmenden Globalisierung stehen auch Vorstellungen von Weltgesellschaft, Weltinnenpolitik, Global Governance usw., doch änderten auch die Weltkonferenzen der 1990er-Jahre mit universalem Anspruch (UNCED 1992, aber auch UN-Konferenzen für Menschenrechte in Wien 1993, über Bevölkerungsentwicklung in Kairo 1994, über soziale Entwicklung in Kopenhagen 1995, über Frauen in Peking 1995, über Klima in Berlin 1996 usw.) bis dato wenig an der »**Weltunordnung**«. Auch wenn der Einfluss der Industrieländer in den Entwicklungsländern und das Machtgefälle zwischen Nord und Süd überwältigend scheint, können die Industrieländer die Probleme der globalisierten Welt langfristig nicht im Alleingang und ohne die Länder des Südens lösen. So geht es wieder oder noch immer um für alle faire Bedingungen der Weltwirtschaft oder die Ermächtigung des ohnmächtigen Südens in den internationalen Beziehungen – auch aus Eigeninteresse der Industrieländer an stabilen internationalen Beziehungen und nachhaltiger Entwicklung für alle. Die klassischen Fragen des Nord-Süd-Verhältnisses sind auch 2005 noch die brennenden Fragen – und diese können im Kern nur auf globaler Ebene gelöst werden.

Literatur

Allen, Tim/Alan Thomas (Hg., 2000). *Poverty and Development into the 21st Century*, New York.
Brandt, Willy (1980). *Das Überleben sichern*, Köln.
Brundtland, Gro Harlem (1987). *Our Common Future*, Greven. Auf Deutsch: Hauff, Volker (Hg., 1987). *Unsere gemeinsame Zukunft*, Frankfurt/M.
Cardoso, Fernando H./Enzo Faletto (1976). *Abhängigkeit und Entwicklung in Lateinamerika*, Frankfurt/M.
Cordova, Armando (1973). *Strukturelle Heterogenität und wirtschaftliches Wachstum*, Frankfurt/M.
Eberlei, Walter/Thomas Siebold (2002). *Armutsbekämpfung in Afrika: Neue Ansätze oder alte Konzepte?* Institut für Entwicklung und Frieden INEF, Report 64.
Fanon, Frantz (1981). *Die Verdammten dieser Erde*, Frankfurt/M.
Fischer, Karin/Irmi Maral-Hanak/Gerald Hödl/Christoph Parnreiter (Hg., 2004). *Entwicklung und Unterentwicklung*. Eine Einführung in Probleme, Theorien und Strategien, Wien.
Frank, Andre Gunder (1967). *Capitalism and Underdevelopment in Latin America*, New York.
Hauchler, Ingomar/Dirk Messner/Franz Nuscheler (Hg., 2003). *Globale Trends 2004/2005*. Fakten, Analysen, Prognosen, Frankfurt/M.
Höll, Otmar (1994a). *Das Recht auf Entwicklung*. Zur Frage seiner Realisierung aus ökologiepolitischer Perspektive, in: Journal für Entwicklungspolitik – JEP, 1, 33–46.
Höll, Otmar (1994b). *Was heißt Entwicklung?* Zur Geschichte und Problematik eines Begriffs, in: Arnulf Grübler/Otmar Höll/Walter Lichem/Christian Rakos (Hg.). *Spannungsfeld Umwelt und Entwicklung*, Wien, 40–52.
Huntington, Samuel P. (1991). *The Third Wave*. Democratization in the Late Twentieth Century, Norman.
Martin, Brendan (2000). *New Leaf or Fig Leaf: The Challenge of the new Washington Consensus*, London.
Meadows, Dennis/Donella Meadows/Jorgen Randers (1987). *Die neuen Grenzen des Wachstums*, Hamburg.
Menzel, Ulrich (1991). *Geschichte der Entwicklungstheorie*. Einführung und systematische Bibliographie, Hamburg.
Menzel, Ulrich (1992). *Das Ende der Dritten Welt und das Scheitern der großen Theorie*, Frankfurt/M.
Menzel, Ulrich (1995). *In der Nachfolge Europas*. Autozentrierte Entwicklung in den ostasiatischen Schwellenländern Südkorea und Taiwan, München.
Mestel, Roland (1999). *Auslandsverschuldung der Entwicklungsländer in den 90er Jahren*, Wiesbaden.
Nohlen Dieter (Hg., 2000): *Lexikon Dritte Welt: Länder, Organisationen, Theorien, Begriffe, Personen*, Reinbek bei Hamburg.
Nohlen, Dieter/Franz Nuscheler (1993). *Was heißt Entwicklung?* In: Dieter Nohlen/ Franz Nuscheler (Hg.). *Handbuch der Dritten Welt*. Band 1: Grundprobleme, Theorien, Strategien, Bonn, 55–75.
Nuscheler, Franz (2000). *Entwicklung und Frieden im 21. Jahrhundert*, Berlin.
Nuscheler, Franz (2004). *Entwicklungspolitik*. Lern- und Arbeitsbuch, Bonn.
Pearson, Lester (1969). *Partners in Development*. Report of the Commission on International Development, New York u. a.

Rostow, Walt W. (1960). *The Stages of Economic Growth.* A Non-Communist Manifesto, London.
Sen, Amartya (1999). *Development as Freedom*, Oxford.
Structural Adjustment Participatory Review International Network (SAPRIN, Hg., 2004). *Structural adjustment: The SAPRIN report:* The policy roots of economic crisis, poverty and inequality, Washington D.C.
Todaro, Michael P./Stephen C. Smith (2003). *Economic Development*, Reading.
UNDP (2005). *Human Development Report*, New York.
Wallerstein, Immanuel (1986). *Das moderne Weltsystem*, Frankfurt/M.
Walther, Miriam/Christine Hentschel (2002). *Armutsstrategiepapiere (PRSP): Neuanfang in der Strukturanpassungspolitik von IWF und Weltbank?,* Bonn.
World Bank (2005). *World Development Indicators,* New York.
World Bank (2005). *World Development Report,* New York.
World Watch Institute (Hg., 2004). *State of the World 2004.* Special Focus: The Consumer Society, New York.

3
Der Nahost-Konflikt

Angesichts ähnlicher Begriffe wie Naher, Mittlerer und Ferner Osten ist eine – politisch völlig umstrittene – Definition angebracht. Der **Begriff »Naher Osten«** bezeichnet gewöhnlich eine geopolitische Region, die folgende Staaten umfasst:

- den arabischen Osten *(Maschrek)* mit den Kernstaaten Ägypten, Israel, Syrien, Jordanien und Libanon sowie den Randstaaten Türkei, Zypern und Jemen (Jemen wird allerdings oft auch den Golfstaaten zugerechnet);
- die Golfregion mit den Kernstaaten Irak, Iran, Saudi-Arabien und Kuwait sowie den Randstaaten Bahrain, Qatar, Vereinigte Arabische Emirate und Oman;
- den arabischen Westen *(Maghreb)* mit Mauretanien, Marokko, Algerien, Libyen und Tunesien.

Der »Nahost-Konflikt« wird – mit zahlreichen (Quer-)Verbindungen – auf zwei Ebenen ausgetragen: Erstens ist der Nahe Osten aufgrund seiner geostrategisch einzigartigen Lage und der bedeutenden Ölvorkommen (geschätzte 40 Prozent der globalen Ölreserven werden in diesem Gebiet vermutet) von globaler Bedeutung. Zweitens gibt es auch eine regionale Dimension mit großer Eigendynamik.

Drei **Konfliktbereiche** sind zu unterscheiden:

- der **arabisch-israelische Konflikt** (mit dem palästinensisch-israelischen Konflikt im Mittelpunkt),
- **inter-arabische Konflikte** (mit dem »arabischen Kalten Krieg« um die regionale Führungsposition),
- **internationale Konfliktaustragung in der Region** (frühere Stellvertreterkriege der Supermächte, dann UN-Mandate gegen den Irak, schließlich der kurze Krieg der USA mit Unterstützung einer »Koalition der Willigen« im Jahr 2003 mit den bekannten Ergebnissen, die von hoher Terroraktivität bis zum möglichen Zerfall des Staatsgebietes reichen).

Aus den Konfliktbereichen resultier(t)en bisher acht **zentrale militärische Konflikte**:

- arabisch-israelische Kriege (1948, 1956, 1967, 1973 und 1982) und zwei *Intifadas*,

- arabisch-iranische Auseinandersetzungen (mit dem Ersten Golfkrieg als Höhepunkt),
- Libanon-Krieg/-Konflikt (mit einer Beteiligung nahezu aller Konfliktparteien),
- Konflikte in der Zone des Roten Meeres (u. a. in Jemen),
- Westsahara-Konflikt zwischen Marokko und der *Polisario* (mit Algerien, Libyen und Saudi-Arabien als Waffenlieferanten),
- kurdischer Unabhängigkeitskampf durch die PKK (in der Türkei bzw. in Syrien, im Irak und im Iran),
- Militäraktionen gegen den Irak (im Zweiten Golfkrieg und danach),
- schließlich die Militäraktion zum Sturz Saddam Husseins und des Bath-Regimes.

3.1
Geschichte

Der Nahost-Konflikt hat seine **historischen Wurzeln** sowohl a) in der Zeit des Osmanischen Reiches, als europäische Großmächte in der Region an Einfluss gewannen, als auch und v. a. b) in der zionistischen Einwanderung in Palästina im Verlauf des 20. Jahrhunderts. Ausgangspunkt war das Problem einer jahrhundertlangen weltweiten Unterdrückung und zum Teil blutigen Verfolgung von Juden, die seit dem Beginn der Diaspora im ersten nachchristlichen Jahrhundert über kein eigenes Territorium verfügten (Schreiber/Wolffsohn 1992; Volle/Weidenfeld 1997; Pawelka/ Wehling 1999; Bunzl 1981).

Ein solches Territorium, mit dem Ziel der Errichtung eines eigenen Staates, der Juden beschützen sollte, wurde erstmals vor mehr als 100 Jahren gefordert (Theodor Herzls Territorialismus und Zionismus) und stellte auch den Beginn der Einwanderung in Palästina dar. Die Einwanderung war eine Form der Landnahme (vor 1948 durch Kauf, die vorhandene Bevölkerung – palästinensische Fellachen – wurde vertrieben) und begründete den ersten Konflikt zwischen neuen (zionistischen) Siedlern und Palästinensern.

Mit dem Ende des Osmanischen Reiches und dem Ersten Weltkrieg folgte eine durch Völkerbundmandate legitimierte Militär- und Politpräsenz Großbritanniens (in Palästina, Transjordanien und im Irak) und Frankreichs (in Syrien und im Libanon). In der Zwischenkriegszeit wurde die Region in die turbulenten Entwicklungen der Weltpolitik einbezogen (Weltmarktintegration usw.) und es entstanden in vielfältiger Weise die strukturellen Ursachen für spätere Konflikte (Abhängigkeit und Fremdbestimmung, Unterentwicklung usw.). Großbritannien zeigte als erstes Land die Bereitschaft, die zionistische Landnahmepolitik/Einwanderung zu akzeptieren und zu fördern, unterstützte aber auch, vor allem ab den 30er-Jahren, pro-arabische Haltungen.

In Palästina wird mit dem britischen Versprechen – das 1917 in einem Brief an Lord Rothschild durch den britischen Außenminister Arthur James Balfour gegeben wird, eine »jüdische Heimstatt« zu errichten – der Palästina-Konflikt endgültig manifest. Die *Balfour Declaration* widersprach sowohl der den Arabern 1916 für die Erlangung ihrer Unabhängigkeit in der Korrespondenz zwischen dem britischen Oberkommissar McMahon und Scherif Husain von Mekka zugesagten Unterstützung als auch der Aufteilung ehemaliger türkischer Gebiete nach dem britisch-französischen *Sykes-Picot*-Abkommen (ebenfalls 1916). Bereits unmittelbar nach Balfours Erklärung kam es zu ersten Unruhen seitens der ansässigen Araber. Vor allem in den 30er-Jahren verstärkten sich die Spannungen zwischen den jüdischen Einwanderern, der arabischen Bevölkerung und der britischen Kolonialmacht.

Nach dem Ende des Zweiten Weltkrieges kam es zuerst zur Erlangung einer formalen Unabhängigkeit seitens der arabischen Staaten, die jedoch vor allem ökonomisch von Europa bzw. internationalen Ölkonzernen abhängig blieben. Die Nahoststaaten verbündeten sich 1945 zur *Arabischen Liga*. Weiters endete das britische Mandat über Palästina. Nach der UN-Resolution 181 (1947) sollte das Gebiet – gegen die Stimmen der Araber, die sich für die Interessen der Palästinenser aussprachen, nachdem deren politische Führung 1936/39 zerschlagen worden war – in einen arabischen und einen jüdischen Staat aufgeteilt werden, wobei Israel rund 57 Prozent des Territoriums erhalten sollte. Am **14. Mai 1948** wurde der **Staat Israel gegründet**.

3.1.1 1948: I. Nahost-Krieg

Die Teilungsresolution der UNO vom Jahr 1947, die zwei voneinander unabhängige Staaten vorsah, wurde damals von den Palästinensern abgelehnt, aktuell berufen sie sich wiederum auf diese Resolution. Nach der **israelischen Staatsgründung** entsandten Ägypten, Transjordanien, Syrien, Libanon und der Irak Truppen nach Palästina, die jedoch eine traumatische Niederlage gegen die israelische Armee erlitten. Zur **Niederlage der Araber** auf dem Schlachtfeld kamen Abmachungen Israels mit Transjordanien (das später die Westbank erhielt). 200.000 Palästinenser wurden vertrieben oder flüchteten in Lager an der Westbank bzw. im Gazastreifen und wurden zum sichtbaren Zeichen und zentralen Faktor künftiger Konflikte. Palästina blieb zentrales Thema arabischer Interessen, nachdem alle Regime für den Bereich Verantwortlichkeit beanspruchen.

3.1.2 1956: II. Nahost-Krieg (Suez-Krieg)

1954 übernahm in Ägypten Gamal Abdel Nasser die Macht und wurde zur Symbolfigur des Strebens nach nationaler Einheit in der arabischen Welt. Der *Nasserismus* stand für einen arabischen Sozialismus, der als Dritter Weg – zwischen Kapitalismus und Kommunismus – islamische Tradition und dem Islam immanente soziale Elemente vereinen sollte.

Die Resultate waren ein Bruch mit der traditionellen Führung, soziale Reformen sowie eine nationalistische und anti-imperialistische Politik der ägyptischen Regierung. 1956 kam es zur **Nationalisierung des Suezkanals**, woraufhin englische und französische Truppen Ägypten angriffen und die Kanalzone besetzten. Israel besetzte gleichzeitig den unter ägyptischer Verwaltung stehenden Gazastreifen. Hintergrund waren Bestrebungen Israels, Großbritanniens und Frankreichs, den Panarabismus zu Fall zu bringen. Als in der Folge die UdSSR mit militärischem Eingreifen drohte und Großbritannien sich auf US-amerikanischen Druck aus Ägypten zurückziehen musste, bedeutete das die **Ablöse** der politischen Vorherrschaft **der traditionellen europäischen Großmächte** durch die beiden neuen Supermächte USA und UdSSR.

3.1.3 1967: III. Nahost-Krieg (Sechs-Tage-Krieg)

Der Krieg, mit dem die israelische Armee einem unmittelbar bevorstehenden Angriff arabischer Staaten zuvorkam, endete mit einer katastrophalen Niederlage der arabischen Staaten und wird als bedeutende **Zäsur** in der Geschichte des Nahen Ostens angesehen, der die territorialen und die Machtverhältnisse im Nahen Osten langfristig bestimmte:

Erstens kam es auf **regionaler Ebene** zu folgenden Veränderungen: Israel besetzte die Westbank (Jordanien) sowie den Gazastreifen (Ägypten) und annektierte Jerusalem. Der Nahost-Konflikt war dadurch nicht mehr eine zwischenstaatliche Auseinandersetzung Israels mit seinen Nachbarstaaten um Territorialgrenzen, sondern auch palästinensisch dicht besiedelte Gebiete gerieten unter israelische Herrschaft. 1,5 Millionen Palästinenser waren betroffen, in den besetzten Gebieten entstand – durch die israelische Siedlungspolitik – eine Spirale von Gewalt und Widerstand, der in der ersten *Intifada* 1987 seinen Höhepunkt fand. Der Aufstieg der *Palestine Liberation Organization (PLO)*, 1974 als alleinige Vertretung der Palästinenser anerkannt, begann ebenfalls 1967. Im Gefolge der arabischen Niederlage konnte das nationalistische Motto »Die arabische Einheit ist der Weg zur Befreiung Palästinas« von der *Fatah* – welche 1958 mit Yassir Arafat in Kuwait gegründet wurde, der die von Nasser gegründete PLO übernahm – in die Kampfparole »Die Befreiung Palästinas ist der Weg zur arabischen Einheit« politisch umgedeutet werden.

Inner-israelisch war die Vorgangsweise in den besetzten Gebieten nicht unumstritten. Die zionistische Politik – Gebiete möglichst geschlossen jüdisch zu besiedeln bei gleichzeitiger Vertreibung der arabischen Bevölkerung – war nicht mehr vollständig realisierbar, wurde jedoch durch die **Siedlungspolitik** mit anderen Mitteln fortgesetzt. Gleichzeitig entstand die Idee der Autonomie, später auch – wie schon in der Teilungsresolution angesprochen – die Perspektive der Koexistenz von zwei Staaten.

Zweitens folgte im **intra-arabischen Konflikt** der militärische und ökonomische **Zusammenbruch Ägyptens** und des Nasserismus bzw. des Panarabismus. An ihre Stelle traten der Konservatismus, Pragmatismus und Realismus der Ölmonarchien.

Das bisherige arabische politische Zentrum Ägypten wurde durch mehrere Staaten mit Führungsanspruch – vor allem Algerien, den Irak, Libyen und Syrien – abgelöst. Saudi-Arabien übernahm ebenfalls eine gewisse Führungsrolle, blieb aber außenpolitisch auf die Verhinderung von Hegemonialbestrebungen anderer Regime beschränkt.

Drittens bewirkte das **Fehlen eines allgemein akzeptierten Zentrums** den Anstieg der (bipolaren) Einflussnahme von außen. Die Zeit von 1967 bis zum II. Golfkrieg war durch **Interventionen der Supermächte** auf indirektem Wege gekennzeichnet: Wirtschaftshilfe, Bündnisse mit lokalen Akteuren, Waffenlieferungen, militärische Beratung usw. So leisteten die USA Militärhilfe an Israel, die UdSSR gewann Syrien und schloss 1971 einen Freundschaftsvertrag mit Ägypten. 1972 wurden die sowjetischen Militärberater von Anwar el Sadat ausgewiesen, weil Ägypten auf »Petrodollars« nicht verzichten wollte und die UdSSR generell keine den USA vergleichbare Finanzhilfe versprechen konnte.

3.1.4 1973: IV. Nahost-Krieg (Oktober-Krieg bzw. Yom-Kippur- oder Ramadan-Krieg)

Ausgelöst wurde der Krieg durch eine von Ägypten durchgeführte dramatische außenpolitische Wende. Sadat entschloss sich zum Krieg, der sowohl ein **Angriffskrieg** war, um die ägyptische Verhandlungsposition zu verbessern, als auch ein **Stellvertreterkrieg** im Rahmen des bipolaren Ost-West-Konflikts. Weder Israel noch Ägypten hätten den Krieg ohne die Waffen und Technologien (Satelliteninformationen usw.) der Supermächte führen können. Anfangs war der Krieg eine Materialschlacht zur Kampferprobung US-amerikanischer bzw. sowjetischer Waffensysteme, aber es drohte die Eskalation, als das zuvor militärisch in Bedrängnis geratene Israel die arabischen Truppen zurückschlagen konnte und die Waffenstillstandsresolution 338 des UN-Sicherheitsrates zunächst nicht befolgte. Die UdSSR drohte daraufhin, zugunsten Ägyptens zu intervenieren. Zugleich wurde spätestens zu diesem Zeitpunkt deutlich, dass die Supermächte ihre Klienten als regionale Kriegsakteure nicht vollständig kontrollieren konnten. **Diplomatisch** gelang schließlich eine **Deeskalation**, die USA konnten i. d. F. die Einflussnahme der UdSSR auf politisch-diplomatischer Ebene sukzessive zurückdrängen.

Auf **regionaler Ebene** kam es jedoch zu erheblichen **sozialpsychologischen Konsequenzen**: Die Araber erlangten – nach dem Desaster von 1967 – ihre Selbstachtung wieder und wurden von den Israelis nun auch als militärische Gegner ernst genommen. Politisch stieg Ägypten unter Sadat als Konsequenz des Krieges aus der arabischen Front gegen Israel aus und geriet mit der Unterzeichnung des *Camp David*-Abkommens 1978/79 unter den arabischen Bruderstaaten in Isolation. Andere Staaten bzw. Staatsoberhäupter, etwa Iraks Saddam Hussein, verstärkten hingegen ihren Führungsanspruch.

3.1.5 1975/76: Bürgerkrieg im Libanon

Im Konflikt seit Mitte der 70er-Jahre waren nahezu alle Staaten und Parteien des Nahen Ostens vertreten. Die wichtigste langfristige Folge war, dass 1982 nach dem Einmarsch israelischer Truppen im Libanon **zur Zerschlagung der PLO** diese ihre **territoriale Basis verlor**. Die Organisation des Widerstandes konzentrierte sich in der Folge auf die besetzten Gebiete. Ein schneller Erfolg des palästinensischen Volksaufstandes *Intifada* war am 15. November 1988 die Ausrufung eines palästinensischen Staates durch den (Exil-)Nationalrat, der sich gleichzeitig für eine direkte Anerkennung Israels aussprach und sich zu Verhandlungen mit Israel im Rahmen einer internationalen Friedenskonferenz bereit erklärte.

3.1.6 1980–1987: I. Golfkrieg

Auslöser war der Konflikt zwischen dem Iran und dem Irak um den Schatt el Arab, den Zusammenfluss von Euphrat und Tigris bis zur Mündung in den Persischen Golf. Der Irak sah die Wasserstraße durch den Iran bedroht und wollte einen neuen Grenzvertrag erzwingen. Im September 1980 begann die militärische Auseinandersetzung, die acht Jahre dauern sollte und hunderttausende Opfer auf beiden Seiten forderte. Neben ungelösten Territorialfragen waren Kriegsursachen:

- die historische Feindschaft zwischen Arabern und Persern,
- religiös-politische Spannungen zwischen Sunna und Schia,
- der Kampf um die politische und wirtschaftliche Vormachtstellung am Golf.

Der Krieg endete schließlich mit einem Waffenstillstand durch die UN-Resolution 598 (1987) nach der Androhung eines internationalen Waffenembargos gegen den Iran.

3.1.7 1990/91: II. Golfkrieg

Im August 1990 marschierten **irakische Truppen in Kuwait** ein und erklärten es zur 19. Provinz des Irak. Die **Motive der Okkupation** waren aus irakischer Sicht sowohl regionalpolitischer als auch finanzpolitischer Natur:

- die Sanierung der irakischen Staatsfinanzen durch zusätzliche (Devisen-)Einnahmen aus Ölexporten,
- strategische Vorteile durch den Zugang zum Golf,
- die Profilierung als regionale Ordnungsmacht bzw. panarabische Macht am Golf.

Obwohl, oder besser: weil die globale Bipolarität, der Kalte Krieg, als Ordnungsstruktur des internationalen Systems bereits in Auflösung begriffen war, musste Saddam Hussein im September 1990 feststellen, dass beide Supermächte ihn verurteilten. Es folgte eine von den USA angeführte und durch die UN mittels Mandat des Sicherheitsrates gestützte **US-geleitete Militärintervention,** um den Irak zum Rückzug zu zwingen.

Diese beiden Golfkriege bedeuteten zugleich das endgültige **Ende des Panarabismus**, nachdem erstmals zwei arabische Staaten im Krieg gegeneinander standen bzw. eine Gruppe arabischer Staaten unter der Führung westlicher Verbündeter gegen einen anderen arabischen Staat kämpfte. Der II. Golfkrieg beeinflusste indirekt zugleich den israelisch-palästinensischen Konflikt. Die Lage der PLO verschlechterte sich auch, aber nicht nur, im arabischen Lager, da sich Arafat in diesem Konflikt – zu früh – auf Seiten Saddam Husseins gestellt hatte. Die Golfstaaten fielen zudem als Geldgeber aus, die Unterstützung der PLO für Saddam Hussein wirkte sich auch in der Wertschätzung der Weltöffentlichkeit nachteilig aus.

3.2
Friedensprozesse im Nahen Osten in den 1990er-Jahren

3.2.1 Veränderte Rahmenbedingungen nach dem Ende des Ost-West-Konflikts

Die Veränderungen der Weltordnung in den 90er-Jahren und zu Beginn des 21. Jahrhunderts beeinflussten auch den Nahost-Konflikt in nachhaltiger Weise.

- Mit dem **Ende des Ost-West-Konfliktes verringerte sich die geostrategische Bedeutung** des Nahen Ostens. Zugleich stellt sich durch die Unabhängigkeit der südlichen ehemaligen Sowjetrepubliken die Frage nach einer zumindest räumlichen Re-Definition des Gebietes.
- Die Türkei, der Iran und Saudi-Arabien versuchten sich als **regionale Hegemonialmächte** zu etablieren (und auch auf die aus den südlichen Sowjetrepubliken hervorgegangenen Staaten Einfluss zu nehmen). Das Interesse der USA als alleinige Supermacht konzentriert sich – siehe das Beispiel Irak – darauf, das Entstehen solcher regionalen Mächte mit monopolistischer Kontrolle zu verhindern.
- Im **Kampf gegen den internationalen Terrorismus**, im Gefolge der Anschläge in den USA vom 11. September 2001 und in den Jahren danach, wurde zunehmend klar, dass der israelisch-palästinensische Konflikt in zentralem und ursächlichem Zusammenhang mit den terroristischen Aktivitäten steht. Damit kommt der Befriedung des Palästinakonflikts eine besondere Bedeutung zu.

Trotz einzelner Fortschritte führte das **Ende des Ost-West-Konflikts** zu **keiner grundsätzlichen Lösung** im israelisch-arabischen Konflikt: Durch den israelisch-jordanischen Friedensvertrag wurde der seit 1948 herrschende Kriegszustand zwischen beiden Staaten beendet. Die Konflikte um Bauvorhaben israelischer Siedlungen in ehemals palästinensischem Gebiet wie Bar Homa usw. überschatteten jedoch zunehmend die Beziehungen. Dasselbe gilt für Ägypten, obwohl Ministerpräsident Netanjahu und der ägyptische Präsident Mubarak einander bereits 1997 zweimal getroffen hatten. Das Verhältnis Israels zum Libanon war über 18 Jahre hindurch bestimmt durch die israelische Besetzung der Sicherheitszone im Südlibanon, wo es wiederholt wechselseitige Raketenangriffe gegenüber der Hisbollah gab. Israel zog sich jedoch am 24. Mai 2000 überraschend schnell hinter seine Grenzen zurück und beendete die Besetzung. Ein Problem bleiben weiterhin die israelisch-syrischen Beziehungen bzw. der Streit um die Golanhöhen.

1994/95 unternahmen sowohl Clinton als auch Jelzin durch einen Staatsbesuch (den ersten eines US-amerikanischen Präsidenten in Syrien seit 1974) bzw. durch eine von Außenminister Kosyrew überbrachte Botschaft Versuche, die stockenden Verhandlungen wieder in Gang zu bringen. Fortschritte gab es durch eine Erklärung des damaligen Außenministers Shimon Peres, die Golanhöhen wären kein Teil des biblischen Israels bzw. Pläne für eine Auflösung der israelischen Siedlungen wären vorhanden. Es folgte eine Nahostreise von US-Außenminister *Warren Christopher*, der ebenfalls insbesondere in Syrien an die Friedensbereitschaft appelliert. Der damals neu gewählte Ministerpräsident Netanjahu lehnte einen Rückzug Israels vom Golan allerdings ab, deshalb brachten die Gespräche mit Syrien kein Ergebnis. Im Februar 1996 wurden die Verhandlungen nach Attentaten in Israel unterbrochen und im Mai offiziell ausgesetzt. Erst Barak erklärte 1999 seine Bereitschaft zu weiteren Verhandlungen.

3.2.2 Konkrete Entwicklungen im israelisch-arabischen Konflikt

Hauptdiskussionspunkte im israelisch-arabischen Konflikt sind die Rückgabe besetzter Gebiete bzw. ein vorläufiger Siedlungsstopp sowie die Selbstbestimmung der Palästinenser (vgl. Said 1997; Zimmermann 1996; Avnery 2003).

Im Oktober 1991 gaben die Außenminister der USA und UdSSR (James Baker und Boris Pankin) die Einberufung einer Nahost-Friedenskonferenz in Madrid bekannt. Grundlage waren die UN-Resolutionen 242 (1967) bzw. 338 (1974) über den Rückzug Israels aus den besetzten Gebieten, Westjordanland, Gazastreifen und Golanhöhen, sowie 425 (1982) über den Rückzug aus dem Südlibanon. Nach Eröffnungsreden von George Bush sen. und Mikhail Gorbatschow waren als Teilnehmer Ägypten, Israel – von den USA mehr oder minder zur Teilnahme genötigt –, Jordanien, Libanon, Syrien und die Palästinenser (mit der Westbank als Vertreter, nicht als PLO) vertreten. Beobachter waren die Maghreb-Staaten, der Golfkooperationsrat, die EG und die UN. Parallel dazu gab es bilaterale Gespräche zwischen Israel und den arabischen Nachbarstaaten Jordanien, Libanon und Syrien sowie den Palästinensern (Ende 1991/92). Zu einem Einlenken der Israelis – gegen Sicherheitsgarantien und dem Motto »Land gegen Frieden« – kam es erstmals im August/September 1992. Entscheidender Faktor war diesbezüglich ein Regierungswechsel in Israel, Yitzhak Rabin löste auch durch US-amerikanischen Druck Yitzhak Shamir als Ministerpräsident ab (Freedman 1995). Dadurch erfolgte eine wirkliche Anerkennung der UN-Resolutionen als Verhandlungsgrundlage. Zugleich waren im Vorfeld die Absichten der Kontrahenten durch besondere internationale, regionale und lokale Faktoren beeinflusst worden:

- die von Präsident Bush sen. gegen den israelischen Premierminister Shamir durchgesetzte Madrid-Konferenz (1991), die als Belohnung für die arabische Teilnahme am Krieg gegen Saddam Hussein (Zweiter Golfkrieg) gedacht war;
- die Schwächung der internationalen Position der PLO durch den Eindruck einer pro-irakischen Haltung Arafats und der Palästinenser;
- ein gesteigertes Sicherheits- und Normalitätsbedürfnis der israelischen Bevölkerung nach den Jahren der ersten Intifada (ab Ende 1987).

Die Verhandlungen schritten außerdem voran, weil potentielle andere Verhandlungspartner als Rabin/Peres bzw. die PLO wechselseitig als noch schwieriger erschienen.

Zu einem Durchbruch kam es im September 1993, als PLO-Chef Yassir Arafat mit dem **Oslo-Abkommen** ein Dokument unterzeichnete, das die Existenzberechtigung Israels formell anerkannte. Im Gegenzug anerkannte Rabin die PLO – bislang eine terroristische Organisation, mit der keine Verhandlungen geführt wurden – als legitime Vertretung des palästinensischen Volkes. In der Folge gab es ein Abkommen über die Teilautonomie der Palästinenser im Gazastreifen und in Jericho. (Ost-)Jerusalem blieb ein Streitpunkt, nachdem der palästinensische Nationalrat schon 1988 einen unabhängigen Staat mit der Hauptstadt Jerusalem ausgerufen und 1989 eine provisorische Regierung unter Arafat gebildet hatte. Auf multilateraler Ebene (Rüstungskontrolle in der Region, Flüchtlingsfragen, Wirtschaftsentwicklung usw.) wurden kaum Fortschritte erzielt.

Am 13. September 1993 schließlich kommt es in Washington D. C. durch Außenminister Shimon Peres bzw. Mahmud Abbas vom PLO-Exekutivrat zur Unterzeichnung des **Gaza-Jericho-Abkommens**, das eine Grundsatzerklärung für Übergangsregelungen einer palästinensischen Autonomie darstellte.

Die Teilautonomie wurde von Knesset und PLO-Zentralrat gebilligt, am 4. Mai 1994 unterzeichneten in Kairo auch Rabin und Arafat das Abkommen. Im Anschluss fand eine Übertragung von Befugnissen der israelischen Militär-/Zivilverwaltung auf die Palästinenser statt (zunächst für die Bereiche Bildung und Kultur, Soziales, Steuern usw.).

Das **Oslo-B-Abkommen,** im September 1995 zwischen Rabin und Arafat als Vorsitzendem der *Palästinensischen Autonomiebehörde (PNA)* abgeschlossen, beinhaltete eine Ausweitung der Autonomie der Palästinenser im Westjordanland. Mehrere Streitpunkte, etwa die Freilassung palästinensischer Häftlinge, wurden sukzessive abgebaut. Belastungen, vom »Massaker von Hebron« bis zur Ermordung Rabins, schienen den Friedensprozess nicht grundsätzlich gefährden zu können. Kurzfristig kam es sogar zu einer Beschleunigung der palästinensischen Autonomie, weil unter dem Eindruck des Mordes an Rabin die israelische Rechte als Opposition geschwächt war.

Die Asymmetrie der israelisch-palästinensischen Beziehungen blieb aber bestehen und kam u. a. in folgenden Erscheinungen zum Ausdruck:

- das Attentat des israelischen Siedlers Baruch Goldstein (Februar 1994), bei dem 29 palästinensische Gläubige in Hebron starben, und die israelischen Reaktionen darauf (als »Bestrafung der Opfer«);
- die Unwilligkeit Israels, palästinensische Häftlinge als Kriegsgefangene anzuerkennen;
- eine Steigerung der Siedlungstätigkeit (als in Summe 25-prozentige Zunahme der Population in den Jahren 1993–2000 und die Verstärkung der jüdischen Ansiedlung in und um Jerusalem um etwa 100.000 Personen im gleichen Zeitraum).

Im Februar 1996 gewann der Vertreter des Likud-Blocks, Benjamin Netanjahu, die Wahl zum Ministerpräsidenten in Israel. Netanjahu bildete eine rechtskonservative Koalitionsregierung, erteilte der »Land gegen Frieden«-Doktrin eine Absage und lehnte die Errichtung eines palästinensischen Staates ab.

Netanjahu bekräftigte den Status Jerusalems als »ewige Hauptstadt des jüdischen Volkes«. Von seiner Regierung wurden Baugenehmigungen für weitere Siedlungsprojekte in den besetzten Gebieten erteilt (u. a. Bauvorhaben auf dem Hügel Bar Homa bzw. arabisch Djebel Abu Ghuneim in Jerusalem). Im Mai 1996 begannen Verhandlungen der Regierung Netanjahu mit der PNA, es folgte auch ein persönliches Treffen mit Arafat. Beide bekannten sich zum Oslo-B-Abkommen, Termine für einen Abzug israelischer Truppen, insbesondere aus Hebron, nannte Netanjahu allerdings nicht. Nach monatelanger Ergebnislosigkeit wurde (als einziges konkretes Ergebnis!) im Jänner 1997 ein **Hebron-Abkommen** als Zusatzprotokoll zum Oslo-B-Abkommen unterzeichnet.

Ein Rückzug der israelischen Streitkräfte aus 80 Prozent des Stadtgebietes war vorgesehen. Ansonsten verschob Israel die Gespräche zur Oslo-B-Implementierung auf unbestimmte Zeit, weitere Truppenabzüge wurden gestoppt. Vor allem in Jerusalem (nach der »Tunneleröffnung« in der Altstadt im September 1996), Tel Aviv und Hebron kam es wiederholt zu Anschlägen. Die Gebiete der PNA wiederum waren in hohem Maß von ausländischen Hilfsprogrammen abhängig. Mit der Entwicklung staatlicher Strukturen durch die PNA entstanden auch Probleme infolge von Machtmissbrauch, Misswirtschaft, Korruption usw. Dem palästinensischen Sicherheitsapparat werden von NGOs wiederholt Menschenrechtsverletzungen vorgeworfen (Human Rights Watch 2000). Einige Palästinensergruppen (*Hamas* u. a.) haben die vorübergehend beendete Strategie des Terrors neuerlich aufgenommen.

Im Oktober 1998 einigen sich Arafat und Netanjahu in Wye Plantation, nahe Washington D.C., auf ein Interimsabkommen **(Wye-Abkommen)**, dass u. a. den Rückzug der israelischen Truppen aus weiteren etwa 13 Prozent der besetzten Gebiete unter Sicherheitsgarantien der Palästinenser vorsah. Gleichzeitig versicherte Arafat die Streichung Israel-feindlicher Passagen aus der PLO-Charta von 1964. Im Mai 1999 unterzeichnete der neue (sozialdemokratische) israelische Ministerpräsident Ehud Barak – Netanjahus Koalitionsregierung scheiterte im

Dezember 1998 und verlor die vorgezogenen Neuwahlen – in Ägypten eine Vereinbarung zur Umsetzung des Wye-Abkommens (**Durchführungsabkommen von Scharm-el-Scheich: »Wye 2«**).

Der Umsetzungsprozess war trotzdem weiterhin von **Stagnationsphasen** gekennzeichnet.

- Eine entscheidende Bedeutung hat die Startposition als Verhandlungsgrundlage, d. h. durch den Versuch, Fakten zu schaffen – etwa eine Fortsetzung des Siedlungsbaus durch Israel –, wird versucht, die Ausgangslage zu verbessern. Für den jeweils anderen Verhandlungspartner ergeben sich als Optionen lediglich eine grundlegende Änderung der Verhandlungsregeln (bzw. ein Abbruch der Verhandlungen), die Strategie des Zeitgewinns (um seinerseits Fakten zu ändern) oder eine Akzeptanz des Status quo mit dem Versuch, bestmögliche Detailbedingungen zu erreichen.
- Es erfolgt ein Wechselspiel der Konstanten im Verhandlungsprozess, die sich als *conditio sine qua non* insbesondere auf arabischer Seite verändern.

Siehe als Beispiel die Anerkennung Israels, die zwangsläufig den Verzicht auf eine Vertretung zusätzlicher palästinensischer Territorialansprüche in Israel durch arabische Staaten bzw. eine Reduktion der palästinensisch-arabischen Ansprüche in Jerusalem auf den Schutz der Heiligen Stätten verlangt.

Ziel der Regierung Barak war ein Ende des Konflikts, er war dafür im Vergleich zu bisherigen Positionen zu weitgehenden Abstrichen bereit bzw. konnte bisherige Tabuthemen zumindest ansprechen (palästinensische Staatlichkeit, Problem der Auflösung israelischer Siedlungen, Jerusalem).

In den Verhandlungen zwischen Barak und Arafat im September 2000 ging es vor allem um den Status von Jerusalem. Mit einem aus Sicht der Palästinenser provokativen Auftritt von Ariel Sharon – Held des Krieges von 1973, weil General einer entscheidenden Gegenoffensive, und als Verteidigungsminister 1982 verantwortlich für den israelischen Feldzug gegen die PLO im Libanon – als Redner in der Altstadt von Jerusalem, wo sich der Tempelberg/Harem al Sharif und die Klagemauer befinden, wurde eine neuerliche Protestwelle ausgelöst *(Intifada 2000)*.

Barak regierte als zweiter direkt gewählter Premierminister Israels – eine Wahlrechtsreform sollte die Parteienvielfalt einschränken, führte aber aufgrund von *special interest*-Parteien zu einer weiteren Fragmentierung und nur für das Amt des Premierministers zu einer personalisierten Auseinandersetzung zwischen den zwei jeweils chancenreichsten Kandidaten (Peres-Netanjahu 1996, Barak-Netanjahu 1999, Barak-Sharon 2001) – ohne für seine im israelischen Selbstverständnis weitgehenden Zugeständnisse an die Palästinenser eine Mehrheit in der *Knesset* zu erlangen. Baraks Reaktion (Camp David, Juli 2000; vgl. Israel Ministry of Foreign Affairs 2000) war daher von innen- und außenpolitischen Kalkulationen geprägt – wie wäre etwa eine politische Umgehung der *Knesset* durch ein Referendum über einen allfälligen Friedensvertrag möglich. Auch wurde die Ablehnung der Bedingungen eines solchen Vertrags durch die Palästinenser der israelischen Öffentlichkeit und den USA als Beweis eines maximalistischen und unverantwortlichen Charakters Arafats präsentiert.

3.3
Aktuelle Lage, Einflüsse des internationalen Terrorismus und Perspektiven

Nach der Abwahl Ehud Baraks wurde Ariel Sharon Premierminister und es ergab sich bis heute eine neuerliche – und auch durch die Folgen des 11. September 2001 verschärfte – Polarisierung mit folgenden Konsequenzen:

- Eine **Alarmierung der internationalen Politik**, zunächst mit Bemühungen durch UNO, USA und Russland sowie die EU, den Konflikt diplomatisch einzugrenzen. Der Präsidentenwechsel in den USA (Bush jr. folgte Clinton) hat aber diesbezüglich eine Relativierung des internationalen Engagements gebracht. Erst durch die Terroranschläge am 11. September 2001 wurden die USA – siehe unten – wieder zu mehr Engagement im Nahost-Konflikt gezwungen.
- Eine **Solidarisierung von arabischen und islamischen Bevölkerungen** der umliegenden Staaten, deren Führungen in einen Zwiespalt von Konfrontation und Diplomatie gedrängt werden. Einerseits sind

arabische Regierungen mit fundamentalistischen Strömungen in ihren Ländern konfrontiert und daher innenpolitisch in einer sensiblen Position. Offensichtlich von Bedeutung sind aber andererseits geostrategische Faktoren aus Sicht einer arabischen Sicherheitspolitik: Israels geographische Lage zwischen Syrien und Ägypten wird – zurückreichend bis zu Ideen Napoleon Bonapartes, d. h. lange Zeit vor Theodor Herzls Konzept eines Judenstaates bzw. vor der Staatsgründung Israels – (auch) als Konzept zur sicherheitspolitischen Schwächung Arabiens verstanden.

- Eine **Verunsicherung der israelischen Gesellschaft**, wo jüdisch-arabische Zusammenstösse innerhalb des Staates bis hin zu rassistischer Gewalt einen Schock auslösten.
- Eine neuerliche **Verschärfung des Terrors** (Stichwort: Selbstmordanschläge von PalästinenserInnen nach dem Massaker in Hebron im Jahr 1994) und **israelische Militärangriffe** auch gegen die palästinensische Führung (Stichwort: gezielte Tötungen und Belagerung von Yasser Arafats Amtssitz in Ramallah 2002).

Die Konfrontation zwischen Israel und den Palästinensern hatte, trotz Oslo (1993) und Camp David (2000), ihren Charakter nicht grundlegend verändert. Der 11. September 2001 eröffnete aus der Sicht Sharons die Möglichkeit, US-Unterstützung für ein radikales Vorgehen gegen Arafat und die PNA zu erhalten, wenn es gelang, in den Augen der Bush-Administration Arafat mit Osama Bin Laden und die PNA mit den Taliban gleichzusetzen, was der Realität keinesfalls entspricht.

Die Terrorobsession nach den Verbrechen von New York und Washington D. C. wurde auch propagandistisch genutzt. Es gelang, die Gewalt in Palästina zu de-kontextualisieren und die Verantwortung dafür zu externalisieren. Differenzierte Analysen traten in den Hintergrund, und so wurde z. B. die Ermordung des israelischen Tourismusministers Rehavam Ze'evi als Märtyrertod dargestellt und nicht im Kontext der kurz vorher mit gezielten Schüssen aus israelischen Hubschrauben erfolgten Tötung des Führers der *Democratic Front for the Liberation of Palestine/FDLP*, die das Attentat durchführte, gesehen. Auch die offen rassistischen Positionen Ze'evis wurden nicht thematisiert. Umgekehrt kam es zu einer Radikalisierung palästinensischer und arabischer Positionen durch den islamischen Fundamentalismus (Tibi 2002).

Im September 2002 stellte das »Nahost-Quartett« (USA, Russland, EU und UNO) erstmals Details der so genannten »**Road Map**« vor, eines Plans zur Etablierung eines unabhängigen Palästinenserstaates bis zum Jahr 2005, der auch ein Ende palästinensischer Gewalt und israelischer Siedlungstätigkeit vorsieht sowie den Rückzug der israelischen Armee aus den während der zweiten Intifada (seit 28. September 2000) besetzten palästinensischen Städten. Ausdrücklich wird in diesem neuen Friedensplan das Ziel einer Zwei-Staaten-Lösung benannt, nachdem auch Präsident Bush in einer Rede im Juni 2002 von einem unabhängigen Palästinenserstaat gesprochen hatte.

Beim Gipfeltreffen im jordanischen Akaba (zwischen Palästinenser-Premier Mahmud Abbas, Ariel Sharon und Präsident Bush) am 4. Juni 2003 kam es zwar zu Zugeständnissen beider Seiten und einer Verpflichtung auf den Plan, doch sind die Umsetzung und weitere Friedensgespräche – trotz erhöhten internationalen Drucks nach Ende des Irak-Krieges – angesichts fortgesetzter palästinensischer Selbstmordanschläge und des weiteren Ausbaus eines israelischen Sicherheitszaunes, der zum Teil auf palästinensischem Boden errichtet wird, praktisch vollständig zum Erliegen gekommen.

Der **Tod Yasser Arafats** am 11. November 2004 und die Wahl von Mahmud Abbas zu seinem Nachfolger haben dem Friedensdialog, trotz allzu voreiliger und überzogener Erwartungen, doch neue Möglichkeiten eröffnet, wie der Beginn der Räumungen von Siedlungen im Gazastreifen im August 2005 hoffen lässt. Die neuerliche gefährliche Verschärfung des Konflikts im Sommer 2006 – Einmarsch israelischer Truppen im Südlibanon zur Bekämpfung der Hisbollah – scheinen eine friedliche Lösung in weite Ferne zu rücken.

3.4
Theoretische Einordnung

Anhand des Nahost-Konflikts als allgemeinem Fallbeispiel lassen sich mehrere Verbindungen zu den Grundlagen der internationalen Theorie, insbesondere der **Friedensforschung**, aber auch des **konstruktivistischen** Theorieansatzes darstellen:

- Militärisch oder durch Gewalt erzwungener Nicht-Krieg ist nicht Frieden (die Definition von Frieden als Nicht-Krieg ist daher für die Praxis unzureichend).
- Parallel zu (klassischen) macht- und sicherheitspolitischen bzw. militärischen Aspekten ist eine Vielfalt von sozialen, sozialpsychologischen und auch wirtschaftlichen Faktoren zur Erklärung des Konflikts notwendig (siehe dazu u. a. die unterschiedlichen Phasen der Gesprächsbereitschaft und Gewalteskalation im israelisch-arabischen Konflikt).
- Externe Einflüsse (etwa die durch den Ost-West-Konflikt, heute durch die dominierende Rolle der USA) können sowohl durch Waffenlieferungen oder Militärberater usw. den **gewaltsamen** (»Stellvertreterkrieg«) als auch durch Vermittlung den **gewaltfreien** Konfliktaustrag fördern (»Verantwortung für Stabilität im eigenen Einflussbereich«). Sie können aber nicht in jedem Fall, im Sinne der Stellvertreterkrieg-Hypothese, den Konfliktverlauf, der ab einer gewissen Eskalationsstufe eine hohe Eigendynamik erreicht, bestimmen und seine Dynamik zu jeder Zeit kontrollieren.
- Im israelisch-palästinensischen Konflikt treffen zwei völlig einander widersprechende gesellschaftliche **Narrative** zweier, jede in ihrer besonderen Art, traumatisierten Gesellschaften aufeinander, die beide **Anspruch auf das selbe, durch die Vorsehung »verheißene« Territorium** beanspruchen, die wechselseitig die andere Seite als alleinige Ursache und daher als schuldig für das eigene Leid ansehen, und die beide **das Leid der anderen Seite vollständig ausblenden**. Nachhaltige Lösungen dieses vielschichtigen Konflikts scheinen nur durch langsame, aber nachhaltige Veränderungen der Narrative und durch einen Prozess der Versöhnung (»Reconciliation«) Erfolg versprechend.
- Eine politisch nachhaltige Lösung wird – unter Berücksichtigung des oben Gesagten – wahrscheinlich nur in einer **multinationalen und integrativen Lösung**, die die Nachbarstaaten Israel-Palästinas in einen sozio-ökonomischen Integrationsprozess einbezieht, möglich sein.

Literatur

Avnery, Uri (2003). *Ein Leben für den Frieden*. Klartexte über Israel und Palästina, Heidelberg.
Bunzl, John (1981). *Der Nahostkonflikt*, Wien.
Freedman, Robert O. (Hg., 1995). *Israel under Rabin*, Boulder.
Human Rights Watch (2000). *Center of the Storm: A Case Study of Human Rights Abuses in Hebron District.*
Israel Ministry of Foreign Affairs (Hg., 2000). *The Middle East Peace Summit at Camp David*, Jerusalem.
Pawelka, Peter/Hans-Georg Wehling (Hg., 1999). *Der Vordere Orient an der Schwelle zum 21. Jahrhundert*, Wiesbaden.
Said, Edward.W. (1997). *Friede in Nahost*. Essays über Israel und Palästina, Heidelberg.
Schreiber, Friedrich/Michael Wolffsohn (1992). *Nahost: Geschichte und Struktur des Konflikts,* Opladen.
Tibi, Bassam (2002). *Fundamentalismus im Islam*. Eine Gefahr für den Weltfrieden? Darmstadt.
Volle, Angelika/Werner Weidenfeld (1997). *Frieden im Nahen Osten?* Chance, Gefahren und Perspektiven, Bonn.
Zimmermann, Moshe (1996). *Wende in Israel*. Zwischen Nation und Religion, Berlin.

Globale Akteure

Auch wenn im Zeitalter von Interdependenz, (tendenzieller) Globalisierung und Transnationalisierung von Entscheidungsprozessen eine Mehrzahl von »Akteuren« die internationale Szene belebt, bleibt internationale Politik doch vorrangig die Politik von (National-)Staaten und deren Beziehungen zueinander. Inter-nationale (zwischen-staatliche) Politik setzt die Existenz und das Wirken von Staaten gleichsam voraus. Nur einige wenige **Staaten** (bzw. politische Einheiten »sui generis«, wie die Europäische Union) gelten als *»global players«* und sind für die Gestaltung des internationalen Systems von besonderer Bedeutung. Neben diesen sind auch Allianzen, internationale Organisationen, multinationale Konzerne, die internationalen Verbände von Parteien, Kirchen sowie – in immer stärkerem Maß – grenzüberschreitend tätige nicht-staatlich organisierte Gruppen oder Organisationen, auch als die **»internationale Zivilgesellschaft«** bezeichnet, zu einflussreichen Akteuren der internationalen Politik geworden. Sie zusammen betreiben den Gang der Geschichte und stellen in Summe bereits gegenwärtig ein **globales politisches Mehrebenensystem** dar, das auch als »**Global Governance**«-Struktur bezeichnet werden kann. Der bewusste Auf- und Ausbau derartiger Strukturen sollte in Hinkunft die Fähigkeit zur globalen politischen Gestaltung gegenüber der überschießenden Eigendynamik wirtschaftlicher Globalisierungsprozesse fördern und stärken. (Dazu vgl. das Kapitel zu internationalen Organisation i. d. B.)

Im folgenden Kapitel werden neben den hegemonialen USA und der Europäischen Union noch Russland und China als gegenwärtige und wohl auch zukünftige »globale Akteure« dargestellt.

1
Grundzüge der US-amerikanischen Außenpolitik

Für die Betrachtung der US-amerikanischen Außenpolitik – als Überblick empfehlen sich Medick-Krakau et al. 2003, Kremp/Wilzewski 2003 und Czempiel 2004 sowie Rosati 2003, Lieber 2002 und Daalder/Lindsay 2003 – lassen sich zwei nur vordergründig einfache Einstiegsfragen formulieren: Wer macht diese und worum geht es eigentlich?

1.1
Akteure und Kompetenzen

Aus europäischer Sicht wird allzu oft der **Präsident** fälschlich als alleiniger außenpolitischer Akteur gesehen, obwohl er tatsächlich **im Mittelpunkt** steht (Filzmaier/Plasser 1997, 107ff). Mit Ausnahme der für die Ratifikation von Staatsverträgen, für Kriegserklärungen und für die Bewilligung von Finanzhilfen vorgeschriebenen Zustimmung des Kongresses gewährt die Verfassung dem Präsidenten einen **weitgehenden Interpretationsspielraum** für seine außenpolitischen Aufgaben. Im Vergleich zum innenpolitischen Bereich ist das System der gegenseitigen Kontrolle *(checks and balances)* deutlich geringer ausgeprägt. Als oberster Diplomat hat der Präsident die Macht, Beziehungen zu ausländischen Regierungen aufzunehmen oder zu beenden, Botschafter zu ernennen und Staatsverträge zu unterzeichnen *(treaty power)*. Der Präsident ist weiters Oberbefehlshaber der Streitkräfte. In der Praxis besteht ein enger Zusammenhang zur diplomatischen Funktion, so dass seine Handlungsfähigkeit in der Außenpolitik vergrößert wird. Der Kongress hat nach dem Zweiten Weltkrieg keine und davor lediglich vier Kriegserklärungen – gegenüber Großbritannien 1812, Mexiko 1846, Spanien 1898 und im Ersten Weltkrieg – selbst abgegeben, jedoch sowohl im Korea- als auch im Vietnam- und Irak-Krieg – die wahre Kriegserklärung von Präsident Bush jr. 2003 geschah in einer vierminütigen Fernsehansprache – Geld für die US-Streitkräfte bewilligt. In allen anderen Fällen bestritten US-Truppen allein auf Anordnung des Präsidenten Kampfhandlungen, fallweise durch Resolutionen und Beschlüsse des Kongresses unterstützt.

Die Kompetenz des Präsidenten für Kampfhandlungen ist nicht durch die Verfassung vorgesehen, hat sich aber historisch in Kriegszeiten entwickelt. Durch den *War Powers Act* 1973, der die Entsendung von Truppen ins Ausland ohne Zustimmung des Kongresses auf 60 oder – falls für einen geordneten Rückzug notwendig – 90 Tage beschränkt, sollte die außenpolitische Macht des Präsidenten eingeschränkt werden. Die Regelung wurde trotz Richard Nixons Veto beschlossen, allerdings von Präsident Reagan im Nahost-Konflikt umgangen. Reagan hatte 1983 mit dem Argument, dass die Soldaten in keine Kampfhandlungen verwickelt wären, ein Gesetz für die Verlängerung der Stationierung von US-Truppen in Beirut unterzeichnet. Reagan musste aus politischen Gründen, nachdem mehrere Soldaten gefallen waren, seine Entscheidung widerrufen, doch der Kongress tolerierte die Vorgangsweise des Präsidenten. Präsident George Bush sen. hatte 1990/91 im Zweiten Golfkrieg den *War Powers Act* als verfassungswidrig bezeichnet und ignoriert. Auch als er 1984 in Panama US-Truppen stationierte, gab es keine Reaktion des Kongresses. Bill Clinton hat beim Eingreifen von US-Truppen in Haiti im Sommer 1994 denselben Standpunkt vertreten. In anderen Fällen, insbesondere bei den Interventionen in Bosnien, suchte er primär die Zustimmung des UN-Sicherheitsrates und nicht den Kongress zu gewinnen. Militäraktionen wie der von Reagan befohlene nächtliche Bombenangriff auf Libyen und Clintons Anordnung zum Abschuss von Raketen gegen den Irak 1993 fanden ohnehin innerhalb der gesetzlichen Grenzen statt. Im Dritten Golfkrieg 2003 ergab sich für Bush jr. keine Konfliktsituation mit dem Kongress, weil er sich ungleich seinen Amtsvorgängern auf eine dortige Mehrheit seiner Partei in beiden Kammern stützen konnte.

Dem Präsidenten mit seinen militärischen und außenpolitischen Kompetenzen *(military and foreign policy powers)* in der Außenpolitik zur Seite stehen einschließlich ihrer Leiter als **Hilfsapparat unterstellte »Ministerien«** – primär das *Department of State* und das *Department of Defense* als Außen- bzw. Verteidigungsministerium – sowie **unabhängige** *agencies*, von denen der Geheimdienst *Central Intelligence Agency (CIA)* am bekanntesten ist, zur Seite. Der reale Einfluss des Außen- oder Verteidigungsministers, in englischer Sprache aufgrund der formal geringen Macht bezeichnenderweise *Secretaries* und nicht

Minister genannt, ist stark von dessen Persönlichkeit und dem Naheverhältnis zum Präsidenten abhängig. Henry Kissinger war in den 70er-Jahren aufgrund des erstgenannten Punktes ein Hauptakteur, für Condoleeza Rice gilt seit 2005 der zweite Aspekt. Häufig kommt den stellvertretenden Departmentleitern – so etwa bis 2005 Richard L. Armitage als *Deputy Secretary of State* des sich von Präsident Bush jr. zunehmend entfremdenden Colin Powell und früher Paul Wolfowitz als *Deputy Secretary of Defense* von Donald Rumsfeld – planerisch eine entscheidende Bedeutung zu.

Die wahren **Schaltstellen** der Macht befinden sich genauso unter den persönlichen Beratern des Präsidenten im *White House Office (WHO)*. Oft sind deren Zuständigkeit weniger durch Gesetze als infolge des Vertrauens und der Anordnungen des Präsidenten definiert. Die Direktoren des *National Security Council (NSC)* und der nationale Sicherheitsberater Stephen Hadley verfügen mit der Sicherheits- und Außenpolitik allerdings über klare Aufgabenbereiche, die aus dem Namen ihrer Behörde ersichtlich sind und auf gesetzlichen Grundlagen – im konkreten Fall auf dem *National Security Act 1947* – beruhen.

Nachdem sich die Regierung im US-amerikanischen Verständnis gleichermaßen aus dem Präsidenten als Exekutive bzw. Regierungschef und zugleich Staatsoberhaupt sowie dem Kongress als Legislative und der Judikative mit dem Obersten Gerichtshof an der Spitze zusammensetzt, kommt auch diesen außenpolitische Bedeutung zu. Im **Kongress** sind primär der Senat und das dortige *Committee on Foreign Affairs* mit dem gegenwärtigen Vorsitzenden Richard L. Lugar sowie das *Committee on Armed Services* wichtig, während das *Committee on Foreign Relations* im Repräsentantenhaus nur untergeordnete Bedeutung aufweist. Aufgrund der Vereinigung von Präsidentenamt und Kongressmehrheit in den Händen einer Partei *(unified government)* und der republikanischen Geschlossenheit ist gegenwärtig die Rolle des Kongresses in den Hintergrund getreten. Der **Supreme Court of the United States** ist tagesaktuell in der Außenpolitik kaum relevant, kann jedoch als Grundsatzentscheidung in an ihn herangetragenen Anlassfällen das gesamte außenpolitische Handeln von Präsident und Kongress prüfen sowie gegebenenfalls als verfassungswidrig aufheben.

1.2
Wirtschaftliche Implikationen

Obwohl Analysen der Außenpolitik in den USA – siehe zu den nachstehenden Ausführungen insbesondere Filzmaier 2003, 50ff – wie diese oft zwangsläufig einen sicherheitspolitischen Fokus aufweisen, muss auf die **vielfältigen Bereiche der Außenpolitik** vom Handel bis zur Umwelt und insbesondere die **Implikationen der (Außen-)Wirtschaftspolitik** hingewiesen werden. Die USA haben jedenfalls seit 1945 einen Bedeutungsverlust hinnehmen müssen, sowohl das wirtschaftliche Potential – die *Europäische Union (EU)* und Japan sind Hauptkonkurrenten – als auch bis zu den Terroranschlägen am 11. September 2001 ihre militärische Rolle betreffend.

Noch bis 1945 verfügten die USA und die UdSSR in Summe über 50 Prozent des weltweiten Bruttosozialprodukts, zur Jahrhundertwende waren es nur noch etwa 25 Prozent. Die wirtschaftliche Situation der USA nach dem Ende des Kalten Krieges war tendenziell prekär. Die US-Wirtschaft ähnelte in ihrer Struktur – u. a. hinsichtlich des Verteilungsaspektes – in manchen Punkten einem Staat der Dritten Welt. Kennzeichnend ist bis heute eine polarisierte Wirtschaftsstruktur: einerseits High-Tech-Bereiche, andererseits eine große Anzahl neuer Jobs, die von der Qualifikation her ein äußerst niedriges Niveau haben (etwa Hilfsdienste in der Gastronomie als *McJobs*). Die mittlere verarbeitende Industrie ist im Vergleich zu Europa relativ klein und überaltert, zum Teil wurde dieser Bereich in Entwicklungsländer ausgelagert (so beispielsweise die Fernsehproduktion nach Taiwan). Klassische Sektoren wie die Stahlindustrie sind im Niedergang begriffen, dessen bildhafte Erinnerung aus dem US-Präsidentschaftswahlkampf 2004 geschlossene und verfallene Fabriken in Ohio sind. Nicht einmal Schutzzölle seitens der Bush-Regierung mit einer großen Belastung der transatlantischen Beziehungen konnten nachhaltig helfen.

Die Wirtschaftspolitik in den 80er-Jahren von Präsident Reagan, der *Reagan-Thatcherismus* mit dem Verzicht auf Regulative und Vertrauen auf den freien Markt, hat die Mittelschicht als zentralen Träger des demokratischen Systems sehr stark getroffen. Hinzu kamen eine Zunahme der Marginalisierung der ärmsten Schichten, eine unzureichende und sich verschlechternde Sozial- und Bildungspolitik und ein bis in die 90er-Jahre hohes Budgetdefizit und eine hohe Auslandsverschuldung. Nach 1990 bis 1992, als Präsident George H.W. Bush sen. vor allem aufgrund der schlechten Wirtschaftslage abgewählt wurde (»*It's the economy, stupid!«*), befanden sich die USA aber in einem konjunkturellen Hoch. Ende der 90er-Jahre wurden Budgetüberschüsse erwirtschaftet und die USA wurden vom Nettoschuldner wieder zum Gläubigerland. Die USA schienen sich auch besser als Europa auf die Globalisierung der Wirtschaft eingestellt zu haben und zeigten nach anfänglichen Schwierigkeiten eine positive Einstellung zur Konkurrenzsituation mit der EU.

Eine Ursache dafür ist, dass die USA über die Tradition einer konfliktorientierten Demokratie – als Konkurrenzdemokratie im Unterschied zu vielen europäischen Konkordanzdemokratien – sowie über Erfahrung mit sozialen Brüchen verfügen. Die Globalisierung verlangt Tugenden, die in den USA entwickelt sind und in EU-ropa weitgehend fehlen, etwa eine geringe Bodenhaftung und Hypermobilität sowie den Umgang mit ethnischer Vielfalt. Während in EU-ropa beispielsweise Migrationspolitik lange Zeit durch die Vorstellung einer homogenen Gesellschaft gehemmt war, haben die USA Tradition als Einwandererland. Nationalistische Proteste gegen ausländische Facharbeiter, in der Bundesrepublik Deutschland 2000 passiert (»Kinder statt Inder«), wären in den USA kaum denkbar. Europas Gesellschaften müssten demzufolge amerikanischer werden und soziale Ungleichheiten akzeptieren, wenn sie im globalen Wettbewerb bestehen wollen (von Rimscha 2000). Unbestritten ist allerdings, dass in den USA parallel dazu der Gegensatz zwischen Weißen und Afroamerikanern seit Jahrhunderten verdrängt wird, und die sozialen Kosten (Stichwort: Zweidrittelgesellschaft) des US-Modells sehr hoch sind.

Erst unter Präsident George W. Bush jr. und – in Verbindung mit einem bewussten *deficit spending* – nicht zuletzt infolge der sicherheitspolitischen Kosten für den Krieg gegen den Terror nach dem 11. September 2001 und den Krieg im Irak stieg das Budgetdefizit der USA neuerlich dramatisch auf fast 600 Milliarden US-Dollar bzw. knapp sechs Prozent des Bruttoinlandsprodukts (2005).

1.3
Isolationismus und Internationalismus

Der Eintritt in das moderne und globalisierte Informationszeitalter wurde in den USA früher und stärker begrüßt als in EU-ropa und nicht mit Skepsis oder Angst aufgenommen. Der in der Innenpolitik bestehende Grundkonsens eines möglichst minimalen Staatseinflusses und geringen Zentralismus führte folgerichtig zu einer Reduktion außen-

politischer Aktivitäten des Staates. Die US-amerikanische Außenpolitik nach dem Ende des Kalten Krieges und vor dem 11. September 2001 war daher durch den **Richtungsstreit von zwei diametralen Standpunkten** gekennzeichnet (Willis 1999, 50ff; Martin 1999, 66ff):
- Die USA erhoben – so die Präsidenten George H.W. Bush sen. und Bill Clinton – unverändert den Anspruch, ihre politischen und wirtschaftlichen Wertvorstellungen weltweit durchzusetzen bzw. als *Leader of the Free World* eine Mission, nämlich die globale Durchsetzung der Freiheit (und daher auch ihres Staats- und Wirtschaftsmodells), zu erfüllen und die Funktion eines Weltpolizisten zu leisten. Konsequenz war ein Anti-Amerikanismus, der sich keineswegs ideologisch – anti-kapitalistisch oder fundamentalistisch – auf kommunistische Länder und die islamische Staatenwelt beschränkt, sondern als allgemeine Skepsis gegenüber der US-Außenpolitik auch in EU-ropa anzutreffen ist.

Dieser **US-amerikanische Internationalismus** zerfiel seinerseits in zwei Denkschulen. Nach **Präsident Bush sen.** Konzept der **neuen Weltordnung** sollten die USA eine zentrale Ordnungsaufgabe erfüllen. Realpolitische Konsequenz war der **Unilateralismus** ohne außenpolitische Absprache mit verbündeten Staaten bzw. allenfalls in Verbindung mit einer – siehe das Fallbeispiel des UN-Mandats im Zweiten Golfkrieg – institutionellen Kooperation als lediglich formaler Rahmen für primär US-amerikanische Initiativen. Demgegenüber stand **Bill Clintons** Idee eines **Multilateralismus**, demzufolge die USA sich im Rahmen der UNO und auch in Zusammenarbeit mit der EU partnerschaftlich organisieren sollten, um gemeinsam die Rolle einer Weltpolizei auszuüben.

Beide Modelle galten am Ende des 20. Jahrhunderts als gescheitert. Bush sen. Weltordnungskonzept konnte außenpolitisch nicht vermittelt werden und war insbesondere in den USA sehr unpopulär. Empirisch häuften sich Defizite einer neuen Weltordnung, etwa infolge der ungeklärten Rolle mittlerer Mächte (Beispiele sind bzw. waren der Iran und der Irak im Nahen Osten) usw. Gleichermaßen fehlte dem Multilateralismus ein innenpolitischer Konsens, u. a. waren die Vereinten Nationen *(United Nations Organization/UNO)* im republikanischen und gegenüber Clinton oppositionellen Kongress bzw. von Interessengruppen einer intensiven Negativkampagne ausgesetzt.

Die außenpolitischen Grenzen von Clintons Multilateralismus zeigten sich spätestens 1997, als der US-Präsident militärische Aktionen gegen den Irak anstrebte und im UN-Sicherheitsrat keine Mehrheit fand. Diese Begrenztheit multilateraler Strategien sollte sich 2002/03 wiederholen, als die USA im Rahmen des Kampfes gegen den Terrorismus für das militärische Eingreifen im Irak mit diplomatischen Schwierigkeiten konfrontiert waren, sowohl die Unterstützung der UNO als auch ihrer Verbündeten in Europa zu erlangen.

- Parallel dazu ergab sich – nach den Kongresswahlen 1994 infolge der konservativen republikanischen Mehrheit (mit Jesse Helms als Vorsitzendem im *Foreign Relations Committee* des Senats und Newt Gingrich als *Speaker of the House*) – in der US-Außenpolitik ein **Trend zum Isolationismus**. Es erfolgte eine verstärkte Hinwendung zu innenpolitischen Problemen. Historisch lässt sich der Isolationismus in den traditionsbewussten USA durch Berufung auf George Washington – der die Idee vertrat, dass sich die USA bei den Ränkespielen fremder Mächte (damals vor allem England, Frankreich und Spanien) neutral verhalten sollten – leicht begründen.

Zeitgeschichtlich führte das nach dem Zerfall der UdSSR fehlende Feindbild zum Isolationismus. Konsequenz war, dass Außenpolitik in den USA keinen hohen Stellenwert hatte. Nur drei Prozent der US-Amerikaner bezeichneten die internationale Politik vor dem 11. September als wichtigstes Problem (im Wahljahr 2004 waren es – werden die Bereiche Terrorismus, Kriegsgefahr und nationale Sicherheit hinzugerechnet – in Summe über 70 Prozent). 30 Prozent meinten 2000 sogar, die USA sollten sich überhaupt nicht mit Themen und Problemen der internationalen Politik beschäftigen. Die UNO wurde zum Feindbild, eine zunehmende US-Zentrierung und Ignoranz gegenüber dem Rest der Welt war festzustellen.

Als Exkurs zum Wechselspiel US-amerikanischer Innen- und Außenpolitik: Die demokratisch-republikanischen Gegensätze bzw. analoge Streitigkeiten zwischen Präsident und Kongress in der Außenpolitik reichen bis in die Anfänge des 20. Jahrhunderts zurück und wurden lediglich in Kriegszeiten bzw. kurz danach von Einigkeitsphasen (etwa für die UN-Charta, den Marshall-Plan und den NATO-Gründungsvertrag als Kooperationsinitiative zwischen Präsident Truman und dem republikanischen Vorsitzenden des Außenpolitischen Ausschusses im Senat, Vandenberg) überlagert. Beispielsweise wurde aber der Vertrag von Versailles im Repräsentantenhaus abgelehnt, nachdem 1918 die Demokraten – ihnen gehörte auch Präsident Woodrow Wilson als Verfechter des Vertrags an – die Mehrheit verloren hatten (im unverändert demokratisch dominierten Senat gab es hingegen eine klare Mehrheit für den Vertrag). Ein Bruch der Parteieneinigkeit nach 1945 kam spätestens während des Vietnam-Krieges, als die Demokratische Partei von der anfänglich beidseitigen Befürwortung des bewaffneten Konflikts langsam abwich. Präsident Reagan stand in den 80er-Jahren mit seinem Programm einer Stärkung der Rüstung anstatt von Entwicklungshilfe usw. gemäßigten Demokraten gegenüber, die öfters diesbezügliche Maßnahmen als Kongressmehrheit ablehnten. Nach dem Ende des Kalten Krieges setzte sich die außenpolitische Polarisierung der Parteien teilweise fort, war allerdings – etwa im Fall der Ablehnung des vom Präsidenten unterzeichneten *Comprehensive Test Ban Treaty (CTBT)* durch den mittlerweile republikanischen Kongress – auch in der Person Präsident Clintons begründet. Tendenzen für eine neue Phase der Einigkeit der Parteien in der Außenpolitik *(bipartisanship)* zeigten sich in den 90er-Jahren anlässlich der NATO-Erweiterung, dem Militäreinsatz in Bosnien und der *Chemical Weapon Convention*.

1.4
US-Außenpolitik und transatlantische Beziehungen nach dem 11. September

Nach dem 11. September 2001 sollte nichts mehr so sein, wie es einmal war. Die zentrale **Fragestellung** lautet, ob sich über unmittelbare Solidaritätsbekundungen und Allianzen hinaus eine **langfristige Trendwende** in der US-Außenpolitik und in den transatlantischen Beziehungen abzeichnete.

Als Präsidentschaftskandidat hatte George W. Bush jr. stolz auf die Priorität innenpolitischer Themen verwiesen und mittelbar sogar sein relatives Desinteresse an EU-ropa in seine Wahlkampfstrategie inkludiert. Möglicherweise hätte jedoch der neue Präsident trotz einer verschärften Rüstungspolitik zugunsten der seinen Wahlkampf finanzierenden Interessengruppen des *Military and Industrial Complex* in den USA weniger eine Trendwende zu seinem Amtsvorgänger eingeleitet, als seine Sympathisanten und Geldgeber hofften oder seine politischen Gegner befürchteten (Bacevich 2001, 67ff).

Faktisch hätte sich ohne die Terroranschläge des 11. September 2001 ein sehr gemäßigter Internationalismus fortgesetzt. Ein extremer Isolationismus war nicht zu erwarten, weil durch den Parteiwechsel eines Mandatars die Demokratische Partei zur Mehrheitsfraktion im Senat und dadurch ein Gleichgewicht gegenüber dem Präsidenten und seinen außenpolitischen Berater im Weißen Haus gesichert wurde. Plötzlich, nach dem 11. September, war aber Bush jr. zu richtungsweisenden

Handlungen in der Außenpolitik gezwungen, wobei sich europäische Befürchtungen einer »Cowboy-Diplomatie« – als Begriff nach dem einseitigen Ausstieg aus dem *Anti Ballistic Missile/ABM*-Vertrag geprägt – nicht bewahrheiteten. Kurzfristig entstand durch die Terroranschläge ein vordergründiger Multilateralismus, weil sämtliche Akteure der US-Außenpolitik – Weißes Haus, Außen- und Verteidigungsministerium sowie der Kongress – die Notwendigkeit der Koalitionsbildung öffentlich anerkannten und propagierten.

Praktische Auswirkungen zeigten sich u.a. durch die Ernennung eines UN-Botschafters und die Freigabe von Beitragszahlungen durch das US-Finanzministerium. Vor allem aber ist Außenpolitik, in Verbindung mit innerer Sicherheit *(homeland security)*, durch die Ereignisse des 11. September zu einem nationalen Thema geworden. Die Besonderheit der US-Kongresswahlen 2002 war, dass nationale und internationale Sicherheitspolitik – insbesondere die Gründung eines entsprechenden Ministeriums *(Department of Homeland Security)*, der Kampf gegen den Terrorismus sowie die Vorgangsweise der US-Regierung gegen den Irak – zentrale Themen darstellten, die zumindest indirekt den Wahlkampf beeinflussten. Das traditionelle Verständnis von nahezu ausschließlich aus der spezifischen Politiksituation im jeweiligen Wahlbezirk resultierenden Wahlmotiven (*»everything is local«*) wurde dadurch in Frage gestellt. Im Präsidentschaftswahlkampf 2004 wiederholte sich der zentrale Stellenwert der Sicherheitspolitik.

Die Mobilisierung einer Allianz zum Sturz des Regimes der Taliban in Afghanistan unter der Resolution 1373 des UN-Sicherheitsrates und die gemeinsame Jagd auf *Osama bin Laden* waren aber eine emotionale Selbstverständlichkeit – »Wir sind alle Amerikaner« war in der französischen Zeitung *Le Monde* nach dem 11. September zu lesen – und mit Ausnahme Großbritanniens nicht Konsequenz eines tief gehenden Bedürfnisses nach Zusammenarbeit. Multilateralismus impliziert aus Sicht der USA die Befürchtung einer für kleinere Staaten sinnvollen Strategie, um die Supermacht in ihrem Handlungsspielraum zu beschränken. Den Terror nach Auffassung der USA unterstützende Regimes, insbesondere Saddam Hussein im Irak, könnten dadurch profitieren. Sogar Joseph S. Nye, Mitbegründer eines modernen Institutionalismus, vergleicht trotz seiner grundsätzlichen Zustimmung die französische Befürwortung multilateraler Konzepte mit Jonathan Swifts Erzählung vom durch die Allianz zahlloser Zwerge gefangenen Riesen (*»to tie the United States down like Gulliver among the Lilliputians«*). Nye nennt mehrere Ausnahmefälle, die für die USA Abweichungen von der transatlantischen Kooperation rechtfertigen. Dazu zählen unmittelbare Überlebensinteressen der USA, die trotz der Suche nach internationaler Unterstützung einen unilateralen militärischen Einsatz verlangen (von der Kuba-Krise 1962 bis zum Kampf gegen den Terrorismus), die Konkurrenz internationaler Gerichtsbarkeit mit als effektiver angesehenem US-*peacekeeping* – die USA lehnen einen *International Criminal Court (ICC)* ab – und multilaterale Initiativen gegen nationale US-Wertvorstellungen (etwa eine Weltinformations- und/ oder Weltwirtschaftsordnung entgegen der absoluten Medienfreiheit und offenen Märkten; Nye 2001, 5ff).

Ein **Mittelweg zwischen Uni- und Multilateralismus** könnte die logische Folge sein. Isolationismus ist in der öffentlichen Meinung der USA verankert, jedoch gegen das moderne Bedrohungsbild des Terrorismus keine angebrachte Strategie bzw. würde er die Verwundbarkeit der USA sogar erhöhen. Eine Verknüpfung zwischen den internationalistisch-isolationistischen Widersprüchen der US-Außenpolitik ist insofern möglich, als die USA einer zunehmenden multipolaren Weltordnung kein unipolares Konzept entgegensetzen, sondern – in Anlehnung an Henry Kissingers Thesen eines Gleichgewichts von sechs Hauptmächten (Kissinger 1992) – versuchen, Form und Akteure der Multipolarität mitzubestimmen bzw. zu definieren.

Diese Strategie zeigte sich im Vorgehen gegen den Irak 2002/03, als die USA kein Mandat der UNO erhielten. Eine US-amerikanische Militäraktion wäre im Völkerrecht lediglich nach Artikel 51 der UN-Satzung begründbar, wenn eine unmittelbare Bedrohung durch den Irak staatliche Notwehr rechtfertigt. Eine solche Bedrohung, etwa durch Langstreckenraketen, konnte aber nicht nachgewiesen werden. Viel wichtiger als das daher völkerrechtlich erforderliche UN-Mandat war den USA aber die politische Unterstützung, um langfristig Stabilität im Nahen und Mittleren Osten zu erreichen. Dafür müssen über eine unmittelbare Militäraktion hinaus politische Maßnahmen Akzeptanz finden. Das ist für den Fall US-amerikanischer Alleingänge kaum der Fall und nur möglich, wenn im Rahmen einer UN-Initiative sowohl militärische als auch politische Konzepte zugleich von europäischen NATO-Ländern und Russland getragen und mit ihren Einflussmöglichkeiten auf arabische Staaten umgesetzt werden.

Voraussetzung ist aber, unabhängig vom Anlassfall Irak, eine grundsätzliche Überzeugung der USA, dass für den erfolgreichen Kampf gegen den Terrorismus internationale Regime erforderlich sind. Ansonsten befinden sich die USA, so Richard N. Haass als Direktor für außenpolitische Studien der *Brookings Institution*, auf dem Weg eines Multilateralismus der USA nach freier Wahl (*À la carte-multilateralism*).

Im **sicherheitspolitischen Bereich** sind dadurch **langfristige Folgen** zu befürchten. Die *North Atlantic Treaty Organization (NATO)* setzte nach den Terroranschlägen des 11. September den einmaligen Schritt einer Aktivierung des Artikel V ihres Vertrages. Die Terroranschläge auf das NATO-Mitglied USA wurden dadurch zum Angriff auf alle Mitgliedsstaaten erklärt, so dass die Verpflichtung von Gegenmaßnahmen durch alle Verbündeten bestand. Dennoch zeigte die Regierung Bush jr. – nicht zuletzt infolge der geringen Zustimmung dafür durch die US-Bevölkerung – wenig Bereitschaft, relevante militärische Kapazitäten der Europäer zu nutzen. Die stattdessen verstärkte Einbeziehung Russlands als strategischem Partner wird in Verbindung mit ihrer Erweiterung die NATO schwächen, ohne aber zu bedenken, dass sie den historischen und strategisch unersetzbaren Partner der USA in Europa darstellt.

Der Multilateralismus der USA nach freier Wahl ist sehr einseitig. Die Einseitigkeit ist aber insofern aus US-Sicht argumentierbar, als Interventionen für die Sicherheit und die militärische Stabilität in Europa und auf globaler Ebene von einem Engagement der USA abhängig sind.

Ein militärisches Eingreifen der EU in Krisenregionen wird zwar thematisiert, doch gibt es gegenwärtig keine Bereitschaft, den entsprechenden Preis – sowohl politisch als auch wirtschaftlich, d. h. eine Übernahme der Kosten für eine europäische Aufrüstung – zu bezahlen. Die mangelnde EU-Bereitschaft für militärische Aufrüstung trotz technologischer Eigeninitiativen im wirtschaftlichen Interesse wird seitens der USA, die Milliarden-Dollar-Steigerungen des Verteidigungsbudgets beschlossen haben, abgelehnt: In der *International Herald Tribune* vom 23. Mai 2002 schrieb Ron Denman, ehemals Vertreter der Europäischen Kommission in Washington D. C., Europa sollte »aufhören zu weinen, und seine Aufgaben leisten«.

Unklar ist, ob das gemeinsame **Feinbild des Terrorismus** neuerlich und längerfristig identitätsstiftende Aufgaben leisten kann. Die US-Strategie des *War Against Terror* und des Krieges gegen eine Achse des Bösen (*axis of evil*) – der Begriff wurde von Präsident Bush jr. in seiner Ansprache zur Lage der Nation (*state of the union adress*) 2002 geprägt –

erscheint den Europäern, analog zum Konzept der Schurkenstaaten *(rogue states)* bzw. besorgniserregender Staaten *(states of concern)*, zu sehr vereinfacht und einseitig (nach dem französischen Außenminister Hubert Vedrine einem »zweckmäßigen Unilateralismus« entsprechend).

Der Begriff des *rogue state* (Schurkenstaat) wurde seit etwa 1980 – und verstärkte seit Mitte der 90er-Jahre – zur Charakterisierung von Staaten verwendet, die eine repressive Innenpolitik aufweisen und auch nach außen systemzerstörend wirken können. Als Doktrin versuchte US-Außenministerin Madeleine Albright den Begriff *rogue states* seit 1994 zu verwenden, um »terroristische Staaten« durch politische Etikettierung zu isolieren. Die Doktrin wurde jedoch, nicht zuletzt infolge des Widerstands Europas, 2000 aufgegeben und durch die Begrifflichkeit von besorgniserregenden Staaten *(states of concern)* ersetzt. Nach dem 11. September 2001 kam es im US-Begriffsverständnis zu einer Renaissance des ursprünglichen Gebrauchs des Terminus Schurkenstaaten als Teil der Achse des Bösen (Haass/Sullivan 2000; Chomsky 2000).

Zur politischen Perspektive sagte Frankreichs Staatspräsident Jacques Chirac am 17. Mai 2002, zitiert u. a. auf http://n-tv.de: »Der Unilateralismus steht im Gegensatz zu einer ausgewogenen Sichtweise der Welt.« Die USA wurden namentlich nicht erwähnt, haben aber ihrerseits Zweifel, ob EU-ropa – d. h. sowohl einzelne Staaten als auch die EU – über zeitgemäße Strukturen verfügt, aktuellen Bedrohungen des Terrorismus zu begegnen. Eigenständige Initiativen der EU, etwa mehr Aktivität im Nahost-Konflikt oder als Mediator zwischen den koreanischen Staaten, werden dementsprechend misstrauisch beobachtet. Solche Zweifel werden von einem traditionellen Misstrauen gegen die EU als internationale (Regierungs-) Organisation genährt. Umgekehrt gibt es Vorbehalte gegen die Organisation der US-Außenpolitik angesichts neuer Akteure und Informationstechnologien (für eine kritische Beurteilung siehe CSIS 1998 und Henry L. Stimson Center 1998). Hinzu kommt ein kultureller Gegensatz: Wenn George W. Bush jr. als kriegsführender Präsident seine Popularität vergeblich zu sichern versuchte, beruht das auf einem heroischen Geschichtsverständnis der US-Amerikaner. Europa reagiert mit Unverständnis, denn nach der Geschichte von Weltkriegen auf dem eigenen Kontinent gibt es weniger ausgeprägtes Heldenbewusstsein.

1.5
Vom War Against Terror zum Krieg im Irak und seinen Folgen

In der Nationalen Sicherheitsstrategie der USA *(National Security Strategy/NSS)* wurden in Verbindung mit mehreren Reden von Präsident Bush jr. – an der Militärakademie West Point am 1. Juni 2002, zur NSS im September 2002 und in Ansprachen zur Lage der Nation im Jänner 2003 bzw. unmittelbar vor dem Irak-Krieg im März 2003 – die Hauptaufgaben der US-Außenpolitik festgelegt:

- **Internationaler Terrorismus** und **Diktaturen bzw. Tyrannen** wurden als **Hauptgefahren** für den Weltfrieden gesehen, die – auch militärisch – bekämpft werden müssen.
- Der US-amerikanische Status als **alleinige Hegemonialmacht** ist
  a) für eine stabile Weltordnung erforderlich und
  b) für andere Staaten bzw. Akteure der internationalen Politik akzeptabel.
- In einer Fortsetzung des **Missionsbewusstseins** des Kalten Krieges gilt die weltweite Verbreitung der liberalen Demokratie – im US-amerikanischen Verständnis – als eine zentrale Zielsetzung der Außenpolitik.

Zwei grundsätzliche Denkfehler sind in den so formulierten Hauptaufgaben der USA als alleinige Supermacht und zugleich Weltpolizist enthalten. Eine Hegemonialstellung der USA wäre erstens global allenfalls begrüßenswert, wenn im Sinne von Francis Fukuyamas Ende der Geschichte (Fukuyama 1992) tatsächlich ein weltweiter Grundkonsens über eine liberale Demokratie und ihre Werte als idealtypische Gesellschaftsform besteht. In der Realität gibt es bereits in EU-ropa tief greifende Auffassungsunterschiede über das US-Gesellschaftsverständnis. Der massive und vom religiösen Fundamentalismus großteils unabhängige Anti-Amerikanismus in der arabischen Welt zeigt, dass statt des Endes der Geschichte ein Kampf der Kulturen (nach Huntington 1996) ebenso wahrscheinlich ist. Zweitens sind weltpolizeiliche Kriege und Präventivschläge der USA unabhängig vom militärischen Gelingen langfristig nur erfolgreich, wenn sie von einer Bevölkerungsmehrheit in den betroffenen Ländern bzw. Regionen gemäß der US-Sprachregelung als Befreiung empfunden werden. Der Irak-Konflikt ist ein Indikator für die hohe Wahrscheinlichkeit des Gegenteils.

Aus der US-Sichtweise von außenpolitischen Aufgaben erklärten sich aber sowohl der Kampf gegen den Terror als auch ein Militärschlag gegen der Irak (Pollack 2002) mit vergleichsweise wenigen Verbündeten – als Koalition der Willigen *(coalition of the willing)* und gegen die Mehrheitsmeinung im UN-Sicherheitsrat. Die **Gründe** für die offensive und aggressive **US-Außenpolitik** waren:

- Präsident Bush jr. sah, wie Ronald Reagan und im Gegensatz zu seinen Amtsvorgängern Carter und Clinton, die US-amerikanische **Do-**

minanz als **Hegemonialmacht grundsätzlich positiv** und weniger selbstkritisch. Bush jr. ist zugleich Anhänger einer realistischen Schule der Theorie von den internationalen Beziehungen, d. h. Machtgewinn und -erhaltung wird zur Handlungsmaxime der USA und anderer Staaten. Demgegenüber wird dem Institutionalismus als Konzept, das internationalen Organisationen die Ordnungskompetenz für das Weltsystem zugesteht, eine Absage erteilt.

- George W. Bush jr. war, wie der britische Premierminister Tony Blair und im Unterschied u. a. zur französischen und deutschen Regierung, von der **Notwendigkeit** überzeugt, auf terroristische und von Diktaturen ausgehende Gefahren nicht zu re-agieren bzw. lediglich, analog zum Kalten Krieg, Strategien der Eingrenzung *(containment)* und Abschreckung *(deterrence)* zu verfolgen, sondern gleichsam vorbeugend aktiv zu werden, nämlich durch **Präventivschläge** *(pre-emption)*.
- Bush jr. sieht sich persönlich in einer **Rolle als Kriegspräsident** (*Bush at War*, Woodward 2002) für eine friedliche Weltordnung. Begriffe einer Achse des Bösen und von Saddam Hussein als Person, die seinen Vater töten wollte, sind hochgradig emotional geprägt (vgl. als Hintergrundbericht dazu Clarke 2004).

Aus europäischer Sicht ist, trotz der kurzfristigen Solidarität nach dem 11. September 2001, insbesondere eine emotionalisierte bzw. im Stil einer Wahlkampagne argumentierte und durchgeführte US-Führungsrolle in der Welt kaum verständlich.

Im Hintergrund steht allerdings ein grundsätzliches Strukturproblem der internationalen Sicherheitspolitik: Im UN-Sicherheitsrat stellen die USA lediglich eine von fünf Vetomächten dar. Drei europäische Länder und die Volksrepublik China stehen ihnen – anders als in NATO, Weltbank, internationalem Währungsfonds usw. – gleichberechtigt gegenüber. Unbestritten ist auch die wirtschaftliche Gleichwertigkeit EU-ropas. Im militärischen Bereich aber sind weder die EU noch einzelne Mitgliedsstaaten zu einer vergleichbar aktiven Außenpolitik noch zu vergleichbaren Kosten – die US-Militärausgaben betragen, ohne Einbeziehung der Kriegskosten im Irak, über eine Milliarde US-Dollar pro Tag! – für eine friedliche Weltordnung bereit. Für eine Vormachtstellung und Vorreiterrolle der USA werden jedoch logischerweise mehr Rechte eingefordert.

Die Entwicklung seit dem Herbst 2001, und in verschärfter Form nach dem Beginn des Irak-Kriegs, lässt jedenfalls eine **Fortsetzung der Entfremdung von USA und EU-ropa** möglich erscheinen. Nach Jahren wechselseitiger Ressentiments und zunehmender Spannung ist offensichtlich, dass die USA und EU-ropa unterschiedliche Interessen haben. Für die USA ist EU-ropa erschöpft, unernst und schwach (Kagan 2002; 2003). Die europäische Kritik an den USA als arrogante, kriegerische und undiplomatische *lonely superpower* (Huntington 1999, 35ff) hat ebenfalls Bestand. Die USA sind in EU-ropa quasi Objekt eines salonfähigen Antiamerikanismus (Diner 2002; Revel 2002).

Ausgangspunkt ist die These, dass eine, Imperien ähnlich agierende, Hegemonialmacht nach den Gesetzen der Logik und zwangsläufig keine Verbündeten, sondern Vasallen hat. Es stellt sich die Frage, ob der europäische Anti-Amerikanismus ein »Pawlow'scher Reflex ohne Leidenschaft« (Roger 2002) ist oder – etwa durch konsequente Einigkeit und Blockade der Europäer in UNO und NATO – ein Regulativ gegen eine willkürliche Allmacht der USA darstellen kann. Die Uneinigkeit EU-ropas im Zuge des Irak-Konflikts scheint zu zeigen, dass, trotz aufkommender Leidenschaft, ein Regulativ unrealistisch ist.

So bleibt es bis auf weiteres bei der **imperialen Stellung der USA**. Insbesondere durch den Irak-Krieg scheint kurzfristig auch die gewählte Politik des nationalen Alleingangs – selbst gegen die Mehrheitsmeinung im UN-Sicherheitsrat – aus Sicht der US-Regierung von Erfolg gekrönt zu sein. Ungeachtet einer fehlenden Friedensordnung definiert Bush den militärischen Sieg, die Verhaftung Saddam Husseins und die irakischen Wahlen im Jänner 2005 als Bestätigung seines Kurses. Vielleicht ist aber die Welt zu groß, zu komplex und zu dynamisch, um die Vorherrschaft einer einzigen Macht längerfristig zu akzeptieren (Todd 2004). Auch lassen sich globalisierte Sicherheits-, Wirtschafts- oder Umweltprobleme sowie die Bekämpfung ihrer Ursachen auf Dauer nicht im nationalen Alleingang oder mit traditionellen Mitteln nationaler Machtpolitik lösen. In Wahrheit sind die USA auch vom Rest der Welt abhängig, nicht nur umgekehrt. Hinzu kommt eine Schwächung der US-Vorherrschaft durch die zunehmende Unpopularität der Regierung Bush jr. in ihrer zweiten Amtszeit.

Zu diskutieren bleiben die **Folgen der amerikanischen Irak-Politik für das Völkerrecht und die Rolle der UNO**, denn beide sind nach dem Irak-Krieg vorerst geschwächt (vgl. zu den Folgen des Irak-Kriegs Hauchler et al. 2003). Völkerrechtliche Normen – grundlegend etwa das auch in Artikel 2 der UN-Charta verankerte Gewaltverbot – scheinen durch den Krieg im Irak einmal mehr instrumentalisierbar und schwach, ihr universeller Geltungsanspruch ausgehöhlt. Die UNO wurden – trotz des anfänglichen Bemühens um eine Legitimation des geplanten Vorgehens durch den UN-Sicherheitsrat – durch die Militäraktion ohne ihr Mandat schlussendlich marginalisiert. Auch die US-Nachkriegsverwaltung des Irak verzichtete auf multilaterale Unterstützung. Eine Chance der UNO bzw. multilateraler Politik könnte jedoch in der Erkenntnis liegen, dass eine dauerhafte Stabilisierung und Demokratisierung des Irak und der Region wohl nur im Rahmen internationaler Kooperation zu erreichen sein wird.

Die USA und ihre Außenpolitik laufen **Gefahr**, sich in einer mehrfachen *no win*-Situation zu befinden:

- Unabhängig von der formalen Dauer des Krieges im Irak vom 20. März bis zum 2. Mai 2003 und der Festnahme Saddam Husseins am 14. Dezember 2003 ist die **Nachkriegsverwaltung** nahezu **gescheitert**. Den weitgehend demokratischen Wahlen am 30. Jänner 2005 und in der Folge erfolgreichen Regierungsverhandlungen stehen ein fortgesetzter Widerstand gegen die US-Streitkräfte durch Selbstmordanschläge und Attentate gegenüber, die militärisch trotz hoher Opferzahlen auch unter den Soldaten nicht erfolgreich bekämpft werden.

So starben etwa am 28. Februar 2005 bei einem Bombenanschlag in der Stadt Hilla mindestens 125 Menschen, am 10. März durch den Selbstmordanschlag in einer Moschee Mossuls gab es 47 Tote und am 11. Mai 2005 eine Anschlagsserie mit mindestens 82 Todesopfern. Die Lage hat sich im Jahr 2006 eher verschlechtert.

- Nicht zuletzt infolge des Nachweises des falschen Kriegsarguments, dass der Irak über Massenvernichtungswaffen verfügt hätte, und der Verstöße von US-Truppen gegen die Menschenrechte, ist die **öffentliche Meinung** international und national in eklatantem **Widerspruch zur US-Außenpolitik**.

Die UN-Resolution 1.441 am 8. November 2002 hatte für den Fall des irakischen Besitzes von Massenvernichtungswaffen »ernste Konsequenzen« angedroht, ein UN-Bericht im Jänner 2003 hatte keine Beweise für deren Existenz gefunden und die USA hatten im UN-Sicherheitsrat durch Außenminister Colin Powell am 5. Februar 2003 anhand von Satellitenbildern und Geheimdienstdokumenten angebliche Beweise vorgetragen, die sich als unwahr herausstellten. Im Mai 2004 wurde in den Medien mit zahlreichen Fotos berichtet, wie US-amerikanische Militär- und Geheimdienst-Mitarbeiter Gefangene im Abu Ghraib-Gefängnis nahe Badgad gefoltert haben.

Konkret hat sich das **Image der USA** in allen Ländern der Welt von 1999/2000 bis 2005 dramatisch **verschlechtert**. Die Zahl jener, die eine vorteilhafte Meinung von den USA haben, sank beispielsweise in der Bundesrepublik Deutschland von 78 auf 41, in Frankreich von 62 auf 43 und im verbündeten Großbritannien von 83 auf 55 Prozent. Noch dramatischer ist die Entwicklung in manchen islamischen Ländern, wenn sogar im NATO-Mitgliedsland Türkei früher mehr als jeder zweite und heute weniger als jeder vierte Bürger eine vorteilhafte Meinung von den USA hat. Die Zustimmungsraten für die Politik von

Abb. 26: Image der USA in der Welt 1999-2005

Favorable Opinion of the U. S. in %					
	1999/2000	2002	2003	2004	2005
Canada	71	72	63	-	59
Britain	83	75	70	58	55
Netherlands	-	-	-	-	45
France	62	63	43	37	43
Germany	78	61	45	38	41
Spain	50	-	38	-	41
Poland	-	79	-	-	62
Russia	37	61	36	47	52
Indonesia	75	61	15	-	38
Turkey	52	30	15	30	23
Pakistan	23	10	13	21	23
Lebanon	-	35	27	-	42
Jordan	-	25	1	5	21
Morocco	77	-	27	27	N/A
India	-	54	-	-	71
China	-	N/A	-	-	42

Quelle: Pew Global Attitudes Project des Pew Research Center of the People and the Press (http://pewglobal.org).

Präsident Bush jr. lagen 2005 unter 50 Prozent, eine klare Mehrheit spricht sich mittlerweile gegen den Irak-Krieg bzw. gegen die Präsenz von US-Truppen im Irak aus. Für die US-Außenpolitik und George Bush jr. wurde dadurch ein Punkt erreicht, von dem er weder einen Strategiewechsel für eine defensivere Außenpolitik vornehmen noch die nationale Sicherheitsstrategie mit weiteren Präventivschlägen konsequent fortsetzen kann.

Literatur

Clarke, Richard A. (2004). *Against All Enemies*. Der Insiderbericht über Amerikas Krieg gegen den Terror, Hamburg.
Bacevich, Andrew J. (2001). *Different Drummers, Same Drum,* in: Foreign Policy, May/ June, 67–77.
Center For Strategic and International Studies (CSIS, Hg., 1998). *Reinventing Diplomacy in the Information Age,* Washington D. C.
Chomsky, Noam (2000). *Die USA und das internationale Recht*. Das Besorgnis erregende Konzept vom Schurkenstaat, in: Le Monde Diplomatique, August.
Czempiel, Ernst O. (2004). *Die Außenpolitik der Regierung George W. Bush*, in: Aus Politik und Zeitgeschichte, Bd. 45, 16–23.
Daalder, Ivo H./James M. Lindsay (2003). *America Unbound*. The Bush Revolution in Foreign Policy, Washington D. C.
Diner, Dan (2002). *Feindbild Amerika. Über die Beständigkeit eines Ressentiments,* München.
Filzmaier, Peter/Fritz Plasser (1997). *Die amerikanische Demokratie*. Regierungssystem und politischer Wettbewerb in den USA, Wien.
Filzmaier, Peter (2003). *Die USA als alleinige Hegemonialmacht: Weltpolizist oder Mythos?*, in: Peter Filzmaier/Eduard Fuchs (Hg.). *Supermächte*. Zentrale Akteure der Weltpolitik, Wien u. a., 50–63.
Fukuyama, Francis (1992). *The End of History and the Last Man*. New York. In deutscher Fassung erschienen als: Fukuyama, Francis (1992). *Das Ende der Geschichte*. Wo stehen wir?, München.
Haass, Richard N./Meghan L. O'Sullivan (Hg., 2000). *States Formerly Known as »Rogue«*, Washington D. C.
Harry L. Stimson Center (Hg., 1998). *Equipped for the Future*. Managing U.S. Foreign Affairs in the 21st Century, Washington D. C.
Hauchler, Ingomar/Dirk Messner/Franz Nuscheler (2003). *Der Irak-Krieg*. Zehn Thesen zu einer weltpolitischen Zäsur, in: dies. (Hg.). *Globale Trends 2004/2005*. Fakten, Analysen, Prognosen, Frankfurt/M.
Huntington, Samuel P. (1996). *The Clash of Civilizations*, New York. In deutscher Fassung erschienen als: Huntington, Samuel P. (1997). *Der Kampf der Kulturen*. Die Neugestaltung der Weltpolitik im 21. Jahrhundert, München/Wien.
Huntington, Samuel P. (1999). *The Lonely Superpower*, in: Foreign Affairs, 78 (2), 35–49.
Kagan, Robert (2002). *Power and Weakness,* in: Policy Review, 113, June/July.
Kagan, Robert (2003). *Macht und Ohnmacht*. Amerika und Europa in der neuen Weltordnung, Berlin.

Kissinger, Henry A. (1992). *Die sechs Säulen der Weltordnung,* Berlin.
Kremp, Werner/Jürgen Wilzewski (Hg., 2003). *Weltmacht vor neuer Bedrohung.* Die Bush-Administration und die US-Außenpolitik nach dem Angriff auf Amerika, Trier.
Lieber, Robert J. (Hg., 2002). *Eagle Rules?* Foreign Policy and American Primacy in the Twenty-First Century, Upper Saddle River.
Martin, William (1999). *The Christian Right and American Foreign Policy,* in: Foreign Policy, March/April, 66–80.
Medick-Krakau, Monika/Stefan Robel/Alexander Brand (2003). *Die Außen- und Weltpolitik der USA,* in: Manfred Knapp/Gert Krell (Hg.). *Einführung in die Internationale Politik.* Studienbuch, München/Wien, 92–134.
Nye, Joseph S. (2001). *Seven Tests.* Between Concert and Unilateralism, in: The National Interest, Winter, 5–13.
Pollack, Kenneth M. (2002). *The Threatening Storm.* The Case for Invading Iraq, New York.
Revel, Jean-Francois (2002). *L'obsession anti-americaine.* Son fonctionnement, ses causes, ses inconsequences, Paris.
Rimscha, Robert von (2000). *Die flexible Gesellschaft.* Amerika als Modell für das 21. Jahrhundert, München.
Roger, Philippe (2002). *L'ennemi americain.* Genealogie de l'Antiamericanisme français, Paris.
Rosati, Jerel A. (2003). *The Politics of United States Foreign Policy*, Fort Worth.
Todd, Emmanuel (2004). *Weltmacht USA.* Ein Nachruf, München.
Willis, Gary (1999). *Bully of the Free World,* in: Foreign Affairs, 78 (2), 50–59.
Woodward, Bob (2002). *Bush at War,* New York.

2
Russlands Außenpolitik – Fähigkeiten und Optionen
Gerhard Mangott

Der **Kerngedanke** der außenpolitischen Debatte Russlands der vergangenen fünf Jahre kann als »**realistischer und pragmatischer Modernismus**« bezeichnet werden: Die russländische Außenpolitik müsse sich demnach an den realen Möglichkeiten und Fähigkeiten des Landes orientieren und rhetorischen Radikalismus unterlassen. Wichtiger noch, russländische Aktionen und Initiativen in der internationalen Arena müssen dem übergeordneten Ziel entsprechen, die inneren Reformen und Modernisierungsprozesse – allen voran im wirtschaftlich-technologischen Sektor – zu unterstützen, ausländische Märkte für russländische Produkte zu öffnen und Russland als Investitionsstandort zu vermarkten. Die liberalen makroökonomischen Reformen der russländischen Regierung und eine kooperative Außenpolitik mit den Staaten der OECD sind zwei Instrumente zur Erlangung eines Zieles – der **Modernisierung der sozialökonomischen Strukturen** Russlands als der zentralen Voraussetzung für einen Zuwachs des Landes an internationalem Status. Wirtschaftliches Wachstum und politische Stabilität gelten dafür als unabdingbar. Dieser **pragmatische** russ(länd)ische **Nationalismus** ist das Kernelement der russländischen Außenpolitik unter Putin, die in den letzten Jahren eine nachhaltige Stabilisierung erfahren hat.

Der Verlust des äußeren Imperiums (Osteuropa), der Zusammenbruch des inneren Imperiums (Sowjetunion), die massive Beschneidung des russländischen Staatsgebietes, die Entstehung neuer unabhängiger Staaten im post-sowjetischen Raum und dessen nachhaltige Durchdringung durch externe Akteure – durch die USA, die EU, Japan, China, Iran, Türkei und Pakistan – hatten 1991 zu nachhaltigen Irritationen der russländischen außenpolitischen Elite geführt und die Parameter der russländischen Außen-, Sicherheits- und Verteidigungspolitik grundlegend verändert. Im Zentrum der Bedrohungsszenarien standen nicht mehr eine (strategische) militärische Bedrohung des Landes, sondern die realistische Erwartung einer weiteren **Abwertung des internationalen Status** des Landes und fortwährend abnehmenden Einflusses in der europäischen, der kaukasischen, der zentralasiatischen und der asiatisch-pazifischen Arena.

Das Grunddilemma der russländischen Außen- und Sicherheitspolitik seit 1992 war die Tatsache, dass strukturelle Schwächen und Defizite den Aktionsradius und die Gestaltungsmöglichkeiten der russländischen Politik wesentlich beschränkten. An die Stelle der gefürchteten sowjetischen Großmacht war ein Bittsteller getreten, der Ängste auslöste nicht durch seine Stärke, sondern angesichts seiner Schwäche. Russlands Schwäche war eine vielfältige, seine Krankheiten miteinander vernetzt und sein Anspruch auf Mitsprache – so energisch vorgetragen dieser auch wurde – ohne reale Grundlagen. Als zentrale Faktoren **struktureller russländischer Handlungs- und Gestaltungsbeschränkungen** nach dem Auseinanderbrechen der UdSSR galten mangelnde politische Kohärenz und Stabilität, das Fehlen einer akzeptierten und integrierenden nationalen Identität, der dramatische wirtschaftliche Leistungseinbruch, die erodierende Militärmacht und eine drastisch abnehmende und erkrankende Bevölkerung.

Die Machtübernahme durch Vladimir Putin, kluge Positionswechsel und taktische Kehrtwenden, glückliche äußere Umstände und strukturelle Reformschritte führten zu einer realistischen Einschätzung der Instrumente und Möglichkeiten russländischer Außenpolitik, revidierten Zielvorgaben und größerer Kohärenz und Stringenz. Dies wurde begleitet durch strukturelle Besserungen der Schwächefaktoren russländischer Außenpolitik in den Jahren der El'cin (Jelzin)-Ära. Am Beginn soll daher eine neorealistische Fähigkeitsanalyse *(capabilities)* des russländischen Staates erfolgen.

2.1
Fähigkeitsanalyse

2.1.1 Die politische Dimension

Russland hat nach 1991 lange eine nach innen integrationsfähige, **postsowjetische Identitätsstiftung**, eine konsensfähige Interpretation des Charakters des neuen Staates und ein ungeteiltes Bekenntnis der nationalen Eliten zum nach-sowjetischen russländischen Staat gefehlt. Die **Grenzen der Russländischen Föderation** wurden von vielen Entscheidungsträgern als künstlich, ungerecht und überwindungsbedürftig erachtet. Auf der Suche nach einer neuen staatlichen Identität hat das Konzept des »Bürgerstaates« im Widerstreit mit der Idee eines ethnisch definierten *russischen* Staates, der sich mit den heutigen Grenzen nicht zufrieden geben könne, gelegen. Jede ethnische Definition des russländischen Staates hätte aber das Grenzregime des post-sowjetischen Raumes in Frage gestellt und wäre damit zur Quelle einer Vielzahl von Grenz- und Territorialkonflikten in der Region geworden.

Anlass für die Identitätsstörung war der Umstand, dass sich nach dem Auseinanderbrechen der Sowjetunion 25,1 Millionen ethnischer Russen außerhalb der neuen Landesgrenzen der Russländischen Föderation wieder gefunden hatten. Mehr als zwei Drittel (69,4 Prozent) der neuen Auslandsrussen siedelten in der Ukraine und in Kazastan. In allen Staaten der Region aber hat sich der Anteil ethnischer Russen an der Bevölkerung inzwischen deutlich verringert, allen voran durch die Rückmigration in das russländische Mutterland, aber auch durch die Zunahme der Titularnationen durch höhere Geburtenraten oder Einwanderung.

Die Existenz großer ethnisch-russischer Gemeinden ist für die russländische Außenpolitik im Raum der neuen unabhängigen Staaten (NUS) aber noch immer ein **signifikanter Faktor**. Zum einen können diese **Diasporagemeinden** als Hebel zur Beeinflussung der Innenpolitik der NUS genutzt werden, aber auch als ein außenpolitisches Druckinstrument in internationalen Foren wie der OSZE. Zum anderen aber darf auch nicht übersehen werden, dass diese ethnischen Gemeinschaften als Träger russisch/russländischer *soft power* in den NUS wirken und genutzt werden können.

Russland hat sich 1992 nicht als ethnisch russischer Staat, sondern als gemeinsamer Staat der RussländerInnen verstanden. Dies war, wenn auch letztlich nicht verhaltens- und v. a. einstellungsprägend, ein Verzicht auf eine ethnisch abzuleitende Grenzrevisionspolitik und eine Strategie der Unterwanderung der neuen unabhängigen Staatlichkeiten auf dem Territorium der ehemaligen UdSSR zu verstehen. Dieser nicht-ethnische russländische Reststaat sah sich jedoch erheblichen Konsolidierungshindernissen ausgesetzt.

Russland war selbst in den 1992 neu gezogenen Rückzugsgrenzen nicht stabilisiert: Wenn auch das völkerrechtliche Auseinanderbrechen des Staates – mit der partiellen Ausnahme von Čečnja – nicht unmittelbar zu befürchten war, so war doch der Verlust des einheitlichen Rechtsraumes, das Entstehen regionaler Fürstentümer, die sich der Lenkung durch das Zentrum entzogen, das Auseinanderfallen in relativ wohlhabende und verarmte Regionen nicht zu leugnen. Der **ökonomische und ethnische Separatismus** (Russland ist mit einem nicht-russischen Bevölkerungsanteil von nahezu 20 Prozent ethnisch sehr heterogen), die **anarchische Dezentralisierung** lasteten als Menetekel über der russländischen Staatsführung. Dadurch war auch die kohärente Formulierung außenpolitischer Konzepte schwieriger, weil die Interessen der Regionen in vielen Bereichen durchaus unterschiedlich, mehr noch, vielfach widersprüchlich waren.

Diese **vertikale Labilität** zwischen staatlichem Zentrum und den Landesteilen wurde lange durch eine **horizontale Instabilität** zwischen den zentralen Machtzentren Russlands überlagert und verschärft. Russlands politisches Institutionengefüge nach 1992 war instabil, litt zunehmend an Autoritätsverfall und gründete nicht auf dem gemeinsamen Wollen aller relevanten politischen Kräfte. Die autoritäre Verfassung, die 1993 auf den Ruinen eines gewaltsam ausgetragenen politischen Konfliktes errichtet wurde, hat zusammen mit dem bis Jahresende 1999 regierenden autokratischen, erratischen und siechen Präsidenten El'cin die Entfaltung rechtsstaatlich-demokratischer Prozesse nachhaltig behindert. Der Elitenkonsens als maßgebliche Grundlage demokratischer Politik war im post-sowjetischen Russland lange ausgeblieben, die Glaubwürdigkeit, Effizienz und Steuerungsfähigkeit der staatlichen Institutionen kaum noch messbar. Die **fehlende institutionelle und politische Stabilität** im Inneren aber hat Ressourcen gebunden, beeinträchtigte die Kohärenz und Stringenz russländischen Außenverhaltens, machte außenpolitische Positionsbezüge zur Geisel innenpolitischer Auseinandersetzungen und ließ abrupte irrationale Richtungsänderungen im Inneren wie nach außen nicht ausschließen.

Die **Rekonstruktion russländischer Staatlichkeit durch Vladimir Putin seit 2000** ist ein entscheidender Faktor für die Stärkung der Handlungsfähigkeit und der Ressourcenstärkung des russländischen Staates in der internationalen Ordnung. Dieser Ansatz ist durch einen essentiellen Elitenaustausch auf der zentralen Ebene – allen voran durch Vertreter der Sicherheitsstrukturen – und die Ausschaltung aller Faktoren gekennzeichnet, die die Autorität des russländischen Präsidentenamtes bislang begrenzt hatten: unabhängige Regionen, ein von oppositionellen Kräften dominiertes Unterhaus, eine plurale Medienstruktur und regierungsunabhängige Geschäftseliten.

Für die Außen- und Sicherheitspolitik Russlands bedeutet diese zentralistische und hierarchische Rekonstruktion russländischer Staatlichkeit eine Verschlankung und Verengung außenpolitischer Entscheidungsprozesse. Die Zahl der außenpolitischen Akteure und Entscheidungsträger wurde verringert, die verbleibenden Akteure in einen hierarchischen Zusammenhang gestellt. Im Ergebnis ist die russländische Außenpolitik unter Putin kohärenter, stringenter und systematischer als unter El'cin. Dies ist das Ergebnis der Monopolisierung außenpolitischer Grundsatzentscheidungen durch den Präsidenten und seinen Stab. Mit dem abnehmenden Pluralismus relevanter außenpolitischer Akteure, der wachsenden Kohärenz und der ansteigenden Berechenbarkeit der Außenpolitik, ist aber eine wachsende Intransparenz hinsichtlich der Entscheidungsmotive einhergegangen.

Umgekehrt wurde durch die **Monopolisierung und Hierarchisierung der außenpolitischen Entscheidungen** auch eine pragmatischere und realistischere Debatte russländischer Kerninteressen ermöglicht. Insofern als die Außen- und Sicherheitspolitik aus der institutionellen Rivalität der 90er-Jahre weitgehend herausgenommen wurde, wird die innenpolitische Instrumentalisierung außenpolitischer Haltungen verzichtbarer: In einem institutionellen, nicht aber in einem funktional-inhaltlichen Sinne werden Innen- und Außenpolitik nunmehr stärker voneinander getrennt, als dies unter El'cin möglich gewesen war.

Das Ergebnis der inneren Umgestaltung wird aber sicherlich sowohl die Interessen Russlands definieren als auch die Fähigkeiten und Instrumente, diese umzusetzen.

2.1.2 Die ökonomische Dimension

Russland fehlte nach 1991 das ökonomische Potential, um als eigenständiger, effektiver und für Dritte attraktiver internationaler Akteur auftreten zu können: Das BIP Russlands war seit 1989 (mit Ausnahme eines Minimalzuwachses in 1997) kontinuierlich zurückgegangen; 1999 erreichte das BIP nur mehr 59,9 Prozent des BIP von 1989 (Götz 1999, 2). Die **Trendumkehr** in der BIP-Entwicklung setzte 1999 ein: **Die russländische Volkswirtschaft ist seit 1999 kontinuierlich gewachsen.** Die jährlichen Wachstumsraten 1999–2004 betrugen 6,8 Prozent, auch wenn das Produktionsvolumen von 1990 noch immer nicht erreicht ist. Das BIP ist von 196 Mrd. US-Dollar 1999 auf 568 Mrd. US-Dollar 2004 angestiegen. Das Wachstum wird sich aber 2005 verlangsamen; für 2005 wird eine Wachstumsrate von 5,9 Prozent erwartet.

Die Zuwächse in der heimischen Produktion ließen sich vor allem auf den Importsubstitutionseffekt durch die Rubelabwertung seit dem August 1998 und die gestiegenen Preise auf den internationalen Rohölmärkten erklären. Das Wachstum wurde aber auch durch eine starke Exportnachfrage und ab 2001 durch eine rasch wachsende Inlandsnachfrage getragen. Wesentlich für das BIP-Wachstum waren ebenso die Auslastung der vorhandenen Produktionsmittel und des Faktors Arbeit nach der Krise von 1998, ein deutlicher Anstieg der Arbeitsproduktivität, eine deutliche Zunahme des Investitionsvolumens und zunehmend auch durch den ansteigenden privaten Konsum. Einen hohen Anteil an der Wachstumskurve hatten auch die liberalen Reformgesetze seit 2000, allen voran die liberalen Steuergesetze.

Der Leistungsumfang der russländischen Volkswirtschaft ist jedoch immer noch vergleichsweise gering. Auch hinsichtlich des **BIP/Kopf** fällt Russland deutlich hinter die führenden Volkswirtschaften zurück: Das BIP/Kopf in den USA war 2003 mehr als 34-mal höher als in Russland.

Verbunden mit dem BIP-Wachstum und der Inflationsabsenkung ist ein Wachstum des durchschnittlichen Realeinkommens, das im Zuge der Finanzkrise 1998 um mehr als ein Drittel gefallen war. Allerdings wachsen zugleich die **Einkommensdifferenzen**: Selbst nach Angaben des Staatlichen Statistischen Komitees Russlands verdienten 2004 die 10 Prozent reichsten RussländerInnen 14,8-mal mehr als die 10 Prozent ärmsten RussländerInnen (Novaja gazeta, 3.3.2005). Dennoch – die tatsächlichen Einkommensdifferenzen dürften weit höher sein. Im 4. Quartal 2004 lebten nach offiziellen Angaben 16,2 Prozent der Bevölkerung unterhalb der offiziell angesetzten Armutsgrenze (Prime-Tass, 17.2.2004).

Die Hartwährungsreserven der Russländischen Zentralbank sind im untersuchten Zeitraum aufgrund der immensen Handelsbilanzüberschüsse deutlich angewachsen: Im April 1999 hatten die Reserven 10,7 Mrd. US-Dollar betragen. Ende März 2005 lagen die Reserven bei 134,2 Mrd. US-Dollar und damit über dem Gesamtvolumen der souveränen Hartwährungsschulden Russlands, die mit 1.1.2004 bei 119,1 Mrd. US-Dollar lagen. Die russländische Zentralregierung hat seit 2000 auch außerordentliche fiskalische Verantwortlichkeit gezeigt und aufgrund steigender Einnahmen und sinkender Ausgaben kontinuierliche Budgetüberschüsse erzielt. 2004 lag der Budgetüberschuss mit 24,7 Mrd. US-Dollar bei 4,1 Prozent des BIP. 1996 noch hatte das in den 90er-Jahren chronisch hohe nominelle Budgetdefizit noch 8,6 Prozent des BIP betragen.

Der **Budgetüberhang** erklärt sich außer durch die Ausgabenreform der Zentralregierung auch durch ein deutlich höheres Steueraufkommen – trotz der gesenkten Steuersätze bei wichtigen Steuerkategorien. Die russländische Steuerquote war mit durchschnittlich 8–12 Prozent des BIP zwischen 1992 und 1999 deutlich unter den Referenzwerten westlicher Staaten und begrenzte damit staatliche Steuer- und Lenkungsaufgaben. Daran hatten ein zerrüttetes Steuerrecht, erodierende Steuermoral und ausfernde Korruption maßgeblichen Anteil. Im 1. Quartal 2004 betrug die Steuerquote hingegen 16,9 Prozent.

Russland erzielt im **Außenhandel** derzeit einen substantiellen Überschuss. Nach Angaben von GosKomStat lag das Handelsvolumen 2004 bei 278 Mrd. US-Dollar; die Exporte bei 183,2 Mrd. US-Dollar, die Importe bei 94,8 Mrd. US-Dollar; der Handelsbilanzüberschuss damit bei 88,4 Mrd. US-Dollar. Haupthandelspartner Russlands waren 2003 die EU-27 (EU mit Bulgarien und Rumänien): 51,4 Prozent der russländischen Exporte entfielen auf die EU-Staaten. Die drei wichtigsten EU-Exportmärkte waren dabei Deutschland (7,8 Prozent), Niederlande (6,5 Prozent) und Italien (6,4 Prozent). Mit den SNG-Staaten (Gemeinschaft Unabhängiger Staaten/*Sodružestvo Nezavissimych Gosudarstv/SNG*) wickelte Russland 2003 nur 15,3 Prozent seiner gesamten Exporte ab. Die Exporte in die VR China sind seit 1994 nahezu kontinuierlich gewachsen und liegen derzeit (2005) bei 6,2 Prozent der russländischen Gesamtexporte. Mit den USA wickelt Russland nur 3,2 Prozent seiner gesamten Exporte ab. Der Exportaustausch mit Japan ist gemessen am Gesamtvolumen seit 1994 deutlich rückläufig.

Abb. 27: Exportstruktur Russlands 1994–2003

	1994	1995	1996	1997	1998	1999	2000	2001	2002	2003
SNG	22,3	18,6	18,7	19,5	19,2	14,7	13,4	14,7	14,7	15,3
EU-27	49,9	43,8	43,4	45,7	46,0	48,0	53,8	53,7	50,8	51,4
VR China	4,6	4,3	5,5	4,7	4,4	4,8	5,1	5,6	6,4	6,2
USA	5,6	5,5	5,7	5,3	7,2	6,5	4,5	4,2	3,7	3,2
Japan	4,5	4,1	3,4	3,5	3,1	2,9	2,7	2,4	1,7	1,8
Deutschland	10,1	7,9	7,9	7,7	8,0	8,5	9,0	9,2	7,6	7,8
Niederlande	3,9	4,1	3,9	5,4	5,5	5,0	4,2	4,7	7,1	6,5
Italien	4,7	4,3	3,3	4,2	4,5	5,2	7,0	7,4	7,0	6,4

Quelle: Wiener Institut für Internationale Wirtschaftsvergleiche (www.cisstat.com).

Auch bei den Importen stellt die EU-27 den wichtigsten Handelspartner Russlands dar: 2003 wurden 45,5 Prozent der russländischen Importe aus den EU-Mitgliedsstaaten eingeführt. Der mit Abstand wichtigste Importpartner unter den EU-Mitgliedsstaaten ist dabei Deutschland: 31 Prozent der gesamten russländischen Importe aus der EU stammten aus Deutschland.

Annähernd ein Viertel (23,7 Prozent) der russländischen Importe in 2003 stammten aus den Mitgliedsstaaten der SNG. Der Anteil chinesischer Importe am gesamten Importvolumen Russlands lag 2003 bei 5,7 Prozent; dieser Anteil ist in den letzten Jahren stark angewachsen. Angewachsen ist auch der Importanteil Japans. Der Anteil der USA hingegen ist seit 1998 rückläufig und lag 2003 bei 5,2 Prozent.

Abb. 28: Importstruktur Russlands 1994–2003
Anteile in Prozent am Gesamtvolumen

	1994	1995	1996	1997	1998	1999	2000	2001	2002	2003
SNG	26,7	29,2	31,6	26,8	26,0	27,6	34,3	26,8	22,0	23,7
EU-27	48,4	47,5	41,3	45,0	43,1	42,4	39,0	42,9	46,5	45,5
VR China	2,5	1,8	2,2	2,4	2,7	3,0	2,8	3,9	5,2	5,7
Japan	2,9	1,6	2,1	1,9	1,9	1,5	1,7	2,1	2,1	3,3
USA	5,4	5,7	6,3	7,7	9,4	7,9	8,0	7,8	6,5	5,2
Deutschland	14,7	13,9	11,3	12,5	12,6	13,9	11,5	13,9	14,3	14,1
Italien	4,1	4,0	5,1	5,0	4,2	3,8	3,6	4,1	4,8	4,2
Frankreich	2,6	2,3	2,8	3,0	3,7	4,1	3,5	3,7	4,1	4,1

Quelle: Wiener Institut für Internationale Wirtschaftsvergleiche (www.cisstat.com).

Eine anhaltende industrielle Wachstumsstrategie Russlands kann aber ohne ausländische Direktinvestitionen und Technologietransfers in den realen Sektor nicht verwirklicht werden. Diese aber hängen auch – wenn auch nicht ausschließlich – vom politischen Außenverhalten und Binnenverhalten Russlands ab. Das Gesamtvolumen ausländischer Direktinvestitionen in Russland ist allerdings immer noch sehr gering.

Finanzökonomische Hebel für eine aktive, oder gar aggressiv-konfrontative außen- und sicherheitspolitische Linie waren für das postsowjetische Russland daher lange nicht greifbar und sind es auch heute noch nicht. Zum ökonomischen Produktionseinbruch und dem chronischen fiskalischen Defizit kamen die hohen Außenschulden des Landes, die Russland in den 90er-Jahren immer wieder zu maßvollem, nachgiebigem und tendenziell opportunistischem Außenverhalten gezwungen haben.

Mit einer öffentlichen Hartwährungsverschuldung 1999 von 156,2 Mrd. US-Dollar – zwei Drittel davon sowjetische Altlasten (Russland hatte 1991 die gesamten Außenschulden der früheren UdSSR übernommen; zwei Drittel davon entfielen auf »souveräne Schulden« gegenüber Staaten, ein Drittel auf »nicht-souveräne Schulden« gegenüber ausländischen Banken; vgl. Götz 2001, 371) – stand angesichts des geringen volkswirtschaftlichen Produktionsvolumens das Menetekel des Staatsbankrotts und damit die Verstoßung von den internationalen (Finanz-)Märkten im Raum.

2005 hat sich diese Ausgangslage für Russland im Finanzsektor wesentlich verändert. Nicht nur konnten die Schulden regelmäßig bedient werden, sondern es wurde auch der Anteil der souveränen Hartwährungsschulden am volkswirtschaftlichen Leistungsvolumen deutlich abgesenkt: Die souveräne Hartwährungsverschuldung, die 1999 noch 156,2 Mrd. US-Dollar betragen hatte, wurde bis 1.4.2004 auf 117,9 Mrd. US-Dollar abgesenkt (The Moscow Times, 17.12.2004). Bis Ende 2005 sollen die Schulden auf 93 Mrd. US-Dollar gesenkt werden, bis 2007 auf 51 Mrd. US-Dollar. Ende 2003 betrugen die souveränen Hartwährungsschulden Russlands 31,7 Prozent des BIP; bis Ende 2007 sollen sie nur noch 17,6 Prozent des BIP betragen. Zudem konnte Russland seine Hartwährungsreserven deutlich erhöhen, so dass auch das Verhältnis der souveränen Hartwährungsschulden zu den Hartwährungsreserven radikal verändert wurde. Mit 134,2 Mrd. US-Dollar an Hartwährungsreserven zum 1.3.2005 sind die souveränen Hartwährungsschulden mehr als abgedeckt (Angaben auf der Website der Russländischen Zentralbank: www.cbr.ru/print.asp?file=/statistics/credit_statistics/inter_res_05.htm).

Im Zentrum der russländischen Wirtschaftsleistung steht die **Erdöl- und Erdgaswirtschaft**: Erdöl- und Erdgasproduktion generieren ca. 22–25 Prozent des BIP Russlands, ein Drittel der föderalen Steuereinnahmen und ca. 55 Prozent der Exporteinnahmen (World Bank 2005, 22). Jeder Preisanstieg um 1 US-Dollar/barrel macht sich mit ca. 1,5 Mrd. US-Dollar in den Budgeteinnahmen und mit einem BIP-Wachstum von 0,35 Prozent bemerkbar (Hill 2004, 13).

Russland hat angesichts der hohen gesicherten russländischen Reserven bei Erdöl und Erdgas – Russland hat die siebtgrößten Erdölreserven (6,0 Prozent der 2003 gesicherten Reserven hinter Saudi-Arabien, Iran, Irak, VAE, Kuwait und Venezuela) der Welt und die höchsten Erdgasreserven (26,7 Prozent der 2003 gesicherten Reserven, ca. 40 Bln. m^3) – zentrale Bedeutung für die Gewährleistung diversifizierter Bezugsquellen und damit hoher Energiesicherheit (westlicher) Volkswirtschaften gewonnen. »Russia has transformed itself from a defunct military (although still nuclear) superpower into a new **energy superpower**.« (Hill 2004, 1)

Russland hat die **größten Ölreserven außerhalb der OPEC**. 6 Prozent der gesicherten Reserven an Öl kamen mit Jahresende 2003 aus Russland. Die gesicherten Erdölreserven konzentrieren sich v. a. auf das nördliche Westsibirien. Zwar kann Russland weder hinsichtlich der gesicherten Ölreserven (22,9 Prozent) noch hinsichtlich der Produktionskapazitäten mit Saudi-Arabien konkurrieren, doch kann Russland als langfristig stabilerer und berechenbarerer Partner in der Energiezusammenarbeit angesehen werden. Die eigentliche Bedeutung Russlands als Energielieferant liegt aber im Gassektor. Russland hält Ende 2003 26,7 Prozent der globalen gesicherten weltweiten Reserven, das sind ca. 40 Bln. m^3 (die zweitgrößten liegen in Iran mit 15,2 Prozent). Die Erdgasförderung liegt 2003 bei 578,6 Mrd. m^3; das entsprach 22,1 Prozent der weltweiten Gasförderung (BP 2004, 22). Sowohl die Nachfrage auf dem europäischen Markt als auch im asiatischen Raum nach Erdgas wird massiv steigen. Gas wird 2020 fast 30 Prozent des weltweiten Energiekonsums ausmachen (BP 2004). Gas wird über Pipelines oder als *Liquified Natural Gas/LNG* zu einem global einsetzbaren Energieträger. Die VR China, Japan und Südkorea wollen ihre Abhängigkeit von Öl aus dem Mittleren Osten durch Gaseinsatz mildern und – nicht zuletzt aus ökologische Gründen – die Kohlenutzung durch Gas vermindern.

Die Russländische Energiestrategie sieht eine über dem Produktionswachstum liegende **Exportsteigerung von Rohöl** bis 2020 vor. Die Exportraten in die EU und in die SNG-Staaten sollen aber unterdurchschnittlich steigen, während v. a. der Rohölexport an die VR China, Japan und an die USA überdurchschnittlich steigen soll. Angesichts des stark steigenden Ölverbrauchs in der EU wird die Bedarfsbedeckung durch russländische Ölexporte daher bis 2020 deutlich abnehmen. Russland wird 2020 statt wie bisher 30 nur mehr 27 Prozent des EU-Bedarfs decken. Der Anteil der auf die EU entfallenden russländischen Ölexporte wird von 88 (2000) auf ca. 50 Prozent (2020) fallen; der Anteil der VR China, Japans und der USA wird auf ein Drittel ansteigen (vgl. Götz 2004, 12).

Der **Gasimportbedarf der EU** wird bis 2020 noch sehr viel stärker zunehmen als der Ölkonsum. Dies hängt mit der beabsichtigten Substitution von Kohle und Öl durch Erdgas, dem weiteren Ausbau der Gasinfrastruktur in europäischen Randregionen, dem wachsenden Verbrauch und der sinkenden europäischen Eigenproduktion zusammen (Götz 2004, 16). Den steigenden Bedarf könnte Russland auch durch die zu erwartende Förderungs- und Exportquotensteigerung (45 Prozent zwischen 2000 und 2020) nicht decken. Die Russländische Energiestrategie sieht aber eine, gemessen an der Förderungs- und Exporterhöhung, unterdurchschnittliche Steigerung der Erdgasexporte in die EU vor. Zudem sieht dieses Dokument, ähnlich wie beim Rohöl, eine Verlagerung der Exportmärkte für Erdgas vor: v. a. die Märkte der VR China, der USA und Südostasiens sollen mit Erdgas (auch in Form von LNG) versorgt werden. Dies liegt auch daran, dass zahlreiche der zukünftigen Erdgasfelder im östlichen Sibirien und daher näher an den ost- und südostasiatischen Verbrauchermärkten liegen und vermutlich bessere Preise als auf dem liberalisierten europäischen Absatzmarkt zu erzielen sind. Der Anteil der auf die EU entfallenden russländischen Gasexporte wird von 70 (2000) auf ca. 30 Prozent (2020) fallen (Götz 2004, 17).

2.1.3 Die demografische Dimension

Das Humankapital Russlands – Voraussetzung für die soziale, wirtschaftliche, politische und militärische Wiedererstarkung – ist durch die sinkende und ineffiziente staatliche Steuerung und die ökonomische Krise der 90er-Jahre stark geschwächt worden. Besonders dramatisch zeigt sich der **Verfall des Humankapitals** in der Bevölkerungsstatistik: Russland verliert dramatisch an Bevölkerung und wird in einigen Jahrzehnten das gesamte Staatsgebiet vermutlich nicht mehr hinreichend besiedeln können und trotz erwarteter Produktivitätszuwächse – aufgrund der extremen Überalterung – eine zu geringe Zahl an arbeitsfähiger Bevölkerung aufweisen.

Die Bevölkerungszahl ist – aufgrund des starken negativen Bevölkerungswachstums, das 1992 eingesetzt hatte – seit Jahren stark gesunken (vgl. u. a. Meščerjakov 2001; Škol'nikov/Maleva 2000): 1993 hatte die Bevölkerungszahl Russlands noch 148,3 Millionen betragen; nach den Angaben des Staatlichen Statistischen Komitees lag die Bevölkerungszahl mit 1. September 2004 bei 143,7 Millionen (RFE/RL

Newsline, 25.10.2004). Nach russländischen Schätzungen ist ein Rückgang der Bevölkerungszahl bis 2016 – je nach Szenario – auf 138,7 bis zu 128,7 Mio. zu erwarten (siehe dazu den Bericht des Staatlichen Statistischen Komitees über die »Geschätzte Bevölkerungszahl der Russländischen Föderation« in der Nezavissimaja gazeta, 19.3.2002). Bis zum Jahr 2050 ist nach westlichen wie russländischen Schätzungen ein Absacken der Bevölkerungszahl auf 80–100 Millionen zu befürchten (Feshbach 1999; siehe dazu auch: Kommersant – Vlast' 5, 2000, und Trud, 22.2.2000). Der oben zitierte Bericht des Staatlichen Statistischen Komitees geht unter Annahme der jetzigen Parameter von einem Rückgang der Bevölkerung im Jahr 2050 auf 86,5 Millionen Menschen aus.

Die **Geburtenrate** ist – ähnlich der westeuropäischen Entwicklung – seit Jahren rückläufig: 2002 betrug die Geburtenrate 9,8 Kinder/1000 (RIA Novosti, 12.2.2003). Die **Sterblichkeitsrate** – anders als im westlichen Europa – ist extrem hoch und steigt seit 1987 an; 2003 liegt dieser Wert nach UNICEF Angaben bei 15/1.000 (UNICEF 2003). Besonders stark ist der Bevölkerungsrückgang unter der arbeitsfähigen Bevölkerung. **Seit 1990 übersteigt die Sterberate die Geburtenrate um einen Faktor von 1,7 (2001, 2002) bis 2,0.** 2000 sind beinahe 1 Million Menschen mehr gestorben, als Geburten zu verzeichnen waren. Die bis 1987 ansteigende durchschnittliche **Lebenserwartung** ist seither deutlich zurückgegangen – von 69,94 Jahren (1987) auf 65,5 Jahre (1999) auf 66 Jahre (2002); Russland nimmt derzeit (2005) hinsichtlich der durchschnittlichen Lebenserwartung international lediglich den 122. Rang ein.

Die spezifischen Gründe für den Bevölkerungsrückgang sind zahlreich, aber grundsätzlich mit der dramatischen sozial-ökonomischen Lage des Landes verbunden (vgl. Brainerd/Cutler 2005): starker Anstieg der kardio-vaskulären Erkrankungen; Mangel- und Unterernährung; sinkende Qualität medizinischer Allgemeinversorgung und Schwächen in der präventivmedizinischen Versorgung (die Gesundheitsausgaben aus dem föderalen Budget liegen nur bei 10 US-Dollar pro Person; in Polen bei 289 US-Dollar; The Moscow Times, 24.8.2004); Alkohol-, Drogen- und Tabakmissbrauch; drastischer Anstieg der Tuberkulose; HIV- und AIDS (der Infektionsgrad wird bei 1–2 Prozent der Bevölkerung vermutet; vgl. UNAIDS 2004, 49); Geschlechtskrankheiten wie Syphilis (2003: 136 Fälle/100.000; Westeuropa: 1,5 Fälle/100.000); wachsende Unfruchtbarkeit russländischer Frauen; Gesundheitsgefährdung durch kontaminiertes Trinkwasser und schadstoffbelastete Luft u. a.; hohe Abtreibungsraten; steigende Suizidraten.

In den 90er-Jahren konnte dieser Bevölkerungsrückgang durch die starke Migration russischer oder russischsprachiger Personen aus den

NUS gemildert werden. Die Rückwanderung, aber auch die Zuwanderung sind jedoch seit mehreren Jahren rückläufig.

Die Konsequenzen der dramatischen Bevölkerungsentwicklung für die ökonomische und militärische Sicherheit Russlands sind langfristig enorm:

- **Verschärfung der Rekrutierungsprobleme in den Streitkräften:** Die angesichts der sozialen und finanziellen Bedingungen in den Streitkräften, aber auch durch deren Kriegsverwendung (Čečnja) ohnehin geringen Rekrutierungszahlen werden durch die Verschlankung der Rekrutierungsgeneration noch weiter verschärft werden. Dies ist für eine noch immer vorrangig aus Wehrpflichtigen bestehende Armee bedenklich. Die Zahl der 15–19-Jährigen erreichte 2004 mit 6,4 Mio. den Höhepunkt und wird bis 2016 auf 3,2 Mio. zurückgehen (Twigg 2004, 1). Angesichts der legalen und illegalen Methoden der Wehrdienstvermeidung, aber auch der wachsenden Gesundheitsprobleme der Wehrtauglichen, ergeben sich daraus für die überdimensionierten Streitkräfte Bedeckungsprobleme.
- **Die ökonomisch relevante Beschäftigungskohorte der 20–39-Jährigen wird ab 2009 abnehmen** und wird, wie oben erwähnt, durch eine überhöhte Mortalität gekennzeichnet sein.
- **Finanzielle Belastung des Staatshaushalts** durch Behandlungs- und Präventionskosten angesichts seuchenartiger Krankheitsbilder im Bereich der TBC, HIV/AIDS u. a.
- **Verschiebung in der Bevölkerungsstruktur von den russisch-orthodoxen Bewohnern zu den muslimischen Bevölkerungsgruppen,** die höhere Fertilitäts- und niedrigere Mortalitätsraten aufweisen. Das kann die Integrations- und Kohäsionskapazität der russländischen Gesellschaft überfordern und zu politischen Radikalisierungen führen.

2.1.4 Die militärische Dimension

Das militärische Potential Russlands – nahezu einzige Grundlage sowjetischer Supermachtansprüche – ist im vergangenen Jahrzehnt dramatisch eingebrochen: »The Russian military has deteriorated so badly that instead of providing security it has become a major source of insecurity for the state it is supposed to protect.« (Baev 2004, 43) Jahrelange chronische Unterfinanzierung, eine modernisierungs- und reformfeindliche Ausgabenstruktur des Verteidigungshaushaltes, Inkompetenz, Korruption und Ineffizienz sowie ein ausbleibender nachhaltiger Reformwille der russländischen Staatsführung sind dafür verantwortlich. Die **soziale Verwahrlosung der Armeeangehörigen**, die mangelnde Versorgung der Einheiten mit Nahrungsmitteln und Kleidung, das Fehlen ausreichenden Wohnraumes für die Offiziere und deren Familien, der Verfall der Disziplin, Desertionen, geringer Bildungsgrad der Wehrpflichtigen, Drogenmissbrauch und der sinkende Ausbildungsstandard sind drängende soziale, wenngleich für den internationalen Status nachrangigere Probleme. Die brutalen Ausbildungsmethoden, die harten Unterbringungsverhältnisse und die Verfolgung der Rekruten durch übergeordnete Diensthabende erzeugen einen immensen psychischen Druck auf die jungen Rekruten.

Der **soziale Akzeptanz- und Ansehensverlust der Streitkräfte**, deren Kriegsverwendung im Nordkaukasus, aber natürlich auch die brutalen Behandlungsmethoden der Rekruten sind die wesentlichen Faktoren, die den drastischen Einbruch bei den tatsächlich in die Streitkräfte einrückenden Wehrpflichtigen erklären. Noch problematischer ist der soziale bias der Einberufenen; die eingezogenen Rekruten stammen v. a. aus ärmeren, weniger gebildeten, ruralen Schichten. Die russländischen Streitkräfte sind zu einer »Unterschichtenarmee« geworden. Der Gesundheitszustand (Unterernährung, chronische Erkrankungen, Alkohol- oder Drogenabhängigkeit) und der sozial-moralische Zustand (Vorstrafen) sind äußerst bedenklich, so dass viele eingezogene Rekruten nach kurzer Zeit wieder aus den Reihen der Streitkräfte entlassen werden müssen.

Gefährlicher für die Wahrung der nationalen Sicherheit aber sind die eingebrochenen Beschaffungsprogramme der Streitkräfte, der drastische Rückgang von Investitionen in Forschung und Entwicklung und die damit verbundene waffentechnische Erosion der Kampffähigkeit der russländischen Streitkräfte und die sinkende Attraktivität russländischer Militärtechnologie auf den internationalen Waffenmärkten.

Der **Anteil der Verteidigungsausgaben am BIP Russlands** war seit 1992 jahrelang kontinuierlich rückläufig. Gemessen am BIP sind die gesamten Militärausgaben von 5,9 Prozent/BIP in 1994 auf 3,1 Prozent (1998) abgesunken; seit 1999 steigen die Ausgaben gemessen am BIP wieder an und erreichten 2003 nach Angaben von SIPRI 4,2 Prozent (SIPRI 2004, 360). Auch gemessen an den gesamten staatlichen Ausgaben war der Anteil der Verteidigungsausgaben seit 1992 rückläufig. Seit einigen Jahren wächst dieser Anteil wieder leicht an: 2003 lag er bei 14,69 Prozent, 2004 bei 15,47 Prozent (SIPRI 2004, 294). Der Anteil der Ausgaben für Forschung und Entwicklung und für Beschaffung an den Gesamtausgaben im Verteidigungshaushalt ist gering. Das mittelfristige Rüstungsprogramm 2002–2012 sieht bis 2006 eine massive Steigerung der Ausgaben für Forschung und Entwicklung und ab 2006 steigende Beschaffungsausgaben vor.

Dies geht einher mit der Reduzierung der paramilitärischen Verbände außerhalb der regulären Streitkräfte.

Angesichts der begrenzten finanziellen Mittel war und ist eine allgemeine Modernisierung der Waffensysteme nicht zu finanzieren. Russland konzentrierte sich daher in den vergangenen Jahren darauf, die **nukleare Schlagkraft** zu erhalten. Das Arsenal der nuklearen Interkontinentalraketen – gestützt auf die neue Trägerrakete Topol-M – und die Wahrung der wechselseitigen Vernichtungskapazität zwischen den USA und Russland (MAD) zählten daher zu den Kernparametern russländischer Verteidigungspolitik. Aber auch hier stößt Russland rasch an finanzielle Grenzen und bedarf des Kooperationswillens der USA in der vertraglichen Abrüstungspolitik.

Russland verfügt mit 1.1.2004 über 613 landgestützte Intercontinental Ballistic Missiles/ICBMs mit insgesamt 2.478 Sprengköpfen; der meistverwendete Raketentyp ist dabei die SS-25, die erstmals 1985 stationiert wurde. Darüber hinaus verfügen die russländischen Nuklearstreitkräfte über 232 seegestützte SLBMs mit 1.072 Sprengköpfen (alle mit MIRV-Technologie: multiple independently targetable reentry vehicles). Über die strategischen Bomber der Typen TU-95MS6/16 und die TU-160 sind 872 Sprengköpfe einsetzbar. Das ergibt 4.422 strategisch einsetzbare nukleare Sprengköpfe. Insgesamt, einschließlich der nicht-strategischen und Luftabwehrsprengköpfe, verfügt Russland aber mit 1.1.2004 über 7.802 operative nukleare Sprengköpfe (SIPRI 2004, 634). Annähernd 10.000 nukleare Sprengköpfe werden derzeit gelagert (diese SIPRI-Angaben werden auch durch The Bulletin of the Atomic Scientists bestätigt; siehe dazu: www.thebulletin.org/article_nn.php?art_ofn=ja04norris). Die operativen strategischen Sprengköpfe sind überwiegend landgestützt: 56,1 Prozent sind auf ICBMs montiert, 24,3 Prozent sind seegestützt einsetzbar, 19,7 Prozent auf strategischen Bombern. Die nukleare Rüstungsplanung Russlands wird zusehends die landgestützten ICMBs gegenüber den see- und luftgestützten Systemen bevorzugen; die Sprengkopfzahl von max. 2.200 kann auch durch landgestützte ICBMs alleine aufrechterhalten werden.

Russland hat seit 1992 in mehreren Anläufen versucht, seine Streitkräfte zu reformieren. Zu den wesentlichen Eckpunkten der **Militärreform** zählen:

- **Personalreduktion** der zivilen und militärischen Mitglieder der bewaffneten Verbände im Bereich der Sollstärken auf 1,2 Millionen.
- **Schaffung eines Mischsystems aus Vertrags- und Wehrpflichtigensoldaten.** 2008 sollte auch die Dauer des Wehrdienstes auf ein Jahr halbiert werden.
- **Schaffung kompakter, hoch mobiler, flexibler und rasch verfügbarer Einsatzverbände,** die gut ausgebildet und ausgerüstet sind.

Die russländischen Streitkräfte stellen sich aber noch immer als eine auf der Wehrpflicht beruhende Massenarmee dar, die schlecht ausgerüstet und ausgebildet noch immer dem Szenario eines umfassenden großen konventionellen Krieges verhaftet ist. Die Streitkräftestruktur ist immer noch auf eine umfassende konventionelle kriegerische Auseinandersetzung angelegt: Daran hat sich seit der Unabhängigkeit Russlands nichts verändert.

2.1.5 Fazit

Langsame politische und staatliche Konsolidierung, späte ökonomisch-finanzielle Modernisierung, demografische Krise und schleppende Militärreform sind – trotz der strukturellen Verbesserungen der oben genannten Fähigkeitsfaktoren – weiterhin Parameter, die den außen- und sicherheitspolitischen Manövrierraum Russlands beschränken. Ausgehend von den genannten Hemmfaktoren für eine eigenständige Außenpolitik Russlands, aber auch angesichts der durch realistischen Pragmatismus geprägten außenpolitischen Linie wird verständlich, dass die Optionen für die Außenorientierung Russlands äußerst beschränkt sind.

2.2
Optionen russländischer Außenpolitik

Die russländische Debatte hat sich in dem vergangenen Jahrzehnt vor allem auf drei miteinander konkurrierende, sich allerdings nicht völlig ausschließende strategische Varianten staatlicher Außenpolitik konzentriert. Dies waren/sind:
- die Konzentration der Außenpolitik auf die Reintegration des post-sowjetischen Raumes,
- die Bildung »antihegemonialer Allianzen« gegen die Führungsmächte des OECD-Raumes, v. a. die USA,
- der Aufbau stabiler Kooperationsstrukturen mit dem OECD-Raum.

Der außen- und sicherheitspolitische Kurs Russlands wird auch in den kommenden Jahren wesentlich von der wechselseitigen Durchsetzungskraft dieser Ansätze bestimmt werden. Die wenig aussichtsreichsten Varianten – die Reintegration der *Neuen Unabhängige Staaten/ NUS* und die Bildung antihegemonialer Allianzen – werden hier nur knapp, die realistische Option der Modernisierungspartnerschaft mit dem OECD-Raum ausführlicher diskutiert werden.

2.2.1 Reintegration der NUS

Maßgebliche Fraktionen der russländischen politischen Elite forder(te)n v. a. ab 1992/93 die Konzentration der staatlichen Ressourcen auf die **Sicherung der russländischen Hegemonie im post-sowjetischen Raum**. Darin wird nicht nur eine Antwort auf die oben angesprochenen Identitätsprobleme des neuen Russland gesehen, sondern vor allem die notwendige Voraussetzung für einen erneuerten Weltmachtanspruch Russlands: Ohne die Reintegration der Territorien der früheren Sowjetunion könne die geopolitische Bedeutung Russlands nicht wieder gewonnen werden.

Russland hatte dazu angesichts des wirtschaftlichen Zusammenbruchs im eigenen Land kaum ökonomische Anreize bereitstellen können, sondern vielmehr durch Drohgebärden, ökonomischen Druck (v. a. durch Aussetzung von Energielieferungen) und direkten und indirekten militärischen Druck die Nachbarstaaten zu einer kooperativen

Haltung und zur Eingliederung in den integrativen Ansatz der SNG zwingen wollen. »Only the most desparate countries like Armenia, Tajikistan, and Belarus' (beleagured by civil war, security concerns, and economic decline) clung to close relations with Russia.« (Hill 2004, 8f) Russland hielt die militärische Präsenz in Moldova, Georgien (bis 2008), Tadžikistan, Armenien und in Belarus' aufrecht; lediglich aus Litauen (1993) sowie aus Estland und Lettland (1994) zogen sich die russländischen Streitkräfte nicht zuletzt unter internationalem Druck zurück.

Die anfänglich vertretene Konzeption einer umfassenden Reintegration des post-sowjetischen Raumes und der Abschottung der Region gegenüber externen Akteuren konnte als realistische Option russländischer Außenpolitik aber rasch als gescheitert angesehen werden. Unterschätzt wurden der staatliche Selbstbehauptungswille der post-sowjetischen Staaten und die Bereitschaft externer (vor allem westlicher) Akteure, die Unabhängigkeit dieser Staaten zu unterstützen; überschätzt wurden die ökonomischen, finanziellen und militärischen Ressourcen Russlands, um diesen Prozess der »Sammlung der post-sowjetischen Länder« voranzutreiben.

Die am 8. Dezember 1991 geschaffene *Gemeinschaft Unabhängiger Staaten (GUS* bzw. *Sodružestvo Nezavisimych Gosudarstv/SNG)* hat bislang nur einen geringen Grad der Verrechtlichung der Beziehungen der Mitgliedsstaaten erbracht; sie leidet strukturell an divergierenden Zielvorstellungen der Mitgliedsstaaten und erheblichen Mängeln in der Umsetzung gemeinsamer Beschlüsse. Die dichte institutionelle Struktur der SNG dient dennoch der (relativ) regelmäßigen Kontaktaufnahme und Konsultation der Mitgliedsstaaten zu wesentlichen Fragen der gemeinschaftlichen Beziehungen. Allerdings hat die Praxis der selektiven Teilhabe an Beschlüssen zu einer starken Differenzierung im Rechtsbestand und zu einer hohen Unübersichtlichkeit der Gemeinschaftsverpflichtungen der einzelnen Mitgliedsstaaten geführt. Da eingegangene rechtliche Verpflichtungen aber ohnehin regelmäßig ignoriert werden, bleibt dieser Umstand für die praktischen Beziehungen weitgehend irrelevant.

Die rechtlichen Fundamente der SNG sind das Abkommen zur Gründung der SNG *(Soglašenie o sozdanii Sodružestva Nezavisimych Gosudarstv)* vom 8. Dezember 1991, das Protokoll von Almaty vom 21. Dezember 1991 und das am 22. Jänner 1993 in Minsk verabschiedete Statut der SNG. Moldova, Turkmenistan und die Ukraine haben das Statut der SNG allerdings nie ratifiziert, womit sie formal nicht den Status als Mitgliedsstaaten der SNG besitzen, sondern als »Teilnehmerstaaten« zu verstehen sind (vgl. dazu Meissner 1994).

Die strukturelle Schwäche gilt auch für die seit 1996 vertraglich eingeleitete, aber kaum vorangekommene Bildung einer Union Russlands mit Belarus'. Zu den wichtigsten Integrationsinitiativen zählen bislang der Vertrag über kollektive Sicherheit (DKB) von 1992/99 (Mitgliedsstaaten sind Russland, Belarus', Armenien, Kazachstan, Kyrgyzistan und Tadžikistan) und der Vertrag über einen Gemeinsamen Wirtschaftsraum von 2003 (Unterzeichnerstaaten sind Russland, Kazachstan, Belarus' und die Ukraine).

2.2.2 Anti-hegemoniale Allianzbildung

Eine zweite diskutierte Option russländischer Außenpolitik war/ist der Aufbau eines multilateralen Allianznetzes mit China und Indien unter dem ideologischen Banner des »Multipolarismus«. Die Absichten, die diesem Konzept zugrunde liegen, sind vielfältig: Zum einen soll damit sichtbar der Dominanz der USA in den internationalen Beziehungen entgegnet werden; zum anderen verbindet Russland damit kurz- und mittelfristige ökonomische Interessen (Sicherung von Waffenexportmärkten, Kooperationen im Energiesektor u. a.); zum dritten aber wird darin auch ein Hebel gesehen, um von den führenden westlichen Staaten, insbesondere von den USA, Zugeständnisse in politischen, wirtschaftlichen und militärischen Fragen zu erzwingen. Russland will damit nicht zuletzt auch seinen Status und seine Rolle bei der Eindämmung und/oder Beseitigung lokaler und regionaler Konflikte stärken. Auch die **Grenzen dieser Option** sind mittlerweile deutlich sichtbar geworden: Die Attraktivität Russlands als Bündnispartner für die oben genannten Staaten ist beschränkt und tendenziell rückläufig. Die Fähigkeit Russlands, moderne Technologien und Know-how bereitzustellen, ist begrenzt; gerade daran aber sind insbesondere China und Indien interessiert. Zudem wäre es für Letztere geradezu töricht, würden sie sich in eine einseitige Abhängigkeit von Russland begeben, wenn sie ihre Ziele doch schneller und nachhaltiger mit dem geschickten Ausspielen russländischer und US-amerikanischer Avancen erreichen können.

2.2.3 Pragmatische Kooperation mit dem OECD-Raum

Letztlich bietet sich den Strategen russländischer Außenpolitik daher keine andere dauerhafte, nutzbringende und zielführende Option als die Kooperation mit dem Westen. Diese Einschätzung kann mittlerweile als **Grundkonsens** der rationalen Segmente der politischen Elite Russlands gelten. Dies bedeutet freilich nicht die Wiederbelebung des romantisch-illusorischen Atlantizismus der frühen Jahre des unabhängigen Russland, als der damalige Außenminister Kozyrev in der engen Anlehnung an Positionen der USA die Lösung für die inneren Probleme Russlands erhoffte. Dessen Illusionen von einer gleichberechtigten, auf gemeinsamen Werten und Interessen beruhenden Partnerschaft zwischen den USA und Russland haben sich rasch als trügerisch erwiesen. Der neue Realismus russländischer Westorientierung stützt sich auf das Konzept der »**zivilisierten Partnerschaft**«, das die wechselseitige Achtung der als unterschiedlich anerkannten nationalen Interessen, weitestgehende beidseitige nützliche Zusammenarbeit bei gleichzeitigem Wettbewerb in den internationalen Beziehungen anstrebt.

Die Außenpolitik unter Präsident Putin war – ausgehend von den grundlegenden Restriktionen des russländischen Manövrierraumes und der Aktionsfähigkeit – von Anfang an darauf ausgerichtet, die zusammenarbeitsorientierte pragmatische Ausrichtung gegenüber dem Westen fortzusetzen. Deutliche frühe Anzeichen dafür waren die Unterzeichnung des revidierten Vertrages über Konventionelle Streitkräfte in Europa (KSE) im November 1999, die seit Jänner 2000 eingeleitete Wiederaufnahme der Kontakte Russlands mit der NATO einschließlich der wieder aufgenommenen Begegnungen im Rahmen des Ständigen Gemeinsamen Rates NATO-Russland auch auf Ministerebene.

In der Verfolgung dieser Ziele haben sich in den vergangenen Jahren **immer wieder deutliche Akzentverschiebungen** bemerkbar gemacht. Russland suchte noch vor dem Amtsantritt Putins (wenn auch bisweilen recht ungeschickt) aufgrund der vielfältigen Enttäuschungen in den Beziehungen zu den USA seine Zusammenarbeit mit Westeuropa aufzuwerten. Im Zentrum der europapolitischen Dimension der russländischen Westpolitik standen dabei die Europäische Union, v. a. aber die von Russland perzipierten Führungsmächte der Europäischen Union – Deutschland, Frankreich, Italien und (bisweilen) das Vereinigte Königreich. Nach 9/11 ist diese Akzentverschiebung leicht zurückgenommen und ein intensiveres Verhältnis zu den USA verfolgt worden. Die Auseinandersetzungen um die Legalitätsfrage der Irak-Intervention 2003 hat die Achse Russlands zu den kontinentaleuropäischen Führungsmächten Deutschland und Frankreich wieder belebt, ohne aber die Absicht zu haben, die Beziehungen zu den USA dadurch ernsthaft zu beschädigen. Diese beiden Achsen erscheinen bis heute (Oktober 2005) als weitgehend stabil, auch wenn das institutionelle Verhältnis zur Europäischen Union als belastet gelten kann, allen voran durch Kontroversen über die Verletzung demokratischer und rechtsstaatlicher Werte durch die russländische Führung.

Die Beziehungen zur EU waren aber stabiler und kontinuierlicher als die Beziehungen zur USA, die vor allem am Beginn der Bush-43-Administration belastet waren. Die **Beziehungen zwischen Russland und (den Mitgliedsstaaten) der EU** sind mehrdimensional angelegt; sie umfassen Fragen der Innen- (Migration, organisierte Kriminalität, Menschen-, Drogen- und Waffenhandel) und der Außenpolitik (Anti-Terror-Zusammenarbeit, kooperative Regelung regionaler Konflikte) sowie der wirtschaftlichen, finanziellen und kulturell-wissenschaftlichen Zusammenarbeit. Die Beziehungen unterscheiden sich damit deutlich von den russländischen Beziehungen zur USA, die weitgehend monodimensional auf die strategische Sicherheitszusammenarbeit ausgelegt sind.

Das russländische Interesse an einer verdichteten Vertragsbeziehung mit der EU gründet sich nicht zuletzt auch auf der zentralen Bedeutung der EU im Bereich der Außenhandelsverflechtung Russlands (siehe die Daten zur ökonomischen Dimension weiter oben).

Russland strebt eine **enge vertragsrechtliche Annäherung zur EU** an, nicht aber den Status der Mitgliedschaft oder auch nur der Assoziation. Russland sieht sich selbst als das Zentrum und den Motor eines eigenen Integrationsraumes aus den ehemaligen Mitgliedsstaaten der UdSSR. Daraus leitet Russland auch den Anspruch ab, als gleichberechtigter und strategischer Partner gesehen zu werden (Meier 2004). Die Funktion der Annäherung an die EU ist die Schaffung eines Gemeinsamen Wirtschaftsraumes, der als zentral für die sozialökonomische Modernisierung Russlands angesehen wird. Die Zuerkennung des Status einer Marktwirtschaft durch die EU und der Abschluss der **Verhandlungen über die Mitgliedschaft Russlands in der WTO** im Mai 2004 waren dazu wichtige Meilensteine. Dies war möglich geworden, nachdem Russland zusicherte, die durchschnittlichen Importzölle (derzeit ca. 11 Prozent) um ca. 2 Prozent abzusenken. Entscheidend war aber die Bereitschaft Russlands, die inländischen Gaspreise bis 2010 anzuheben. Der Vorwurf der EU, die russländische Industrie werde wettbewerbsverzerrend durch nicht-kostendeckende Gaspreise bevorzugt, wird übrigens von der Weltbank im Russian Economic Report 2005 nicht bestätigt (Neue Zürcher Zeitung, 5. 4. 2005). Russland behält aber einen verstärkten Schutz der Luftfahrt-, Auto-, Textil- und Lebensmittelindustrie aufrecht. Auch der Schutz der heimischen Telekommunikations- und Versicherungsbranche wird weitgehend aufrechterhalten.

Russland lehnt eine eng ausgelegte politische Konditionalisierung der kooperativen Beziehungen ab; eine Einmischung der (Mitgliedsstaaten der) EU in die innerrussländische Politik, die Rückbindung an aus Sicht der EU universelle Werte und Menschenrechte, die liberaldemokratische staatliche Konfiguration und die Achtung des Rechtsstaates werden von Russland zwar nicht abgelehnt, aber einem Anpassungsvorbehalt an angeblich spezifische russländische Verhältnisse unterworfen.

Der **Durchbruch** zu einer umfassenden pragmatisch orientierten **Linie der Westintegration** Russlands erfolgte schließlich als **präsidiale Initiative nach den Terroranschlägen in den USA am 11. September 2001.** 9/11 bot der russländischen Führung die (willkommene) Gelegenheit, die nach dem Amtsantritt der Administration Bush belasteten Beziehungen zu den USA durch eine vorbehaltlose Unterstützung der Vorhaben der USA im Rahmen der Anti-Terror-Koalition zu verbessern. Die Solidaritätsbekundung durch Präsident Putin verstärkte die bereits in den Begegnungen zwischen Bush und Putin in Ljubljana (Juni 2001) und Genua (Juli 2001) eingeleitete Verbesserung der bilateralen Beziehungen. Die aktive Unterstützung der Militäraktion in Afghanistan durch Russland (Bereitstellung von Informationen der zivilen und militärischen Aufklärung, Einräumen von Überflugsrechten für US-Kampf- und Transportflugzeuge, intensivierte militärische Unterstützung der afghanischen Nordallianz, Zustimmung zur vermutlich langfristigen Einrichtung von US-Stützpunkten in den zentralasiatischen Staaten, von denen Russland nach dem Vertrag über Kollektive Sicherheit aus 1992/2000 zumindest konsultiert werden muss – wissend, dies ohnehin nicht verhindern zu können) demonstrierte nicht nur die solidarische Parteinahme mit den USA, sondern (be-)nutzte die Militäraktion in Afghanistan auch zur Beseitigung/Minderung der destabilisierenden Sicherheitsrisiken des Taliban-Regimes für den zentralasiatischen und den kaukasischen Raum und diente damit russländischen Sicherheitsinteressen. Russland hatte ein vitales Interesse an der Beseitigung des Taliban-Regimes (materielle Unterstützung islamistischer Vereinigungen in den zentralasiatischen Ländern/ZAL, Ausbildungslager für čečenische Rebellen, Infiltration der Muslime in Russland). Russland hat bereits seit 1999 die Politik gegenüber Afghanistan mit den USA koordiniert. 9/11 machte deutlich, dass Russland, die USA und – weniger stark betont – der gesamte OECD-Raum ähnlichen Sicherheitsbedrohungen gegenüberstehen.

Diese Solidarisierung mit der USA stellte einen präsidialen Alleingang dar und ist zunächst auf erheblichen und öffentlichen Widerstand im Generalstab, dem Verteidigungsministerium und den Sicherheitsdiensten gestoßen und stand auch im Gegensatz zur öffentlichen Meinung. Die Verhinderung militärischer Präsenz in oder militärischer Allianzen mit den ZAL durch Drittstaaten war eine informelle Doktrin russländischer Politik im post-sowjetischen Raum gewesen (Trenin 2004).

Als wichtigste bisherige Ergebnisse der pragmatischen Kooperation mit dem OECD-Raum können gelten:

- **Abkommen über die Verminderung von strategischen Nuklearsprengköpfen** auf eine Zahl zwischen 1.700 und 2.200 im Mai 2002 (SORT/Strategic Offensive Reductions Treaty).

Russland konnte v. a. erreichen, dass die von den USA ohnehin geplante Absenkung der beiderseitigen Sprengkopfzahlen, die in unmittelbarem finanziellem Interesse Russlands ist, vertraglichen Charakter annahm. Die USA waren bereit, dies Russland zuzugestehen, weil der Vertrag nicht die Zerstörung der Sprengköpfe vorsieht und äußerste Flexibilität hinsichtlich seiner Umsetzung, aber auch seiner Kündigung bietet und damit der (sich ändernden) Nuklearpolitik der USA keine Fesseln auferlegt. Der Verzicht etwa auf die nukleare Modernisierungsforschung wäre ein weiterer wichtiger Schritt in der nuklearstrategischen Abrüstung zwischen Russland und den USA.

- Russland nimmt die **Kündigung des ABM-Vertrages** durch die USA am 13. Dezember 2001 mit offiziellem Bedauern und unter Hinweis auf einen angeblichen »Fehler« der USA zur Kenntnis, dennoch aber relativ gelassen hin und verzichtet unmittelbar auf die Androhung oder Umsetzung von Retorsionsmaßnahmen – mit Ausnahme der Kündigung des START II-Vertrages im Juni 2002, der durch das Rüstungsabkommen aus Mai 2002 ohnehin an Relevanz verloren hatte.

- Das **Verhältnis zur NATO** wird mit der Bildung des NATO–Russland-Rates auf dem Gipfeltreffen in Rom im Mai 2002 auf eine neue, von beiden Seiten als funktionstüchtig angesehene Grundlage gestellt. In Rom werden die Beziehungen in der Erklärung »Nato–Russland-Beziehungen: Eine neue Qualität« wieder belebt. Die sterile Konsultationsform des Ständigen Gemeinsamen Partnerschaftsrates von 1997 (19 + 1) wurde durch eine gleichberechtigte direkte Konsultation im Forum »at 20« ersetzt.

Die Beratungen über die gemeinsame Terrorbekämpfung, die nachrichtendienstliche Zusammenarbeit und das Zusammenwirken bei der Nichtweiterverbreitung von nuklearen Waffen zählen zu den bislang erfolgreichsten Feldern der neuen Zusammenarbeit. Insbesondere die Zusammenführung der Aktivitäten beim nuklearen Lagerstättenschutz, der anti-terroristischen Zusammenarbeit und der Proliferationsunterbindung im Rahmen der Emergency Incident Response Cooperation im Rahmen des NATO-Russland-Rates kann hier genannt werden. Zu erwähnen sind auch die Bemühungen, die Interoperabilität für gemeinsame friedenserhaltende Einsätze zu verbessern, die Beschickung von Arbeitsgruppen für Militärreform und für die Errichtung eines gemeinsamen taktischen Raketenabwehrsystems.

Ausdruck der verbesserten Beziehungen war auch die von Russland lange hinausgezögerte Einrichtung eines NATO-Verbindungsbüros in Moskau am 27. Mai 2002 unter der Leitung des britischen Generalmajors Peter Williams.

Am 21. April 2004 unterzeichnen Russland und die NATO eine Vereinbarung über die gegenseitige Stationierung von Truppen auf dem Territorium des Vertragspartners; damit werden gemeinsame Übungen und Truppentransporte über das jeweilige Staatsgebiet wesentlich erleichtert.

- **Einrichtung eines institutionalisierten Sicherheitsdialoges zwischen Russland und der EU** im Oktober 2001.
- **Unterstützung der EU und der USA für den Beitritt Russlands zur Welthandelsorganisation WTO**. Die Weltbank erwartet im Falle

des WTO-Beitritts Russlands kurzfristige BIP-Wachstumseffekte von 3,3 Prozent und langfristige Effekte von 11 Prozent – ohne Berücksichtigung der dynamischen Wachstumseffekte (Russian Economic Report 2005 der Weltbank, zitiert nach: Neue Zürcher Zeitung, 5. 4. 2005). Haken mit der EU war bis zum Mai 2004 deren Forderung einer Liberalisierung, i. e. Erhöhung der Inlandspreise für russländisches Erdöl und Erdgas. Die Einigung mit der EU erfolgt im Mai 2004, US-Handelssekretär Zoellick hält eine Einigung der USA mit Russland noch 2005 für möglich (Reuters, 1. 2. 2005).

Der Beitritt zur WTO macht die internationalen Märkte offener für russländische Exporte, erleichtert die Abwehr von Anti-Dumping-Maßnahmen, fördert Know-how-Investitionen ausländischer Unternehmer in Russland und räumt Russland die Möglichkeit ein, am Regelwerk der WTO mitzuarbeiten.

- Beschluss über die Ausrichtung des G-8-Treffens in 2006 durch Russland als **gleichberechtigtes Mitglied der G-8** im Juni 2002. Ab 2004 drängen mehrere einflussreiche republikanische und demokratische Senatoren wie John McCain und Joe Liebermann darauf, Russland angesichts des autoritären Kurses des Landes und der Menschenrechtsverletzungen in Čečnja aus dem G-7-Kontext auszuschließen.
- Bereitstellung von 20 Mrd. US-Dollar zur **Vernichtung von ABC-Waffen** innerhalb der nächsten 10 Jahre durch die G-8 ab 2002; die Hälfte dieser Summe wird von den USA aufgebracht; die andere Hälfte durch die restlichen Mitglieder der G-8 (»10 plus 10 über 10«). Der G-8-Initiative haben sich in den Folgejahren 13 weitere Staaten angeschlossen.
- **Neubewertung des russländischen Vorgehens in Čečnja** durch die (meisten) westlichen Staaten: Im čečenischen Widerstand werden zusehends auch terroristische Elemente identifiziert und der militärischen Vorgangsweise Russlands Elemente der Legitimität zugestanden.
- Russland schließt sich im Mai 2004 der US-Initiative »**Proliferation Security Initiative**« an und dokumentiert damit seine Bereitschaft, mit den USA und anderen Staaten neue Wege der *counter-proliferation* zu gehen.

- Russland akzeptiert im August 2004, dass im Zuge der Neuordnung der US-Militärbasen US-Soldaten auf neue Basen in ost- und südosteuropäische Staaten verlegt werden.
- Programm zur Verschrottung konventioneller und nuklearer Rüstungsgüter in sechs Entsorgungszentren im Umfang von 73,15 Mrd. RR im Juli 2005. Russland finanziert 26,5 Mrd. RR, der Rest wird international finanziert, u. a. durch die USA. Das Programm läuft unter der Aufsicht des Industrie- und Energieministeriums.

2.2.4 Fazit

Die Interessenverflechtung zwischen Russland und dem OECD-Raum ist für beide Seiten derart eng und wichtig, dass eine nüchterne Balance zwischen interessen- und wertegestützter Russland-Politik erforderlich scheint. Dies umso mehr, als die Möglichkeiten, innere Prozesse in Russland von außen zu steuern oder auch nur zu beeinflussen, als relativ gering eingeschätzt werden müssen. Dies umso mehr, als die russländische Führung zwar die **Modernisierungspartnerschaft mit dem OECD-Raum dringend braucht**, aber in ihrer Selbsteinschätzung aufgrund westlicher Abhängigkeiten von **Russland nicht in der Position einseitiger Abhängigkeit** verharren muss. Die Bedingungen, die Russland für diese Zusammenarbeit akzeptieren wird, werden aber vermutlich enger gefasst sein. Putins Russland wird den Westen in vielen Bereichen vor die klare Entscheidung stellen, mit Russland, so wie es ist, zusammenzuarbeiten, oder aber die Risiken und Konsequenzen der verweigerten Zusammenarbeit zu spüren zu bekommen.

Literatur

Baev, Pavel K. (2004). *The Trajectory of the Russian Military: Downsizing, Degeneration, and Defeat*, in: Steven E. Miller/Dmitri Trenin (Hg.). *The Russian Military*. Power and Policy, Cambridge/MA, 43–73.

BP (2004). *Energy in Focus*. BP Statistical review of World Energy, online verfügbar unter: www.bp.com/liveassets/bp_internet/globalbp/globalbp_uk_english/publications/energy_reviews/STAGING/local_assets/downloads/pdf/statistical_review_of_world_energy_full_report_2004.pdf.

Brainerd, Elizabeth/David M. Cutler (2005). *Autopsy on an Empire: Understanding Mortality in Russia and the Former Soviet Union*. William Davidson Institute Working

Paper 740, online verfügbar unter: www.bus.umich.edu/KresgeLibrary/Collections/ Workingpapers/wdi/wp740.pdf.
Feshbach, Murray (1999). *A Sick and Shrinking Nation,* in: Washington Post, 24.10.1999.
Götz, Roland (1999). *Russlands Wirtschaftslage im Herbst 1999.* Aktuelle Analysen des BIOst 51, (23.11.).
Götz, Roland (2001). *Ökonomische Voraussetzungen und Rahmenbedingungen russischer Außenpolitik,* in: Osteuropa 4-5, 366-376.
Götz, Roland (2004). *Russlands Energiestrategie und die Energieversorgung Europas,* SWP-Studie S6, Berlin.
Hill, Fiona (2004). *Energy Empire: Oil, Gas and Russia's Revival.* The Foreign policy Centre, London.
Meier, Christian (2004). *Nach dem Gipfel von Den Haag.* Russland und das neue Modell der Partnerschaft mit der EU, SWP-Aktuell 58.
Meissner, Boris (1994). *Das politische Paktsystem innerhalb der GUS,* in: Osteuropa-Recht 3, 226-252.
Meščerjakov, Vladimir (2001). Demografičeskaja situacija v Rossii [Die demographische Lage Russlands], in: Vestnik Analitiki (Institut strategičeskich ocenok i analyza) 3, 86-107.
SIPRI – Stockholm International Peace Research Institute (2004). *SIPRI Yearbook 2004.* Armaments, Disarmament and International Security, Oxford.
Škol'nikov, E/T. Maleva (Hg., 2000). *Neravenstvo i smertnost' v Rossii* [Ungleichheit und Sterblichkeit in Russland], Moskau.
Trenin, Dmitrij (2004). *Farewell to the Great Game?* Prospects for Russian-American Security Cooperation in Central Asia, in: European Security 3-4, 21-35.
Twigg, Judyth (2004). *National Security Implications of Russia's Health and Demographic Crisis,* PONARS Policy Memo 360.
UNAIDS/WHO (2004). *AIDS Epidemic Update.* Eastern Europe and Central Asia, Genf, online verfügbar unter: www.unaids.org/wad2004/EPIupdate2004_html_en/epi04_08_en.htm,.
UNICEF (2003). *The State of the World's Children 2003.* Statistical Tables, online verfügbar unter: www.unicef.org/sowc03/tables/index.html.
World Bank (2005). *From Transition to Development.* A Country Economic Memorandum for the Russian Federation. World Bank Report, March 2005, New York, online verfügbar unter: http://siteresources.worldbank.org/INTRUSSIAN-FEDERATION/Resources/cem_eng_29062005.pdf

3
Die Außenpolitik der Volksrepublik China
Gerhard Mangott

3.1
Modernisierungsziele der Reformgeneration

Die Außen- und Sicherheitspolitik der Volksrepublik (VR) China der letzten 15 Jahre (einführend etwa Möller 2005) erklärt sich zum einen als Reaktion auf eine geänderte internationale Konstellation nach dem Ende des west-östlichen Regimeantagonismus, aber zum anderen auch als Ergebnis davon zunächst unabhängiger interner Richtungsentscheidungen der nach dem Tod Mao Zedongs 1976 an die Macht gelangten pragmatischen Reformkräfte um Deng Xiaoping.

Drei Ziele prägten die reformerische Außenpolitik: die Unterstützung der inneren Modernisierung durch konfliktfreie Außenbeziehungen, die Wiedergutmachung für erlittenes historisches Unrecht und die (wirtschaftliche) Öffnung des Landes nach außen.

Die Reformer setzten die **innere Modernisierung** und die **Beziehungen zu anderen Staaten** in einen **funktionalen Zusammenhang**: Kooperative und konfliktfreie Außenbeziehungen bildeten die notwendige Voraussetzung für die sozioökonomische Modernisierungspolitik Deng Xiaopings. »Frieden und Entwicklung« lautete die 1985 erklärte Kernbotschaft der Reformelite. Die chinesische Führung konzentrierte Aufmerksamkeit, Anstrengung und Ressourcen auf den inneren Modernisierungsprozess und löste sich damit von einer ideologiegeleiteten aktivistischen Außenpolitik unter der Führung Mao Zedongs. Die innere Modernisierung wird dabei zum einen als Instrument zur Stärkung der Regimestabilität angesehen, zum anderen als Voraussetzung für die Glaubwürdigkeit des regionalen und internationalen Geltungsanspruches des Landes; schließlich war/ist auch die angestrebte militärische Modernisierung ohne wirtschaftliche Modernisierung nicht finanzierbar (Opitz 2002, 204).

Zu dieser funktionalen Nutzung friedlicher Außenbeziehungen kam das Bestreben, dem Land wieder einen ihm angemessenen internationalen Status und Geltung zu verschaffen. Die ungerechte Behandlung durch die ausländischen Mächte seit der Mitte des 19. Jahrhunderts prägt die kollektive Erinnerung der VR China; die Reformer entwickelten den Anspruch, für China einen würdigen Großmachtstatus wieder zu erlangen.

Zuletzt war auch die (wirtschaftliche) **Öffnung nach außen** – die handelspolitische Verflechtung und Vernetzung mit den Staaten der Region und letztlich mit dem internationalen Wirtschafts- und Finanzsystem – unabdingbar für einen anhaltenden und erfolgreichen wirtschaftlichen Modernisierungsprozess. Diese Einsicht kollidierte mit der traditionellen chinesischen Abneigung gegen äußere Abhängigkeiten und den Verlust der (von Mao Zedong so stark betonten) Autarkie.

Das Ergebnis des Reformkurses war ein außerordentlich starkes und anhaltendes **Wachstum der chinesischen Volkswirtschaft:** Das BIP ist zwischen 1984 und 2004 um durchschnittlich 9,5 Prozent/Jahr gewachsen (OECD 2005). »Such an increase in output represents one of the most sustained and rapid economic transformations seen in the world economy in the past 50 years. It has delivered higher incomes and a substantial reduction of those living in absolute poverty.« (OECD 2005, 2) Die volkswirtschaftliche Gesamtleistung der VR China lag 2004 bei 1.648 Mrd. US-Dollar (Wiener Institut für Internationale Wirtschaftsvergleiche, www.wiiw.at/e/china.html), das BIP/Kopf in 2004 bei 6.149 US-Dollar/Kopf zu Kaufkraftparitäten.

Abb. 29: Wachstum der chinesischen Wirtschaft 1978–2004

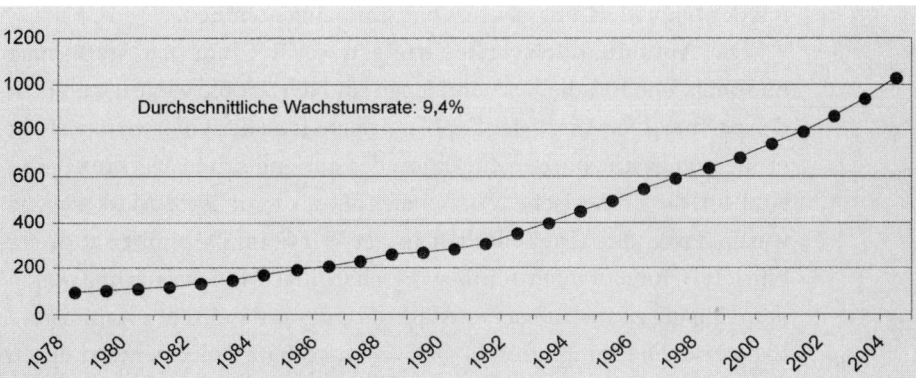

Quellen: China Statistical Yearbook 2004; China Monthly Statistics I/2005.

Abb. 30: BIP-Wachstum der Volksrepublik China 1991–2005

1991	9,2
1992	14,2
1993	13,5
1994	12,6
1995	10,5
1996	9,6
1997	8,8
1998	7,8
1999	7,1
2000	8,0
2001	7,5
2002	8,3
2003	9,3
2004	9,5
2005 (Prognose)	9,0

Quellen: China Statistical Yearbook 2004, Table 3-3; China Monthly Statistics I/2005 (Daten erhalten von Waltraut Urban, China-Expertin am Wiener Institut für Internationale Wirtschaftsvergleiche).

Mit dem Wachstumsprozess verbunden war die **Restrukturierung der Volkswirtschaft**: Der Anteil des Agrarsektors am BIP ist deutlich zurückgegangen, der Anteil der Industrie ist leicht gesunken, der Anteil des Dienstleistungssektors hat stark zugenommen.

Die **Außenhandelsverflechtung** der VR China hat stark zugenommen. Die EU, die USA und Japan sind derzeit die wichtigsten Handelspartner. Der Anteil der Exportwirtschaft an der Volkswirtschaft ist immens angestiegen; der Zugang zu den ausländischen Märkten damit vital für die chinesische Wirtschaft. Dieser gesicherte Marktzugang wurde durch die Mitgliedschaft in der WTO im Dezember 2001 stabilisiert. China braucht für die wirtschaftliche Modernisierung neben dem Zugang zu ausländischen Märkten auch ausländisches Kapital und Expertise. Die Integration in die Weltwirtschaft, dokumentiert durch den WTO-Beitritt, ist daher eine unerlässliche Voraussetzung für die Regimestabilität und den Großmachtstatus des Landes.

China selbst bietet mit 1,3 Mrd. Einwohnern mit wachsender Kaufkraft einen immensen **Absatzmarkt** für ausländische Produkte. Die gesamtwirtschaftliche Öffnung ging einher mit starken ausländischen Direktinvestitionen. Allein 2004 lagen die *Foreign Direct Investments/ FDI* bei 60,6 Mrd. US-Dollar.

Die wachsende chinesische Volkswirtschaft hat zu einer starken **Nachfrage nach Rohstoffen** geführt. China bedarf der sicheren und nachhaltigen Versorgung durch ausländische Rohstoffe, v. a. Energieträger, Eisenerz und Metalle, um das wirtschaftliche Wachstum und damit eine minimale soziale Stabilität aufrecht zu erhalten.

Die chinesische Rohölproduktion ist seit 1995 rückläufig, der Bedarf an Rohöl aber zugleich immens angewachsen; seit 1993 ist die VR China ein Netto-Importeur von Rohöl. 2004 entfielen 31 Prozent der globalen Rohölnachfrage auf die VR China (Zweig 2005, 25). 45,4 Prozent der Rohölimporte stammten 2004 aus dem Mittleren Osten, v. a. aus Saudi-Arabien, Oman und Iran; 28,7 Prozent aus Afrika, v.a aus Angola und Sudan; 14,3 Prozent aus der westlichen Hemisphäre, v. a. aus Russland, und 11,5 Prozent aus dem asiatisch-pazifischen Raum (Zweig 2005, 28).

2004 importierte die VR China 120 Mio. t Rohöl; bis 2010 wird der Bedarf vermutlich auf 200 Mio. t/Jahr ansteigen. Erdölimporte machten 2003 35 Prozent des gesamten Verbrauchs, 2004 41 Prozent des Verbrauchs aus; bis 2010 wird dieser Wert auf 50 Prozent ansteigen. Bis 2020 soll diese Entwicklung durch die verstärkte Nutzung der Kernenergie (China beabsichtigt innerhalb der nächsten 15 Jahre die Produktionskapazität der Kernenergie von 8.700 MW auf 40.000 MW zu steigern), die Verbesserung der Kohleförderung und -verwertung (Umwandlung von Kohle in flüssigen Brennstoff) und durch die Nutzung von Solar- und Windenergie und anderen alternativen Energiequellen wieder auf 35 Prozent abgesenkt werden. Dazu werden aber auch Maßnahmen zur Stärkung der Energieeffizienz und zur Senkung der Energievergeudung notwendig sein: Die VR China verbraucht derzeit pro Dollar BIP dreimal mehr Energie als der weltweite Durchschnitt und siebenmal mehr als Japan.

Aufgrund der starken Importabhängigkeit bei Energieträgern ist die VR China auch an stabilen Verhältnissen in den Versorgerregionen und -staaten interessiert; China investiert direkt in ausländische Energieprojekte (Kazakstan, Sudan, Nigeria u. a., Verhandlungen mit Russland) und strebt die größtmögliche Diversifizierung der Bezugsquellen an.

Die Versorgung mit Energierohstoffen macht aber auch eine glaubwürdige Präsenz einer chinesischen Marine (die die VR China derzeit nicht besitzt) erforderlich, um die Versorgungswege zu sichern, v. a. die

Importe aus dem Persischen Golf über die Straße von Malakka (durch die 80 Prozent der chinesischen Rohölimporte transportiert werden) und die Taiwan-Straße. Die chinesische Außenpolitik wurde dadurch zu einer größeren Aufmerksamkeit für strategische Stabilität gezwungen. Der Rohstoffbedarf zwingt China zu intensiven bi- und multilateralen Kontakten, Gegengeschäften, (Kapital-)Investitionen und Schuldenerlässen, um günstige Bedingungen für Rohstoffzugang zu erhalten. Langfristig kann dieser **Wettlauf um Energieträger** zu Konflikten mit anderen Staaten, insbesondere mit den USA und Japan, führen; dieser Wettstreit birgt die Gefahr militärischer Auseinandersetzungen in sich.

Die sozialökonomische Modernisierung des Landes birgt aber auch die Gefahr der **inneren Destabilisierung** in sich: Das BIP-Wachstum erfolgt asymmetrisch, hat zu sozialen Verwerfungen, regional ungleicher Modernisierung, wachsenden Einkommensgegensätzen zwischen den Städten und dem Land, den Küstenregionen und den zentralchinesischen Regionen, hohen Arbeitslosenraten und Korruption geführt. Damit einher geht ein **schleichender Verfall der Regimelegitimität**. Die Diffusion westlicher Werte und Lebensstile und der mit steigendem Wohlstand wachsende Partizipationsanspruch schwächt die Legitimität der chinesischen Herrschaftsordnung. Soziale Unzufriedenheit und Proteste unterhöhlen die Stabilität des Regimes und damit einen entscheidenden Faktor der Attraktivität der VR China für ausländische Investoren.

3.2
Der friedliche Aufstieg

Seit 2003 wird das Anwachsen des Machtpotentials der VR China ideologisch mit der Losung »friedlicher Aufstieg« zu einer **verantwortungsvollen Regionalmacht** versehen. Dadurch soll deutlich gemacht werden, dass die Statusgewinne des Landes ausschließlich friedlich erfolgen sollen. Der Machtgewinn stärkt das Selbstbewusstsein der chinesischen Führungselite, gleichzeitig aber auch das Verständnis für die wachsende globale Verantwortung der VR China. China ist auf dem Weg zu einer **geopolitischen Bedeutung**, die es zuletzt unter der Ming-Dynastie im 18. Jahrhundert innehatte.

Der zurückhaltende und verantwortliche Umgang der chinesischen Führungseliten mit der wachsenden Bedeutung des Landes führt auch zu einer verbesserten Wahrnehmung durch die Staaten der Region. China gilt nicht mehr als Macht, die regionale Regime zu unterwandern sucht, sondern als eine **Status-quo-Macht** (Shambaugh 2004a, 65), die sich in kooperative Netzwerke der Region eingliedern will. Die Einbindung Chinas in das Netz inter- und multilateraler regionaler Institutionen kann dazu dienen, diesen Machtzuwachs Chinas einzuhegen und maßvoll zu kontrollieren.

Allerdings ist das Außenverhalten Chinas letztlich nicht nur durch institutionelles *engagement* und gemeinsame normenbegründete Institutionen zu steuern, sondern auch durch die Demokratisierung der Herrschaftsordnung und die Stärkung rechtsstaatlicher Mechanismen; die Änderung der Herrschaftsstrukturen ist ein strategischer Imperativ für die Bewältigung des chinesischen Aufstiegs nach innen und nach außen. Der Aufstieg Chinas darf daher nicht nur als militärischer und wirtschaftlicher Machtzuwachs verstanden, sondern muss auch als multidimensionaler Wandlungsprozess seiner sozialökonomischen und herrschaftlichen Strukturen gedeutet werden.

Die Stärkung rechtsstaatlicher Institutionen und Mechanismen ist zudem auch eine maßgebliche Rahmenbedingung für das ökonomische *engagement* der EU und der USA in China.

Chinas Aufstieg ist allerdings nicht nur mit stark wachsender wirtschaftlicher Macht, sondern auch mit **steigender militärischer Stärke** verbunden: Seit 1989 wachsen die Verteidigungsausgaben des Landes stark an. Gemessen am Anteil des Verteidigungsetats an den gesamten Staatsausgaben, aber auch gemessen an der gesamten Wertschöpfung, erscheint der Verteidigungshaushalt aber als maßvoll. 2004 erreichten die staatlichen Verteidigungsausgaben den Umfang von 2,3 Prozent des BIP.

Abb. 31: Offizieller Verteidigungshaushalt der Volksrepublik China 1995-2004

in Mrd. Yuan

1995	1996	1997	1998	1999	2000	2001	2002	2003	2004
105	126	131	149	165	182	215	251	274	305

in Prozent des BIP

1995	1996	1997	1998	1999	2000	2001	2002	2003
1,8	1,8	1,7	1,9	2,0	2,0	2,2	2,4	2,3

Quelle: SIPRI Yearbook 2005. Armaments, Disarmament and International Security, Oxford, 353.

Die Volksbefreiungsarmee besteht derzeit aus 2,25 Mio. Mann und 5–600.000 Mann in Reserve. Das Heer besteht aus 1,7 Mio. Soldaten, in der Marine dienen 250.000, bei der Luftwaffe 400.000 Soldaten. Die Streitkräfte der VR China sind nuklear ausgerüstet. 1964 hat die VR China den ersten Atomtest durchgeführt und 1967 die erste Wasserstoffbombe gezündet (Angaben dazu durch die Federation of American Scientists unter: www.fas.org/main/content.jsp?formAction=297&contentId=164). Derzeit verfügen die Streitkräfte über ca. 120 Interkontinentalraketen (ICBMs), die jeweils nur mit einem Sprengkopf ausgestattet sind (Bulletin of the Atomic Scientist unter: www.thebulletin.org/article_nn.php?art_ofn=ndo3norris). China verfügt allerdings über die Expertise für Raketen mit Mehrfachsprengköpfen *(MIRV-Technologie)*. Dazu kommen lediglich zwölf seegestützte und mit einem Sprengkopf ausgerüstete strategische Raketensysteme *(SLBMs)*. Der Gesamtumfang nuklearer Sprengköpfe der VR China wird derzeit auf ca. 400 geschätzt.

Einher mit den erhöhten Verteidigungsausgaben geht eine radikale Militärreform. Zu den Eckpunkten der Reform zählen die Ausrüstungsmodernisierung, v. a. der Luftwaffe, der Marine und der Artillerie (vorrangig mit russländischer Hilfe, siehe unten), der Abbau der Mannschaftsbestände (2004: um 1,5 Mio. seit den 80er-Jahren), der Rückzug der Streitkräfte aus nicht-militärischen Aktivitäten, die Verbesserung der Ausbildung und die Verschlankung der Führungsstäbe. Bislang ist die Volksbefreiungsarmee aber zur militärischen strategischen Machtprojektion nicht fähig: Die chinesischen Streitkräfte verfügen über keine (militärisch genutzten) Flugzeugträger, wenige hochseetaugliche Zerstörer, keine Luftbetankungsfähigkeit (aufgrund fehlender Tankflugzeuge) und keine ausländischen Militärstützpunkte. Dringlich wären dafür v. a. strategische Seestreitkräfte; diese erfordern Flugzeugträger, U-Boote mit strategischer Reichweite, Fregatten und Zerstörer inkl. Hubschrauber sowie amphibische Fahrzeuge (Landungsschiffe).

Die **Modernisierung der Streitkräfte** der VR China geht einher mit einer wachsenden, wenn auch noch immer zögerlichen Transparenz des Rüstungsprozesses in der Form von Weißbüchern. Das Verteidigungsweißbuch aus dem Dezember 2004 und der 8. Bericht des US-Pentagon an den Kongress über »Selected Military Capabilities of the People's Republic of China« gewähren insgesamt aber einen guten Einblick in die Sicherheitsstrategie und den Ausrüstungsstand der Streitkräfte Chinas.

Die **Wahrung der territorialen Integrität** – allen voran die Sicherung der Kontrolle über Tibet, Xinjiang und Taiwan (1895 von Japan annektiert, 1945 wieder an China zurückgegeben, aber seit 1949 unter der Kontrolle der Kuomintang, die sich 1949 vor den Kommunisten Mao Zedongs auf diese Insel zurückgezogen hatten) – und die Betonung der Souveränität und der Nichteinmischung in innere Angelegenheiten als zentrale völkerrechtliche Regeln sind die grundlegenden Parameter der chinesischen Sicherheitspolitik. Alle Landgrenzen Chinas, mit Ausnahme jener mit Indien, sind mittlerweile vertraglich geregelt; lediglich die Seegrenzen sind noch umstritten.

Die **Wiedereingliederung Taiwans** – der Republik China – in die Volksrepublik China, wenn nötig unter Wahrung eines hohen Maßes an regionaler Autonomie, zählt dabei zu den zentralen Zielen der chinesischen Führung. Dieses Ziel soll, wenn möglich, friedlich, d. h. auf dem Verhandlungswege erreicht werden. Die VR China hat aber auch eine rote Linie deutlich gemacht, deren Überschreitung durch die taiwanesische Führung militärische Zwangsmaßnahmen Chinas gegen Taiwan auslösen würde. Zuletzt erfolgte dies im Anti-Sezessionsgesetz im Frühjahr 2005. China sucht die territoriale Reintegration Taiwans unter Zusicherung der Wahrung wirtschaftlicher Eigenständigkeit der Insel (nach der Formel »Ein Land – zwei Systeme«, die auch der Wiedereingliederung Hongkongs in den chinesischen Staatsverband zugrunde gelegen war) durchzusetzen. China hat jedenfalls ein großes Interesse daran, einen außen-, sicherheitspolitisch und wirtschaftlich äußerst gefährlichen Konflikt, den eine militärische Intervention in Taiwan unweigerlich auslösen würde, zu vermeiden. Dennoch aber arbeitet China auch an der Bereitstellung militärischer Interventionsfähigkeiten auf Taiwan; nicht zuletzt, um die taiwanesische Führung von einem formellen oder konkludenten Unabhängigkeitskurs abzuschrecken. Die Erklärung der Unabhängigkeit durch Taiwan könnte China auch wegen der möglichen Modellwirkung für Tibet und Xinjiang nicht dulden.

Die USA haben im Dezember 2003 den Präsidenten Taiwans, Chen-shui bian, öffentlich vor einer Änderung des Status quo durch eine Unabhängigkeitserklärung gewarnt (auf einem Treffen zwischen US-Präsident Bush und dem chinesischen Ministerpräsidenten Wen Jiabao am 9.12.2003).

Die USA und die taiwanesische Opposition der Kuomintang (KMT) und der People First Party (v. a. durch deren Wahlsieg bei den Parlamentswahlen im Dezember 2004) bilden die entscheidenden restriktiven Faktoren für den bis Ende 2004 betonten Unabhängigkeitskurs der Democratic Progressive Party (DPP) unter Chen-shui bian und der Taiwan Solidarity Union (TSU).

Der friedliche Aufstieg Chinas ist in ein strukturiertes sicherheitspolitisches Konzept eingebaut. David Shambaugh (2004a) definiert **vier zentrale Pfeiler chinesischer Sicherheitspolitik:**

- **Mitwirkung in regionalen Organisationen**: Das rasch wachsende regionale multilaterale Netz an Organisationen und Dialogforen wird von China nicht mehr als gegen die Interessen der VR China gerichtet gesehen, sondern als Möglichkeit, chinesische Interessen in der Region zu befördern und als Instrumente der kooperativen Sicherheit zu nutzen. Als wichtigste regionale Foren gelten für China die 1967 gegründete Association of South-East Asian Nations/ASEAN im Format ASEAN+3 (China, Japan, Südkorea) und die 2001 gegründete Shanghai Cooperation Organisation SCO.
- **Abschluss strategischer Partnerschaften** und Verbesserung der Beziehungen zu den Staaten der (ost-), südost- und südasiatischen Region.
- **Stärkung der regionalen ökonomischen Verflechtung**: Der Außenhandel Chinas mit den Ländern der Region ist stark angewachsen, v. a. durch starke chinesische Importe. »Today nearly 50 percent of China's total trade volume is intraregional, and unlike China's trade with the United States and Europe, it is relatively balanced.« (Shambaugh 2004a, 83)
- **Abbau des Misstrauens im Sicherheitsbereich** durch bilaterale Sicherheitsdialoge mit den Nachbarstaaten, Kontakte mit den Streitkräften in der Region, Durchführung gemeinsamer militärischer Übungen (u. a. mit Indien, Pakistan, Kazachstan, UK, Frankreich, Russland) –

seit 2000 mit Anwesenheit ausländischer Militärbeobachter (so waren beim Manöver »Nordschwert 2005« in der Inneren Mongolei im September 2005 Beobachter aus 24 Staaten vertreten) –, die Teilnahme im ASEAN Regional Forum/ARF oder die Erhöhung der militärischen Transparenz (Weißbücher über Verteidigung): »Asia is currently witnessing the emergence of a regional community with a multilateral institutional architechture that is based on a series of increasingly shared norms about interstate relations and security.« (Shambaugh 2004a, 96) Mit ARF, SCO und South-Asian Association for Regional Cooperation/SAARC entstehen wirksame Arenen kooperativer Sicherheit.

In den folgenden Abschnitten sollen die Beziehungen der VR China zu einigen ausgewählten Staaten und Organisationen behandelt werden.

3.3
China und die Europäische Union

Die Europäische Union (zur Politik der EU gegenüber der VR China siehe die seit 1995 verfassten Strategiepapiere unter: http://europa.eu.int/comm/external_relations/china/intro/index.htm), die seit 1975 offizielle Beziehungen mit der VR China unterhält, verbindet mit der VR China **vorrangig ökonomische** und nur wenige strategische oder militärische **Interessen**; die EU unterhält keine Sicherheitsvereinbarungen mit einem Staat der Region und keine militärischen Stützpunkte. Der Handelsumsatz zwischen der EU und der VR China ist in den letzten Jahren immens angewachsen; das Handelsvolumen in 2004 erreichte 174 Mrd. €, wobei die EU-Staaten ein großes Handelsbilanzdefizit aufweisen (2004: 78,7 Mrd. €). Nach den USA ist die VR China der zweitwichtigste Handelspartner der EU; umgekehrt ist die EU seit 2004 der wichtigste Handelspartner Chinas. Die EU-Staaten zählen zu den führenden Investoren in China: Der Bestand an FDI aus den EU-Staaten betrug 2004 mehr als 35 Mrd. € (Daten aus: http://europa.eu.int/comm/external_relations/china/intro/index.htm). Die EU und China sind durch intensive wissenschaftlich-technische und technologische Zusammenarbeit verbunden – besonders sichtbar bei der Zusammenarbeit beim EU-Satellitennavigationsprojekt Galileo. Trotz des chinesischen Drängens hat die EU China aber noch nicht den Status einer Marktwirtschaft zuerkannt – v. a. um ein Reserveinstrument gegen unlauteren wirtschaftlichen Wettbewerb (dumping) zu behalten.

Abb. 32: EU-China-Handelsstatistik (in Mrd. €)

	2000	2001	2002	2003	2004	Durchschnittliches Wachstum 2000–2004 (%)
EU-25-Handel mit der VR China					(in Mill. €)	
Importe	74.369	81.619	89.606	105.397	126.737	+ 14,3
Exporte	25.758	30.554	34.869	41.169	48.039	+ 16,9
Saldo	– 48.610	– 51.065	– 54.737	– 64.228	– 78.698	

Quelle: http://europa.eu.int/comm/external_relations/china/intro/index.htm.

Anders als die USA hat die EU aber keine Aufgaben für die Wahrung der strategischen Stabilität in Ostasien übernommen. Auch hat die EU keine Initiativen zur Absicherung des derzeitigen Zustandes an der Straße von Taiwan gesetzt.

Die EU teilt allerdings mit den USA die Absicht, die VR **China in multi- und internationale Institutionen einzubinden** und den Machtzuwachs Chinas durch Regelunterwerfung und Übernahme von Verantwortung für die strategische Stabilität einzuhegen. Das strategische *engagement* wird von der EU dem strategischen *containment* durch die USA vorgezogen. Trotz geringer strategischer Interessen der EU in Ostasien sind die Beziehungen zu China »comprehensive and multidimensional« (Shambaugh 2004b, 243). Begleitet wird dieses dichte Beziehungsgeflecht durch einen regelmäßigen politischen Dialog zwischen den Führungsstäben der EU und der VR China; seit 1997 finden jährliche *summit meetings* statt, begleitet durch eine Fülle strukturierter Dialoge und Arbeitsgruppen. Dazu kommen zahlreiche bilaterale Dialoge von EU-Mitgliedsstaaten wie der Rechtsdialog zwischen China und Deutschland.

Die EU unterstützt im Rahmen der 2003 mit China eingegangenen strategischen Partnerschaft vor allem den sozialökonomischen, rechtlichen und ordnungspolitischen Übergangsprozess im Inneren *(domestic capacity building)* und drängt auf eine Stärkung der zivilgesellschaftlichen Strukturen und die Stärkung der Menschrechtsstandards. »The United States invests its ressources primarily to monitor the growth of China's hard power and to deter potentially aggressive Chinese behavior beyond its borders, whereas the EU is investing in initiatives inside of China to increase the country's soft power and facilitate its sustainable development.« (Shambaugh 2005, 15)

Als vorrangige **Ziele der China-Politik** definiert die EU (EU 2005):
- »to engage China further, both bilaterally and on the world stage, through an upgraded political dialogue,
- to support China's transition to an open society based upon the rule of law and respect for human rights,
- to encourage the integration of China in the world economy through bringing it fully into the world trading system, and supporting the process of economic and social reform that is continuing in China.«

Die EU unterstützt wie China auch ein multilaterales, ausbalanciertes internationales System, das einer hegemonialen Ordnung unter der Führung der USA entgegengestellt werden soll: Die EU »shares China's concerns for a more balanced international order based on effective multilateralism.« (Commission of the European Communities 2003, 23)

Für Spannungen zwischen der EU und der VR China sorgen die seit 1989 geltenden **Embargomaßnahmen** der EU für Waffenexporte für den chinesischen Markt – verhängt nach der brutalen Unterdrückung von Studentenprotesten im Tienanmen-Massaker des Juni 1989. Innerhalb der EU drängen v. a. Deutschland und Frankreich auf eine Aufhebung der Sanktionen (wenn auch allein Frankreich tatsächlich auch an umfangreichere Waffenverkäufe an China denkt); das Vereinigte Königreich unterstützt hingegen die entschiedenen Vorbehalte der USA gegen einen solchen Schritt (innerhalb des US-Kongresses werden mögliche Retorsionsmaßnahmen gegen europäische Rüstungsfirmen diskutiert, die Waffen an die VR China exportierten). Die Verabschiedung des chinesischen Anti-Sezessionsgesetzes im März 2005 – die Androhung militärischer Intervention für den Fall einer Unabhängigkeitserklärung Taiwans oder konkludenter Handlungen – hat die innereuropäischen Debatten über die Aufhebung des Embargos negativ beeinflusst; auch Frankreich und Deutschland wollen nicht den Eindruck erwecken, China zur wirksamen militärischen Angriffsfähigkeit gegen Taiwan zu verhelfen (nachdem die EU-Staaten seit 1992 keine Rüstungsgüter mehr an Taiwan exportieren). Die Befürworter drängen China auf eine Vorleistung – die Ratifizierung der *UN Covenant on Social and Political Rights* –, um den durch die Gegner geltend gemachten Menschenrechtsvorbehalt zu entschärfen.

3.4
China und die USA

Die Aufnahme diplomatischer Beziehungen der USA mit der VR China erfolgte am 1.1.1979, nachdem Präsident Nixon 1972 die Normalisierung der bilateralen Beziehungen eingeleitet hatte. Gestört wurde die bilaterale Annäherung aber durch die Verabschiedung des ***Taiwan Relations Act*** durch den US-Kongress am 10. April 1979, in dem die USA eine implizite Sicherheitsgarantie für Taiwan abgegeben haben (Taiwan Relations Act United States Code, Title 22, Chapter 48, Sections 3301–3316): Demnach werden die USA »consider any effort to determine the future of Taiwan by other than peaceful means, including by boycotts or embargoes, a threat to the peace and security of the Western Pacific area and of grave concern to the United States.« Auch wenn der formale bilaterale Beistandspakt zwischen der Republik China (Taiwan) und den USA 1980 ausgelaufen ist, ist das eine verdeckte Verteidigungs- und Sicherheitsgarantie der USA für Taiwan. Im *Taiwan Relations Act* verpflichtet sich die USA auch, Taiwan Waffensysteme defensiven Charakters zu liefern sowie »to maintain the capacity of the United States to resist any resort to force or other forms of coercion that would jeopardize the security, or the social or economic system, of the people on Taiwan.« Der Taiwan Relations Act beeinträchtigte die informelle strategische Partnerschaft zwischen der VR China und den USA, die seit 1972, vor allem im Hinblick auf den gemeinsamen Gegensatz zur Sowjetunion, bestanden hatte.

Der Zusammenbruch der UdSSR veränderte die Geschäftsgrundlage der bilateralen Beziehungen zwischen der USA und der VR China radikal und gänzlich. Die VR China hat die vorteilhafte Position im strategischen Dreieck USA-UdSSR-China verloren und die USA konnten ihre Ressourcen nunmehr auf die **Eindämmung Chinas**, zumindest aber auf die Einhegung des wirtschaftlichen und militärischen Machtzuwachses der VR China konzentrieren. Die Clinton-Administration suchte eine Veränderung der inneren Herrschaftsordnung und die friedliche Einhegung des chinesischen Außenverhaltens durch Einbindung (*engagement*) zu erreichen. **Clinton** erhob die VR China bei seinem Besuch 1998 zum »**strategischen Partner**«.

Die neokonservativen Sicherheitsexperten in der **Administration Bush** aber sehen die VR China als strategischen *peer competitor*. Die Beziehungen mit den USA schienen sich am Beginn der Bush-Administration zu verschlechtern – durch die Luftkollision zwischen einem US-Spionageflugzeug und einem chinesischen Abfangjäger im April 2001, die Lieferung moderner Waffensysteme an Taiwan und massive Kritik der USA an den Verletzungen der Grund- und Freiheitsrechte in China. Außenminister Powell erklärte China damals zum »strategischen Rivalen« *(strategic rival)*.

Der Terroranschlag **9/11 hat die Beziehungen zwischen der USA und China deutlich verbessert**. In der Anti-Terror-Zusammenarbeit und im Bereich der Proliferationsunterbindung hat sich China, seit 1992 Partei im Nichtverbreitungsvertrag *(Non-Proliferation Treaty/ NPT)* als verantwortliche Macht gezeigt – allen voran durch strengere Exportrichtlinien für Raketen- und Nukleartechnologie und die Beiträge zur Lösung der Nuklearkrise mit Nordkorea (siehe unten). Auch im Hinblick auf die Lösung der Irak-Frage hat sich China im Sicherheitsrat der UN als zumeist sehr kooperativ, zumindest aber nicht obstruktiv erwiesen. Die zusammenarbeitsorientierte Linie war für die VR China ambivalent. Zwar war die Beseitigung des Taliban-Regimes angesichts dessen subversiver Tätigkeit in Xinjiang auch im Interesse Chinas; hilfreich war auch die Anerkennung der islamistischen Bewegung Ostturkestans als terroristische Organisation durch die USA in 2002. Aber die Einrichtung von militärischen Stützpunkten der USA in Zentralasien (Uzbekistan – auch wenn die USA Uzbekistan bis zum Jahresende 2005 verlassen müssen, Kyrgyzistan), die andauernde militärische Präsenz in Afghanistan und der verstärkte (militärische) Einfluss in Pakistan weckten in der chinesischen Führungselite die Sorge vor einer Einkreisung (angesichts der militärischen Präsenz der USA auch in Japan, Südkorea und den Philippinen).

Die VR China und die USA sind im Außenhandel eng verflochten. Das bilaterale Handelsvolumen erreichte 2004 190 Mrd. US-Dollar (Kolkmann 2005a, 8). China ist der drittgrößte Handelspartner der USA. Die VR China erzielt dabei einen hohen Bilanzüberschuss; dieser erreichte 2004 130 Mrd. US-Dollar. Die USA werfen in diesem Zusammenhang China v. a. die künstliche Unterbewertung der chinesischen Währung vor.

Trotz **handelspolitischer Konflikte** – u. a. auch der mangelnde Schutz von Urheberrechten auf dem chinesischen Markt und die mangelhafte Umsetzung der WTO-Auflagen durch China – liegen die **eigentlichen Konfliktfelder in der Sicherheitspolitik**. Der wachsenden handelspolitischen Verflechtung steht die wachsende Besorgnis in der USA über die sicherheitspolitischen und militärischen Interessengegensätze zwischen beiden Staaten gegenüber. Aus chinesischer Sicht suchen die USA den »friedlichen Aufstieg« Chinas zur Weltmacht zu verlangsamen oder zu blockieren; dies erfolge u. a. mit einer Eindämmungsstrategie (Stationierungsstruktur). Die wesentlichsten Konfliktpunkte sind:

- Intensivierte Verteidigungszusammenarbeit der USA mit **Taiwan** (siehe oben).
- Inhaltliche Ausweitung der **amerikanisch-japanischen Sicherheitsallianz** und die US-Unterstützung für eine aktivere sicherheitspolitische Rolle Japans. Allerdings bestehen für China auch Vorteile darin, Japan in eine Allianz mit den USA eingebunden zu sehen, statt einer unilateralen sicherheitspolitischen Rolle Japans, die u. U. auch die Nuklearisierung mit einschließen könnte.
- **Ballistic Missile Defence**/BMD-Projekt der USA und die Umsetzung des *Theater Missile Defence/TMD*-Projektes in Ostasien zum Schutz der eigenen Verbände in der Region sowie der Verbündeten Japan (Japan ist v. a. über den Ausbau des chinesischen Raketenarsenals besorgt und wurde durch den Überflug einer dreistufigen nordkoreanischen Taepodong-Rakete über japanisches Territorium im August 1998 alarmiert) und Südkorea. Dies zwingt China zur Modernisierung

und zur quantitativen Stärkung seines ICBM-Potentials, um den USA keine strategische Erstschlagsfähigkeit gegen die Nuklearstreitkräfte Chinas zu ermöglichen.

- **Unterstützung der tibetischen Exilregierung** (wie auch der faktischen taiwanesischen Selbständigkeitspolitik) wird von den Führungseliten der VR China als Versuch der USA angesehen, Chinas territoriale Integrität anzutasten und mit den Forderungen nach demokratischen und rechtsstaatlichen Zuständen die Regimestabilität zu untergraben.
- Rohstoffbedarf v. a. bei Energieträgern verleitet China zu Beziehungen mit Staaten, die die USA aus sicherheitspolitischen Gründen zu isolieren versuchen (Sudan, Iran u. a.).
- USA und seine Verbündeten in Ostasien (Südkorea, Japan) geraten mit der VR China in einen wachsenden **Wettbewerb um knappe Energieressourcen**.

Zur **Kernfrage** in den Beziehungen zwischen der USA und der VR China zählt, **inwieweit der Aufstieg Chinas die relative Machtstellung der USA verringert**. Dabei ist nicht notwendigerweise von einem zero-sum-game auszugehen; der Einflussgewinn Chinas muss nicht notwendigerweise mit einem Einflussverlust der USA einhergehen, zumal beide Staaten im Bereich der kooperativen Sicherheit im süd-, südost- und ostasiatischen Raum einige gemeinsame Interessen vertreten (nuklearfreie koreanische Halbinsel, Offenhalten der See- und Handelswege, Normalisierung der pakistanisch-indischen Beziehungen, Regelung der offenen Grenzfragen, Nonproliferation u. a.). Insbesondere die Wahrung der Stabilität im ostasiatischen Raum ist in beiderseitigem Interesse; dies schließt auch für die chinesische Führungselite die Präsenz der USA mit ein (Shambaugh 2004a, 91) – auch wenn China gleichzeitig versucht, strategische Gegengewichte zu den USA aufzubauen, allen voran mit Russland. »Insgesamt würde ein übereilter strategischer Rückzug der USA [...] aller Voraussicht nach zu einer Destabilisierung der Region führen und einen Rüstungswettlauf auslösen, in den auch China einbezogen werden würde – mit entsprechend negativen Auswirkungen auf seine wirtschaftliche Konsolidierung.« (Opitz 2002, 223) Die Debatte über den Aufstieg Chinas als Rivale der USA muss daher auch immer klären, inwieweit beide tatsächlich unterschiedliche oder aber gleich lautende und gemeinsame Interessen und Ziele haben.

Die Staaten der Region sind jedenfalls an stabilen kooperativen Beziehungen zwischen der VR China und den USA interessiert und wollen nicht in eine Situation geraten, die Wahl zwischen den beiden Seiten treffen zu müssen. Zudem haben die anderen Staaten der Region ein Interesse an der Ausbalancierung der wachsenden chinesischen Macht durch die USA, aber kein Interesse, an einer von den USA angeführten anti-chinesischen *containment*-Strategie mitzuwirken. »**Strategische Einbindung**« kann daher als geeignetere Strategie angesehen werden, als Versuche, die VR China in der Region zu isolieren.

Angesichts dieser strategischen Grundhaltung der ost- und südostasiatischen Staaten muss China in der Region vorsichtig und zurückhaltend auftreten, weil es diese Staaten bei aggressivem hegemonialem Auftreten in das Lager der USA treiben würde. Chinas konstruktive und relativ zurückhaltende Rolle in der Region und die Strategie der Einbindung in multilaterale sicherheitsrelevante regionale Foren *(ASEAN Regional Forum/ARF, Council on Security Cooperation in the Asia-Pacific/ CSCAP)* haben das Ansehen des Landes in der Region aber schon stark verbessert: »most nations in the region now see China as a good neighbor, a constructive partner, a careful listener, and a nonthreatening regional power.« (Shambaugh 2004a, 64)

3.5
China und Russland

Die **Normalisierung der bilateralen Beziehungen** zwischen Russland und der Volksrepublik China nach Jahrzehnten ideologischer Feindseligkeit und militärischer Konfrontation wurde noch durch die sowjetische Führung unter Michail Gorbačov eingeleitet. Aber erst mit dem Treffen der Staatspräsidenten Russlands und Chinas im April 1996 gingen die Beziehungen über den engeren bilateralen Charakter hinaus. Mit der Unterzeichnung der »Gemeinsamen Erklärung über Strategische Partnerschaft« wurde die Zusammenarbeit beider Staaten in internationalen Fragen vereinbart; die Durchsetzung multipolarer

Strukturen im internationalen System wurde im April 1997 explizit als gemeinsames Interesse beider Staaten erklärt. Im Juli 2001 unterzeichneten Russland und die VR China den »Vertrag über Gute Nachbarschaft, Freundschaft und Zusammenarbeit«, in dem beide Seiten versicherten, keine territorialen Ansprüche gegenüber dem Vertragspartner zu hegen. Offen blieb zunächst die Delimitation von zwei Inseln in der Nähe von Chabarovsk und der Bolšoj Ussurijskij Insel im Fluss Argun. Die Klärung dieser letzten offenen territorialen Frage erfolgte erst in einer Gemeinsamen Erklärung im Oktober 2004, in der Russland die zwei umstrittenen Inseln bei Chabarovsk und im Amur (Bolšoj Ostrov) zur Hälfte an die VR China abtritt.

Die engen Vertragsbeziehungen zwischen Russland und der VR China nähr(t)en bei westlichen Beobachtern Vermutungen, zuweilen sogar Ängste über einen entstehenden, anti-westlich orientierten, russländisch-chinesischen Block – ähnlich der sowjetisch-chinesischen Allianz der frühen 50er-Jahre. Diese Einschätzung hält einer näheren Untersuchung der russländisch-chinesischen Beziehungen aber nicht stand. Zwar ist es zutreffend, dass beide Staaten **gemeinsame kurz- bis mittelfristige Interessen** und Ziele teilen, die eine Zusammenarbeit für beide Seiten vorteilhaft machen. **Langfristig** aber werden Interessen und Entwicklungsperspektiven beider Staaten **auseinander driften**. Die Absichten, die der Zusammenarbeit zugrunde liegen, sind vielfältig und unterschiedlich, die mittelfristigen Erwartungen in die Zusammenarbeit auch. Die derzeitigen Beziehungen haben stark funktionalen Charakter, drücken spezifische Interessen aus, beruhen aber nicht auf ideologischen Gemeinsamkeiten. Zumindest die russländische Führung scheint auch nicht auf der Basis einer langfristigen Strategie für die Beziehungen zu China zu handeln (vgl. Trenin 2000, 40). Als **zentrale Motive**, die der russländisch-chinesischen Kooperation zugrunde liegen, sind zu nennen:

- Russland und China versuchen durch die Koordination ihrer Positionen in zentralen internationalen Fragen, der **Dominanz der USA** in den internationalen Beziehungen (»Hegemonialismus«) zu begegnen. Angesichts fehlender ökonomischer Druckmittel und erodierender bzw. beschränkter militärischer Ressourcen ist koordiniertes politisches Auftreten das nahe liegende, weil einzig mögliche Instrument,

Einfluss geltend zu machen. Beunruhigend ist für beide Staaten die demonstrierte Bereitschaft westlicher Staaten, vor allem der USA, in internationalen Konflikten unter Umgehung der Verfahren im Rahmen der Vereinten Nationen unilateralistisch zu handeln (Raketenangriffe auf Afghanistan und den Sudan 1998, Operation *Desert Fox* gegen den Irak seit Dezember 1998, Kosovo-Krise 1998/99, Irak-Krieg 2003) und durch Bündnispolitik (angeblich) die Interessen Russlands (Erweiterung der NATO nach Osteuropa) und Chinas (US-Japanisches Sicherheitsübereinkommen aus 1996, Neue Japanische Verteidigungsrichtlinien 2004) einzuengen.

China zieht aus einem konfliktorischen Verhältnis zwischen Russland und der NATO Vorteile und bestärkt Russland nicht zuletzt deshalb in der Ablehnung der Erweiterung der NATO. Russland ist dem allerdings nicht nachgekommen.

- Beide Staaten verwahren sich **gegen die offene Einmischung dritter Staaten** – allen voran der USA – in die inneren Angelegenheiten; dies gilt vorrangig für die Gestaltung der inneren Politik, vor allem im Bereich der Grund- und Freiheitsrechte. Daraus leitet sich die strikte gemeinsame Ablehnung gegen die völkerrechtliche Legitimierung der »humanitären Intervention« ab. Russland und China betonen vielmehr das Recht jedes Staates, seine territoriale Integrität mit allen Mitteln zu verteidigen und seine inneren Angelegenheiten selbst zu bestimmen.

Russland unterstützt daher vorbehaltlos die Aktionen der chinesischen Führung in Xinjiang; umgekehrt hat China das Vorgehen der russländischen Streitkräfte in Čečnja wiederholt verteidigt.

- Russland und China nützen die Bündnisrhetorik auch als **Druckmittel in den Beziehungen zu den westlichen Staaten**. Für den Verzicht auf die angeblich angestrebte Blockbildung werden von den führenden westlichen Staaten, insbesondere von den USA, Zugeständnisse in politischen, wirtschaftlichen und militärischen Fragen gefordert. Daraus erklärt sich auch das Interesse beider Staaten, den Gehalt und die Reichweite der bilateralen Beziehungen überzubetonen. Deklarationen über die strategische Partnerschaft zwischen Russland und China erklären sich daher auch durch taktische Erwägungen.

- Stabile freundschaftliche Beziehungen zu Russland sind Teil der allgemeinen außenpolitischen Linie Chinas, nämlich förderliche externe Bedingungen für die soziale und ökonomische Modernisierung im Innern und den »friedlichen Aufstieg« Chinas sicherzustellen. Das Einvernehmen mit Russland ist daher nicht ein Sonder-, sondern ein **Regelfall chinesischer bilateraler Außenpolitik**. Die Hauptergebnisse der bilateralen Beziehungen der vergangenen Jahre – die Demarkation des Grenzverlaufes (unter Einbeziehung der zentralasiatischen chinesischen Nachbarn Kazachstan, Kyrgyzistan und Tadžikistan im Rahmen der »*Shanghai-Gruppe*«), die Truppenentflechtung bzw. eine Reihe von vertrauensbildenden Maßnahmen in den Grenzgebieten und die starke Ausweitung der Handelsbeziehungen – dienen vorrangig diesem Ziel.
- Russland und die VR China teilen auch ein gemeinsames Interesse an der **Stabilisierung des zentralasiatischen Raumes**. Religiöser Extremismus, Separatismus und Terrorismus gelten als die kardinalen Bedrohungsszenarien für die Region, mit Auswirkungen auch auf Russland und die VR China. Die aus der »Shanghai-Gruppe« der Grenzdelimitation hervorgegangene *Shanghai Cooperation Organisation/ SCO* (russisches Akronym ŠOS), der neben Russland und der VR China auch Kazachstan, Kyrgyzistan, Tadžikistan und Uzbekistan (seit 2001) angehören, gilt als wichtigste institutionalisierte Struktur zur Bearbeitung dieser Sicherheitsbedrohungen.
- Die Kooperation mit Russland dient China auch als Rückversicherung gegen eine zu enge Anbindung Russlands an westliche/europäische Kooperationsstrukturen, womit die Gefahr der Isolation oder der Druckausübung auf China(s) potentiell wachsen würde.
- Im Zentrum der russländisch-chinesischen Beziehungen steht aber die **ökonomische Dimension**. China hat für Russland immense wirtschaftliche Bedeutung als Importeur von Metallen und Energieträgern und zentrale Bedeutung als Waffenexportmarkt:

Teil des chinesischen »friedlichen Aufstieges« zur globalen Macht ist die Restrukturierung und Modernisierung der Chinesischen Volksbefreiungsarmee; die **Rüstungszusammenarbeit** mit Russland ist dafür eine unverzichtbare Vorbedingung. Seit der Wiederaufnahme der Waffengeschäfte 1990 hat sich China – seit dem Tienanmen-Massaker 1989 durch ein Waffenembargo der USA und der EU belegt – zum

wichtigsten Abnehmer russländischer Rüstungsprodukte entwickelt. Die Waffenlieferungen Russlands an China beruhen aber auf (nahezu ausschließlich) kommerziellen Interessen, nicht auf politischen Überlegungen (Russland beliefert etwa auch potentielle Widersacher Chinas wie Indien mit moderner Waffentechnologie).

Anfangs konzentrierten sich die russländischen Waffenlieferungen v. a. auf die Land- und Luftstreitkräfte der VR China; sukzessive wurde aber auch die Rüstungszusammenarbeit im maritimen Sektor ausgebaut. Russland exportiert Raketentechnologie, schwere Artillerie (T-72-Kampfpanzer), Kampf- (Suchoi-27, Suchoi-30 MKK, MIG-31) und Transportflugzeuge (Ill-76 MD), Unterseeboote, Zerstörer und zwei alte, nicht-unmittelbar militärisch genutzte Flugzeugträger (»Minsk« und »Kiev«). Darüber hinaus räumt Russland China immer häufiger das Recht auf Lizenzproduktion russländischer Waffensysteme ein. Zudem arbeiten hunderte russländische Experten für Militärtechnologie in chinesischen Rüstungsbetrieben. Interessiert sind beide Seiten auch an der gemeinsamen Entwicklung hochmoderner neuer Waffensysteme.

China wiederum braucht Russland für die militär-technische Modernisierung seiner Streitkräfte. Weder kann China die notwendige Militärtechnologie in ausreichend kurzer Zeit und zu vertretbaren finanziellen Kosten selbst produzieren noch stehen westliche Waffenproduzenten als alternative Anbieter zur Verfügung. **Russländische Technologie** ist für China vor allem zur Stärkung der maritimen und der Luftkomponente seiner **Streitkräfte** erforderlich.

Dies sollte sich auch durch die mögliche Aufhebung des Waffenembargos der EU nicht ändern: Der Europäische Rat hat sich im Dezember 2004, auch bei Aufhebung des Embargos, gegen eine »quantitative und qualitative« Ausweitung der Waffenlieferungen von EU-Staaten an die VR China ausgesprochen.

Intensiviert wurde in den letzten Jahren aber auch die operative Zusammenarbeit der beiden Streitkräfte. Im August 2005 wurden von Russland und der VR China erstmals gemeinsame Militärmanöver abgehalten – auf chinesischem Territorium v. a. mit Luftwaffen- und Marineeinsatz und fortgeschrittenster Militärtechnologie.

Russland sieht in der rasch wachsenden und energieintensiven Volkswirtschaft der VR China aber auch einen wichtigen **Exportmarkt für russländische Energieträger**, aber auch einen Partner in der Exploration und im Transport von Energieträgern aus Sibirien.

Die Ölexporte erfolgen derzeit v. a. über den kostenintensiven Eisenbahntransport. Die VR China ist sehr an einem höheren Versorgungsvolumen über eine neu zu errichtende Pipeline vom sibirischen Angarsk nach Daqing in Nordostchina interessiert. China wäre bei diesem Leitungsprofil alleiniger Abnehmer des ostsibirischen Rohöls und dadurch hinsichtlich des Liefervolumens und -preises gegenüber Russland in einer starken Verhandlungsposition.

Jahrelange Gespräche und Verhandlungen über die Errichtung eines Ölleitungsnetzes sind, trotz staatlicher Verwendungszusagen und privatwirtschaftlicher Vorverträge, im Dezember 2004 vorerst gescheitert. Die russländische Regierung hat der konkurrierenden Variante eines Leitungsstranges an die russländische Pazifikküste bei Nachodka den Vorzug gegeben, aber zugesichert, alle seine Zusagen zur Versorgung Chinas mit Erdöl und Gas einzuhalten. Dieser Leitungsstrang eröffnet Russland die grundsätzliche Möglichkeit, den japanischen, südostasiatischen und den nordamerikanischen Markt zu beliefern. Aber auch die Bereitschaft der Regierung Japans, für dieses Projekt ein Finanzierungspaket von 7 Mrd. US-Dollar bereitzustellen, dürfte bei der Entscheidung der russländischen Regierung eine zusätzliche Rolle gespielt haben (Financial Times, 14. 10. 2003). Zur Sicherstellung des chinesischen Importbedarfs ist allerdings der Bau einer Abzweigung der Nachodka-Linie oder aber eine Verstärkung der Versorgung über das Eisenbahnnetz möglich.

Die VR China sondiert gleichzeitig natürlich auch andere Versorgungsoptionen: China (CNPC) unterzeichnet im Oktober 2003 ein Abkommen mit Kazachstan (KazMunaiGaz) über die Finanzierung einer Ölpipeline vom westlichen Kazachstan in das nordwestliche China durch China i. d. Höhe von 800 Mio. US-Dollar. Die Bauarbeiten werden Mitte 2004 beginnen. Kazachstan plant die Ölförderung bis 2015 auf 3 Mio. bpd zu steigern und braucht dazu zusätzliche Exportkapazitäten. Am 17. 5. 2004 wird das Abkommen über den Bau der Pipeline von Atasu nach Xinjiang unterzeichnet (Transportvolumen von 70 Mio. b/year).

Die VR China drängt auch auf die Errichtung einer bis zu 18 Mrd. US-Dollar teuren Gaspipeline vom ostsibirischen Kovykta-Gasfeld nach China (4.500 km). Im Bereich der Energiezusammenarbeit ist Russland auch bemüht, zivile Nukleartechnologie an China zu verkaufen. Derzeit erfolgt der Bau des AKW Tianwan im östlichen China mit russländischer Mithilfe.

Dennoch waren sowohl der **Stellenwert** für den respektiven Außenhandel als auch das **Volumen des bilateralen Handels lange Zeit sehr bescheiden**. Die russländischen Exporte an die VR China erreichten 2003 den Wert von 6,2 Prozent an den gesamten russländischen Exporten. Russländische Importe aus der VR China liegen bei 5,7 Prozent der gesamten russländischen Importe. In den letzten Jahren ist das Handelsvolumen allerdings angewachsen. 2003 lag das Handelsvolumen bei 15,7 Mrd. US-Dollar, was ein Plus von 32 Prozent gegenüber 2002 bedeutet (The Moscow Times, 18.6.2004, 3). Von Jänner bis August 2004 lag das Handelsvolumen bei 12,8 Mrd. US-Dollar; bis zum Jahresende wurde ein Volumen von 21 Mrd. US-Dollar erreicht (The Moscow Times, 30.6.2005).

Die **Grenzen und Bruchlinien der russländisch-chinesischen Achsenbildung** sind mittlerweile deutlich sichtbar geworden: Viele hängen mit dem Umstand zusammen, dass Russland eine weiterhin relativ absteigende, China hingegen eine aufsteigende Großmacht darstellt. Der relative – ökonomische, militärische, politische und demographische – Gewichtsverlust Russlands gegenüber China wird auch anhalten, sollte Russland die anhaltende wirtschaftlich-technologische Modernisierung gelingen. Die Attraktivität Russlands als Bündnispartner für China ist daher beschränkt und tendenziell rückläufig. Als **zentrale Barrieren** für eine langfristige Bündnisbildung gelten:

- Die Modernisierung der russländischen Wirtschaft ist ohne westliches Kapital und Technologie und die Öffnung der westlichen Märkte kaum möglich, gleichzeitig aber unabdingbar für die mittelfristige Wiedererlangung globaler Bedeutung Russlands. Eine rationale Machtentfaltungsstrategie ist daher für Russland nicht in einer anti-westlichen Bündniskonstellation denkbar. Dies gilt, wenn auch in geringerem Maße, auch für China. Zu betonen ist allerdings, dass durch die beidseitige Kooperation sowohl China als auch Russland die modernisierungsbedingte Abhängigkeit vom Westen mindern können.
- Die Fähigkeit Russlands, moderne (militärische) Technologien bereitzustellen, ist langfristig begrenzt, wenn der russländische Rüstungssektor aufgrund mangelnder staatlicher Investitionen weiterhin nur begrenzte Mittel in den Bereich Forschung und Entwicklung lenken kann. Der Nachfragerückgang auf der chinesischen Seite kann durch eine Aufhebung westlicher Sanktionen im militärtechnischen Handel beschleunigt werden.

Einen ähnlichen Effekt bekam die russländische zivile Nuklearindustrie zu spüren, nach dem die USA 1997 einseitige Maßnahmen gegen die Lieferung von ziviler nuklearer Ausrüstung an China aufgehoben haben.

Zudem wird China auf der Grundlage anhaltenden ökonomischen Wachstums und unter Nutzung russländischer Technologie in Lizenzproduktion seine eigene Rüstungsindustrie deutlich verbessern.

- Die ökonomisch-finanziellen Vorteile der von russländischen Rüstungsunternehmen forcierten Waffenexporte an China werden zunehmend durch die darin begründeten Sicherheitsrisiken aufgewogen werden (siehe dazu u. a. den Artikel von Sergej Orlov in: Nezavissimoe voennoe obozrenie 5, 2001). Insbesondere die russländische Militärführung verfolgt mit Unbehagen den Verkauf hochtechnologischer – den eigenen Streitkräften häufig gar nicht zur Verfügung stehender – Waffensysteme an China. Besonders argwöhnisch wird der Transfer von Militärtechnologie beobachtet. Russländische Analytiker bezeichnen auch den Grad an Vertrauen und vertiefter Kooperation zwischen den Streitkräften beider Staaten als relativ gering (vgl. Trenin 2000, 53).

Aufschlussreich war in dieser Hinsicht eine Äußerung des damaligen russländischen Verteidigungsministers Rodionov im Dezember 1996, der China in die Gruppe der »potentiellen Feinde« Russlands einreihte (siehe dazu: Interfaks, 25.12.1996).

- Zu den zentralen Sicherheitsbedrohungen für die russländische Führung im Fernen Osten zählt die langsame (illegale) Besiedlung der bevölkerungsarmen, durch massive russische Abwanderung geprägten Grenzregionen zu China durch Chinesen. Diese Grenzgebiete zählen zu den am stärksten vom wirtschaftlichen Niedergang betroffenen Siedlungsgebieten Russlands. Umgekehrt zählen die angrenzenden chinesischen Provinzen zu den bevölkerungsreichsten des Landes; sie leiden an einem Mangel an Siedlungsfläche und Rohstoffen. (Zum Vergleich: 5 Millionen Russländern stehen auf der anderen Seite der Grenzflüsse Amur und Ussuri ca. 130 Millionen Chinesen gegenüber.) Zwar ist eine wirtschaftliche Erholung der russländischen Gebiete im Fernen Osten und im östlichen Sibirien ohne chinesische Arbeitskräfte undenkbar, denn selbst gezielte Ansiedlungsprogramme von ethnischen Russen durch staatliche Förderprogramme würden nicht ausreichen, um den mittel- bis langfristigen Arbeitskräftebedarf in der Region zu befriedigen, doch fürchtet die russländische Regierung, mittelfristig die politische und militärische Kontrolle über die sibirischen und fernöstlichen Regionen zu verlieren. Dieses Szenario wird wahrscheinlicher, wenn die wirtschaftliche Wohlstandsmehrung in China nicht nachhaltig wäre oder aber regional/sozial ungleich gewichtet vor sich gehen sollte.

- Der steigende Bedarf an Rohstoffen und Energieträgern zwingt China zu politischen und wirtschaftlichen Sonderbeziehungen mit den zentralasiatischen Staaten, womit unilaterale Hegemonialisierungsversuche Russlands in dieser Region zunichte gemacht werden. Durch die Investitionen Chinas im zentralasiatischen Energiesektor droht Russland die Kontrolle über die Rohstoffexportnetze aus der Region zu verlieren. Hervorzuheben ist insbesondere die intensivierte chinesisch-kazachische Kooperation im Gas- und Ölsektor.

Besonders beunruhigend war für Russland ein kazachisch-chinesisches Übereinkommen in 1997 über die Errichtung eines Pipelinenetzes von der kazachischen Küste am Kaspischen Meer zur chinesischen Pazifikküste. Russland hat kein Interesse an alternativen Exportrouten für die südkaukasischen und zentralasiatischen Staaten, weil dadurch sowohl finanzielle, vor allem aber politische und militärische Interessen Russlands berührt werden.

- China hat kein Interesse, sich in eine einseitige Abhängigkeit von Russland zu begeben, zumal grundlegende Interessen Chinas schneller und nachhaltiger durch das geschickte Ausspielen russländischer und US-amerikanischer Avancen erreicht werden können.
- Russlands Rolle im pazifischen Raum ist seit dem Zerfall der Sowjetunion rückläufig und seine Bedeutung deutlich geringer als jene Chinas. In zentralen sicherheitspolitische Bereichen werden russländische Positionen nur nachrangig berücksichtigt. Auch Russlands Rolle in den »Sechsergesprächen« zur Lösung der nordkoreanischen Nuklearfrage ist beschränkt; sie fällt jedenfalls weit hinter jene der VR China zurück.

Das **Entstehen einer russländisch-chinesischen Allianz ist daher äußerst unwahrscheinlich**; diese könnte nur entstehen, wenn die USA gleichzeitig die vitalen (sicherheitspolitischen) Interessen beider Staaten nachhaltig verletzten; der Hebel zur Blockierung dieser möglichen, gegen die USA gerichteten Allianz liegt damit bei den USA selbst.

3.6
China und Korea

Mit Südkorea hat die VR China diplomatische Beziehungen im August 1992 aufgenommen.

Nachdem die UdSSR die Beziehungen zu Südkorea unter Gorbačov zu normalisieren begann, waren die Beziehungen der UdSSR zu Nordkorea deutlich abgekühlt und die Bedeutung Chinas für Nordkorea gewachsen. Diese zunehmende Abhängigkeit Nordkoreas von China erleichterte China die Annäherung an Südkorea, ohne merkliche Einflussverluste in Nordkorea befürchten zu müssen.

Die Annäherung zwischen beiden Staaten war v. a. **wirtschaftlich motiviert** (erhebliche Ausweitung des bilateralen Handelsvolumens, südkoreanische Direktinvestitionen in China), erweiterte aber auch den chinesischen Handlungsspielraum in der Region und ermöglichte eine Abstimmung der Politik gegenüber Japan mit Südkorea. Das bilaterale Handelsvoumen lag 2003 bei 63,2 Mrd. US-Dollar (Shambaugh, 2004a, 79); 1991 hatte das Handelsvolumen noch 4,4 Mrd. US-Dollar betragen (Opitz 2002, 226). China ist derzeit der größte Handelspartner Südkoreas; Letzteres ist der drittgrößte Handelspartner der VR China. Die südkoreanischen Direktinvestitionen in VR China betrugen 2003 2,5 Mrd. US-Dollar, i. e. ca. 50 Prozent der südkoreanischen FDI in 2003. Südkorea ist der drittgrößte Auslandsinvestor in China. Südkoreanische Unternehmen nutzen dabei v. a. die niedrigen Arbeitskosten in der VR und den stark anwachsenden Absatzmarkt für südkoreanische Produkte.

Die südkoreanischen Führungseliten setzen aber auch auf die VR China bei der **Bewältigung der Regimekrise in Nordkorea** und die Lösung der Nuklearkrise auf der koreanischen Halbinsel. China hatte bereits 1994 bei der Einbindung Nordkoreas in das Genfer Rahmenabkommen 1994 und den *KEDO-Prozess (Korean Peninsular Energy Development Organisation)* eine maßgebliche Rolle gespielt. Aufgrund der zentralen Bedeutung der chinesischen Nahrungsmittel- und Energielieferungen an Nordkorea verfügt die VR China in Nordkorea noch über gewissen Einfluss. China ist auch die treibende und organisierende Kraft bei den Sechser-Gesprächen – zwischen der USA, Südkorea,

Nordkorea, Japan, Russland und eben der VR China – zur Beilegung der nordkoreanischen Nuklearkrise, die seit 2003 durchgeführt werden. Das erhöht zum einen die regionale und strategische Bedeutung Chinas, setzt die chinesische Diplomatie aber auch dem Risiko des Scheiterns aus.

China hat kein Interesse an einem militärisch nuklearisierten Nordkorea, weil dies einen nuklearen Rüstungswettlauf in der Region mit der wahrscheinlichen Nuklearisierung Japans und Südkoreas auslösen könnte. China drängt das nordkoreanische Regime auch zu wirtschaftlichen (und politischen) Reformen, die unabdingbar scheinen, um die Implosion des nordkoreanischen Regimes abzuwenden. Ein Regimezusammenbruch würde starke Flüchtlingsströme nach China auslösen. China fürchtet auch, das nordkoreanische Regime könnte angesichts eines drohenden Regimezusammenbruchs eine kriegerische Auseinandersetzung mit Südkorea auslösen. China unterstützt(e) daher auch die Annäherungspolitik Südkoreas (»Sonnenscheinpolitik«) des damaligen südkoreanischen Präsidenten Kim Dae-jung und deren Fortführung unter Präsident Roh Moo-hyun. China ist zwar an der Beendigung des Kriegszustandes zwischen den beiden Korea interessiert, da dies den Druck auf die USA erhöhen könnte, seine Truppen (dzt. 36.000) aus Südkorea (teilweise) abzuziehen, nicht aber an einer möglichen Wiedervereinigung der beiden Korea, weil so US-Truppen bis an die Grenzen der VR China vorrücken können.

3.7
China und Japan

Mit Japan hat die Normalisierung der Beziehungen 1972 eingesetzt. Die VR China verzichtete in diesem Annäherungsprozess auf Reparationszahlungen durch Japan wegen dessen militärischer Aggression, Japan erkannte Chinas Anspruch auf Taiwan an. Japan leistete zwar keine Reparationen, war seither aber der größte Geber von Entwicklungshilfe-Krediten an die VR China (Official Development Assisstance), v. a. zum Ausbau der Hafenkapazitäten und der Schieneninfrastruktur. 1978 unterzeichneten beide Staaten einen Friedens- und Freundschaftsvertrag.

Das **Handelsvolumen** zwischen der VR China und Japan erreichte 2004 168 Mrd. US-Dollar, wobei China einen Handelsbilanzüberschuss von 20,4 Mrd. US-Dollar erreichte (siehe: Japan External Trade Organization, online unter: www.jetro.go.jp/en/news/releases/20050221305-news). Japan zählt auch zu den größten Investoren in China; allein 2004 erreichten die japanischen Direktinvestitionen den Wert von 45 Mrd. US-Dollar, was einem Zehntel der FDI in der VR entspricht.

Trotz der starken handelspolitischen Verflechtung sind die Beziehungen zwischen beiden Staaten durch **Erinnerungen an die japanische Gewaltherrschaft** und **sicherheitspolitische Bedenken** belastet. Japan sorgt sich über den militärischen Aufstieg Chinas, v. a. seine nukleare Rüstung und die ballistische Raketentechnologie. In den japanischen Verteidigungsrichtlinien von 2004 wird die VR China ebenso wie Nordkorea als eine »potentielle Bedrohung« der Sicherheit Japans erwähnt. China ist besorgt über die Abkehr Japans von seinen in der Nachkriegsverfassung verankerten verteidigungs- und militärpolitischen Selbstbeschränkungen im Rahmen der militärischen Zusammenarbeit mit den USA. Zu den **wesentlichen Konfliktpunkten** zählen:

- Ausbau der Sicherheits- und Verteidigungszusammenarbeit zwischen Japan und den **USA** (angestoßen durch Neufassung der japanisch/US-amerikanischen Verteidigungsrichtlinien 1998). Japan sichert den USA logistische Unterstützung bei Konflikten in »areas surrounding Japan« zu. Dazu kommen die von der Regierung Koizumi diskutierten Änderungen der Verfassung (v. a. des Art. 9) zur Ermöglichung von kollektiver Verteidigung (zusammen mit der USA).
- Beteiligung Japans am Theater Missile Defence/TMD-Projekt der USA in Ostasien (siehe oben).
- Die Einsätze der japanischen Selbstverteidigungskräfte *(Self Defence Forces/SDF)* im **Irak**.
- **Haltung des offiziellen Japan zu seiner militaristischen und kolonialistischen Vergangenheit**: China (wie auch Südkorea) sind durch die wiederkehrenden Besuche von Ministerpräsident Koizumi am Yasukuni Schrein, an dem auch japanischer Kriegsverbrecher gedacht wird, irritiert. Daher hat seit Koizumis Besuch in China im Oktober 2002 kein hochrangiges bilaterales Treffen mehr stattgefunden.

Die Veröffentlichung von Geschichtsbüchern, die die japanischen Verbrechen an Chinesen verharmlosen – u. a. das Massaker von Nanking 1937 –, führten im April 2005 zu massiven antijapanischen Protesten in China.

- China ist über die Haltung Japans in der **Taiwan-Frage** irritiert. In einer bilateralen Erklärung am 19. Februar 2005 unterstützte Japan die Taiwan-Politik der USA. Die Sicherheit in der Taiwan-Straße wird als »gemeinsames strategisches Ziel« der USA und Japans angesehen.
- Streit um die unbewohnte **Inselgruppe Diaoyu** (Senkaku-Inseln) zwischen Taiwan und Okinawa: Diese wurde 1895 nach der chinesischen Niederlage im Chinesisch-Japanischen Krieg zusammen mit Taiwan von Japan besetzt, 1945 von den USA besetzt und 1972 zusammen mit Okinawa an Japan zurückgegeben. Rund um die Inselgruppe gibt es reiche Fischgründe und es werden größere Ölvorkommen vermutet; zudem handelt es sich bei dem Territorialstreit um eine Prestigefrage. Auch Taiwan erhebt Anspruch auf diese Inseln.
- Spannungen um vermutete **Erdgasvorkommen im Ostchinesischen Meer**: Im April 2005 leitet das japanische Wirtschaftsministerium ein Vergabeverfahren zur Erschließung der Felder ein. Ein chinesisches Konsortium führt in der Region schon Testbohrungen durch.

Angesichts der anhaltenden Spannungen erklärt es sich, dass China öffentlich betont hat, die Aufnahme Japans in den Sicherheitsrat der VN nicht zu unterstützen (vgl. Brill 2005).

3.8
China und Indien

Zu den überraschenden Entwicklungen der letzten Jahre zählt die 2003 eingeleitete **Entspannung** im chinesisch-indischen Verhältnis, die im Besuch des dann amtierenden indischen Ministerpräsidenten Vajpayee deutlich wurde. Damals wurde eine Regelung der offenen Grenzfragen an der mehr als 3.500 km langen Grenze eingeleitet, die 1962 zu einer militärischen Auseinandersetzung zwischen beiden Staaten geführt hatte. Indien anerkennt nunmehr die chinesische Oberhoheit über Tibet, China jene Indiens über Sikkim. Damit wurden erste Schritte zur

Regelung der offenen Territorialkonflikte gesetzt. In den eingeleiteten Gesprächen könnte die VR China ihre Ansprüche auf Gebiete in Arunachal Pradesh aufgeben, während Indien nicht mehr auf das Aksai-Chin-Plateau bestehen würde. Beim Besuch des chinesischen Ministerpräsidenten Wen Jiaobao im April 2005 in Indien verständigten sich die beiden Staaten auf »Leitprinzipien« für die »politische Paketlösung« der Territorialfrage. Zur Vertrauensbildung sollen gemeinsame militärische Manöver in den Grenzgebieten abgehalten werden. Zudem wurde ein Fünf-Jahresplan über wirtschaftliche Zusammenarbeit unterzeichnet.

China ist an einer Entspannung im Verhältnis mit Indien v. a. aus drei Gründen interessiert:

- China will seinen **Einfluss und Spielraum** auf dem indischen Subkontinent erhöhen. China hält an den engen Beziehungen mit Pakistan fest (auch wenn die VR China die Aktivitäten pakistanischer Kreise im muslimischen Xinjiang mit Misstrauen beobachtet), versucht aber die Beziehungen zu Indien zu verbessern, um die Spannungen in Südasien zu verringern. Ausschlaggebend dafür war die Kriegsgefahr zwischen Indien und Pakistan im Sommer 2002.
- China will das enorme **Entwicklungspotential des bilateralen Handels** zwischen Indien und China nutzen: Das derzeitige Handelsvolumen liegt bei nur 12 Mrd. US-Dollar/Jahr (2004).
- China sieht die Annäherung zwischen der USA und Indien mit Argwohn. Durch die Annäherung an Indien soll eine stabile Koalition zwischen der USA und Indien verhindert werden.

3.9
Fazit

Chinas **Aufstieg zu einer globalen Wirtschafts- und Militärmacht**, die die Kräftekonstellationen der globalen Ordnung neu bestimmen wird, ist **unausweichlich**. Eine Eindämmungsstrategie kann diesen Prozess verzögern, aber nicht aufhalten. Der Preis derartiger Versuche könnten allerdings vermeidbare militärische Konflikte sein. Angemessener scheinen Strategien zur institutionellen Einbindung und Normenintegration Chinas und die Förderung einer institutionellen Struktur kooperativer Sicherheit in Ost- und Südostasien. Auch wenn der Machtzuwachs der VR China nicht unweigerlich zum ostasiatischen Machtverlust der USA führen wird, ist ein Machtausgleich zwischen diesen beiden Staaten in der Region unvermeidlich. Dadurch können beide Staaten zu unverzichtbaren Stabilitätsträgern für die Region werden.

Literatur

Brill, Heinz (2005). *Die Reform des UNO-Sicherheitsrates und die Interessen der Mächte*, in: Österreichische Militärische Zeitschrift 5, 579–594.
Commission of the European Communities (2003). *Commission Policy Paper.* A maturing partnership – shared interests and challenges in EU-China relations, online verfügbar unter: www.delchn.cec.eu.int/en/whatsnew/China%20Policy%201009.doc.
EU (2005). *The EU's China Policy,* online verfügbar unter: http://europa.eu.int/comm/external_relations/china/intro/index.htm.
Garnett, Sherman W. (2000). *Rapprochement or Rivalry?* Russia-China Relations in a Changing Asia, Washington.
Kolkmann, Michael (2005a). *Die China-Politik der USA.* Konzepte – Erfahrungen – Perspektiven. SWP-Studie S 9, April.
Kolkmann, Michael (2005b). *The New Strategic Triangle: U.S. and European Reactions to China's Rise,* in: The Washington Quarterly 3, 7–25.
Möller, Kay (2005). *Die Außenpolitik Chinas 1949–2004*, Wiesbaden.
OECD (2005). *Economic Survey China.* Policy Brief September 2005, online verfügbar unter: www.oecd.org/dataoecd/10/25/35294862.pdf.
Opitz, Peter J. (2002). *China – Der Aufstieg des Drachen*, in: Mir A. Ferdowsi. *Internationale Politik.* München, 203–246.
Shambaugh, David (2004a). *China Engages Asia.* Reshaping the Regional Order, in: International Security 3, 64–99.
Shambaugh, David (2004b). *China and Europe: The Emerging Axis,* in: Current History, 243–248.
Shambaugh, David (2005). *The New Strategic Triangle: U.S. and European Reactions to China's Rise,* in: The Washington Quarterly 3, 7–25.
Trenin, Dmitrij (2000). *The China Factor: Challenge and Chance for Russia,* in: Sherman W. Garnett. *Rapprochement or Rivalry?* Russia-China Relations in a Changing Asia, Washington, 39–70.
Zweig, David/Bi Jianhai (2005). *China's Global Hunt for Energy,* in: Foreign Affairs 5, 25–38.

4
Die Europäische Union

4.1
Struktur und Funktionsweise der EU

Der **Europäische Integrationsprozess** wurde bereits zu Beginn der 50er-Jahre einerseits als Projekt der Einbindung der Bundesrepublik Deutschland in den Westen gestartet und andererseits als Versuch, Jahrhunderte dauernde europäische Feindschaften zu beenden. Der französische Außenminister Robert Schuman (1948–1952) versuchte dies erstmals im Jahr 1950 *(Monnet-Schuman-Plan)* durch seine Initiative für eine *Europäische Gemeinschaft für Kohle und Stahl (EGKS)*, die eine Kontrolle der deutschen Schwerindustrie auch nach dem Ende der Besatzungsherrschaft sicherstellen sollte. Ein gleichzeitig gestarteter Versuch des französischen Ministerpräsidenten Pleven, auch gleich eine Europäische Verteidigungsgemeinschaft zu errichten, scheiterte letztlich 1954 am Widerstand der Französischen Nationalversammlung.

1952 trat die EGKS, als intergouvernmentales Projekt von sechs Staaten (Frankreich, BRD, Italien und die BENELUX-Staaten) gegründet, tatsächlich in Kraft. Dazu kamen ergänzend die zwei Römer Verträge des Jahres 1957/58 über die *Europäische Wirtschaftsgemeinschaft (EWG)* sowie der *EURATOM*-Vertrag (theoretisches Konzept: **Funktionalismus**). Ursprünglich gab es also drei getrennte Organisationen, sie wurden durch den 1965 geschlossen und 1967 in Kraft getretenen Fusionsvertrag organisatorisch und namentlich zu den **Europäischen Gemeinschaften (EG)** vereinigt. Nach einem Jahrzehnt der Stagnation in den 70er-Jahren (als Phase der »Sklerose« bezeichnet) wuchsen die Herausforderungen des globalen internationalen Umfeldes der EG stark an (die technologisch-innovatorische Konkurrenz seitens der USA und Japans nahm in einer Zeit der Weltwirtschaftskrise und der elektronischen »Revolution« erheblich zu), und diese reagierte, zwar verspätet, in den 80er-Jahren, indem sie sich auch strukturell veränderte. Eine erste weitgehende Vertragsrevision erfolgte 1986/87 durch die *Einheitliche Europäische Akte (EEA)*, die u. a. auch den Beschluss einer *Europäischen Politischen Zusammenarbeit* (EPZ) in außenpolitischen Fragen beinhaltete und die seit 1972 bereits faktisch bestehende Zusammenarbeit legalisierte. Eine zweite grundlegende Änderung gab es durch den vom Europäischen Rat am 9./10. Dezember 1991 in Maastricht beschlossenen, am 7. Februar 1992 von den Außenministern unterzeichneten und am 1. November 1993 in Kraft getretenen Vertrag über die **Europäische Union (EU)**, den so genannten **Maastricht-Vertrag**.

Gegenwärtig besteht der Staatenverbund »Europäische Union« aus 25 Mitgliedsstaaten mit einer Bevölkerungszahl von rund 455 Millionen (das sind ca. 7 Prozent der Weltbevölkerung) und einem Territorium, das sich über knapp vier Mio. Quadratkilometer erstreckt. Mit seinem Bruttosozialprodukt, das rund ein Viertel des weltweiten BSP ausmacht, und einem Welthandelsanteil von mehr als einem Fünftel ist die EU gegenwärtig der weltweit größte Wirtschaftsraum. Dennoch kann man von dieser politischen Einheit »sui generis« (zwar in der »ersten Säule« **supranational**, sonst »**intergouvernmental**«) aber sagen, dass sie ein »wirtschaftlicher Riese, aber ein politischer Zwerg« sei; oder, mit Anspielung auf die hohen EU-Leistungen an Länder des Südens (die Leistungen in der Entwicklungszusammenarbeit/EZA machen mehr als 40 Prozent aller Geberleistungen aus), dass die EU zwar ein »global payer«, aber kein »global player« sei. Denn noch immer verfügt sie über keine konsistente gemeinsame Außen-, Sicherheits- und v. a. über keine gemeinsame Verteidigungspolitik. Auch besteht ein Defizit an demokratischer Legitimation ihrer Organe.

Im Jahr 2005 gehören der EU **25 Mitgliedsländer** an: Belgien (Beitrittsjahr 1951/1958), BR Deutschland (1951/1958), Frankreich (1951/1958), Italien (1951/1958), Luxemburg (1951/1958), Niederlande (1951/1958), Dänemark (ohne Färöer-Inseln und Grönland, 1973), Großbritannien (1973), Irland (1973), Griechenland (1981), Portugal (1986), Spanien (1986), Finnland (1995), Österreich (1995), Schweden (1995), Estland (2004), Lettland (2004), Litauen (2004), Polen (2004), Slowenien (2004), Tschechische Republik (2004), Slowakei (2004), Ungarn (2004) sowie Zypern (2004) und Malta (2004).

Die Zeitpläne für die **Beitrittswerber Bulgarien und Rumänien**, die die fünfte Erweiterungsrunde komplettieren sollen, sehen einen Beitritt bis 2007 oder – im Falle von Verzögerungen der Implementie-

Die Europäische Union 259

Abb. 33: Die 25 Mitglieder der Europäischen Union

Land	Beitritts-jahr	Bevölke-rung (Mio.)	Fläche (km²)	BIP 2004 (Mrd. Euro)	BIP pro Kopf 2004 (Euro)	BIP pro Kopf in KKS 2004, (EU 25 =100)	Reale Wachstumsrate des BIP in Prozent des Vorjahres	Sitze im EP 2004
Belgien	1958	10,4	30.510	283,8	26.830	118,3	2,9	24
Deutschland	1958/1990	82,5	357.021	2215,7	24.900	109,3	1,6	99
Frankreich	1958	59,6	547.030	1648,4	26.150	110,3	2,3	78
Italien	1958	57,3	301.320	1351,3	24.600	104,9	1,2	78
Luxemburg	1958	0,4	2.586	25,7	47.920	222,0	4,5	6
Niederlande	1958	16,2	41.526	488,6	27.270	124,9	1,7	27
Dänemark	1973	5,4	43.094	196,3	28.400	122,7	2,0	14
Irland	1973	4,0	70.280	148,6	30.370	140,6	4,5	13
Vereinigtes Königreich	1973	59,3	244.820	1715,1	27.820	118,9	3,2	78
Griechenland	1981	11,0	131.940	167,2	18.880	81,7	4,7	24
Portugal	1986	10,4	92.931	141,1	17.110	75,8	1,2	24
Spanien	1986	41,6	504.782	837,6	22.190	98,1	3,1	54
Finnland	1995	5,2	337.030	149,7	25.500	114,4	3,6	14
Österreich	1995	8,1	83.858	237,0	27.910	122,0	2,4	18
Schweden	1995	8,9	449.964	279,0	26.260	116,0	3,6	19
Gesamt (EU-15)	–	380,3	3.283.692	9.885,1	25.690	109,4	2,3	570
Estland	2004	1,4	45.226	9,0	11.480	50,7	7,8	6
Lettland	2004	2,3	64.589	11,0	9.680	43,1	8,3	9
Litauen	2004	3,5	65.200	17,9	11.610	47,8	7,0	13
Malta	2004	0,4	316	4,3	17.170	70,6	0,4	5
Polen	2004	38,2	312.685	195,2	10.940	46,7	5,3	54
Slowakei	2004	5,4	48.845	33,1	12.240	52,1	5,5	14
Slowenien	2004	2,0	20.253	26,1	18.070	78,6	4,2	7
Tschechische Republik	2004	10,2	78.866	86,8	16.230	70,4	4,4	24
Ungarn	2004	10,1	93.030	80,8	14.130	60,9	4,2	24
Zypern	2004	0,7	9.250	12,4	19.550	81,2	3,7	6
Gesamt (EU-25)	–	454,5	3.973.597	10.361,7	23.160	100	2,4	732

Das BIP in Kaufkraftstandards (KKS) pro Kopf wird relativ zum Durchschnitt der Europäischen Union (EU25), der zu 100 gesetzt ist, ausgedrückt. Ist der Indexwert eines Landes größer als 100, so hat dieses Land ein BIP pro Kopf über dem EU-Durchschnitt und umgekehrt.

Quellen: Daten nach EU/Eurostat 2005 (http://europa.eu.int/comm/eurostat); Jahrbuch 2004; eigene Darstellung.

rung des *acquis communautaire*, des gemeinsamen EU-Rechtsbestandes – für 2008 vor. Offen bleibt weiter ein möglicher Beitritt der **Türkei**, mit der Beitrittsverhandlungen aber offiziell am 3. Oktober 2005 begonnen haben. **Kroatiens** Beitrittsverhandlungen wurden wegen mangelnder Kooperation mit dem UN-Kriegsverbrechertribunal für das ehemalige Jugoslawien in Den Haag noch im März 2005 auf unbestimmte Zeit verschoben; die Entscheidung zum Beginn der Verhandlungen fiel jedoch am 3. Oktober 2005 zeitgleich mit dem Beschluss zur Türkei, nachdem die Chefanklägerin des UN-Tribunals, Carla del Ponte, Kroatien volle Kooperation mit dem Tribunal attestiert hatte. Eine zukünftige Mitgliedschaft **Mazedoniens**, das seit Dezember 2005 den Kandidatenstatus besitzt, ist sehr wahrscheinlich. Die Aufnahme von Beitrittsverhandlungen ist vorerst nicht geplant.

Die EU besteht seit dem Maastricht-Vertrag aus **drei »Säulen«**:

- **Die Erste Säule** besteht v. a. aus den früheren supranationalen Organisationen der **Europäischen Gemeinschaften**, d. h. EGKS, EWG und EURATOM, sie basiert auf deren geänderten Gründungsverträgen sowie Bestimmungen über die Wirtschafts- und Währungsunion/ WWU. Diese Säule, in die auch Teile aus dem Bereich Justiz und Inneres übernommen wurden, wird auch die »integrative« genannt, in der die Entscheidungen rein durch die EU-Organe, also »supra-national«, erfolgen.
- **Die Zweite Säule** umfasst die *Gemeinsame Außen- und Sicherheitspolitik (GASP)* als Weiterführung der EPZ, wobei gemeinsame Strategien, gemeinsame Aktionen und die Erarbeitung gemeinsamer Standpunkte möglich sind (jeweils mit komplizierten Abstimmungsregeln im Rat nach dem Einstimmigkeitsprinzip bzw. dem Prinzip qualifizierter Mehrheiten). Die Entscheidungen fallen intergouvernmental, d. h. durch die Zusammenarbeit der Regierungen.
- **Die Dritte Säule** regelt die *Zusammenarbeit in den Bereichen Justiz und Inneres (ZBJI)* mit den Schwerpunkten auf der polizeilichen und justiziellen Zusammenarbeit zwischen den Mitgliedsstaaten. Die intergouvernmental gefassten Beschlüsse müssen erst durch nationale Rechtsakte umgesetzt werden.

Die Ordnung der EU nach Maastricht wird auch als »**Tempelkonstruktion**« bezeichnet. Das Dach und den gemeinsamen institutio-

Abb. 34: Säulen der EU

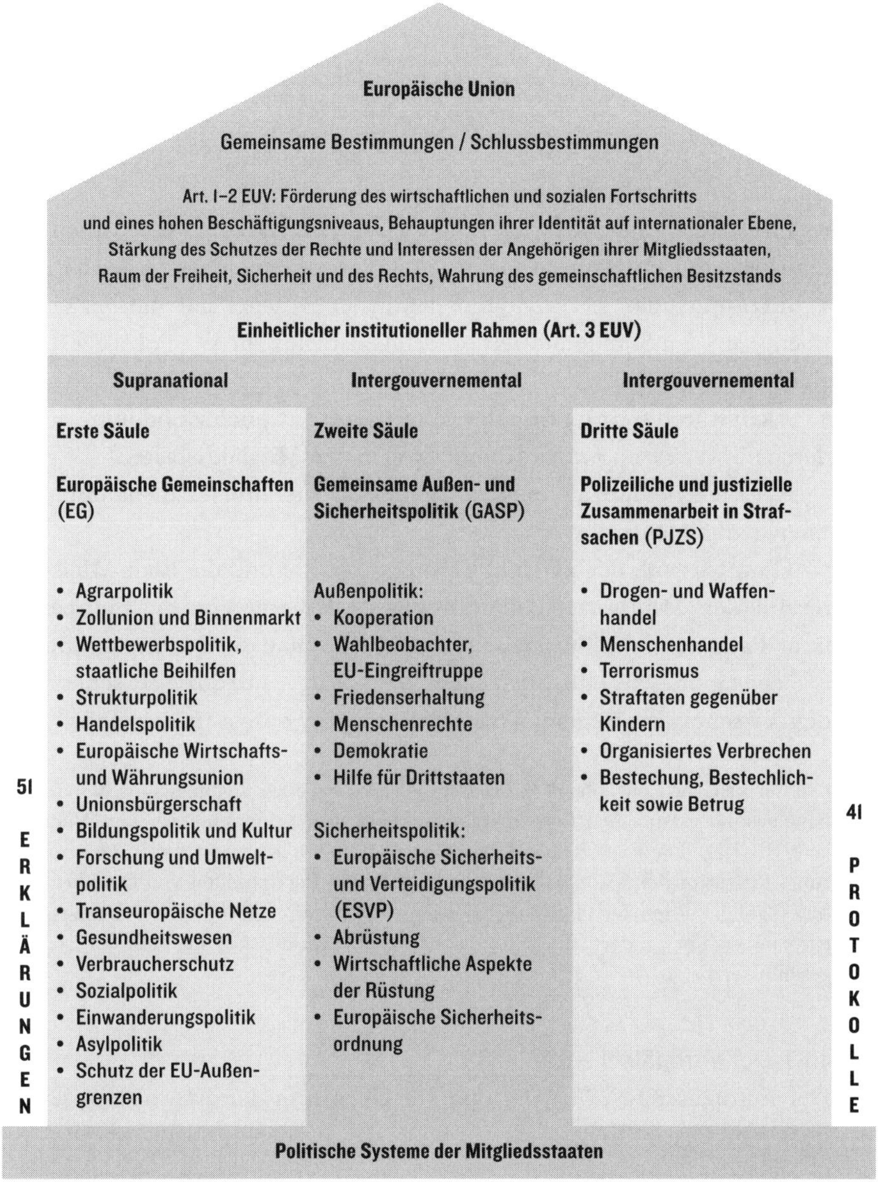

Europäische Union

Gemeinsame Bestimmungen / Schlussbestimmungen

Art. I-2 EUV: Förderung des wirtschaftlichen und sozialen Fortschritts und eines hohen Beschäftigungsniveaus, Behauptungen ihrer Identität auf internationaler Ebene, Stärkung des Schutzes der Rechte und Interessen der Angehörigen ihrer Mitgliedsstaaten, Raum der Freiheit, Sicherheit und des Rechts, Wahrung des gemeinschaftlichen Besitzstands

Einheitlicher institutioneller Rahmen (Art. 3 EUV)

Supranational	Intergouvernemental	Intergouvernemental
Erste Säule	**Zweite Säule**	**Dritte Säule**
Europäische Gemeinschaften (EG)	Gemeinsame Außen- und Sicherheitspolitik (GASP)	Polizeiliche und justizielle Zusammenarbeit in Strafsachen (PJZS)
• Agrarpolitik • Zollunion und Binnenmarkt • Wettbewerbspolitik, staatliche Beihilfen • Strukturpolitik • Handelspolitik • Europäische Wirtschafts- und Währungsunion • Unionsbürgerschaft • Bildungspolitik und Kultur • Forschung und Umweltpolitik • Transeuropäische Netze • Gesundheitswesen • Verbraucherschutz • Sozialpolitik • Einwanderungspolitik • Asylpolitik • Schutz der EU-Außengrenzen	Außenpolitik: • Kooperation • Wahlbeobachter, EU-Eingreiftruppe • Friedenserhaltung • Menschenrechte • Demokratie • Hilfe für Drittstaaten Sicherheitspolitik: • Europäische Sicherheits- und Verteidigungspolitik (ESVP) • Abrüstung • Wirtschaftliche Aspekte der Rüstung • Europäische Sicherheitsordnung	• Drogen- und Waffenhandel • Menschenhandel • Terrorismus • Straftaten gegenüber Kindern • Organisiertes Verbrechen • Bestechung, Bestechlichkeit sowie Betrug

5 ERKLÄRUNGEN

4 PROTOKOLLE

Politische Systeme der Mitgliedsstaaten

Quelle: eigene Darstellung.

nellen Rahmen für die Säulen bilden die gemeinsamen Bestimmungen der EU, die auf den politischen Systemen der Mitgliedsstaaten als Sockel stehen.

Im Akteurszusammenhang ergeben sich vier Verhandlungs- bzw. Entscheidungsebenen als *multi governance-system* der EU:
- **intra-gemeinschaftlich** – zwischen den EU-Organen (etwa Rat, Kommission und Parlament);
- **inter-/supranational** – zwischen nationalen Akteuren (etwa Fachministern und Spitzenbeamten) in den Räten und Ausschüssen der EU;
- **intra-national** – Aktivitäten nationaler Akteure auf nationaler Ebene, um den Standpunkt eines Mitgliedstaates zur EU-Politik festzulegen;
- **Aktivitäten supranationaler Akteure auf nationaler Ebene** (etwa durch die Vertretungen der Kommission in den Mitgliedstaaten).

EU-Entscheidungen müssen zumindest die drei erstgenannten Ebenen durchlaufen.

Hauptorgane der EU sind Europäischer Rat und die Fach-Ministerräte (der »Ministerrat«), die Europäische Kommission, das Europäische Parlament, der Europäische Gerichtshof und der Rechnungshof. Daneben gibt es als Hilfsorgane den Wirtschafts- und Sozialausschuss, den Ausschuss der Regionen und die Europäische Investitionsbank.

Die Europäische Zentralbank (EZB) übt die Funktion einer unabhängigen Notenbank aus. Hauptaufgabe ist die Ausgabe und Verwaltung einer einheitlichen Währung (EURO). Die Europäische Investitionsbank (EIB) ist seit 1958 die Finanzierungsinstitution der EWG bzw. EU und sorgt für die Bereitstellung von Darlehen bzw. Bankgarantien zur (Teil-)Finanzierung von öffentlichen und privaten Investitionen auch in Ländern, die Assoziations-/Kooperationsabkommen mit der EU geschlossen haben.

4.1.1 Der Europäische Rat

Der Europäische Rat ist das **oberste Gremium der EU**, bislang jedoch kein Organ. Er setzt sich gegenwärtig aus den 25 Staats- und Regierungschefs der Mitgliedsländer, deren Außenministern sowie dem Präsidenten der Europäischen Kommission zusammen, wobei die Außenminister und der Kommissionspräsident nur beratende Funktion haben. Der Europäische Rat hat innerhalb des politischen Systems der EU die **Richtlinienkompetenz**, er ist die politische Steuerungszentrale der EU und stellt ein »**Gipfeltreffen**« dar, auf dem politische Leitlinien beschlossen bzw. auf Ministerebene ungelöste Probleme geklärt werden. Der Europäische Rat ist jedoch nicht direkt am Gesetzgebungsverfahren der EU beteiligt. Die Willensbildung erfolgt prinzipiell analog zu den Stimmrechten im Ministerrat (siehe unten), **in der Praxis aber durch Konsensbildung.**

Die **Ratspräsidentschaft** rotiert momentan halbjährlich zwischen den EU-Mitgliedsländern. Österreich hatte im 1. Halbjahr 2006 zum zweiten Mal die Präsidentschaft – erstmals im 2. Halbjahr 1998 – inne.

Die Präsidentschaft bildet mit dem jeweiligen Vorgänger und Nachfolger eine »Troika«. Durch die determinierte Reihenfolge ist zumindest ein großer Mitgliedstaat in der Troika vertreten.

Zentrale **Aufgaben der jeweiligen Ratspräsidentschaft** sind:
- die Einberufung und Leitung aller Sitzungen, d. h. es besteht insbesondere hoher Personalressourcenbedarf – **Organisationsfunktion**;
- die Pflege der Beziehungen des Rats zu anderen EU-Organen, v. a. zum Parlament als Mit-Entscheidungsorgan – **Koordinationsfunktion**;
- die Vermittlerrolle durch Ausarbeitung von Kompromissvorschlägen in kontroversiellen Fragen – **Führungsfunktion**;
- die Vertretung in GASP-Angelegenheiten, die Durchführung gemeinsamer Aktionen, die Darlegung von Standpunkten in anderen IGOs – **Außenvertretungsfunktion;**
- die Möglichkeit, im Interesse des jeweiligen Landes und der Union inhaltliche Schwerpunkte und Akzente zu setzen – **Agenda Setting-Funktion.**

4.1.2 Der Rat der Europäischen Union (Ministerrat)

Der Ministerrat ist eines von zwei beschließenden Organen der Union. Er ist also Teil der **Legislative**, die in ihrer Zusammensetzung einem Zweikammersystem entspricht. Er repräsentiert innerhalb der Legislative die Mitgliedsländer und setzt sich je nach Politikfeld aus den jeweiligen Fachministern der nationalen Regierungen zusammen. Der Ministerrat beschließt zusammen mit dem Europäischen Parlament Gesetze. Je nach Politikfeld ist entweder eine einstimmige Entscheidung oder eine qualifizierte Mehrheit im Ministerrat notwendig. Der Ministerrat ist also innerhalb der Zweikammer-Legislative der EU eine Art »Oberhaus«.

Die Fachministerräte werden von einem **Generalsekretariat** und vom Ausschuss der Ständigen Vertreter der Mitgliedsstaaten in der EU *(Comité des Representants Permanents/COREPER)*, mit einer Vielzahl von Unterausschüssen, unterstützt. Die Sitzungen des Rates werden auf hoher Beamtenebene durch das COREPER I und II vorbereitet und auch verhandelt. Der Rat entscheidet je nach Vertragsgrundlage meistens mit qualifizierter Mehrheit (bis 1995 gab es im Ministerrat insgesamt 76, dann 87 und seit 1. November 2004 – ab 1. Mai galten 6 Monate lang Übergangsregelungen – 321 Stimmen) oder einstimmig, sehr selten mit einfacher Mehrheit.

Eine Sonderstellung nimmt der **Allgemeine Rat der Außenminister** mit seiner Koordinationsfunktion für die Fachministerräte ein. Der Rat tagt außerdem mindestens zweimal jährlich als **Europäischer Rat (ER)** als Konferenz der 25 Staats- und Regierungschefs (zuzüglich ihrer Außenminister und des Kommissionspräsidenten; der Parlamentspräsident kann eingeladen und gehört werden, siehe oben).

4.1.3 Die Europäische Kommission

Die Europäische Kommission ist die **Exekutive**, also das ausführende Organ der Union. Sie schlägt Gesetze vor (Initiativrecht) und kontrolliert deren Einhaltung. Der Präsident und die Mitglieder der EU-Kommission (Kommissare), die jeweils einem bestimmten Ressort vorstehen, werden von den Mitgliedsländern nominiert und durch das Europäische Parlament bestätigt. Momentan stellt jedes Mitgliedsland einen Kommissar.

4.1.4 Das Europäische Parlament

Das Europäische Parlament ist der andere **Teil der Legislative** der Union. Es wird alle fünf Jahre direkt von den Bürgern der Mitgliedsstaaten **gewählt** und repräsentiert damit innerhalb der Legislative die Bevölkerung. Das Europäische Parlament besteht derzeit aus 732 Mitgliedern. Die Zahl der Abgeordneten pro Land orientiert sich zwar grundsätzlich nach der Bevölkerungszahl, kleinere Länder sind jedoch

Die Europäische Union 265

Abb. 35: Funktionsweise der EU

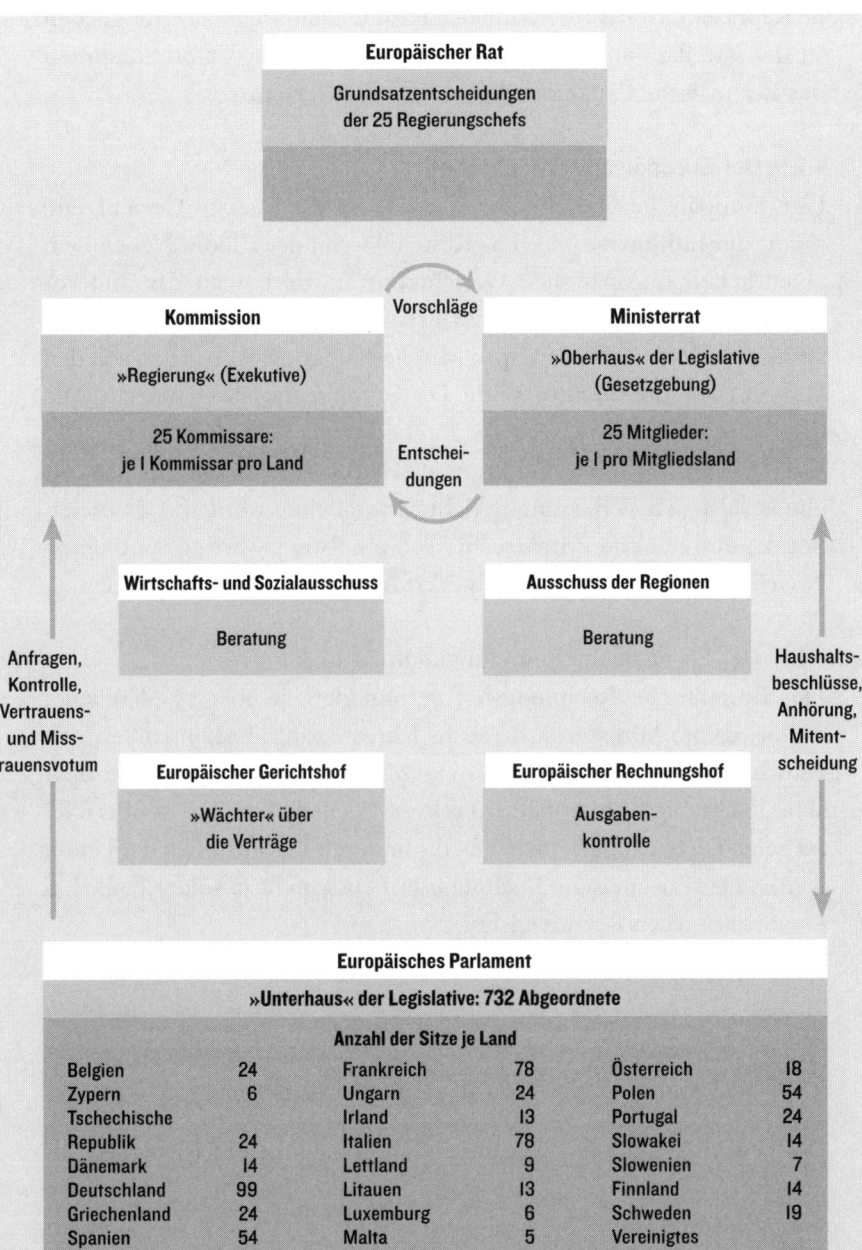

Quelle: eigene Darstellung.

überproportional vertreten, um auch diesen Ländern eine angemessene Repräsentation ihrer nationalen Parteienlandschaft zu ermöglichen. In der Zweikammer-Legislative der Europäischen Union entspricht das Europäische Parlament damit einem **Unterhaus**.

4.1.5 Der Europäische Gerichtshof

Der Europäische Gerichtshof (EuGH) ist das oberste Gericht und damit die **Judikative**, also das Kontrollorgan der Union. Neben dem eigentlichen Europäischen Gerichtshof existiert noch das ihm vorgeschaltete Europäische Gericht erster Instanz. Beide Instanzen bestehen aus je einem Richter pro Mitgliedsstaat. Diese werden von den Regierungen ihrer Länder für die Dauer von sechs Jahren bestellt. Alle drei Jahre erfolgt eine teilweise Neubesetzung beider Instanzen. Der EuGH kann von seiner Funktion als **Hüter des Rechts** mit den mitgliedstaatlichen Verfassungsgerichten verglichen werden. Er bezeichnet das europäische Primärrecht, also die Römer Verträge und deren Novellen, auch durchgehend als »Verfassung« der Gemeinschaften.

4.1.6 Der Europäische Rechnungshof

Der Europäische Rechnungshof verfügt derzeit über 25 Mitglieder und wird vom Ministerrat für sechs Jahre gewählt. Er kontrolliert den Haushalt der Union, also ihre Einnahmen und Ausgaben. Der Europäische Rechnungshof hat keine direkten Rechtsbefugnisse, sondern leitet seine Feststellungen direkt an die anderen Institutionen der Union weiter. Der Europäische Rechnungshof entspricht in seiner Funktion einem nationalen Rechnungshof.

4.2
Perspektiven und aktuelle Entwicklungen

Die Funktionen der EU-Organe und ihres Zusammenwirkens sind als komplexer dynamischer Prozess zu verstehen. So enthielt der **Vertrag von Amsterdam** 1997 beispielsweise, wenn auch in stark abgeschwächter Form, Reformen für die GASP, so dass, trotz Einstimmigkeitsprinzip, im Fall der Stimmenthaltung Beschlüsse zu Stande kommen können (»**konstruktive Enthaltung**«), was vor allen im Interesse der neutralen oder Pakt ungebundenen Staaten und der Aktionsfähigkeit der Union liegt.

Für ein tiefer gehendes Verständnis weiterer Veränderungen im politischen Prozess der EU müssen ihre Zielsetzungen und Instrumente im historischen Zusammenhang vergegenwärtigt werden. Die EU sollte nach dem Zweiten Weltkrieg nationalstaatliche Gegensätze durch wirtschaftliche und politische Integrationsmaßnahmen überwinden – mit anfangs realen Schwerpunkten in der Wirtschaftszusammenarbeit, jedoch ständiger Formulierung einer Politischen Union als Fernziel – und im Kalten Krieg den Zusammenschluss eines (westlichen) Blocksystems garantieren. Die EU gilt aber auch im Europa der Zeit nach dem Kalten Krieg als am besten geeignete Institution, die europäische Integration weiter vorwärts zu treiben. Im Mittelpunkt stehen daher die
- Vertiefung der Integration und die
- Erweiterung (Süd-Osterweiterung und Gesamteuropäisierung).

Politische **Instrumente für den Erweiterungsprozess** waren v. a. das PHARE-Programm *(Poland Hungary Aid for the Reconstruction of the Economy)* als koordinierte Wirtschaftshilfe seit 1991 und die – schon mit dem Ziel einer Integration zwischen EU und zentral- und osteuropäischen Staaten geschlossenen – Europa-Abkommen (1991 mit Ungarn, Polen und der Tschechoslowakei, in den Folgejahren auch mit den anderen Beitrittskandidaten). Die Europa-Abkommen enthielten die Entwicklung enger politischer Beziehungen in Dialogform und deren Institutionalisierung durch einen Assoziationsrat/-ausschuss, die Schaffung einer gemeinsamen Freihandelszone, die Intensivierung der wirtschaftlichen, finanziellen und kulturellen Zusammenarbeit (insbesondere als Übergang zur Marktwirtschaft) und die Integration der Partnerländer und deren »stetige Annäherung« an die EU.

Zu erfüllende **Kriterien für einen EU-Beitritt** wurden in der Erklärung des Europäischen Rates von Kopenhagen als Konkretisierung des Maastricht-Vertrags im Juni 1993 festgelegt. Es sind dies:
- **politisches Kriterium**: Freiheit, Demokratie, Wahrung der Menschenrechte und Grundfreiheiten, Rechtsstaatlichkeit als *conditio sine qua non;*

- **wirtschaftliches Kriterium**: die Existenz einer funktionierenden Marktwirtschaft und die Fähigkeit, dem Wettbewerb in der EU standzuhalten;
- **rechtliches Kriterium**: die Übernahme des rechtlichen »Besitzstandes« der EU *(acquis communautaire)*, d. h. die bestehende Regelungen sind nicht Verhandlungsgegenstand und dürfen nicht in Frage gestellt werden;
- und viertens, oft vergessen, die **Fähigkeit und Bereitschaft der EU**, weitere Mitglieder zu verkraften, ohne an Integrationskraft zu verlieren.

Mit beiden Entwicklungen, **Vertiefung** der Integration und **Erweiterung**, ist ein tief greifender Wandel der Gesamtinstitution verbunden, wovon beispielhaft folgende Interessengegensätze als Problembereiche zu erwähnen sind: Die Ausweitung der Supranationalität, und dadurch des Mehrheitsprinzips auch im Rat, steht im **Widerspruch** zu den Interessen sowohl großer EU-Staaten (mit außenpolitischem Führungsanspruch im Gegensatz zu einer GASP-Unterordnung bzw. höherer Stimmenzahl in den Ministerräten) als auch von Kleinstaaten (mit einer Stimmenzahl im Rat und im Parlament, die – obwohl absolut geringer – proportional höher als ihre Einwohnerzahl ist).

Eine ebenso differenzierte Entwicklung ist auch für die jeweiligen Unionsbereiche zu erwarten. Es gibt etwa eine höhere Integrationsstufe in wirtschaftlichen Angelegenheiten und eine vorerst niedrigere Integration in den politischen Bereichen (Außenpolitik, Innenpolitik, Sicherheit usw.). Allerdings bestehen vielfältige Zusammenhänge, wie das Schengener Abkommen zeigt.

Durch das *Schengener Abkommen* wurde mit der Abschaffung der Kontrollen an den Binnengrenzen der freie Personen- und Warenverkehr gesichert, zugleich aber wurden Ausgleichsmaßnahmen für Sicherheitsdefizite (verstärkte Kontrollen an den Außengrenzen, einheitliche Visumpflicht für Nicht-EU-Bürger, länderübergreifende Fahndungssysteme usw.) vorgesehen. Das Abkommen ist seit 1995 in Kraft, Österreich ist seit 1997 integriert; integriert sind aber auch die Nicht-EU-Mitglieder Norwegen und Island, die Schweiz ab 2007.

Für Österreich ist insbesondere strittig, inwieweit eine Mitgliedschaft im Sicherheitsbündnis der *Westeuropäischen Union (WEU)* mit der Neutralität vereinbart werden kann bzw. soll. Alle Parteien sind sich einig, dass im Falle einer EU-Verteidigungsidentität, d. h. vor allem, wenn die EU über eine eigene Militärstruktur verfügen würde, die österreichische Neutralität aufgegeben werden müsste; und alle Parteien wären auch dazu bereit.

Die **WEU** wurde 1954/55 als kollektiver Beistandspakt (und in Folge des zur Verteidigung von Deutschland gedachten Brüsseler Pakts von 1948) gegründet, verfügte aber noch über keine eigenen Streitkräfte. Ziel war die Sicherheit der Partner durch automatische Hilfe und gegenseitigen Beistand (Art. V). De facto galt die WEU bis heute nur als sicherheitspolitisches Beratungsgremium ohne nennenswerte Ressourcen. Sie soll aber zur Verteidigungskomponente der EU ausgebaut werden und »europäischer Pfeiler der NATO« sein, obwohl sie in ihrer Bindung der Vertragsparteien über diese hinausgeht. Die WEU hat zehn Mitgliedsstaaten, Österreich sowie Dänemark, Irland, Finnland und Schweden haben Beobachterstatus. Die europäischen NATO- aber Nicht-EU-Staaten Norwegen, Island und Türkei sowie die EU-Mitglieder Tschechien, Polen und Ungarn sind assoziierte Mitglieder, sieben weitere ehemalige »Ostblockstaaten« mittlerweile assoziierte Partner. Mit den 1999 getroffenen Beschlüssen von Köln und Helsinki zur *Gemeinsamen Europäischen Verteidigungs- und Sicherheitspolitik (GESVP)* sollen die Aufgaben der WEU schrittweise auf die EU übertragen werden.

Die Fünfte Erweiterungsrunde, die mit der Aufnahme Bulgariens und Rumäniens (gegebenenfalls auch Kroatiens) abgeschlossen werden soll, hat – in Verbindung mit dem Beginn der Beitrittverhandlungen mit der Türkei am 3. Oktober 2005 – die Fragen der »**Finalität**« (wo endet die EU? Soll die »endgültige« Form und Größe der EU schon jetzt bestimmt werden? etc.) und **etwaiger anderer Erweiterungsrunden** (Westbalkan-Staaten, Ukraine etc.) wieder virulent werden lassen. Tatsache ist, dass die EU und ihre Institutionen, aber auch die Bürger, wohl eine Pause benötigen. Eine Reihe von Pro- und Kontra-Argumenten bezüglich zukünftiger Erweiterungsschritte wird im Folgenden gegeben.

Für eine **Erweiterung** sprechen:
- Bedingungen der Beitrittsangebote führen zur politischen und wirtschaftlichen Transformation der zentral- und (süd-)osteuropäi-

schen Staaten und zu einer Stabilisierung und Ausweitung des Raums der Sicherheit, der Freiheit und des Rechts.
- Eine europäische Ordnung entspricht geostrategischen (und geoökonomischen) Zielsetzungen der EU, eine Abschottung von regionalen Konfliktzonen ist unter globalisierten Bedingungen ohnehin nicht möglich.
- Die weltpolitische Lage insgesamt bedarf eines, den USA freundschaftlich verbundenen, aber eigenständigen alternativen Akteurs.
- Ein Zusammenwirken gegenüber globalen Herausforderungen wird möglich, das Problem des »expectation – capacity gap« (mehr scheinen als sein) verringert sich.

Nachteilig könnten sein:
- Historische Differenzen zwischen den europäischen Staaten können sich im Rahmen einer erweiterten Mitgliedschaft verschärfen, weil dadurch eine Konfliktaustragung gleichsam zwingend notwendig wird (anstatt eines bloßen Nebeneinanders).
- Transformationsideale durch die EU sind überzogen, wenn innerstaatlich gesellschaftliche Reformen in einem Mitgliedsland nicht gelingen.
- Innerhalb der EU bilden sich – durch die Geschwindigkeit des Erweiterungsprozesses noch begünstigt – Staatengruppen von »Vorreitern« und »Nachzüglern«. Es entsteht zwar formale Gleichberechtigung, de facto aber gibt es erst-, zweit- und drittrangige Mitglieder. Dadurch wiederum werden Funktionsfähigkeit und Stabilität der EU gefährdet.
- Eine gemeinsame **Identität**, ein für alle gültiges **Leitbild** ist angesichts der steigenden Heterogenität kaum zu realisieren; es bestehen unterschiedliche kulturelle und soziale Vorstellungen über Ausmaß und Inhalt gemeinsamer europäischer Politik (Scharpf 1999).
- Im bestehenden System der Einstimmigkeiten können relativ geringe Schwankungen von Stimmen bei Wahlen und Referenden in Mitgliedsstaaten zu weit reichenden Blockaden einer Union mit 450 Millionen Einwohnern führen. Änderungen im EU-Entscheidungsprozess bzw. blockaderesistente Vorschriften müssen in einem diffizilen Wechselspiel mit demokratischen Anforderungen (auch Transparenz usw.) Bestand zeigen. Veränderungen der Stimmgewichtung können die

Schwerfälligkeit der Union im Außenverhältnis erhöhen, was bereits für diesbezügliche Vertragsänderungen gilt.

Die Rückwirkungen der »(Süd-)**Osterweiterung**« auf die EU sind zusammengefasst jedenfalls zweierlei Art, nämlich als notwendige **Reform der Gemeinschaftspolitiken** und als Reform der **Finanzverfassung**.

Unterschiedliche Finanzierungsverpflichtungen und Geldmittelrückflüsse (siehe die Debatte um »**Nettozahlerländer**« und »**Nettoempfängerländer**«) zählten aber schon früher zu den hauptsächlichen Interessenkonflikten in der EU. Kostensteigerungen sind insbesondere für die Agrarpolitik (und -förderung) zu erwarten sowie hinsichtlich der Strukturpolitik. (Derzeit leben über 50 Prozent der EU-Bevölkerung in Förderregionen, diese Zahl hat sich erhöht bzw. wurden die Schwerpunkte regional verlagert.)

Zweitens stellt sich weiterhin – auch **nach dem Nein zum Verfassungsvertrag** in Frankreich und Holland – die zentrale Frage nach einer sinnvollen und effektiven **Institutionenreform**, insbesondere a) für die Stimmgewichtung, b) längerfristig für die Zahl der Kommissionsmitglieder (jetzt ein Mitglied pro Staat), c) für die Größe des Europäischen Parlaments und die Mandatsaufteilung auf die Mitgliedsstaaten sowie d) für das Verhältnis der Institutionen zueinander.

Tatsächlich brachte – auch als Summe von Kompromissen – der **EU-Gipfel in Nizza im Dezember 2000 Ergebnisse** für einen gewissen Institutionenwandel in Hinblick auf den im Jahr 2004 erfolgten Erweiterungsprozess.

- Die Zahl der Stimmen im Rat erhöhte sich von 87 auf 345. Die bevölkerungsreichsten Staaten erhielten statt bislang 10 nun jeweils 29 Stimmen.

Diese Zahlen beziehen sich auf die im Vertrag von Nizza vorgesehene Erweiterung um zwölf Staaten. Mit der Erweiterung um zehn Staaten am 1. Mai 2004 erhöhte sich die Zahl der Stimmen im Rat auf vorerst 321 Stimmen. Zum Zustandekommen einer qualifizierten Mehrheit sind 232 Stimmen (d.h. 72,3 Prozent) und die Zustimmung der Mehrheit der Staaten notwendig. Diese Regelung trat ab 1. November 2004 in Kraft.

- Im Parlament gibt es nun 732 statt bislang 626 Abgeordnete.

- In der Europäischen Kommission verfügen alle Mitgliedsstaaten bis auf Weiteres über einen Kommissar. Nach dem Abschluss der Erweiterungsrunde, wenn die EU 27 oder mehr Mitglieder zählt, wird über eine Reduktion der Gesamtzahl verhandelt und ein Rotationsprinzip eingeführt.
- Österreich hat zehn Stimmen im Rat (bisher vier) und 18 (bisher 21) Sitze im Europäischen Parlament. Ein österreichischer Kommissar ist bis zum Abschluss des Erweiterungsprozesses gesichert.

Aus politikwissenschaftlicher Sicht können folgende **Gründe für eine weitere Institutionenreform** festgestellt werden:

- Das Ergebnis von Nizza bedeutet, dass die Bevölkerungsgröße im Rat nun stärker berücksichtigt, jedoch kein objektives Berechnungsverfahren eingeführt wurde.

Insbesondere erhielten aus politischen Gründen die Bundesrepublik Deutschland mit über 80 Millionen Einwohnern und Frankreich mit nur knapp 60 Millionen Einwohnern im Europäischen Rat dieselbe Stimmenzahl.

- Drei »große« Staaten und eine Stimme stellen nach der neuen Stimmverteilung unverändert eine Sperrminorität dar, um EU-Entscheidungen im Rat zu blockieren. Bevölkerungsreiche Staaten erhalten dadurch ein zusätzliches Instrument zur Durchsetzung ihrer Interessen, weil Entscheidungen nicht nur einer ausreichenden Zahl von Regierungen (Stimmen im Rat) bedürfen, sondern auch einer Bevölkerungsmehrheit von mindestens 62 Prozent entsprechen müssen.
- Im Europäischen Parlament soll die Bevölkerungsgröße deutlicher berücksichtigt werden.
- Eine umfassende Reform (und zahlenmäßige Beschränkung) der Kommission war in Nizza mangels Konsens vertagt worden.
- Im Bereich der Ausweitung qualifizierter Mehrheitsentscheidungen im Rat (und dadurch einer schrittweisen Abschaffung des Vetorechts für alle Länder aufgrund der Einstimmigkeitsregel) gab es nur geringe Fortschritte bzw. eine Erstreckung des Mehrheitsprinzips auf weniger zentrale (Sach-)Bereiche.

Nachdem sich die Mitglieder am EU-Gipfel in Nizza in vielen Bereichen nicht auf eine grundlegende Reform der EU-Institutionen einigen konnten, war auf dem EU-Gipfel von Laeken 2001 die Einrichtung eines EU-Konvents unter Vorsitz des ehemaligen französischen Präsidenten Valéry Giscard D'Estaing beschlossen worden. Aufgabe des EU-Konvents war es, einen von allen Mitgliedern getragenen **Entwurf für eine europäische Verfassung** zu erarbeiten, die nach dem Auslaufen des Vertrages von Nizza im Jahr 2009 in Kraft treten sollte. Die Annahme des vom Konvent erarbeiteten Verfassungsentwurfes für die EU scheiterte zwar am 13. Dezember 2003 am EU-Gipfel in Brüssel, später aber, im Juni 2004, einigten sich die Staats- und Regierungschefs auf den Entwurf und unterzeichneten am 29. Oktober 2004 in Rom gemeinsam mit den vier Kandidatenländern Bulgarien, Rumänien, Kroatien und der Türkei feierlich den Vertrag. Nach den schon oben erwähnten beiden »Nein« zur Verfassung in Frankreich und den Niederlanden wurde eine einjährige Reflexionsphase beschlossen. Bislang haben fünfzehn Mitglieder den Vertragsentwurf ratifiziert, in fünf stehen Referenden an und in drei parlamentarische Ratifizierungsverfahren (Mitte 2006).

Noch trifft also jedenfalls für die EU der Begriff eines **asymmetrischen Integrationsstandes** zu, wodurch für die internationalen Beziehungen mehrfache Spannungsfelder existieren:

- **Staatenbund versus Bundesstaat**, d.h. die EU befindet sich in einem Stadium zwischen »nicht mehr Staatenbund« und »noch nicht Bundesstaat«. Die Finalität der derzeitigen Form eines Staatenverbunds ist noch unklar, was aber eher ein Vorteil als ein Nachteil ist.
- **Globaler Spieler versus globaler Verlierer**, d.h. zu klären ist, ob sich die EU in ihrem Auftreten nach außen als *Global Player* versteht bzw. wenn ja, inwieweit sie dann auch in allen (Konflikt-)Fällen der internationalen Beziehungen handlungsfähig ist bzw. sein will.
- **Interessen versus Vision**, d.h. konkrete Interessen der Mitgliedsstaaten – etwa ein Machterhalt der großen Staaten und/oder Gründungsmitglieder – widersprechen teilweise den Ideen eines gemeinsamen Europas.
- **Regionalisierung versus Europäisierung**, d.h. die zunehmende Regionalisierung steht im Widerspruch zur angestrebten Europäisierung (Stichwort: Subsidiaritätsprinzip).

Literatur

Bretherton, Charlotte/John Vogler (1999). *The European Union as a Global Actor*, London/New York.
Dauses, Manfred A. (Hg., 2004). *Handbuch des EU-Wirtschaftsrechts* (Loseblattsammlung), 13. Erg.-Lief., München.
Dinan, Desmond (2005). *Ever closer Union*. An introduction to European Integration, Boulder.
Ginsberg, Roy H. (2001). *The European Union in International Politics: Baptism by Fire*, Lanham.
Hartmann, Jürgen (2001). *Das politische System der Europäischen Union*. Eine Einführung, Frankfurt/M. / New York.
Herz Dietmar (2002). *Die Europäische Union*, München.
Jachtenfuchs, Markus/Beate Kohler-Koch (2003). *Europäische Integration*, Stuttgart.
Jäger, Thomas/Melanie Piepenschneider (Hg., 2002). *Europa 2020*. Szenarien politischer Entwicklung, Leverkusen.
Kirt, Romain (Hg., 2001). *Die Europäische Union und ihre Krisen*, Baden-Baden.
Kohler-Koch, Beate (2002). *Europäische Integration – Europäisches Regieren*, Opladen.
Kohler-Koch, Beate/Wichard Woyke (Hg., 1996). *Die Europäische Union*, Bd. 5, Lexikon der Politik, München.
Landfried, Christine (2005). *Das politische Europa: Differenz als Potenzial der Europäischen Union*, Baden-Baden.
McCormick, John (2002). *Understanding the European Union*. A concise introduction, New York.
Mickel, Wolfgang W. (Hg., 1998). *Europäische Union: Handlexikon der Europäischen Union*, Stuttgart.
Moravcsik, Andrew M. (1998). *The Choice for Europe: Social Purpose and State Power from Messina to Maastricht*, New York.
Nugent, Neill (2003). *Government and Politics of the European Union*, Durham.
Pfetsch, Frank (2001). *Die Europäische Union: Geschichte, Institutionen, Prozesse*, München.
Rindler- Schjerve, Rosita (2001). *Europäische Integration und Erweiterung*, Neapel.
Pfetsch, Frank R./Timm Beichelt (2005). *Die Europäische Union*. Eine Einführung. Geschichte, Institutionen, Prozesse, Stuttgart.
Scharpf, Fritz W. (1999). *Regieren in Europa*. Effektiv und demokratisch?, Frankfurt/M. / New York.
Schley, Nicole/Sabine Busse/Sebastian Brökelmann (2004). *Knaurs Handbuch Europa*, München.
Schubert, Klaus/Gisel Müller-Brandeck-Bocquet (Hg., 2000). *Die Europäische Union als Akteur in der Weltpolitik*, Opladen.
Wallace, Helen/William Wallace/Mark Pollack (Hg., 2000). *Policy-Making in the European Union*, London.
Weidenfeld Werner/Wolfgang Wessels (2002). *Europa von A bis Z*. Taschenbuch der europäischen Integration, Bonn.
Weidenfeld, Werner/Wolfgang Wessels (2002). *Jahrbuch der Europäischen Integration*, Bonn.

Internationale Organisationen

Globalisierung als Strukturmerkmal der internationalen Beziehungen im 21. Jahrhundert bringt zunehmende Verflechtung in politischer, wirtschaftlicher und gesellschaftlicher Hinsicht mit sich. Im Zuge der fortschreitenden **Globalisierung** nehmen aber auch **Interdependenzprobleme** auf globaler Ebene zu. Sie zeigen sich deutlich im wirtschaftlichen Bereich – wenn nationale Wirtschaftskrisen regionale oder globale Auswirkungen nach sich ziehen (vgl. Asienkrise 1997/98) –, aber auch in anderen Bereichen von Ökologie (Ozonloch, Klimawandel ...) bis hin zu organisierter Kriminalität (Terrorismus, Menschenhandel, Geldwäsche ...). Diese Probleme können von den Nationalstaaten als klassische Akteure der internationalen Politik nicht mehr alleine und/oder innerhalb ihrer Grenzen gelöst werden – die Internationalisierung der Probleme verlangt als Antwort die Internationalisierung der Problembearbeitung. Auch am sprunghaften Ansteigen der Zahl von internationalen Organisationen lässt sich die zunehmende Bedeutung internationaler Kooperationsformen ablesen.

Das Spektrum reicht dabei von institutionalisierten internationalen Organisation über die Netzwerkstruktur internationaler Regime bis zur zunehmenden Internationalisierung der Zivilgesellschaft im Rahmen internationaler *Non Governmental Organizations*. Internationale Organisationen sind somit institutioneller Ausdruck und Folge der immer stärker werdenden internationalen Verflechtung.

Abb. 36: Wachstum der Menge internationaler Organisationen seit 1909

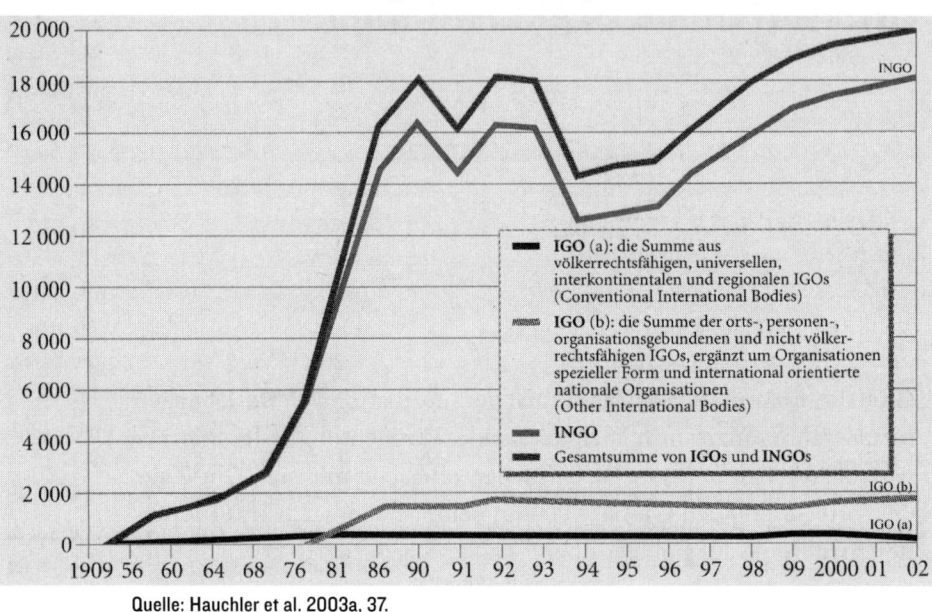

Quelle: Hauchler et al. 2003a, 37.

1
IGOs und INGOs als Akteure im internationalen System

Zwei **Formen der internationalen Organisationen** sind zu unterscheiden, nämlich
- *International Governmental Organizations (IGOs)* und
- *International Non Governmental Organizations (INGOs)*.

1.1
International Governmental Organizations (IGOs)

IGOs sind **Zusammenschlüsse von zumindest drei Staaten**, die durch einen völkerrechtlichen Vertrag gegründet wurden und durch gemeinsame Organe tätig sind. Internationale Organisationen sind völkerrechtliche Subjekte, die – Staaten vergleichbar – nach innen Organisationsgewalt haben (sich eine spezifische Organisationsstruktur geben) und nach außen von den Mitgliedsstaaten dazu ermächtigt sind, in ihrem Namen zu agieren. Dabei steckt der Gründungsvertrag die Grenzen ab, innerhalb derer internationale Organisationen handeln können. Die Funktionen der internationalen Organisationen sind daher vom Willen der Teilnehmer(-staaten) abgeleitet.

IGOs können primär anhand der beiden Dimensionen der **Reichweite ihrer Mitgliedschaft** und der **Reichweite ihrer thematischen Zuständigkeit** differenziert werden.

Das wichtigste Beispiel für eine IGO mit universeller Mitgliedschaft und umfassender politischer Zuständigkeit ist die *United Nations Organization (UNO)* als größte IGO.

Davon zu unterscheiden sind Organisationen mit partikularer Mitgliedschaft und/oder problemfeldspezifischer Zuständigkeit. Umfassende Zuständigkeit aber partikulare Mitgliedschaft beschreibt regionale/kontinentale Organisationen wie die *Europäische Union,* die *Organisation Amerikanischer Staaten/OAS,* die *Afrikanische Union – African Union/AU* usw. Universelle Organisationen, deren Zuständigkeit funktional auf spezifische Politikbereiche begrenzt ist, sind die Sonderorganisationen der UNO wie die *World Health Organization/WHO*. Ein Beispiel für eine universelle Organisation außerhalb des UN-Systems ist der Ständige Gerichtshof in Den Haag, gegründet mit den Den Haager Friedensabkommen von 1899 und 1907. Darüber hinaus gibt es auch Organisationen mit partikularer Mitgliedschaft, die problemfeldspezifische Aufgaben übernehmen wie die *North American Free Trade Associaton/NAFTA* oder die *OPEC* als Organisation der Erdöl exportierenden Staaten.

Nach dem Aufgabengebiet verfolgen IGOs primär politische (auch militärische), wirtschaftliche und/oder soziale Zielsetzungen. Unterschieden wird öfters auch in IGOs für »high politics« (z. B. NATO), mit umfassend macht- und sicherheitsorientierten Aufgaben, und IGOs für »low politics« (z. B. *Ernährungs- und Landwirtschaftsorganisation/FAO*), die funktional-spezifisch für Problemlösungen zuständig sind.

Die funktionale Differenzierung erweist sich dort als schwierig, wo problemfeldspezifische Organisationen zunehmend weiter reichende Aufgaben übernehmen. Konkretes Beispiel hierfür sind der *Internationale Währungsfonds/IWF* und die *Weltbank,* die insbesondere in den Ländern des Südens umfangreichen Einfluss erlangten, über ihr ursprünglich »unpolitisches« Mandat hinaus umfassend tätig wurden und nationale Politik beeinflussen.

Abb. 37: Typologisierung Internationaler Organisationen

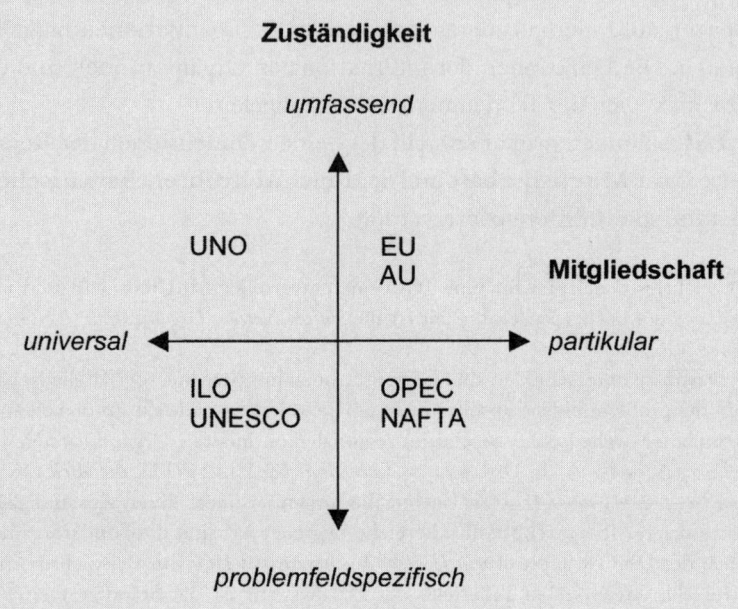

Quelle: Rittberger, Volker (1994). Internationale Organisationen, Opladen, 31.

Eine weitere wichtige Unterscheidung betrifft die Kompetenzen internationaler Organisationen gegenüber ihren Mitgliedsstaaten. Hier unterscheidet man zwischen intergouvernmentalen Organisationen und supranationalen Organisationen. **Supranationale Organisationen** (wie die EU begrenzt im Bereich der ersten Säule) beschränken die Souveränität der Mitgliedsstaaten insofern, als diese Kompetenzen an die Organisation übertragen, so dass Rechtsakte der Organisation unmittelbar und dem nationalen Recht der Mitgliedsstaaten übergeordnet wirken. Die Beschlüsse **intergouvernmentaler Organisationen** – der Regelfall der IGOs – entfalten nur dann in den Nationalstaaten Wirkung, wenn sie von den Staaten ausdrücklich (etwa mittels parlamentarischer Ratifizierung) anerkannt werden – sie bedürfen also der Umsetzung in nationales Recht.

1.2
International Non Governmental Organizations (INGOs)

INGOs sind meist »*single purpose*«-Vereinigungen, die ein spezifisches und eng begrenztes Problemfeld bearbeiten. Sie sind **Zusammenschlüsse von gesellschaftlichen Gruppen** aus unterschiedlichen Nationalstaaten, die grenzüberschreitend tätig werden. Beispiele sind das *Internationale Komitee vom Roten Kreuz/IKRK*, *amnesty international/ai*, *Greenpeace*, *Attac*, aber auch das *Internationale Olympische Komitee/IOC*, der *Weltfußballverband/FIFA* oder der *Internationale Schriftstellerverband/PEN*.

Die Zahl der internationalen NGOs hat sich zwischen 1945 und 2005 vervielfacht. Anerkannt als Akteure im internationalen System sind sie im UN-System auch auf institutioneller Ebene: INGOs haben Konsultativstatus beim *Wirtschafts- und Sozialrat/ECOSOC* der Vereinten Nationen. Die Liste der beim ECOSOC akkreditieren Organisationen umfasst derzeit (2005) 2179 (I)NGOs (vgl. www.un.org/esa/coordination/ngo).

Der tatsächliche Einfluss von INGOs auf die internationale Politik ist schwer quantifizierbar, jedoch darf er auch nicht unterschätzt werden. Jedenfalls wirkungsmächtig sind sie im **Agenda-Setting**, ihrer Fähigkeit zur Themensetzung. INGOs stellen Öffentlichkeit für bestimmte Probleme her, üben durch konsequentes Lobbying Druck aus und können so über ihre Expertise und die Information von politischen Entscheidungsträgern die Thematisierung der von ihnen bearbeiteten Problemfelder in den Arenen der internationalen Politik erwirken. INGOs wird in diesem Zusammenhang durch ihre Aufklärungsarbeit auch ein Beitrag zu einer vermehrten Transparenz in der internationalen Politik attestiert.

Spektakuläre Erfolge und Einflussnahmen auf die Internationale Politik in jüngster Vergangenheit konnten u. a. die Organisationen *Ärzte ohne Grenzen* (Gründung 1971, spätere Friedensnobelpreisträger) oder das Protokoll »Weltpark Antarktis« (Greenpeace u. a. 1991) erreichen. Die erstmalige Teilnahme im Rahmen eines internationalen Forums bei der *United Nations Conference on the Human Environment/UNCHE* in Stockholm 1972 und 20 Jahre später bei der *UN-Conference on Environment and Development/UNCED* in Rio De Janeiro, der Kampf gegen Kinderprostitution (als internationale Deklaration gegen sexuelle Ausbeutung von Kindern in Stockholm 1996 von 122 Regierungen unterzeichnet), die Anti-Landminen-Kampagne von einer Reihe internationaler NGOs (Formierung 1992; Friedensnobelpreis 1997) usw. sind nur einige wenige Beispiele für die stark gestiegene Bedeutung von INGOs im internationalen System. Eine erfolgreiche Strategie für die Bearbeitung der globalen Interdependenzprobleme in der nahen Zukunft könnte daher sein, verstärkt das Wissen, die Ressourcen und Kapazitäten der transnationalen Zivilgesellschaft weltweit mit einzubinden.

2
Vereinte Nationen (United Nations Organization/UNO)

Die Vereinten Nationen sind die größte und umfassendste IGO. Entstanden 1945 in San Francisco mit 51 Gründungsmitgliedern, hat die UNO heute (September 2006), nach der Aufnahme Montenegros im Juni 2006, insgesamt 192 Mitglieder und umfasst somit annähernd alle Länder der Welt (vgl. als Datensammlung United Nations 1949ff). Keine UN-Mitglieder sind etwa der Vatikan oder Taiwan, nachdem die chinesische Rolle in der UN von der Volksrepublik China übernommen wurde. Die Charta der UN enthält als zentrale Tätigkeitsfelder Friedenssicherung, multilaterale Entwicklungszusammenarbeit und Menschenrechtsschutz sowie grundlegende Prinzipien zu denen etwa der Verzicht auf Gewalt in den internationalen Beziehungen zählt. Hauptziel sind freundschaftliche Beziehungen zwischen den Nationen auf der Grundlage von Gleichberechtigung und nationaler Selbstbestimmung. Die Mitgliedsstaaten übernehmen vertragliche Verpflichtungen, bleiben aber in ihrer Souveränität weitgehend unberührt.

2.1
Organe und Struktur

Die UN besteht aus **sechs Hauptorganen** (Generalversammlung, Sicherheitsrat, Wirtschafts- und Sozialrat, Internationaler Gerichtshof,

Sekretariat und Treuhandrat). Bei Bedarf und zur Wahrnehmung spezieller Tätigkeiten können diese Neben- oder Hilfsorgane gründen, was im Laufe der Zeit zu einem sehr **umfangreichen System der Vereinten Nationen** geführt hat. Zu diesen Spezialorganen zählen etwa das Kinderhilfswerk *UNICEF* oder das Flüchtlingshochkommissariat *UNHCR*. Darüber hinaus zählen zur UN-Familie die so genannten Sonderorganisationen, die rechtlich, organisatorisch und finanziell selbständig sind, jedoch durch Abkommen mit der UNO verbunden bleiben (etwa Weltbank und IWF). Die Arbeit der Sonderorganisationen wird durch den Wirtschafts- und Sozialrat koordiniert. Darüber hinaus gibt es autonome Organisationen, die zwar im weitesten Sinne der UN-Familie zugerechnet werden, allerdings nicht mehr organisatorisch (etwa über den Wirtschafts- und Sozialrat) an die UNO gebunden sind, wie etwa die *World Trade Organization/WTO* oder die *Internationale Atomenergiebehörde IAEA*.

Die **General- bzw. Vollversammlung** *(United Nations General Assembly/UNGA)* aller Mitglieder tritt jährlich ab dem dritten Dienstag im September zusammen. Sondervollversammlungen sind möglich, wenn die Mitglieder mehrheitlich dafür stimmen. »Entschließungen« benötigen eine Zweidrittelmehrheit, »Resolutionen« (Beschlüsse) eine einfache Mehrheit. Die Generalversammlung ist zentrales politisches Beratungsorgan, jeder Staat verfügt über eine Stimme *(»one state, one vote«)*. Beschlüsse sind jedoch nur für diejenigen Staaten bindend, die sie auch ratifizieren (etwa durch Abstimmung in den nationalen Parlamenten).

Eine Erweiterung der Kompetenz der Generalversammlung erfolgte durch die *Uniting for Peace Resolution* vom 3. November 1950. Diese ermöglicht eine Beschlussmöglichkeit mit qualifizierter (Zweidrittel-)Mehrheit für die Generalversammlung, wenn der Sicherheitsrat durch konsequente Ausübung des Vetorechtes »blockiert« ist. Im konkreten Anlassfall sollte durch die Resolution ein sowjetisches Veto gegen den Einsatz internationaler Truppen im Korea-Krieg verhindert werden, was aber – die UdSSR blieb der Abstimmung im Sicherheitsrat aus anderen Gründen fern – nicht erfolgte. Realpolitisch ist allerdings die dadurch möglich gewordene Überstimmung des Sicherheitsrats sowohl aufgrund der schwierigen Mehrheitsfindung allgemein als auch durch den Einfluss der Vetomächte problematisch.

Der **Sicherheitsrat** *(United Nations Security Council/UNSC)* besteht aus 15 Staaten, davon fünf ständige Mitglieder mit Vetorecht (USA, Russland, Frankreich, Großbritannien und die Volksrepublik China). In inhaltlichen Angelegenheiten sind für das Zustandekommen von Beschlüssen neun Ja-Stimmen erforderlich, alle fünf ständigen Mitglieder müssen zustimmen. In Verfahrensfragen sind ebenfalls neun Stimmen für die Mehrheit erforderlich, doch gibt es kein Vetorecht. Die nichtständigen Mitglieder im Sicherheitsrat werden von der Generalversammlung mit Zweidrittelmehrheit für jeweils zwei Jahre gewählt, in jedem Jahr werden nach regionalem Schlüssel fünf neue Mitglieder hinzugewählt. Aufgaben des Sicherheitsrates sind die friedliche Regelung von zwischenstaatlichen Streitigkeiten, die Feststellung von Friedensbedrohungen und die Veranlassung von Präventiv- und Zwangsmaßnahmen politischer, wirtschaftlicher oder militärischer Art. Der Sicherheitsrat hat als einziges Organ **Sanktionsmöglichkeiten** bzw. kann Sanktionen verhängen.

Das Vetorecht wurde zur Zeit des Ost-West-Konflikts (bis zum 31. Mai 1990) 234-mal in 195 Fällen ausgeübt. 115 Vetos gab es durch die UdSSR, 69 durch die USA.

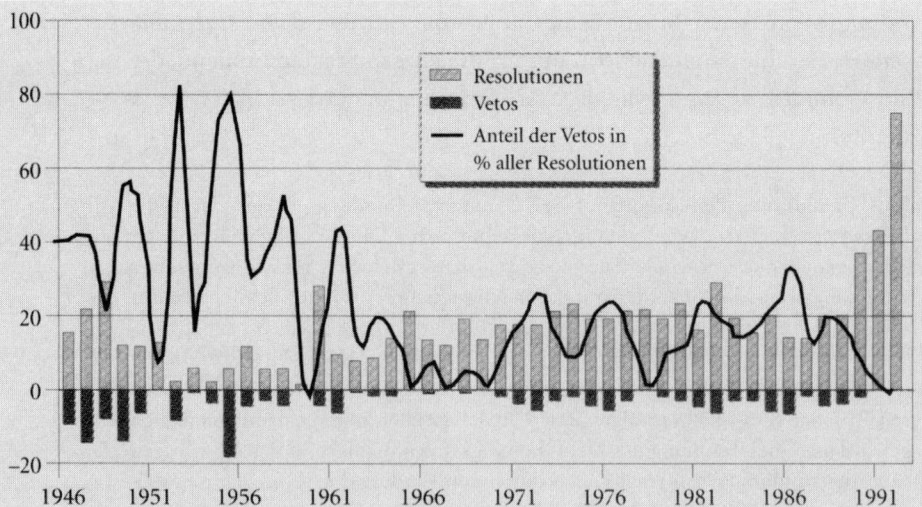

Abb. 38: Vetos und Resolutionen im UN-Sicherheitsrat 1946–1992 (in Prozent)

Quelle: Stiftung Entwicklung und Frieden (Hg., 2001). Globale Trends 2002, Frankfurt/M., 451.

Die letzte **Reform des Sicherheitsrates** gab es 1963 (1965 in Kraft getreten) durch die Einführung der nicht-ständigen Mitglieder. Weitere Reformversuche – für eine Erweiterung 1979 initiiert durch Indien bzw. insbesondere nach Ende des Ost-West-Konflikts durch Deutschland, Japan, Italien bzw. führende Entwicklungsländer wie Indien und Ägypten angestrebt – sind gescheitert. Die Reformdiskussion der UN und insbesondere die Reform des Sicherheitsrates waren auch zentrales Thema der UN-Vollversammlung im September 2005. Nachdem die Diskussion über eine Abschaffung des Vetorechts wegen des Widerspruchs der Vetorechtsinhaber zum Scheitern verurteilt scheint, gibt es folgende Reformmöglichkeiten:

- die **Aufnahme neuer ständiger Mitglieder ohne Vetorecht** (bzw. ohne Vetorecht für die ersten Jahre der Mitgliedschaft im Sicherheitsrat); dieses Modell wird vor allem von den so genannten G-4, Deutschland, Brasilien, Indien und Japan, propagiert;
- eine **Ausdehnung um weitere nicht-ständige Mitglieder** und/ oder
- die **Einführung ständiger oder nicht-ständiger Regionalsitze** (für Entwicklungsländer aus Lateinamerika, Afrika und Asien).

Gründe des bisherigen Scheiterns der Reforminitiativen sind vor allem die Sorgen der USA bzw. Frankreichs und Großbritanniens – sowie Russlands, dessen Position aber geschwächt ist – vor einem Machtverlust. Auch China – als aufstrebender globaler Akteur – ist interessiert daran, seine Machtposition zu erhalten. Eine Reform des Sicherheitsrates müsste jedoch die Zustimmung aller fünf Vetomächte finden. Auf der anderen Seite führte auch mangelnder Konsens der Reformbefürworter über die Details der Reform dazu, dass über die u. a. von Generalsekretär Kofi Annan geforderte umfassende Reform der Vereinten Nationen und des Sicherheitsrates auch im Jahr 2005 keine Einigkeit erzielt werden konnte. Der UNO-»Weltgipfel 2005« ist so in vielerlei Hinsicht (auch etwa in Fragen der Terrorismusbekämpfung oder Klimapolitik) hinter den Erwartungen zurückgeblieben.

Generell sind Zusammensetzung und Entscheidungsformen des Sicherheitsrats von der Situation nach Ende des Zweiten Weltkrieges geprägt und reflektieren nur noch ungenügend die realen Kräfteverhältnisse zu Beginn des 21. Jahrhunderts. Der Sicherheitsrat ist von Machtinteressen und Machtlogik bestimmt, d. h. paradoxerweise bestätigen sich im UN-Sicherheitsrat größtenteils die Annahmen der (neo-)realistische Schule (und nicht der neo-/institutionalistische Schule) der Internationalen Politik.

Das **UN-Sekretariat** *(UN Secretariat)* nimmt alle Verwaltungsangelegenheiten wahr. Leiter ist der **UN-Generalsekretär**, der auf Empfehlung des Sicherheitsrats mit Zustimmung aller ständigen Mitglieder des Sicherheitsrates von der Generalversammlung auf fünf Jahre gewählt wird. Eine Wiederwahl ist zulässig. Seine Hauptaufgabe ist die Verwaltung, er kann außerdem nach Art. 99 den Sicherheitsrat auf Situationen aufmerksam machen, in denen der Weltfriede gefährdet erscheint. Der Sicherheitsrat muss sich in der Folge mit dem Thema befassen.

Der **Wirtschafts- und Sozialrat** *(Economic and Social Council/ECOSOC)* ist zuständig für wirtschaftliche und soziale Aufgaben. Seine Funktion ist vor allem die einer Lenkungs- und Koordinierungsstelle, seine Aufgaben umfassen die Anfertigung wissenschaftlicher Berichte und Untersuchungen, die Menschenrechtspflege, die Einberufung internationaler Konferenzen, die Konsultation und Koordination der UN-Sonderorganisationen sowie den Kontakt mit INGOs. Der ECOSOC hat 54 Mitglieder, die nach einem regionalen Schlüssel von der Generalversammlung gewählt werden. Es gibt eine jährliche Wahl von jeweils 18 Mitgliedern für drei Jahre.

Der **Treuhandrat** *(United Nations Trusteeship Council/UNTC)* befasste sich mit der Kontrolle und Beaufsichtigung der Verwaltung von Hoheitsgebieten ohne volle Souveränität und war als Fortsetzung des Mandatsystems des Völkerbunds gedacht. Sein Hauptziel war es, die politische, wirtschaftliche und soziale Entwicklung der dem Treuhandsystem unterstellten Gebiete zu fördern, um sie schließlich in die Unabhängigkeit zu entlassen. Der Treuhandrat hat mit der Unabhängigkeit des letzten Treuhandgebiets (die Pazifikinsel Palau erlangte am 1. November 1994 volle Souveränität) seine Tätigkeit de facto

Spezialorgane (Auswahl)
UNDP: Entwicklungsprogramm
UNCTAD: Handels- und Entwicklungskonferenz
UNICEF: Kinderhilfswerk
UNFPA: Bevölkerungsfonds
UNIFEM: Entwicklungsfonds für di
UNDCP: Internationales Drogenkontrollprogramm
WFP: Welternährungsprogramm
UNEP: Umweltprogramm
UNHCR: Amt des Hohen Flüchtling kommissars
UNRWA: Hilfswerk für Palästinaflüchtlinge im Nahen Osten
UNV: Freiwilligenprogramm
UNU: Universität der Vereinten Nat

Nebenorgane (Auswahl)
UN-Friedensmissionen
CTC: Ausschuss zur Bekämpfung d Terrorismus
UNMOVIC: Überwachungs-, Verifitions- und Inspektionskommission Vereinten Nationen
ICTR: Internationaler Strafgerichts für Ruanda
ICTY: Internationaler Strafgerichts für das ehemalige Jugoslawien

eingestellt, bleibt aber Organ der UNO. Es gibt Vorschläge, den Treuhandrat mit neuen Aufgaben zu versehen, etwa einer Treuhandschaft der Menschenrechte oder der Umwelt oder im Rahmen der Demokratisierungsprozesse von Staaten.

Der **Internationale Gerichtshof** *(International Court of Justice/ ICJ)* mit Sitz in Den Haag besteht aus 15 Richtern, die in getrennten Wahlgängen durch Sicherheitsrat und Generalversammlung gewählt werden. Seine Zuständigkeit umfasst alle Angelegenheiten, welche die Staaten, die das Statut des Gerichts akzeptiert haben, dem Internationalen Gerichtshof vorlegen sowie Fälle, die in der Satzung der Vereinten Nationen oder in internationalen Abkommen erwähnt sind. Von 1946 bis 1995 gab es nur in 80 Fällen Entscheidungen. Die Streitparteien müssen sich dem Urteil unterwerfen und die Schiedsgerichtsbarkeit anerkennen, was relativ selten geschieht.

Abb. 39: Struktur der UNO

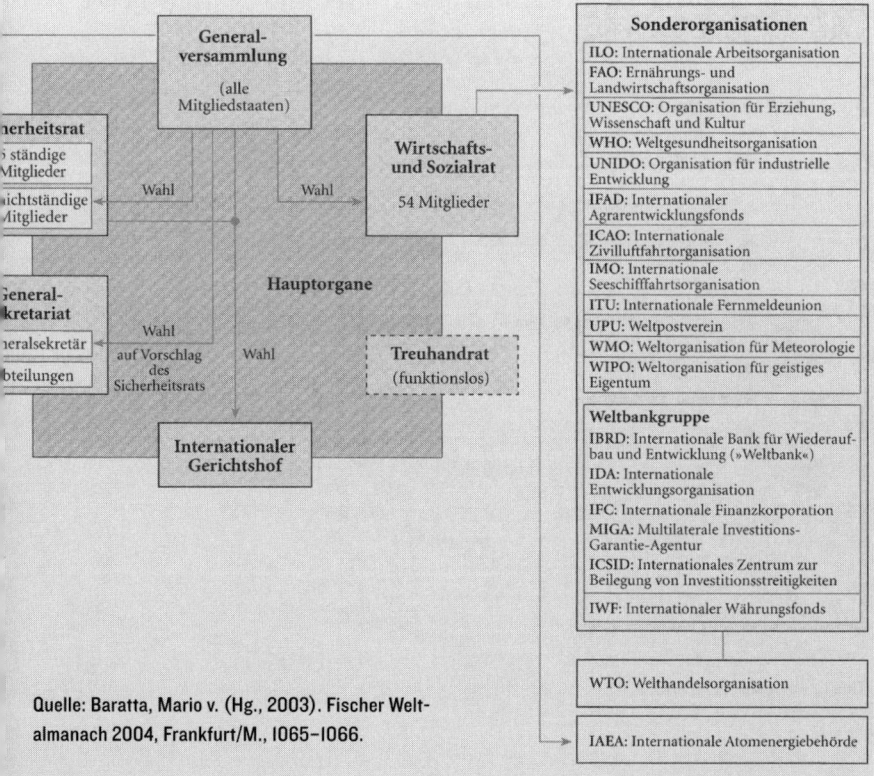

Quelle: Baratta, Mario v. (Hg., 2003). Fischer Weltalmanach 2004, Frankfurt/M., 1065–1066.

Weltbank und Internationaler Währungsfonds sind Sonderorganisationen, aber keine UN-Organe im engeren Sinn. Die **Weltbank** *(International Bank for Reconstruction and Development/IBRD)* wurde 1944 im Rahmen der *Bretton Woods*-Abkommen von 44 Gründerstaaten im Hinblick auf den erweiterten Kapitalbedarf nach Kriegsende konzipiert. Nach Abschluss des Marshall-Plans widmete sich die Bank vor allem der wirtschaftlichen Förderung der Entwicklungsländer, nach 1989 auch der Transformationsländer in Zentral- und Osteuropa.

Der **International Monetary Fund/IMF** *(Internationaler Währungsfonds/IWF)*, ebenfalls 1944 in Bretton Woods geschaffen, strebte eine Neuordnung der Wirtschaft nach dem Zweiten Weltkrieg an, die eine Ausweitung des Welthandels auf der Basis fester Wechselkurse zwischen konvertiblen Währungen ermöglichen sollte. Heute gehören dem Internationalen Währungsfonds über 180 Staaten an, doch verfügt im Unterschied zur UN-Generalversammlung nicht jedes Mitglied über eine Stimme, sondern das Stimmenverhältnis entspricht der Höhe der Beitragszahlungen.

Abb. 40: Stimmverteilung in IWF und Weltbank

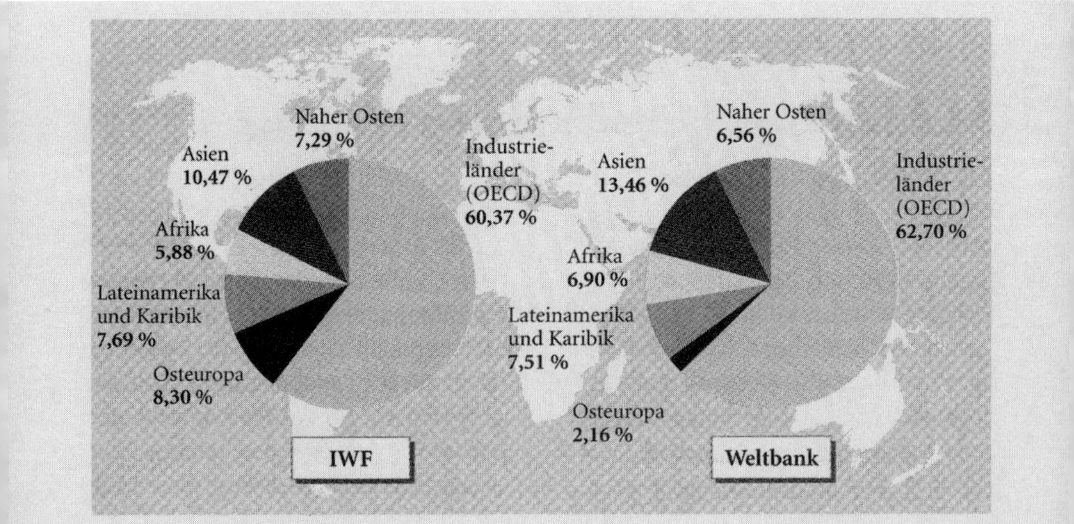

IWF:
- Naher Osten 7,29 %
- Asien 10,47 %
- Afrika 5,88 %
- Lateinamerika und Karibik 7,69 %
- Osteuropa 8,30 %
- Industrieländer (OECD) 60,37 %

Weltbank:
- Naher Osten 6,56 %
- Asien 13,46 %
- Afrika 6,90 %
- Lateinamerika und Karibik 7,51 %
- Osteuropa 2,16 %
- Industrieländer (OECD) 62,70 %

Quelle: Hauchler et al. 2003a, 4l.

Die OECD-Länder insgesamt halten in den beiden Institutionen etwa 60 Prozent der Stimmen, während auf die Länder Afrikas nur 6–7 Prozent der Stimmen entfallen. Die Tätigkeit bzw. Kreditkonditionen des Internationalen Währungsfonds werden demzufolge als primär von Industrieländern – und zu deren Gunsten – vorgegeben kritisiert. Umstrittene und heftiger Kritik vor allem von NGO-Seite ausgesetzte Bedingungen für die Kreditvergabe sind u. a. eine angebotsorientierte Wirtschaftspolitik zur Einladung von Investoren auf Kosten der inländischen Arbeitnehmer und verbunden mit Umweltproblemen; ein Vorrang der Geldwertstabilität und ein hohes Zinsniveau zum Vorteil der Kapitalbesitzer; die Vorschreibung hoher Devisenreserven durch Handelsbilanzüberschüsse – mehr Exporte als Importe – mit gleichzeitiger Reduktion des Inlandskonsums als Folge; Steuerreformen durch Ausweitung von Forderungen auf ärmere Schichten der Bevölkerung sowie die Abschaffung bzw. Reduktion von Bildungs- und Sozialprogrammen als staatlicher Vorsorge für benachteiligte Schichten zugunsten von bezahlten Privatleistungen.

2.2
Bedeutungswandel der UNO nach dem Ost-West-Konflikt und Perspektiven nach dem Irak-Krieg 2003

Zweifellos brachte das Ende des Ost-West-Konfliktes weit reichende Veränderungen für die UNO mit sich. Es ergaben sich **Chancen für eine Deblockierung der UNO**, insbesondere im Sicherheitsrat. Der Sicherheitsrat – nach Artikel 24 der UN-Satzung auch für die Wahrung des Weltfriedens zuständig – wird nicht mehr zwangsläufig durch wechselseitige Vetos der UdSSR und der USA am »schnellen und wirksamen Handeln« (so die Satzung) gehindert. Beispiel dafür ist z. B. der Zweite Golfkrieg infolge des irakischen Einmarsches in Kuwait. Am Ende der 1980er- bzw. am Anfang der 1990er-Jahre gab es so eine relativ kurze Phase des verstärkten Vertrauens auf die UN (vgl. BMUK/OIIP 1992; Rosenau 1992; Czempiel 1994). Insbesondere die Nachwehen des UN-Peace-keeping-Einsatzes in Somalia sowie die Einsätze in Ruanda oder Srebrenica führten zu einem radikalen Stimmungsumschwung in Bezug auf die UN-kritischen Fragen hinsichtlich Leistungsfähigkeit und Effektivität des UN-Systems; sie wurden Mitte der 1990er-Jahre wieder verstärkt gestellt (vgl. Rittberger 1997). Einerseits wurde der UNO für lokale/regionale Konflikte und Krisen, die nicht verhindert bzw. gelöst werden konnten, eine »Sündenbockfunktion« zugeschrieben. Andererseits wurde die UN für Interventionen, die Staaten trotz grundsätzlichen Interesses – beispielsweise aus innenpolitischem und/ oder außenpolitischem Kalkül – nicht selbst übernehmen wollten, im Rahmen einer »Feigenblattaktion« vorgeschoben.

Von der UN-Gründerzeit 1945 bis heute hat sich das **Aufgabengebiet der UN geändert**: Statt zwischenstaatlicher Kriege stellen zunehmend die (unkontrollierte) Verbreitung von Massenvernichtungswaffen, ökologische (Welt-)Katastrophen, ethnische, religiöse bzw. allgemein innerstaatliche Konflikte und im 21. Jahrhundert das Phänomen des internationalen Terrorismus eine Bedrohung des Weltfriedens dar (vgl. Kühne 2000). Parallel dazu ist, wie oben ausgeführt, die Struktur des Sicherheitsrates nicht mehr zeitgemäß, weil Deutschland und Japan als Kriegsverlierer 1945 ausgeschlossen wurden, jedoch längst wieder zentrale Machtfaktoren darstellen, während der Einfluss Russlands sich reduziert hat. In der Generalversammlung wiederum stellen Entwicklungsländer des Südens die überwiegende Mehrheit der Stimmberechtigten, ohne dass dieses Verhältnis im Sicherheitsrat wiederzufinden ist.

Ein dauerhaftes Problem ist und bleibt die **Haltung der USA** als mächtigstem Akteur – insbesondere im Sicherheitsrat – gegenüber der UNO. Die UNO als Ort, wo während des Kalten Krieges kommunistische Positionen gleichberechtigt waren, löst bis heute entsprechend große Skepsis in der Politik und der Bevölkerung aus. Die Ernennung von John Bolton, eines ausgesprochenen UN-Kritikers, zum neuen Botschafter der USA bei den Vereinten Nationen im Jahr 2005 verleiht dieser Skepsis weiteren Ausdruck. Die USA nützen darüber hinaus verzögerte Beitragszahlungen an die UN als Druckmittel gegen die Organisation – sie sind zugleich größte Beitragszahler und größte Schuldner der UNO und stürzen die Weltorganisation so in eine beständige Finanzkrise.

Die Beitragszahlungen richten sich nach dem geschätzten BSP der Mitgliedsstaaten und liegen zwischen 0,001 und 22 Prozent des UN-Gesamtbudgets. Die führenden Beitragszahler sind die USA mit 22 Prozent, Japan mit 19,7 Prozent und Deutschland mit 9,8 Prozent (zum Vergleich: Österreich zahlt 0,95 Prozent).

Die USA als einzig verbliebene Supermacht, die dem Multilateralismus (als perzipierte Einschränkung der eigenen Außen- und Sicherheitspolitik) immer schon skeptisch gegenüberstanden, schwächten mit ihrer **Irak-Politik im Jahr 2003** noch einmal maßgeblich die Vereinten Nationen (vgl. Hippler 2003). Sie setzten sich mit ihren Verbündeten über die UNO (und geltendes Völkerrecht) hinweg und führten so die politische Ohnmacht der Organisation vor Augen. Eine **Marginalisierung der UN** in der Weltpolitik sei Folge eines US-Unilateralismus, der zu multilateraler Politikabstimmung nur bei Übernahme der US-Position bereit scheine. Hipplers düstere Prognose geht davon aus, dass es im nächsten Jahrzehnt nur darum gehen kann, bereits Erreichtes an Verrechtlichung und Multilateralisierung zu schützen (2003, 25), im Gegensatz zum immer wieder erhofften weiteren Ausbau von Global-Governance-Strukturen, die zu Kriegszeiten »verlassenen Baustellen« gleichen (Brock 2003). Jedoch werden im Irak die Grenzen unilateraler Problemlösung deutlich – eine dauerhafte Befriedung des Irak gelingt selbst den USA nicht. Langfristig gesehen können sich auch die USA den veränderten globalen Rahmenbedingungen nicht entziehen. Sollte der US-Unilateralismus auf Dauer an seiner »Unterkomplexität« gegenüber den komplexen Realitäten einer vernetzten Welt scheitern (Hauchler et al. 2003b, 22), so ergibt sich daraus eine neue Perspektive für internationale Organisationen und insbesondere die UN. Selbst wenn die UN wesentlich vom Kooperationswillen ihrer staatlichen Mitglieder abhängig ist, bleibt sie auf lange Sicht ein unentbehrliches »Organisationszentrum des institutionalisierten Multilateralismus« (Rittberger 2003, 542).

3
Theorien internationaler Kooperation, Regimetheorie und Global Governance

Die **internationalen Organisationen** zugeschriebenen **Funktionen** unterscheiden sich in den verschiedenen Theorien Internationaler Politik wesentlich:

- Internationale Organisationen sind aus Sicht der (neo-)realistischen Theorie Instrumente oder Rahmen (»Arenen«) staatlicher Di-

plomatie, d.h. sie dienen Staaten primär zur Durchsetzung ihrer eigenen Interessen.
- Im institutionalistischen Denken werden IOs hingegen als eigenständige Akteure gesehen, die die Struktur des internationalen Systems über die Verminderung grundlegender Unsicherheiten maßgeblich beeinflussen.
- Wissenschafter, die sich mit der Theorie internationaler Regime auseinander setzen, sehen internationale Organisationen als Teile eines Netzwerks an zwischenstaatlicher Kooperation in und durch problemfeldbezogene internationale Institutionen, die sich durch gemeinsame Prinzipien, Normen und Verhaltensregeln auszeichnen und dadurch bei den Mitgliedern auch Normen usw. durchsetzen können.

3.1
IOs: Neorealismus versus institutionalistische Positionen

Neorealistische und neo-institutionalistische Positionen wurden im Kapitel zu den Theorien der Internationalen Politik bereits vorgestellt, der Vergleich ihrer theoretischen Grundpositionen im Hinblick auf die Bedeutung internationaler Organisationen soll an dieser Stelle ergänzend schematisch dargestellt werden (vgl. Abb. 41).

3.2
Regimetheorien

Die Regimetheorie (vgl. einführend Zangl 2003) ist wie der Institutionalismus und Interdependenztheorien – aus denen heraus sie sich entwickelt hat – in Abgrenzung zum Neorealismus entstanden. Zwei ihrer wichtigsten Vertreter sind die amerikanischen Politologen Robert Keohane (1984) und Stephen D. Krasner (1983), im deutschsprachigen Raum wird sie u.a. von Volker Rittberger oder Michael Zürn weiterentwickelt.

Die Regimetheorie sieht die Weltpolitik als **Netzwerk internationaler, aber vor allem zwischenstaatlicher Kooperation**. National-

Abb. 4l: IOs – Neorealismus und institutionalistische Theorien im Vergleich

	NEOREALISMUS	INSTITUTIONALISMUS
Folgen der internationalen Anarchie	Selbstschutz und Überlebensinteresse als zentrale Motive staatlichen Handelns	Kooperation und Verflechtung als Friedensstrategie zur Überwindung der Anarchie – Kooperation ist zunehmend notwendig für die Verwirklichung von Akteurszielen in einem interdependenten internationalen System
Handlungsziele	Anarchie zwingt zu einem absoluten Primat der nationalen Sicherheit	Vorrang ökonomischer Wohlfahrt vor Sicherheitsinteressen
Entstehungsbedingungen internationaler Kooperation	Kooperation ist schwierig herzustellen und zu erhalten, letztlich abhängig von der Macht der beteiligten Staaten: Bild der hegemonial herbeigeführten Kooperation, die der Machtmaximierung dient. Kooperation bedeutet Abhängigkeit, nicht vereinbar mit der Verwirklichung nationaler Interessen (Bild der Kooperationen v. a. im Bereich internationaler Sicherheit)	Kooperation ist eine Folge von funktionalen Sachzwängen oder vernunftbegründeten Entscheidungen (Bild der Kooperation v. a. im weltwirtschaftlichen Bereich)
Kooperationsgewinne?	Frage nach der relativen Verteilung der Kooperationsgewinne: Wichtig ist nicht nur der absolute Gewinn des einzelnen Staates, sondern vorrangig auch die Höhe des Gewinns im Vergleich zu den anderen Kooperationspartnern. Der Wille zur Verteidigung der eigenen Position beeinträchtigt den Willen zur Kooperation	Streben nach absolutem Gewinn für jede Konfliktpartei als Voraussetzung für die Intensivierung, Vertiefung, Erweiterung von Kooperation
Bedeutung der Institutionen	Zweifelhaft; Erfolg bei der Milderung der Folgen internationaler Anarchie nicht voraussetzbar. Machtpolitik bleibt weiter entscheidend – Institutionen haben untergeordnete Bedeutung	Institutions matter! Institutionen verändern die anarchische Struktur des internationalen Systems: Sie erleichtern kollektives Handeln, schaffen verlässliche Erwartungshaltungen über das Handeln anderer Akteure, reduzieren die Kosten von Kooperation und vermindern fundamentale Unsicherheit durch ihre Informationsfunktion

Quellen: Meyers, Reinhard (2004). Theorien internationaler Kooperation und Verflechtung, in: Wichard Woyke. Handwörterbuch Internationale Politik, Wiesbaden, 503; eigene Ergänzungen.

staaten bleiben die zentralen Akteure, daneben ist eine Vielzahl anderer Akteure in die Diskussionsprozesse involviert. Neben internationalen Organisationen (im oben definierten Sinn, wie z.B. die UNO, die EU, die WTO) betrifft das z.B. INGOs als institutionalisiertem Teil der internationalen Zivilgesellschaft oder die regelmäßigen, aber nicht in einer Organisationsstruktur verfassten Gipfeltreffen der G7/G8.

Beispiele für bestehende Regime sind das Schuldenregime, das die Schuldenproblematik im Nord-Süd-Konflikt behandelt, Menschenrechtsregime, die den Schutz der universellen Menschenrechte zum Inhalt haben, verschiedene Umweltregime (zum Schutz der Antarktis etc.) oder das Regime, das auf Basis des Atomwaffensperrvertrages die Nicht-Weiterverbreitung von Atomwaffen regelt.

Wodurch zeichnen sich diese Regime im Gegensatz zu anderen Akteuren der internationalen Politik aus? Ein internationales Regime ist gekennzeichnet durch »implizite oder explizite Prinzipien, Normen, Regeln und Entscheidungsprozeduren, die die wechselseitigen Verhaltenserwartungen der Akteure in einem Problemfeld der internationalen Beziehungen bestimmen« (Krasner 1983, 2). Regime ist in diesem Zusammenhang also kein national verfasstes autoritäres Herrschaftssystem, sondern der institutionalisierte, aber informelle Rahmen, der Akteure in einem thematischen Netzwerk verbindet. Regime sind per se keine zu eigenständigem Handeln befähigten Akteure, wie es etwa internationale Organisationen sind. Die EU ist demnach kein Regime. Internationale Regime sind **Arrangements zur Problemlösung in einem bestimmten Themenbereich**, die auf zunehmende **Verrechtlichung** und **Zivilisierung** der internationalen Beziehungen abzielen. Robert Keohane (1984) definiert ihre Wirkungen ähnlich der Wirkung internationaler Organisationen: Regime bieten einen Verhandlungsrahmen und senken damit Transaktionskosten von Kooperation. Sie sichern durch Kontrollmechanismen die Kooperation ab (vgl. die Kontrollbefugnisse der Atomenergiebehörde/IAEA im Rahmen des Atomwaffensperrvertrages). Vor allem reduzieren internationale Regime die Unsicherheit über das Verhalten anderer Akteure: Wiederholte kooperative Problemlösung und daraus resultierende Regelungen schaffen verlässliche Erwartungen über zukünftiges Verhalten anderer.

Abb. 42: Die Welt aus Sicht der Regimetheoretiker

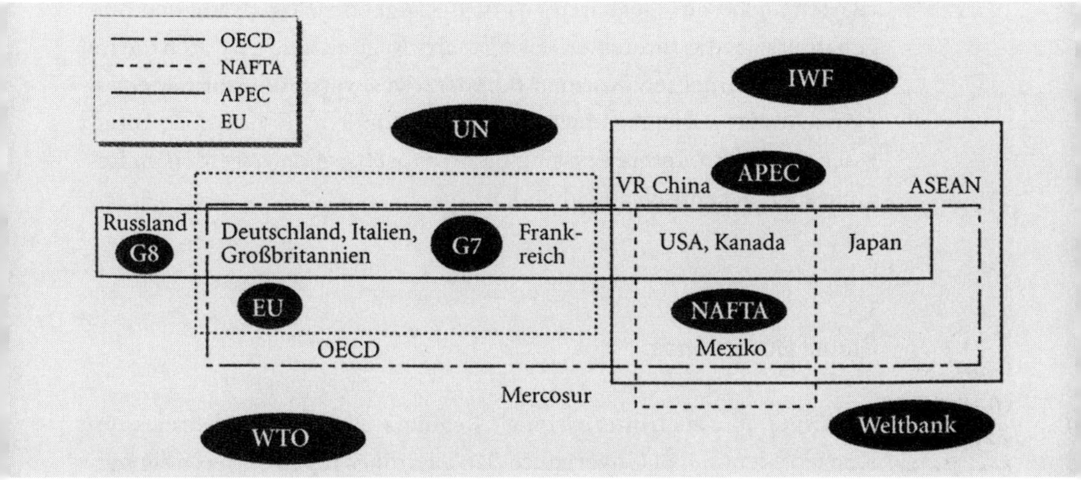

```
─ · ─  OECD
------ NAFTA
─────  APEC
.......  EU
```

- IWF
- UN
- VR China, APEC, ASEAN
- Russland G8
- Deutschland, Italien, Großbritannien
- G7
- Frankreich
- USA, Kanada
- Japan
- EU
- NAFTA
- OECD
- Mexiko
- Mercosur
- WTO
- Weltbank

Quelle: Hauchler, Ingomar et al. 2003a, 239.

Regime entstehen entweder durch Vertrag oder durch Gewohnheitsrecht, jedenfalls über mittelfristige Zeiträume, in denen sich ihre Normen und Entscheidungsmechanismen im Wege der **horizontalen Selbstkoordination** zwischen Staaten entwickeln. Sie zielen auf eine Absicherung der Zusammenarbeit ab, ihre Bindungswirkung beruht auf einer Selbstverpflichtung der Regime-Akteure. Regime entstehen und wirken auch jenseits hegemonialer Machtpolitik, da die Nationalstaaten erwarten, durch Regime die immer komplexeren Interdependenzprobleme in Teilbereichen der internationalen Beziehungen besser zu lösen. Kooperation liegt damit im gemeinsamen Interesse aller Staaten.

Regimebildung ist dennoch keine zwangsläufige Entwicklung, sondern unterliegt einer Kosten-Nutzen-Analyse der einzelnen Staaten. Diese ergibt im besten Fall Regimebildung als nationales Interesse an der Stabilisierung der internationalen Rahmenbedingungen staatlichen Handelns.

Die Regimetheorie wurde insbesondere durch konstruktivistische Theorien der Internationalen Politik (vgl. als Basis Wendt 1992) in ihrer Weiterentwicklung beeinflusst. Abweichend von der Ursprungskonzeption, die Regime primär durch die spezifischen Interessen der

Nationalstaaten an Kooperation geprägt sieht, gehen Sozialkonstruktivisten auch vom Gegenteil aus (vgl. Zangl 2003, 135ff): Regime prägen ihrerseits die Interessen der Akteure. Regime können durch die in ihnen ausgedrückten Normen (kooperatives, verständnisorientiertes Handeln) das Akteursverhalten verändern, indem sie nationale Interessen verändern. Interessen sind nicht statisch, sondern werden im Regime auch dynamisch ausgehandelt.

3.3
Global Governance

Die UNO, aber auch internationale Regime stellen Schlüsselakteure im Konzept der Global Governance dar, allerdings repräsentieren sie nur ein Ende des vielfältigen Akteursspektrums. Der Begriff »Global Governance« (vgl. Messner/Nuscheler 2003; Höll 1999; Rosenau/Czempiel 1992) ist – im Unterschied zu einer Weltregierung – am besten als **Weltordnungspolitik** zu übersetzen, auch wenn keine zentrale Ordnungsmacht Teil des Konzepts ist. Global Governance stellt einerseits die staatliche Souveränität zugunsten einer Verdichtung und Verrechtlichung internationaler Beziehungen durch internationale Regime und internationale Organisationen in Frage. Zugleich dürfte internationale Politik sich in ihren gemeinsamen Prinzipien, Normen und Regeln bzw. Entscheidungsverfahren nicht auf Staaten und klassische internationale Organisationen als Akteure fokussieren.

Die Idee einer umfassenden multilateralen Kooperation bis hin zu einer »Weltinnenpolitik« hat ihre Vorläufer etwa im Brandt-Bericht an die UN-Nord-Süd-Kommission aus 1980 und im Brundtland-Bericht, der 1987 nachhaltige Entwicklung als Leitbild formulierte und dazu die Notwendigkeit globaler Problemlösungen hervorhob. Ihre realpolitische Umsetzung fanden diese Konzepte in den Weltkonferenzen der 1990er-Jahre, die Fues/Hamm als »Baustellen von Global Governance« bezeichnen (2001).

Von der Regimetheorie unterscheidet sich der Ansatz der Global Governance in zwei Dimensionen. Erstens werden die INGOs, die internationale Zivilgesellschaft, aber auch privatwirtschaftliche Netzwerke usw. konstitutiver Bestandteil des Governance-Systems, was zu einer endgültigen **Abkehr von der Staatenzentriertheit**, die auch noch der Regimetheorie anhaftet, führt. Zweitens geht es darum, die verschiedenen Bausteine der internationalen Kooperation zu integrieren: Während Regime jeweils nur ein spezifisches Problemfeld bearbeiten, geht es bei Global Governance um den umfassenden Rahmen. Global Governance befasst sich (durchaus normativ) mit **problemfeldübergreifenden Ordnungsproblemen** der Weltpolitik – wie etwa der Herstellung einer »fairen« Welthandelsordnung, einer Weltumweltordnung, einer Weltfinanzordnung etc. Global Governance ist ein Modell, wie **politische Steuerungsfähigkeit** gegenüber zunehmend entgrenzten ökonomischen Räumen zurückgewonnen werden kann.

Basis der Global Governance sind demzufolge **neue Kooperationsformen**, die gleichermaßen öffentliche und private Akteure umfassen, während bislang zwischenstaatliche Zusammenarbeit, die Politik internationaler Organisationen und das Agieren von transnationalen Unternehmen usw. unabhängig voneinander bzw. oft sogar in Konkurrenz erfolgen. Diese unkonventionelle Konstellation von Akteuren hatte auch die von den Vereinten Nationen eingesetzte *Commission on Global Governance* gemeint, die in ihrem 1994 veröffentlichten Bericht feststellte, dass die großen Herausforderungen des folgenden Jahrzehnts nur durch multilaterale Abstimmung und transnationale Zusammenarbeit zu bewältigen seien. Der Bericht der Kommission enthält eine ganze Reihe von Handlungsempfehlungen und schlägt die Schaffung internationaler sektoraler Ordnungssysteme (für die Bereiche der Finanzströme, der Ökologie, der Wirtschaft usw.) vor, deren Einhaltung laufend überprüft und deren Effizienz evaluiert werden soll (Commission on Global Governance 1994).

Es können mehrere Varianten des Global-Governance-Diskurses unterschieden werden (vgl. Brand et al. 2000). Während die UN Commission on Global Governance das Hauptaugenmerk auf die **Reform der Vereinten Nationen** legte, werden etwa von deutschen Forschern vor allem die **Möglichkeiten zur Gestaltung der Globalisierung** mittels Global Governance erforscht (vgl. Hauchler et al. 2003a). Der Schwerpunkt liegt demnach auf den vielfältigen Entscheidungs- und Kooperationsstrukturen, die Global Governance als **globale Mehrebenenpolitik mit unterschiedlichsten Akteuren** ausmachen. Dabei ist es bis jetzt allerdings weder in der Forschung noch in der politischen Realität gelungen, die Fragmentierung der Regelungssysteme einer kohärenten Struktur unterzuordnen (vgl. Messner/Nuscheler 2003). In der wissenschaftlichen Forschung dominieren Studien über einzelne Organisationen oder Netzwerke.

In der internationalen Politik ist das Kohärenzproblem ebenso schwierig zu lösen: Wird schon im Rahmen des vergleichsweise kleinen Bereichs der bilateralen Entwicklungszusammenarbeit die mangelnde Koordination unterschiedlicher Geberpolitiken beklagt, ist dieses Problem fehlender Politik-Abstimmung im globalen Rahmen ebenso drängend. Die WTO-Verhandlungsrunden werden ohne gebührende Einbeziehung bereits bestehender Abkommen – wie etwa der globalen Umwelt- oder Menschenrechtsabkommen oder etwa der Millenium Development Goals – geführt, was zu sich widersprechenden Ergebnissen führen kann.

Abb. 43: Ebenen der Global-Governance-Architektur

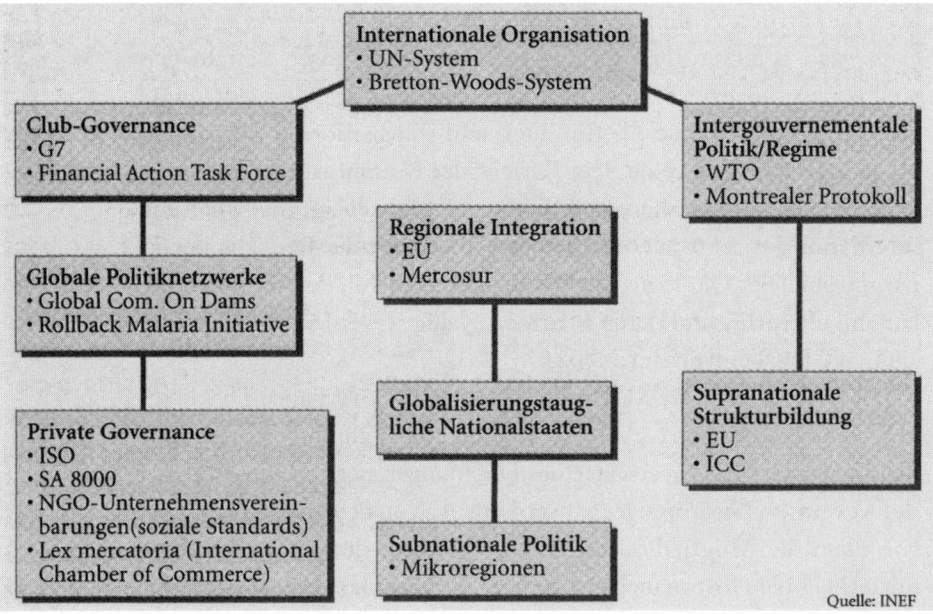

Quelle: Hauchler et al. 2003a, 241.

Eines der fundamentalsten Probleme, dem sich der Global-Governance-Ansatz gegenübersieht, ist das inhärente **Demokratieproblem**. Demokratie ist eine vom Ursprung her nationalstaatlich verfasste Herrschaftsform. Die zunehmende Verlagerung von politischen Entscheidungen von der lokalen und nationalen auf die internationale oder supranationale Ebene macht den realen Partizipationsverlust der Bürger zu einem drängenden Problem. Die Frage, wie demokratische Legitimation über unterschiedliche politische Räume hinweg geschaffen werden kann, ist im Kern noch ungelöst (vgl. etwa Ansätze von David Held und Anthony McGrew, 1999; 2003). Die zunehmende Einbeziehung von INGOs erfüllt zwar wichtige demokratische Funktionen, indem sie Öffentlichkeit herstellt und so Transparenz stärkt, sie löst das Demokratieproblem aber nicht grundsätzlich.

Das virulente **Problem der asymmetrischen Machtverhältnisse** – zwischen Staaten, aber etwa auch zwischen INGOs – bedeutet weitere Schwierigkeiten für die Entwicklung weltweiter demokratischer Institutionen. Die globale Ungleichheit wird im Global-Governance-Diskurs – der de facto ein Diskurs der OECD-Welt ist – bis dato zu wenig berücksichtigt, auch wenn er sich vielfach mit drängenden Fragen, die auch den Nord-Süd-Konflikt prägen, beschäftigt. Die Frage für die Zukunft muss daher auch lauten: »Governance of what, by whom in whose interest and for what purposes?« (McGrew 2001, 18)

Dennoch: Globale Interdependenzprobleme bleiben ungelöst, wenn nicht multilaterale Lösungen konsequent verfolgt werden. Global Governance soll dementsprechend Fähigkeiten zur politischen Steuerung der Dynamik (wirtschaftlicher) Globalisierungsprozesse fördern und stärken. Ein prinzipielles Primat des Multilateralismus, oder umfassender der Global Governance als Mehrebenenpolitik, scheint insbesondere nach dem Irak-Krieg der USA eine zunehmend längerfristige, doch grundsätzlich alternativlose Vision. Die nahe Zukunft wird demgegenüber wohl geprägt sein von einer Gleichzeitigkeit von entgegengesetzten Prozessen der Kooperation und Verrechtlichung sowie der Anarchie und Gewalt (vgl. Höll 2003, 16).

Literatur

BMUK/OIIP (Hg., 1992). *Die neuen globalen Herausforderungen.* Die UNO an der Schwelle zum nächsten Jahrhundert, Wien.

Brand, Ulrich/Achim Brunngräber/Lutz Schrader (2000). *Global Governance.* Möglichkeiten und Grenzen von Alternativen zur neoliberalen Globalisierung, Münster.

Brandt, Willy (1980). *Das Überleben sichern,* Köln.

Brock, Lothar (2003). *Verlassene Baustellen –* Global Governance im Zeichen des Krieges, in: Thomas Fues/Jochen Hippler (Hg.). *Globale Politik,* Bonn, 58–89.

Brundtland, Gro Harlem (1987). *Our Common Future,* Greven. Auf Deutsch: Hauff, Volker (Hg., 1987). *Unsere gemeinsame Zukunft,* Frankfurt/M.

Commission on Global Governance (Hg., 1994). *Our Global Neighbourhood.* New York.

Czempiel, Ernst-Otto (1994). *Die Reform der UNO.* Möglichkeiten und Missverständnisse, München.

Fues, Thomas/Brigitte Hamm (2001). *Weltkonferenzen als Baustellen von Global Governance,* Bonn.

Hauchler, Ingomar/Dirk Messner/Franz Nuscheler (Hg., 2003a). *Globale Trends 2004/2005.* Fakten, Analysen, Prognosen, Frankfurt/M.

Hauchler, Ingomar/Dirk Messner/Franz Nuscheler (2003b). *Der Irak-Krieg.* Zehn Thesen zu einer weltpolitischen Zäsur, in: dies. (Hg.). *Globale Trends 2004/2005.* Fakten, Analysen, Prognosen, Frankfurt/M.

Held, David/David Goldblatt/Jonathan Perraton (1999). *Global Transformations: Politics, Economics, and Culture,* Stanford.

Held, David/Anthony McGrew (2003). *The Global Transformations Reader.* An Introduction to the Globalization Debate, Cambridge.

Hippler, Jochen (2003). *US-Dominanz und Unilateralismus im internationalen System –* Strategische Probleme und Grenzen von Global Governance, in: Jochen Hippler/Jeanette Schade (Hg.). *US-Unilateralismus als Problem von internationaler Politik und Global Governance,* INEF-Report 70, Duisburg.

Höll, Otmar (1999). *Die »neue Weltordnung« zwischen Globalisierung und Fragmentierung,* in: Petra C. Gruber/Klaus Zapotoczky (Hg.). *Globalisierung versus Demokratie?,* Wien, 36–52.

Höll, Otmar (2003). *Der Prozess tendenzieller Globalisierung und die »Neuordnung der Welt«,* in: Peter Filzmaier/Eduard Fuchs (Hg.). *Supermächte.* Zentrale Akteure der Weltpolitik, Wien.

Keohane, Robert O. (1984). *After Hegemony.* Cooperation and Discord in the World Political Economy, Princeton.

Krasner, Stephen D. (1983). *International Regimes,* Ithaca.

Kühne, Winrich (2000). *Die Vereinten Nationen an der Schwelle zum nächsten Jahrtausend,* in: Karl Kaiser/Hans-Peter Schwarz (Hg.). *Weltpolitik im neuen Jahrhundert.* Baden-Baden, 442–457.

McGrew, Anthony (2001). *Governing without Governance.* Towards a Genuine Global Governance, zitiert in: Dirk Messner/Franz Nuscheler (2003): *Das Konzept Global Governance.* Stand und Perspektiven, INEF-Report 67, Duisburg.

Messner, Dirk/Franz Nuscheler (2003). *Das Konzept Global Governance.* Stand und Perspektiven, INEF-Report 67, Duisburg.

Meyers, Reinhard (2004). *Theorien internationaler Kooperation und Verflechtung,* in: Wichard Woyke. *Handwörterbuch Internationale Politik,* Wiesbaden, 482–515.

Rittberger, Volker (1997). *Vereinte Nationen und Weltordnung.* Zivilisierung der Internationalen Politik?, Opladen.
Rittberger, Volker (2002). *Internationale Organisationen: Politik und Geschichte.* Europäische und weltweite zwischenstaatliche Zusammenschlüsse, Opladen.
Rittberger, Volker (2004). *Die Rolle der Vereinten Nationen in den internationalen Beziehungen,* in: Manfred Knapp/Gert Krell (Hg.). *Einführung in die Internationale Politik,* München, 514–546.
Rosenau, James N.(1992). *The United Nations in A Turbulent World,* Boulder.
Rosenau, James N./Otto Czempiel (Hg., 1992). *Governance without Government.* Order and Change in World Politics, Cambridge.
United Nations (1946ff). *Yearbook of the United Nations,* New York.
Wendt, Alexander (1992). *Anarchy is What States Make of It.* The Social Construction of Power Politics, in: International Organization 46:2, 391–425.
Zangl, Bernhard (2003). *Regimetheorie,* in: Siegfried Schieder/Manuela Spindler (Hg.). *Theorien der Internationalen Beziehungen,* Opladen, 117–140.

Auswahlbibliographie

Die vorliegenden Literaturhinweise stellen nur eine Auswahl der Fachliteratur dar. Der Schwerpunkt wurde auf aktuelle Buchpublikationen gelegt. Für weitere Literaturhinweise siehe auch die Anmerkungen in den einzelnen Kapiteln.

Einführende Literatur
Baylis, John/Steve Smith (Hg., 2004). *The Globalization of World Politics.* An Introduction to International Relations, Oxford.
Carlsnaes, Walter/Thomas Risse/Beth A. Simmons (Hg., 2005). *Handbook of International Relations,* London.
Kaiser, Karl/ Hans-Peter Schwarz (Hg., 2000). *Weltpolitik im neuen Jahrhundert,* Baden- Baden.
Knapp, Manfred/Gert Krell (Hg., 2004). *Einführung in die Internationale Politik,* München/Wien.
Rittberger, Volker (2004). *Weltpolitik heute: Grundlagen und Perspektiven,* Baden-Baden.
Russet, Bruce/Harvey Starr/David Kinsella (2004). *World Politics.* The Menu for Choice, Belmont/London.
Schieder, Siegfried/Manuela Spindler (Hg., 2003). *Theorien der internationalen Beziehungen,* München/Wien/Zürich.
Woyke, Wichard (Hg., 2005). *Handwörterbuch Internationale Politik,* Stuttgart.

Theorien der Internationalen Politik
Albert, Mathias/Bernhard Moltmann/Bruno Schoch (Hg., 2004). *Die Entgrenzung der Politik.* Internationale Beziehungen und Friedensforschung, Frankfurt/M./New York.
Brown, Chris/Kirsten Ainley (2005). *Understanding International Relations,* New York.
Burchill, Scott et al. (2005). *Theories of International Relations,* Basingstoke.
Holler, Manfred J./Gerhard Illing (2005). *Einführung in die Spieltheorie,* Berlin.
Krell, Gert (2004). *Weltbilder und Weltordnung.* Einführung in die Theorie der Internationalen Beziehungen, Baden-Baden.
Lehmkuhl, Ursula (2001). *Theorien Internationaler Politik.* Einführung und Texte, München/Wien.
Menzel, Ulrich (2001). *Zwischen Idealismus und Realismus.* Die Lehre von den internationalen Beziehungen, Frankfurt/M.
Neufeld, Mark (2004). *The Restructuring of International Relations Theory,* Cambridge.
Tickner, J. Ann (2001). *Gendering World Politics.* Issues and Approaches in the Post-Cold War Era, New York.
Walzer, Michael (2004). *Politics and Passion.* Toward a More Egalitarian Liberalism, New Haven.
Weber, Cynthia (2004). *International Relations Theory.* A Critical Introduction, London/New York.
Wendt, Alexander (1999). *Social Theory of International Politics,* Cambridge.
Xuewu, Gu (2000). *Theorien der internationalen Beziehungen.* Einführung, München/Wien.

Begriffe, Definitionen, Akteure, Struktur- und Handlungszusammenhänge
Bellers, Jürgen/Thorsten Benner/Ines M. Gerke (Hg., 2001). *Handbuch der Außenpolitik.* Von Afghanistan bis Zypern, München/Wien.
Burchill, Scott (2005). *The National Interest in International Relations Theory,* Basingstoke.

Edkins, Jenny/Veronique, Pin-Fat/Michael J. Shapiro (2004). *Sovereign Lives*. Power in Global Politics, New York/London.
Etzioni, Amitai (2004). *From Empire to Community*. A New Approach to International Relations, New York.
Gärtner, Heinz (2005). *Internationale Sicherheit - Definitionen von A–Z*, Baden-Baden.
Hardt, Michael/Antonio Negri (2004). *Multitude*. Krieg und Demokratie im Empire, Frankfurt/M./New York.
Kegley, Charles W./ Eugene R. Wittkopf (2005). *World Politics: trend and transformation*, New York.
Lemke, Christiane (2000). *Internationale Beziehungen*. Grundkonzepte, Theorien und Problemfelder, München/Wien.
Nicholson, Michael (2003). *International Relations: A Concise Introduction*, New York.
Nohlen, Dieter/Rainer-Olaf Schultze (Hg., 2004). *Lexikon der Politikwissenschaft*: Theorien, Methoden, Begriffe, 2 Bände, München.
Paul, T. V./James J. Wirtz/Michel Fortmann (2004). *Balance of Power: Theory and Practice in the 21st Century*, Stanford.
Zangl, Bernhard/Michael Zürn (2003). *Frieden und Krieg*. Sicherheit in der nationalen und postnationalen Konstellation, Frankfurt/M.

Veränderungen im internationalen System in den 1990er-Jahren: Globalisierung, Transnationalisierung
Beck, Ulrich (2003). *Politik der Globalisierung*, Frankfurt/M.
Behrens, Maria (Hg., 2005). *Globalisierung als politische Herausforderung*. Global Governance zwischen Utopie und Realität, Opladen.
Czempiel, Ernst-Otto (1999). *Kluge Macht*. Außenpolitik für das 21. Jahrhundert, München.
Faschingeder, Gerald et al. (Hg., 2003). *Bewegung macht Geschichte*. Globale Perspektiven für Gesellschaftsveränderung, Wien.
Fues, Thomas/Jochen Hippler (2004). *Globale Politik*, Bonn.
Hay, Colin/David Marsh (Hg., 2000). *Demystifying Globalization*, New York.
Hirst, Paul Q./Grahame Thompson/Gareth Schott (2005). *Globalization in Question*, Cambridge.
Link, Werner (2001). *Die Neuordnung der Weltpolitik*. Grundprobleme globaler Politik an der Schwelle zum 21. Jahrhundert, München.
Micklethwait, John/Adrian Wooldrige (2003). *The Future Perfect: The Challenges and Hidden Promises of Globalization*, New York.
Scholte, Jan Aaart (2005). *Globalization: A Critical Introduction*, Basingstoke.
Shaw, Martin (2000). *Theory of a global state: globality as a unfinished revolution*, Cambridge.

Veränderungen im internationalen System nach dem Ende der Bipolarität, 9/11 und dem Irak-Krieg: globale Akteure, Sicherheitspolitik und Terrorismus
Ash, Timothy Garton (2004). *Free World: America, Europe and the Surprising Future of the West*, New York.
Beck, Ulrich (2003). *The Silence of Words: On Terror and War*, in: Security-Dialogue vol. 34, 3, 255–267.
Booth, Ken/Tim Dunne (Hg., 2002). *Worlds in Collision: Terror and the Future of Global Order*, Basingstoke.
Buzan, Barry (2004). *The United States and the Great Powers: World Politics in the Twenty-First Century*, Cambridge/Malden.
Clark, Ian (2001). *The Post-Cold-War Order: The Spoils of Peace*, Oxford.

Daase, Christopher (2003). *Krieg und politische Gewalt.* Konzeptionelle Innovation und theoretischer Fortschritt, in: Hellmann, Gunther et al. (Hg.). *Die neuen Internationalen Beziehungen,* Baden-Baden.
Ferdowsi, Mir A. (2002). *Internationale Politik im 21. Jahrhundert:* Sicherheitspolitik und Friedenssicherung, München.
Fukuyama, Francis (2005). *State-Building: Governance and World Order in the Twenty-First Century,* London.
Gaddis, John L. (2004). *Surprise, Security, and the American Experience,* Cambridge, MA/London.
Gärnter, Heinz/Adrian Hyde-Price/Erich Reiter (Hg., 2001). *Europe's New Security Challenges,* Boulder.
Gärtner, Heinz/Ian Cuthbertson (Hg., 2005). *European Security and Transatlantic Relations after September 11 and the Iraq War,* Houndmills.
Gustenau, Gustav E./Otmar Höll/Thomas Nowotny (Hg., 2005). *Europe – USA: Diverging Partners,* Baden-Baden.
Harbom, Lotta/Peter Wallensteen (2005). *Armed Conflict and Its International Dimensions, 1946–2004,* in: Journal of Peace Research, Sept. 2005, 42, 623–635.
Hirst, Paul H. (2001). *War and Power in the 21st Century: The State, Military Conflict and the International System,* Oxford.
Kagan Robert (2003). *Macht und Ohnmacht.* Amerika und Europa in der neuen Weltordnung, Berlin.
Kaldor, Mary (2000). *Neue und alte Kriege.* Organisierte Gewalt im Zeitalter der Globalisierung, Frankfurt/M.
Kegley, Charles W. (2002). *The New Global Terrorism.* Characteristics, Causes, Controls, New Jersey.
Kupchan, Charles (2002). *The End of the American Era: US Foreign Policy and the Geopolitics of the Twenty-First Century,* New York.
Lo, Bobo (2002). *Russian Foreign Policy in the Post-Soviet Era: Reality, Illusion, and Mythmaking,* New York.
Mangott, Gerhard (2005). *Russlands Rückkehr.* Außenpolitik unter Vladimir Putin. Baden-Baden.
Mearsheimer, John J. (2001). *The Tragedy of Great Power Politics,* New York.
Nye, Joseph S. (2002). *The Paradox of American Power: Why the World's Only Superpower Can't Go It Alone,* New York.
Nye, Joseph S. (2004). *Soft Power: The Means to Success in World Politics,* New York.
Riegler, Henriette (Hg., 2005). *Nation Building between National Sovereignty and International Intervention,* Baden-Baden.
Rinke, Bernhard/Wichard Woyke (2004). *Frieden und Sicherheit im 21. Jahrhundert.* Eine Einführung, Opladen.
Trenin, Dmitri (2002). *The End of Eurasia: Russia on the Border between Geopolitics and Globalization,* Washington/Moskau.
Wasserstrom, Jeffrey (2003). *Twentieth Century China:* New Approaches, London.
Weidenfeld, Werner (Hg., 2004). *Herausforderung Terrorismus.* Die Zukunft der Sicherheit, Wiesbaden.
Yahuda, Michael (2004). *The International Politics of the Asia Pacific,* London.

Nord-Süd-Konflikt
Abreu Fialho Gomes, Bea/Irmi Hanak/Walter Schicho (2003). *Die Praxis der Entwicklungszusammenarbeit.* Akteure, Interessen und Handlungsmuster, Wien.
Fischer, Karin/Irmtraud Hanak/Christoph Parnreiter (Hg., 2002). *Internationale Entwicklung.* Eine Einführung in Probleme, Mechanismen und Theorien, Frankfurt/M.

Fischer, Karin et al. (Hg., 2004). *Entwicklung und Unterentwicklung.* Eine Einführung in Probleme, Theorien und Strategien, Wien.
Messner, Dirk/Imme Scholz (2004). *Zukunftsfragen der Entwicklungspolitik,* Baden-Baden.
Novy, Andreas (2002). *Entwicklung gestalten,* Frankfurt/M.
Nuscheler, Franz (2004). *Lern- und Arbeitsbuch Entwicklungspolitik,* Bonn.
Raffer, Kunibert/Hans W. Singer (2001). *The Economic North South divide: Six Decades of Unequal Development,* Cheltenham/Brookfield.
Todaro, Michael P./Stephen C. Smith (2005). *Economic Development,* Reading.

Europäische Union/EU-Integration
Bieling, Hans-Jürgen/Marika Lerch (Hg., 2005). *Theorien der europäischen Integration,* Wiesbaden.
Bretherton, Charlotte/John Vogler (2006). *The European Union as a Global Actor,* London/New York (im Erscheinen).
Ginsberg, Roy H. (2001). *The European Union in International Politics: Baptism by Fire,* Lanham.
Jachtenfuchs, Markus/Beate Kohler-Koch (2003). *Europäische Integration,* Stuttgart.
Kirt, Romain (Hg., 2001). *Die Europäische Union und ihre Krisen,* Baden-Baden.
Kohler-Koch Beate/Thomas Conzelmann/Michele Knodt (2004). *Europäische Integration – Europäisches Regieren,* Wiesbaden.
Pfetsch, Frank (2005). *Die Europäische Union.* Eine Einführung. Geschichte, Institutionen, Prozesse, Stuttgart.
Smith, Karen E. (2003). *European Union Foreign Policy in a Changing World,* Cambridge.
Weidenfeld, Werner (Hg., 2004). *Europa-Handbuch,* Gütersloh.
Weidenfeld, Werner/Wolfgang Wessels (2004). *Jahrbuch der Europäischen Integration 2003/2004,* Baden-Baden.
Weidenfeld, Werner/Wolfgang Wessels (2005). *Europa von A bis Z.* Taschenbuch der europäischen Integration, Baden-Baden.
Wiener, Antje/Thomas Diez (2003). *European Integration Theory,* Oxford.

Internationale Organisationen: einführende Literatur, UNO
Andersen, Uwe/Wichard Woyke (2002). *Handwörterbuch Internationale Organisationen,* Frankfurt/M.
Barnett, Michael/Martha Finnemore (2004). *Rules for the World: International Organizations in Global Politics.* Ithaca/London.
Gareis, Sven Bernhard (2002). *Die Vereinten Nationen:* Aufgaben, Instrumente und Reformen, Opladen.
Herz, Dietmar/Christian Jetzlsperger/Marc Schattenmann (Hg., 2002). *Die Vereinten Nationen.* Entwicklung, Aktivitäten, Perspektiven, Frankfurt/M.
Krasno, Jean E. (Hg., 2004). *The United Nations.* Confronting the Challenges of a Global Society, Boulder.
Opitz, Peter (2002). *Die Vereinten Nationen,* München.
Unser, Günther (2004). *Die UNO.* Aufgaben, Strukturen, Politik, Frankfurt/M.
Rittberger, Volker/Bernhard Zangl (2002). *Internationale Organisationen: Politik und Geschichte.* Europäische und weltweite zwischenstaatliche Zusammenschlüsse, Opladen.
Weiss, Thomas G./David P. Forsythe/Roger A. Coate (2004). *The United Nations and Changing World Politics,* Boulder.